굿 모닝, 귀츨라프
한국에 온 최초의 개신교 선교사

오현기

1965년 부산에서 출생했다. 고신대학교 신학과와 동 신학대학원을 졸업했다. 독일 괴팅엔 대학교에서 수학했으며, 독일 베를린 훔볼트 대학교에서 신학박사학위를 받았다. 칼 귀츨라프가 베를린 훔볼트 대학교에서 수학한 연관성으로 말미암아 그에 대해 특별한 관심을 갖게 됐으며, 2004년부터 귀츨라프 연구에 몰입하여 8편의 귀츨라프 관련 논문과 『굿 모닝, 귀츨라프』(2015년 대한민국학술원 우수학술도서)라는 단행본을 발간하였고 희귀 1차 사료들을 수집했다. 독일에 체류할 때 이미 베를린에서 '귀츨라프 기획 전시전'을 총괄 기획하여 개최한 바가 있다. 또 귀츨라프 연구 관련 분야 다큐멘터리 〈귀츨라프의 섬 고대도〉(SBS 대전방송)와 〈한국에 온 최초의 선교사 귀츨라프〉(CTS-TV)의 제작·감수 및 진행에, 그리고 〈굿모닝 귀츨라프〉(CBS-TV)의 제작·감수에 참여했다.

기타 프로젝트로는, 칼 귀츨라프 선교 180주년 기념 발간집인 『칼 귀츨라프와 함께 떠나는 고대도 여행』을 감수했으며, 보령박물관 개관 특별전시 '보령의 믿음: 칼 귀츨라프 유물 전시전'에 전시 유물 대여와 컨설턴트로 참여했다. 2022년 현재 9회까지 계속된 칼 귀츨라프의 날의 대회장과 고대도 칼귀츨라프 축제 2022의 공동조직위원장을 담당했다.

백석대학교 기독교학부 교수로 봉직하다가 현재는 선교 정신과 그의 세계탐구정신을 계승하기 위해 서울에서 창립된 칼 귀츨라프 선교기념 신학과 세계관 학회(약칭 칼 귀츨라프 학회, Karl Guetzlaff Academic Society for the Study of Theology and Worldview)의 학회장과 대구동일교회 담임목사로 섬기고 있다.

*칼 귀츨라프 학회 홈페이지 http://www.guetzlaff.kr

굿 모닝, 귀츨라프
2015년도 대한민국학술원 우수 학술도서

2014년 7월 17일 초판 1쇄 발행
2023년 7월 17일 초판 2쇄 발행

지은이   오현기
펴낸이   이찬규
펴낸곳   북코리아
등록번호   제03-01240호
주소   462-807 경기도 성남시 중원구 사기막골로 45번길 14
           우림라이온스밸리2차 A동 1007호
전화   02-704-7840
팩스   02-704-7848
이메일   sunhaksa@korea.com
홈페이지   www.북코리아.kr
ISBN   978-89-6324-347-4(93230)

값 23,000원

* 본서의 무단복제를 금하며, 잘못된 책은 바꾸어 드립니다.

굿 모닝, 귀츨라프
한국에 온 최초의 개신교 선교사

Good Morning, Gützlaff

오현기 지음

북코리아

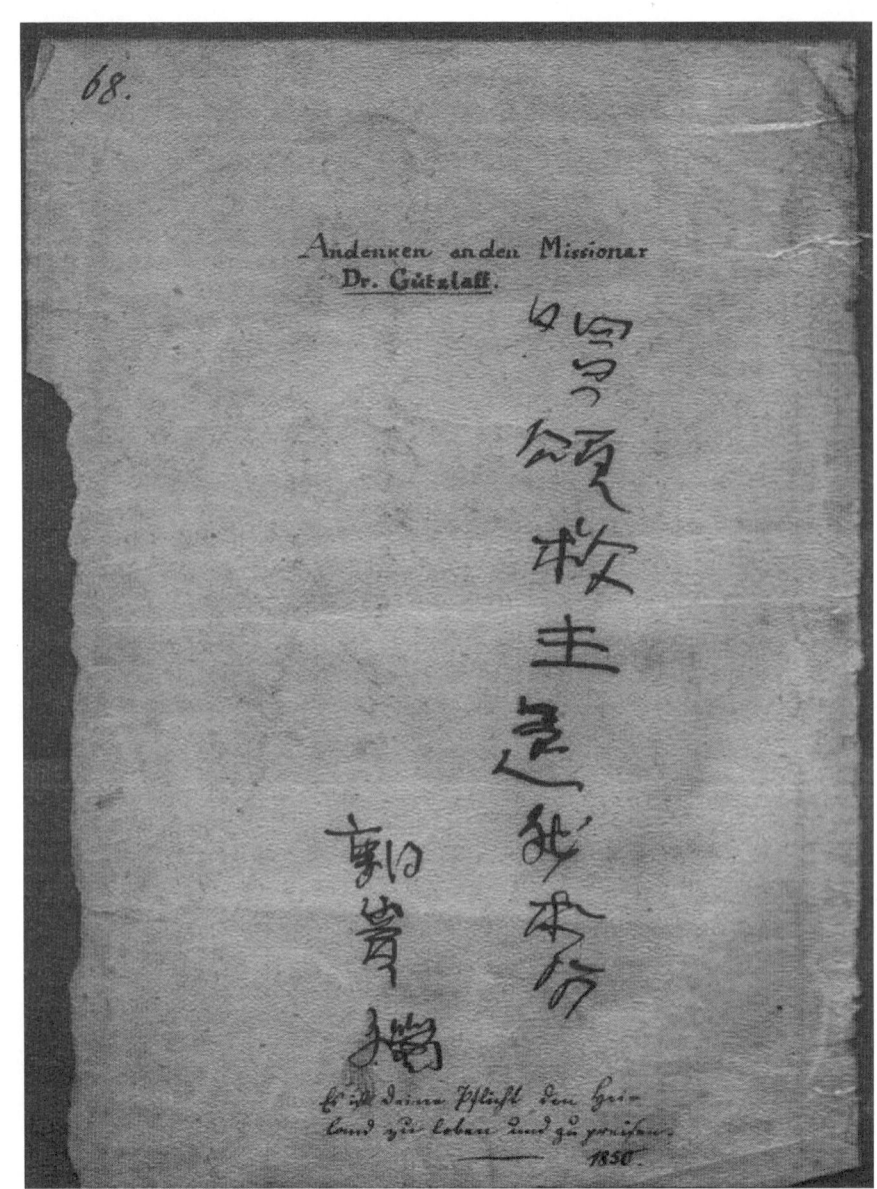

창송구주시아본분(唱頌救主是我本分), 궈스리에, 1850년(소장 : 오현기)
1850년 유럽 선교여행 중 기록된 것으로 추정되는 이 앨범에는 "구주를 찬송하는 것이 즉, 나의 본분이다"라고 쓰여있고 귀츨라프의 중국이름인 궈스리에로 서명되어 있다.

프롤로그 Prologue

"그가 우리를 깨웠고, 이젠 우리가 그를 깨운다"

1832년(순조 32) 7월 17일, 한 서양 상선이 조선에 들어왔다. 이 배의 이름은 로드 애머스트호(Lord Amherst)이며, 조선에 최초로 정식통상을 요구한 서양 선박이었다. 그런데 이 배에는 한 독일인 선교사가 타고 있었다. 그가 바로 경건주의 선교신학으로 무장한 칼 프리드리히 아우구스트 귀츨라프 선교사(Karl Friedrich August Gützlaff, 1803~1851)이다. 로드 애머스트호가 황해도 몽금포 해안을 거쳐 서해 고대도에 정박해 있는 동안 귀츨라프는 적극적으로 조선인들과 소통했다. 그는 복음으로 조선인들을 깨우는 한국 최초의 개신교 선교사였다. 동시에 문화의 중개자이기도 했다. 그래서 그는 서양의 문화를 한국에 소개했을 뿐 아니라 한국의 문화와 언어를 세계에 알렸다. 이때 한국과 서양 간의 문화적 접촉이 집중적으로 일어난 것이다. 귀츨라프는 이 땅에서 길지 않은 기간 동안 머물렀지만 다음과 같은 7가지 대표적 업적을 '최초로' 이룩했다.

① 최초로 한국에 온 개신교 선교사

1866년에 순교한 선교사 토마스보다 34년, 1884년에 입국한 의료선교사 알렌보다 52년, 1885년 입국한 미국 선교사인 언더우드·아펜젤러보다 53년이나 앞서 조선을 선교하기 위해 방문했다.

② 최초로 한글 주기도문 번역 시도

성경에 나오는 '주기도문'을 한문으로 써주고 그것을 한글로 번역했다. 이는 단편적이지만 한글 성경번역의 효시라 불릴 만하다.

③ 최초로 한문성경과 한문 전도서적의 전달

귀츨라프는 가는 곳마다 조선인들이 읽을 수 있는 한문으로 된 성경이나 한문 전도서적을 나누어 주었으며, 순조대왕에게는 로버트 모리슨과 밀른 선교사가 번역한 한문성경인 『신천성서(神天聖書)』를 진상했다.

④ 최초로 한글의 우수성을 세계에 체계적으로 소개

당시 조선이 한자 문화권임에도 불구하고 조선만의 문자인 한글이 있다는 것을 안 귀츨라프는 한글을 배워서 체계적이고 학술적으로 서양에 소개하여 최초로 한글을 세계에 알렸다. 그의 영문 소논문, 「한글에 대한 소견」은 영어권은 물론 독일어로 일부 번역되어 독일어권에도 소개되어 한글의 독창성과 과학성을 널리 알리는 데 크게 기여했다.

⑤ 최초로 서양 감자 파종

먹을거리가 제대로 없어 곤궁한 조선인들을 위해 서양감자를 심고 재배하는 법을 조선인들의 눈앞에서 실제로 보여 주었고, 글로 써 남겨 주었다. 또한 야생포도로 음료를 만드는 법 역시 전수했다.

⑥ 최초로 서양 선교사로서 서양 근대의술을 베풂

충청도 기착지인 고대도 도착 이후, 줄곧 환자들을 위해 약을 처방했다. 한 예로 60명의 노인 감기환자를 위한 충분한 약도 처방해주었다. 이는 조선에 온 서양 선교사가 최초의 서양의술을 베푼 기록이다.

⑦ 동북아를 위한 최초의 체계적 선교전략 구상

귀츨라프는 제주도 일대를 둘러본 후, 조선·중국·만주·일본을 잇는 선교기지(Missionsstation)로 알맞다는 생각을 했다. 그는 선교기지인 제주도를 통해 동북아 조선을 비롯한 여러 나라에 "그리스도 교회의 첫 번째 시작"을 언급하면서 동북아 선교를 위한 기본적 전략을 처음으로 구상을 했다.

이렇게도 중요한 역사적 기여에도 불구하고, 한국에서는 그의 사역에 대한 고증과 평가가 아직 제대로 이루어지지 않았다. 현재까지 한국에 소개된 귀츨라프의 연구들은 단편적이거나 아니면 고증의 당위성에 있어서 만족할 만한 수준이 아니다. 이유는 대부분 독일인 귀츨라프가 작성한 독문 1차 사료가 참고 되지 못했고, 1차 사료가 참고 되더라도 영어문헌에 한정하거나, 또는 영어나 일어로 된 2차 문헌을 참고한 것에 그치는 예가 많았기 때문이다. 그러나 심도 있는 1차 사료를 중심으로 한 깊이 있는 연구가 선행되고, 동시에 그가 품었던 동북아, 특히 조선에서 행한 선교의 실체를 파악한 다음 그에 대한 역사적 평가가 주어져야 할 것이다. 당연히 지금까지 오해받거나 간과된 그의 선교사로서의 행적은 새로운 평가와 판단이 내려져야 한다. 왜냐하면 새로운 역사적 사료가 발굴되면 변화의 흐름에 맞게 역사를 판단하고 서술하는 방식이 바뀌어야 함이 타당하기 때문이다. 이에 필자는 귀츨라프가 모국어인 독일어로 기록한 문헌들과 현재 독일어권에서 진행되는 연구 상황·성과들을 한국에 소개할 필요성을 절실하게 느꼈다.

필자의 귀츨라프에 대한 연구는 베를린에서 시작됐다. 베를린이라는 도시는 귀츨라프와 필자를 이어주는 운명적 접점이었다. 19세기에 귀츨라프가 네덜란드 선교회의 선교사로 파송되기 전, 베를린 선교학교에서 선교사로서의 초석을 닦으며 수학했고 베를린 대학교(지금의 국립 베를린 훔볼트 대학교) 신학부에서 짧게나마 수학했다는 사실은 21세기에 같은 대학 신학부에서 신학박사 과정으로 수학하던 필자에게 연구적 흥미를 불러일으키기에 충분했다. 그리고 그의 사역 말기에 '중국을 위한 베를린 여성선교회(Berliner Frauen Verein für China)'와 '베를린 선교회', '포메른 선교회'가 중국 선교를 위해 결성한 개신교 연합기관인 '독일 개신교 제국선교연합회(Evangelischer Reichsbote)'의 지원을 받았다는 사실은 귀츨라프에 대한 연구를 재촉하는 데 중요한 역할을 했다. 베를린! 그를 다시 만나기에 적당한 장소였다.

필자는 2004년부터 본격적으로 베를린을 중심으로 독일에 남아있는 그의 흔적을 더듬어 나갔다. 대학이나 여러 선교회 기록 보관소 등에 있는 그의 저서나 편지, 관련 자료, 연구문헌들을 수집하면서 본격적 연구를 시작했다. 귀츨라프 선교사의 선교정신을 기리기 위하여 필자는 2007년 베를린에서 그간 수집된 귀츨라프 사료들의 전시를 기획하여 개최했고, 아래 논문들을 순차적으로 발표했다.

- 「조선의 첫 개신교 선교사 칼 귀츨라프 – 그의 성장기와 학창시절에

관한 연구」,『부경교회사연구』11호, 2007.11, 25~44쪽.
- 「한국에서의 첫 개신교 선교사 귀츨라프의 조선 선교 기록에 대한 비교연구」,『부경교회사연구』17호, 2008.11, 7~29쪽.
- 「한국개신교의 선교 원년이 1832년인 근거에 관한 연구 - 칼 귀츨라프의 선교」,『대학과 선교』21집, 2011.12, 133~170쪽.
- 「한국의 첫 개신교 선교사 귀츨라프의 선교탐방경로에 관한 연구 - 고대도 안항 정박론을 중심으로」,『부경교회사연구』38호, 2012.7, 24~50쪽.
- 「귀츨라프 선교사와 로드 애머스트호(Lord Amherst) - 역사적 고증과 선교사적 의미에 대한 연구」,『대학과 선교』23집, 2012.12, 145~171쪽.
- 「귀츨라프의 선교신학에 나타난 친첸도르프의 헤른후트주의의 영향에 관한 연구」,『복음과 선교』20집, 2012.12, 237~278쪽.
- 「칼 귀츨라프의 전기 선교사역에 관한 특징연구」,『부경교회사연구』44호, 2013.7, 23~48쪽.
- 「중국 근대사에 끼친 서양 선교사들과 선교회들의 영향에 대한 연구」,『대학과 선교』25집, 2013.12, 121~160쪽.

이 책은 그간의 연구 결과가 담긴 위의 논문들을 토대로 했으며, 새로운 고증을 통해 내용을 수정하거나 보완했다. 특히 귀츨라프 방문 당시 조선과 서양의 사료들은 귀츨라프에 입체적으로 접근하는 데 많은 도움을 주었다. 이 연구를 통해 귀츨라프의 성장 배경과 교육 과정, 선교사적 생애를 전 방위로 고찰함으로써 그가 조선에서 뿐만 아니라 동아시아에서 행한 그의 선교사역을 그려 볼 수 있을 것이다. 더 멀리 나아가 그의 선교신학의 근간을 제대로 이해하는 데도 도움을 주리라 믿는다.

이 책을 통해 1832년에 귀츨라프가 행한 조선 선교는 우연의 산물이거나 충동적 선교, 일시적 선교가 아닌 독일 후기 경건주의, 특히 친첸도르프와 헤른후트주의의 영향을 받아 행한 필연적 선교사역이었고, 경건주의 신학에 뿌리를 둔 체계적인 선교였으며, 조선을 위해 면밀히 계획되고 준비된 선교였다는 점을 밝힐 것이다. 그가 비록 한 달간의 길지 않은 일정으로 조선을 방문했으나, 이 땅에 거주하면서 선교했던 선교사들에 견줄 수 있는 큰 업적을 이루었음을 알게 될 것이다.

그렇다면 '왜 지금 귀츨라프인가?'

지금 이 시점에서 귀츨라프를 조명해야하는 이유는 다음과 같다.

첫째, 귀츨라프에게 한국 최초의 개신교 선교사라는 타이틀을 돌려주고 그의 선교에 붙어 다니는 비공식이라는 수식어를 제거하여 그에게 합당한 명예를 회복시켜 주는 것이 이 책의 근본적 의도이다. 나아가 그가 행한 선교가 복음에 입각한 바른 선교였다면, 한국개신교 선교 원년이 새롭게 논의되기를 희망하기 때문이다.

둘째, 귀츨라프는 제2의 종교개혁이라 불리는 독일 경건주의 신학으로 무장한 선교사이다. 그의 한국 방문을 통해 우리 한국의 기독교가 미국을 통한 복음주의적 유산뿐 아니라 독일 경건주의적 신앙의 유산도 직접 물려받은 풍부한 선교역사를 가지고 있다는 사실을 증명하기 위함이다.

셋째, 귀츨라프의 선교사역의 가치, 즉 복음 전파와 아울러 선교 대상인 현지 주민을 불쌍히 여기는 돌봄의 선교를 회복하는 것이야말로 올바른 현대 선교사역의 확립이라 보았기 때문이다. 귀츨라프는 그 점에 있어 우리에게 올바른 선교가 무엇인지 모범을 보여줬다.

넷째, 지금 우리에게는 21세기형 귀츨라프가 필요한 까닭이다. 현대의 다양한 문화적 접촉과 빠른 변동 속에서 복음 선교가 효과적으로 이루어지기 위해서는 새로운 방법론적 대안이 필요하다. 우선 귀츨라프는 선교지의 주민을 무시하거나 그가 가진 서양문화를 강요하지 않았다. 그는 선교지 주민들과 똑같은 생활을 했고 그들의 눈높이에서 함께했다. 동시에 복음으로 설득하고 인내하며 교류했다. 또한 타문화를 자문화와 동등하게 인정하고 소통했다. 즉, 정복과 강요가 아니라, 설득과 이해였다. 이것이 당시의 다른 서양 선교사들과 그를 구별해 주는 모습이다. 바른 선교신학과 선교방식의 정립이 요구되는 이 시대야말로 문화 간 소통을 부르짖었던 귀츨라프의 열정적 목소리에 귀 기울여야 할 때라고 확신한다. 그는 분명 이 분야의 선구자였다.

다섯째, 귀츨라프가 관심을 기울이거나 관계한 분야는 신학은 물론, 역사학·문화인류학·종교학·언어학·국제통상학·의학·지리학·정치학·법학·지역학 등 실로 다양하고 방대하다. 그가 경건주의적 신학과 신앙을 바탕으로 세계의 모든 분야에 관심을 가지고 연구하며, 신앙적으로 적용하려는 모습은 그의 전생애를 통해 나타난다. 이것이 그의 기독교 세계관이다. 그는 기독교 세계관 확립의 선구자로서 그의 행한 모든 사역은 그를 기리는 후학들에게도 계승되어야 할 것이다.

이 책을 통해 귀츨라프라는 선교사에 대한 역사적 재평가가 이루어지고, 그가 행한 선교를 둘러싼 새로운 담론이 형성되길 기대한다. 그가 1832년 우리를 복음으로 깨웠듯이, 이제는 우리가 묻힌 그의 명성과 그가 남긴 역사적 교훈을 세계에 다시 일깨울 차례가 된 것이다.

목차 Contents

프롤로그 / 5

제1장 선교사 귀츨라프의 유소년기　　　　　　　　　　15
   1 퓌릿츠에서의 어린 시절　　　　　　　　　　　　　17
   2 황제가 알아본 그의 천재성　　　　　　　　　　　　21
   3 귀츨라프의 회심　　　　　　　　　　　　　　　　　25
   4 베를린 시절 그가 받은 영향　　　　　　　　　　　　29

제2장 귀츨라프에게 나타나는 친첸도르프의 헤른후트주의의 영향　33
   1 헤른후트 형제단과 헤른후트주의의 태동 과정　　　　36
   2 헤른후트 형제단의 베를린 정착과 교회 설립　　　　42
   3 베를린 선교학교와 헤른후트주의　　　　　　　　　　51
   4 베를린 선교학교의 설립자 예니케 목사　　　　　　　58
   5 베를린 선교학교의 교과 과정과 강조점　　　　　　　61
   6 귀츨라프의 선교신학에 나타난 헤른후트주의　　　　66
   7 귀츨라프에게 헤른후트주의적 영향을 끼친 그 밖의 인물들　76

제3장 네덜란드 선교회에서의 선교훈련　　　　　　　81

제4장 칼 귀츨라프의 전기 선교사역   95

1 바타비아 · 빈탄 · 싱가포르 선교   98
2 시암 선교   104
3 마카오 선교   111

제5장 귀츨라프의 조선 선교   123

1 조선 선교 이전의 여정   131
2 조선인과의 만남, 조선 선교를 위한 탐색   133
3 본격적 조선 선교   150

제6장 귀츨라프의 조선 선교탐방경로 - 고대도 안항 정박론   179

1 최초 정박지 - 몽금포 앞바다의 몽금도 앞   182
2 '장산'에서 고대도 안항까지의 항로   188
3 귀츨라프의 '고대도 안항' 정박에 대한 근거   191

제7장 귀츨라프 선교사가 탑승한 로드 애머스트호
- 그 역사적 고증과 선교역사적 의미   213

1 1832년 이전 개신교인의 조선 방문   216
2 애머스트호의 규모   222
3 최초의 서양 통상선이 선교선으로   237

제8장 귀츨라프의 섬, 고대도   245

1 하나님이 사랑한 섬, God愛島 !   247
2 고대도에서 보아야 할 곳   248

제9장 칼 귀츨라프의 후기 선교사역　263

   1　첫 번째 중국 내지선교회 - 복한회의 설립　266
   2　중국을 위한 베를린 여성선교회의 결성과 협력선교　280
   3　근대 중국 정치 · 사회에 미친 영향
      - 청 · 영전쟁과 태평천국의 난　285

제10장 전문가 인터뷰　301

   1　실비아 브레젤 박사　303
   2　베른트 크렙스 박사　310
   3　클라우스 뢰버 박사　316
   4　하르무트 발라벤스 박사　322

제11장 귀츨라프의 아시아 언어로 된 대표적 서적
       - 중국어, 일본어, 시암어　333

   1　중국어　335
   2　일본어　346
   3　시암어　346

에필로그 / 347
부록 1　귀츨라프의 조선 항해기 / 370
부록 2　귀츨라프의 편지 / 389
부록 3　세계 연구자들의 귀츨라프 연구 관련 협력동의 서신 / 399
부록 4　칼 프리드리히 아우구스트 귀츨라프 연표 / 406
참고문헌 / 411

제1장

―

선교사 귀츨라프의
유소년기

―

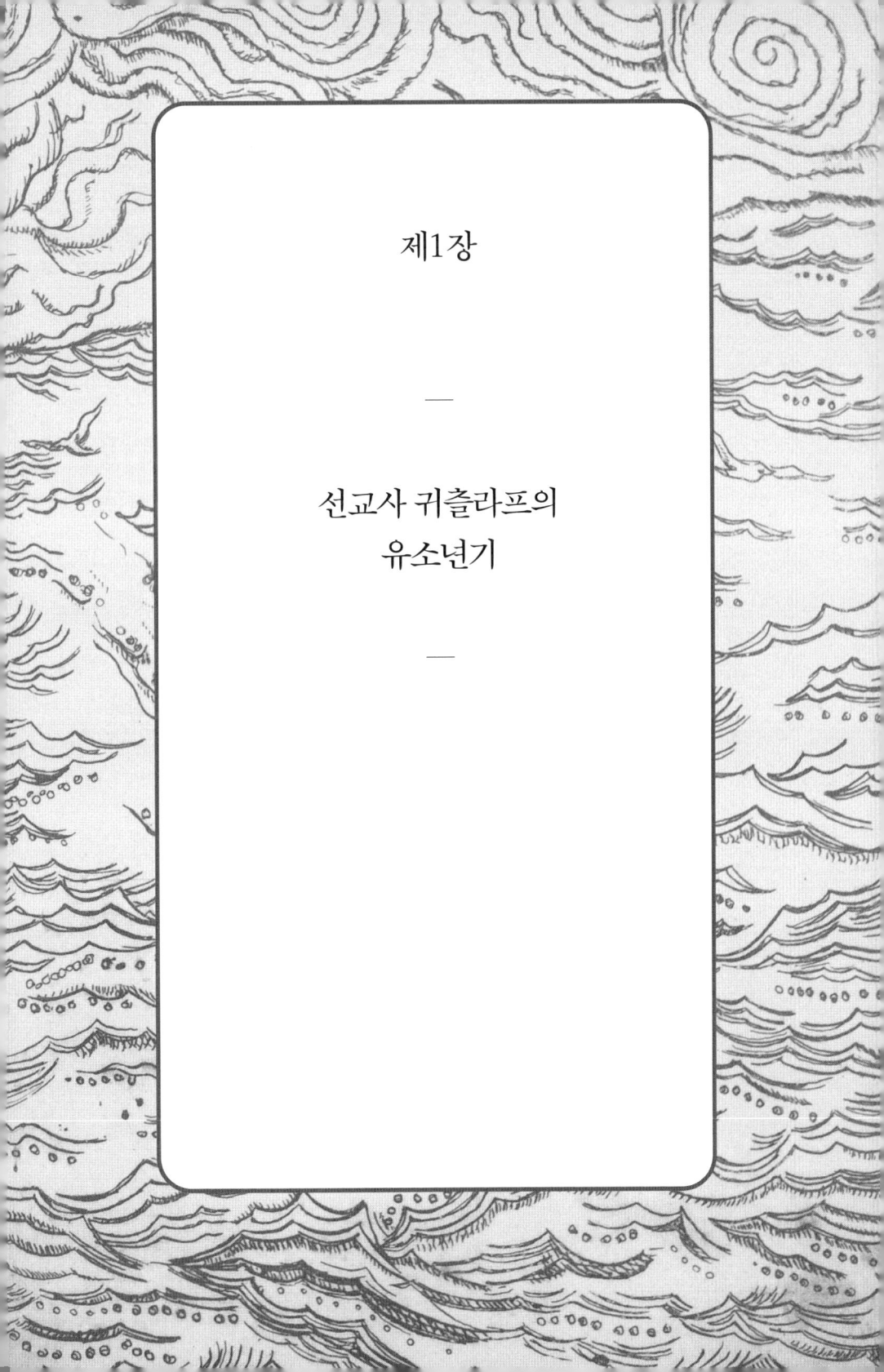

1 퓌릿츠에서의 어린 시절

귀츨라프는 1803년 7월 8일 독일 프로이센 제국의 힌터포메른(Hinterpommern) 지역에 있는 한 작은 도시 퓌릿츠(Pyritz)[1]에서 태어났다. 재단사인 요한 야콥 귀츨라프(Johann Jacob Gützlaff)와 그의 두 번째 아내였던 마리 엘리자베스 벤케(Marie Elisabeth Behncke 또는 Behnke) 사이의 외아들이다.[2]

귀츨라프에 대하여 일부 한국문헌에서는 귀츨라프가 유대인 혈통이라는 가설을 근거 없이 제기하기도 한다. 하지만 귀츨라프라는 성은 북독일 포메른(Pommern) 주의 바닷가에 거주하는 사람들에게서 쉽게 찾아볼 수 있는 독일 고유의 성 중 하나이며, 어머니인 벤케 또한 전형적 독일 성이다. 독일 내 귀츨라프 연구 대가 중의 하나인 국립 에어푸르트 대학교의 실비아 브레젤 연구교수는 필자와의 인터뷰에서 귀츨라프의 유대인설을 반박하며, 귀츨라프 부모의 성은 독일 북부 고유의 전형적 가족성 중 하나라고 확언했다.[3] 귀츨라프가 유대인이라는 설은 그 가능성이 희박하다.

귀츨라프의 어머니는 1807년 5월 9일, 귀츨라프가 네 살이 되어갈 무렵 세상을 떠났다. 다음 해 1808년 7월 7일 귀츨라프의 아버지는 같은 도시에서 재단사로 일하다 사망한 요한 다비드 슐츠(Johann

---

1 독일 프로이센 제국 포메른 주에 있었던 작은 마을이다. 현재는 폴란드에 편입되었다.
2 Heinrich Richter u. Karl Gützlaff, *Philethnos oder Missionar Karl Gützlaff's Bittschrift für die Heiden und Muhamedaner : nebst einer gedrängten Lebensgeschichte genannten Missionars von Heichrich Richter*, Barmen & Schwelm : Faltenberg, 1833, 서문 IV.
3 독일 내 귀츨라프 연구 대가인 에어푸르트 대학의 실비아 브레젤(Sylbia Bräsel) 연구 교수와의 인터뷰, 일시 : 2012.7.26, 장소 : 에어푸르트 대학교.

David Schulz)의 아내였던 카롤리나 루이자 프리데리카 오케르트(Calorina Louisa Friederika Ockert, 1769~1852)와 재혼하게 됐다.[4] 귀츨라프는 새어머니인 오케르트에게 심하게 학대당하며 자랐다는 기록이 전해지는데,[5] 유년기에 그는 많은 상처와 고통 속에서 성장했다.

귀츨라프는 당시 독일 할레에서 일어났던 경건주의(Pietismus)적 가풍의 영향 아래에서 자랐다. 실제로 그의 아버지는 할레의 경건주의자 프랑케(Hermann Francke, 1663~1727)가 세운 프랑케 학교(Frankesche Schule)에서 수학했다.[6] 귀츨라프는 1810년 7살 때 퓌릿츠의 공립학교(Bürgerschule)에서 공부를 시작했다.[7] 그러나 어려서부터 몸이 허약했던 탓에 종종 수업에 지장을 받았던 것으로 보인다.[8]

귀츨라프의 고향 퓌릿츠에는 당시 네 명의 목사들이 있었다. 이들은 계몽주의 정신에 큰 영향을 받아 이신론(Deismus)이나 삼위일체론을 거부하는 소치니아니즘(Sozinianismus)의 이론을 토대로 학생들을 가르쳤다.[9] 이들의 교육은 도리어 어리고 병약했던 귀츨라프가 가졌던 소박한 신앙의 힘을 잃게 만드는 역할을 했고, 공교육을 통해서 받을

---

4   Hauptverein für christliche Erbauungsschriften, *Karl Gützlaff's Leben und Heimgang*, Berlin : Haupt-Verein für christliche Erbauungsschriften, 1851, 1.
5   No author shown, "Karl Gützlaff", *Illustrierte Zeitung* vom 1(Nr. 87), 1845.3, 131.
6   C. Gutzlaff, *The Journal of three voyages along the coast of China in 1831, 1832 and 1833*, 3. ed., London : Thomas Ward and CO, 1840, 51. 유년기에 그도 이 학교에서 수학했다는 설도 있다. Richard Reinisch, *Christentum in China : Gestern-Heute-Morgen?*, Demand : Norderstedt Books, 2010, 33.
7   K. Gützlaff, *Philethnos*, 서문 IV.
8   K. Gützlaff, *Philethnos*, 서문 IV.
9   Issacher J. Roberts, "Early of Charles Gutzlaff, Missionary in China", Klein, Thoralf u. Zöllner, Rheinhard(Hrsg.), *Karl Gützlaff (1803-1851) und das Christentum in Ostasien : Ein Missionar zwischen den Kulturen*, Nettetal : Steyler Verlag, 2005, 259.

수 있는 경건의 훈련은 기초적 수준에 지나지 않았다.[10]

그러나 이러한 전반적 사회 분위기와 교육 환경에도 불구하고 어린 귀츨라프는 다행히 아버지로부터 신앙과 사회적 교양에 관한 훈련을 받으며 성장할 수 있었다. 귀츨라프의 이복형제 크리스티안 요르단(Christian Friedrich Jordan Gützlaff, 1783~1865)으로 추측되는 이의 글에 의하면, 그의 가정이 경건주의적 영향 아래 있어서 특히 가족끼리의 평범한 가정 예배를 통해 아주 어릴 때부터 살아있는 기독교 신앙에 대한 관심을 가질 수 있었다고 한다.[11]

이러한 가풍의 영향 덕분인지 귀츨라프는 어릴 때부터 설교자(Prediger)가 되는 꿈을 품게 됐다.[12] 베를린 선교학교에 입학할 당시 장래 포부를 묻는 질문에도 설교자가 되고 싶다고 대답했던 것으로 전해진다.[13] 1833년에 발간된 다른 책에서도 그의 천재성을 알아본 프로이센 국왕이 장래 희망을 물은 기록이 등장하는데, 그때에도 귀츨라프는 무엇보다도 선교사가 되길 원한다고 대답했다고 한다.[14]

실제로 귀츨라프의 선교사적 기질은 이미 어린 시절에 싹텄던 것으로 보인다. 그는 이복자매인 샤로테 귀츨라프(Chalotte Eleonore Jordan Gützlaff)에게 보냈던 한 편지에서 어린 시절에 대한 회상과 함께 일곱

10　Marianne Winner-Lüdecke, *Karl Gützlaff : ein vergessener Rufer?*, Bad Liebenzeller : Verlag der Liebenzeller Mission, 1981, 8.

11　No author shown, "Der Missionar Gützlaff", *Allgemeine Kirchen-Zeitung*, 1832.8.26, Sp. 1097; K. Gützlaff, *Philethnos*, 서문 IV.

12　Carl Friedrich Ledderhose, *Johann Jänicke : der evangelisch-lutherische Prediger an der böhmischen-oder Bethlehems-Kirche zu Berlin ; nach seinem Leben und Wirken dargestellt., Zum Besten der Mission für China*, Berlin : Selbstverlag, 1863, 122.

13　Johann Christian Reichhardt, "Gützlaff's Eintritt in die Missionslaufbahn und seine Erweckung", *Evangelisches Missions-Magazin* 3, 1859, 455.

14　K. Gützlaff, Philethnos, 서문 VII.

살 때 이미 여행에 대한 관심이 격정적으로 일어났다고 쓰고 있다.[15]

비슷한 사례를 귀츨라프의 동역자였으며 미국 침례교 중국 파송 선교사인 잇사갈 로버츠(Issachar Jacox Roberts, 1802~1871)도 소개하는데, 귀츨라프는 어린 시절에 모험을 동경해서 종종 자신이 직접 여행자가 된 그림을 그리기도 했다고 한다. 가끔은 가고 싶은 나라의 지도를 모래 위에 앉아 그려보곤 했을 정도라고 하니, 선교사로서 마땅히 가져야 할 개척정신이 어린 그의 내면에 조금씩 자라나고 있었던 것이다.[16]

이러한 귀츨라프의 선교사가 되고자 하는 열망은 어디에서, 어떻게 시작됐을까? 먼저 그의 고향인 퓌릿츠가 그에게 선교 역사에 관한 모범을 제공했다고 할 수 있을 것이다. 그러한 의미에서 그곳에 있었던 오토의 우물(Ottobrunnen)은 좋은 예이다. 이 우물은 밤베르그(Bamberg)의 감독이자 포메른 사람들의 존경을 받았던 '사도 오토'를 기념하는 우물이다. 1124년 7,000명의 포메른 사람들이 오토에게 세례를 받았던 역사적 현장이 귀츨라프의 집에서 멀지 않았다. 오토의 선교적 사역을 기념하는 오토의 우물은 귀츨라프에게 "상상의 산물이 아니라 구체적 사실"로서 이해됐다.[17] 그야말로 선교역사의 산 증거였던 것이다. 이를 통해 귀츨라프에게는 오토의 선교가 앞으로 나아가야 할 길에 영향을 준 좋은 모범이 됐음을 추측하기란 어렵지 않다.

---

15 K. Gützlaff, Chalotte Eleonore Jordan에게 쓴 편지(Macao, 1838.5.14), *Pyritzer Kreiskalender*, 1920. Gehard Tiedemann, "Missionarischer Einzelgänger oder Visionär? Die Missiosmethoden Gützlaffs", Thoralf Klein, u. Rheinhard Zöllner(Hrsg.), *Karl Gützlaff (1803-1851) und das Christentum in Ostasien*, 196 인용.

16 Issacher J. Roberts, "Early of Charles Gutzlaff, Missionary in China", 259.

17 K. Gützlaff, Philethnos, 서문 V~VI.

2 황제가 알아본 그의 천재성

1816년 열세 살의 귀츨라프는 자신의 출생지에서 멀지 않은 곳에 위치한 대도시 슈테틴(Stettin)으로 가서 가죽 허리띠 기술자(Gürtler)가 되기 위한 직업 교육을 받게 된다. 하지만 세계를 상상하고, 선교사로 목사로의 꿈을 가졌던 그로서는 이러한 직업 교육에 만족할 수 없었던 것이 당연한 일이었다. 이복형제의 증언에 의하면 "칼(귀츨라프)은 일터에서 돌아온 밤 10시부터 밤이 늦도록 빌려온 책을 읽을 정도로 공부에 대한 열의를 가지고 있었다"라고 했다.[18] 이처럼 가정 형편상 중단했던 학업에 대한 열정은 조용히 계속되고 있었다.

당시 슈테틴은 종교 난민이었던 경건주의자 헤른후터(독 : Herrnhuter, 영 : Moravian) 혹은 보헤미아인들의 영향으로 생겨난 영적 각성운동(Erwekungsbewegung)[19]이 강력히 지배하던 곳이었다. 프랑스 혁명에 뒤이은 이 영적 각성운동은 교회의 이성주의적 경향에 반하여 일어난 운동이다. 18세기의 경건주의와 감리교적 사상에 뿌리를 두고 새롭게 성장의 발판을 마련한 이 흐름은 독일의 경우 19세기 초반부터 개신교 진영의 선교적 열정을 불러일으키는 도화선 역할을 하게 된다. 이 운동의 특징은 개인적 회심에 대한 경건주의적 필요성과 계몽주의에 반대하는 믿음의 적극적 행동 그리고 선교에 대한 강한 열망이라고 할 수 있다.

---

18 Marianne Winner-Lüdecke, Karl Gützlaff : ein vergessener Rufer?, 9.
19 Bernd Moeller, *Geschichte des Christemtums in Grunzügen*, 5. Aufl., Göttingen, Vandenhoeck u. Ruprecht, 1992, 340f. Erich Beyreuther. *Die Erweckungsbewegung*, 2. Aufl., Göttingen : Vandenhoeck & Ruprecht, 1977 비교.

귀츨라프가 슈테틴에 머문 것은 비록 직업 교육 때문이었지만, 한편으로 선교의 비전을 키우는 기회임과 동시에 선교자로서의 결단에 대한 기초적 토양을 키우는 시간이었다고 할 수 있겠다. 또한 슈테틴은 당시 독일어로는 유일한 선교잡지였던 바젤 선교회의 『바젤 선교잡지(Basler Missionsmagazin)』를 귀츨라프가 처음으로 접했던 도시이기도 했다. 이 선교 잡지는 어떤 상인과 사귀면서 그의 손에 들어왔고, 이후 선교의 꿈을 키우는 좋은 자료가 됐다. 결국 1818년 귀츨라프는 어떤 설교자의 선교에 관한 격정적 설교를 계기로 선교사가 되어 세상에 헌신하기로 작정하기에 이르렀다.[20] 이처럼 슈테틴에서의 수련 기간은 선교에 대한 관심뿐만 아니라 선교사로서의 소명을 갖는 데도 더없이 중요한 시간이었다.

계속해서 양질의 교육을 받을 수 있는 기회가 그에게 우연처럼 찾아왔다. 그의 나이 17세 때 프로이센 제국의 군대 열병식이 슈테틴에서 열리게 된 것이다. 제국의 황제였던 프리드리히 빌헬름 3세(Friedrich Wilhelm III, 1770~1840)가 이 열병식에 참석했는데, 황제에게 귀츨라프가 지은 「충성의 시(Huldigungsgedicht)」가 헌정됐다. 빌헬름 3세는 그의 천재성에 놀라움을 감추지 못했다. 후에 그의 스승이 됐던 요한 예니케(Johann Jänicke) 목사의 표현을 빌리자면, 이 사건은 황제의 마음을 연 결정적 계기이자 마치 "다윗의 열쇠(Davidischer Schlüssel)"와 같았다고 한다.[21]

사실 그 시는 귀츨라프 혼자 지은 것은 아니었다. 슈테틴의 개혁

---

20 No author shown, "Karl Gützlaff", *Illustrierte Zeitung* vom 1(Nr. 87), 1845.3, 129.
21 Johann Jänicke가 J. H. P. Kohl에게 쓴 편지(Berlin, 1822.1.13), C. F. Ledderhose, Johann Jänicke, 206 인용.

파 교회의 목사 아들인 헤르만 하이덴라이히(Hermann Heidenreich)와 함께 지어 헌정했다. 그는 귀츨라프가 허리띠 제조 공장의 주인집에 머물 때, 그곳에서 함께 기숙하며 많은 도전과 자극을 준 인물이었다.

「충성의 시」의 일부를 소개하자면 다음과 같다.[22]

> 진심으로 환영합니다.
> 오! 우리의 존귀한 황제시여!
> (…중략…) 잃어버린 것은 프로이센에게 상념으로 저미게 했습니다.
> 자유와 독립과 조국을 위해
> 전사한 모든 용감한 전쟁 참가자들에게 위로가 있으라.
> 오! 그들에게는 저 세상에서 다시 보답이 있으리라.
> 그리고 모두가 그곳에서 월계관을 쓰리라 (…중략…)
> 파괴적 전쟁이 길을 닦았으니, 거룩한 조직들은[23]
> 유럽의 평화를 만들었노라. (…중략…)

시가 마음에 들었던 황제는 귀츨라프와 그의 친구에게 계속해서 공부를 할 수 있도록 재정적 지원을 아끼지 않을 것임을 약속했다. 1820년 11월 28일 프로이센 내각회의는 귀츨라프를 할레의 프랑케 목사가 세운 '고아기숙학교(Orphan-Haus)'에 보내기로 결정했다. 귀츨라프의 아버지가 원하여 황제에게 청원한 한 곳이기도 했으며,[24] 과거

---

22 Gehard Tiedemann, "Missionarischer Einzelgänger oder Visionär?", 229ff., 인용.
23 여기서 '조직들'은 전사자들을 의미한다.
24 C. Gutzlaff, *The Journal of three voyages along the coast of China in 1831, 1832 and 1833*, 3. ed., London : Thomas Ward and CO, 1840. 51. 이 사실이 1판(1833)과 2판(1834)의 서문에는 나타나지 않는다. 3판(1840)의 서문은 2판에 다른 내용이 첨가되어 있는 형태이다.

귀츨라프 아버지가 수학했던 곳이었다.[25] 그런데 여러 2차 문헌에서 나타나는 귀츨라프의 할레 대학교 수학설은 아마도 이 사실을 오인한 결과일 것이다. 그러나 더 중요한 것은 다음 해인 1821년 1월 19일에 열린 내각회의에서 귀츨라프를 베를린 선교학교(Missionsschule in Berlin)에서 교육시키기로 번복한 사실이다.[26]

드디어 귀츨라프는 꿈에 그리던 입학 허가서를 받게 됐다. 이 허가서를 통해 1817년 새로 설립된 문부성의 장관이자 프로이센의 개혁적 교육 체제를 확립한 인물인 폼 스타인 춤 알텐슈타인(Karl Sigmund Franz Freiherr vom Stein zum Altenstein, 1770~1840)이 서면으로 귀츨라프에게 입학허가를 통보했다.[27]

황제는 귀츨라프를 이 베를린 선교학교에 수학시키기 위해 연 500탈러(Taler)의 지원금을 냈다.[28] 이는 프리드리히 쉴러(Friedrich Schiller, 1759~1805)가 독일 예나(Jena) 대학교의 역사학 교수로 연 200탈러의 사례를 받았고 1850년대 독일 대학교수나 중앙정부의 수상비서의 급료 또는 지방정부 공무원 연봉이 300~800탈러[29] 정도였음을 감안할 때, 500탈러는 당시 상당히 큰 돈이라고 할 수 있다. 이 지원금의 액수는 재정난에 허덕이던 신학교가 재정 후원자를 더 이상 찾을 필

---

25 Herman Schlyter, *Karl Gützlaff als Missionar in China*, Lund : C. W. K. Gleerup, 1946. 8.
26 Die kabinetterlässe, *Preuss. Staatzeitung* vom 4, 1832.7; K. Gützlaff, *Philethnos*, 서문 VII.
27 Johann Jänicke가 J. H. P. Kohl에게 쓴 편지(Berlin, 1822.1.13), C. F. Ledderhose, *Johann Jänicke*, 206.
28 No author shown, "Karl Gützlaff", *Illustrierte Zeitung* vom 1(Nr. 87), Leipzig, 1845.3, 129.
29 Joachim Grossmann Künstler, *Hof und Bürgertum : Leben und Arbeit von Malern in Preussen 1786-1850*, Berlin : Akademie Verlag, 1994, 152.

요가 없을 정도로 충분했다.[30] 황제의 파격적 재정지원 덕분에 귀츨라프는 열여덟 살인 1821년 4월부터 마침내 베를린에 있는 선교학교에서 학업을 이어가게 된 것이다.

귀츨라프가 할레가 아닌 베를린에서 공부하도록 변경된 배경에는 한 선교사의 편지가 중요한 역할을 한 것으로 보인다. 귀츨라프가 베를린 선교학교에서 공부하게 될 것이라는 내각회의의 최종결정이 나기 직전에, 인도에서 활동하던 이 학교 출신의 레니우스(Karl Th. E. Rhenius) 선교사가 황제에게 편지를 썼다. 편지에는 남인도에서의 사역에 관한 내용뿐만 아니라 자신이 공부했던 베를린 선교학교에 대한 소개가 담겨져 있었다. 시기적으로 볼 때, 레니우스 선교사의 편지가 황제로 하여금 귀츨라프의 학교를 선정하는 데 모종의 영향을 끼친 것으로 추측할 수 있다.[31]

3   귀츨라프의 회심

귀츨라프는 이 신학교에 들어올 때만 하더라도 근본적 회심의 순간을 경험하지 못한 채였다.[32] 그가 회심을 경험한 것은 베를린 선교학교에서 수학하는 동안의 일이었다. 귀츨라프의 회심에 관한 이야기들은 베를린 선교학교에서 그와 자취방 동료로 지낸 요한 라이히하르트

---

30 Johann Jänicke가 J. H. P. Kohl에게 쓴 편지(Berlin, 1822.1.13), C. F. Ledderhose, *Johann Jänicke*, 206.
31 Herman Schlyter, *Karl Gützlaff als Missionar in China*, 11.
32 C. F. Ledderhose, *Johann Jänicke*, 123.

(Johann Christian Reichhardt)가 자세히 글로 남겼다.[33] 그의 설명에 따르면, 귀츨라프가 베를린 선교학교에 들어 왔을 때는 이미 기숙사가 다 차 있어 방이 없는 상황이었다. 그는 결국 학교에서 멀지 않은 곳의 기독교인 가정에 방 하나를 빌려 기숙하게 됐다. 그 가정의 가장은 베를린 보헤미아 베들레헴 교회의 교인이었고, 그의 형제가 바로 아프리카에 선교사로 간 요한 레온하르트 에브너(Johann Leonhard Ebner, 1778~1837)였다. 에버너는 런던 선교회(the London Missionary Society)의 선교사로 남아프리카의 펠라(Pella), 나미비아(Namibia), 예루살렘(Jerusalem)과 왐바드(Warmbad)에서 1812년부터 1819년까지 사역을 했다.

라이히하르트는 1821년 6월, 귀츨라프보다 6주 늦게 베를린에 도착했다. 역시 귀츨라프처럼 기숙사 방을 얻지 못하게 된 처지에 놓였다. 그러다 우연히 귀츨라프와 방을 함께 쓰게 된 것이다. 두 사람은 어느 날 저녁 선교사가 되는 문제를 두고 서로 대화를 나누게 됐다. 그날 대화의 내용은 복음을 전파하기 위해 체험이 얼마나 중요한가에 관한 이야기였다.

귀츨라프는 밤 10시경이 되어 잠자리에 들었지만 좀처럼 잠을 이루지 못했다. 라이히하르트는 귀츨라프가 불안해 보였다고 당시를 회상한다. 실제로 그 순간 귀츨라프는 자신이 가진 죄의 문제로 고민하고 있었고, 자신이 지옥의 형벌을 받을 것을 두려워하고 있었다. 이 문제로 고민하던 그는 결국 라이히하르트에게 "불쌍한 죄인인 나에게도 은혜가 임하는 것이 가능한가?"라는 진지한 질문을 던지게 됐

---

33 라이히하르트는 경건파 교인이었고, 나중에는 유대인 선교사로 파송됐다. 귀츨라프의 회심에 관한 기록은 Johann Christian Reichhardt, "Gützlaff's Eintritt in die Missionslaufbahn und seine Erweckung", *Evangelisches Missions-Magazin* 3, 1859, 455~459.

다. 라이히하르트는 곧바로 "우리 주 예수님이 너를 위해 오셨다. 너의 죄를 사하셨고 너를 은혜 안에서 받으셨다"라고, 귀츨라프에게 구원에 대한 확신을 주었을 뿐만 아니라 여러 말로 권면하며 함께 기도했다. 기도가 끝난 후 귀츨라프는 청소년 시기부터의 죄를 세 시간 이상 고백했다.

라이히하르트는 그때를 기점으로 귀츨라프가 회심했다고 보았다. 그가 제시한 귀츨라프의 변화 증거는 첫째, 침상에 무릎 꿇고 기도하는 것이 이전에는 하지 않던 행동이라는 점, 둘째, 그 이후 더 이상 낙심하지 않았다는 점, 셋째, 책상에 앉아 학업을 시작하기 전이면 항상 묵상하듯 진실된 기도를 올리기 시작했다는 점이었다.

귀츨라프의 회심에 대한 또 다른 증언은 예니케의 전기록을 쓴 레더호제(Carl Friedrich Ledderhose)의 글에서도 나타난다. 오랜 후에 귀츨라프가 1850년 중국 선교지에서 유럽으로 돌아와 자신의 모 교회라고 할 수 있는 베를린 보헤미아 베들레헴 교회에서 행한 설교에서, 그가 신학도였을 때 맞이했던 회심의 순간을 회상하며 언급하고 있다.

> 내가 선교사역에 부름을 받았을 때, 나의 구원과는 아직 먼 심령이었다. (…중략…) 예수를 아직 그리스도라고 인정하지 못했었다. 그때 하나님의 경고를 통해 나에게 죄 사함을 경험하는 순간이 왔다. 내 심령은 그를 인정했고, 나는 무릎을 꿇었다. (…중략…) 나는 내 죄를 회개해야만 했다. 그때 내 안에 주님에 대한 사랑이 불붙었다. 내 안에 강한 확신이 들었다. 영원히 그의 안에 사는 것! 나는 그를 찬양했다. 가장 멀리 떨어져 있는 나라에 그의 이름을 전해야 한다는 강한 확신이 들었다. 나는 당시 거의 죽을 정도로 중병에 들어 있었다. 하지만 나의 결심을 새롭게 했다. 왜냐하면 그가 나에게 명령했기 때문이다. 나는 그에게 나의 모든 것을

위탁했다.³⁴

이상을 통해 귀츨라프의 회심은 그에게 선교사로서의 결단을 가능케 한 결정적 요인이 됐음을 알 수 있다. 이 시기에 그가 죄의 고백과 회심을 자신의 신앙적 주요 관심사로 두었던 것은 경건주의적 신앙의 영향 때문인 것으로 보인다.

귀츨라프의 젊은 시절 초상화³⁵

---

34   C. F. Ledderhose, *Johann Jänicke*, 123.
35   Karl Gützlaff, *A Sketch of Chinese History : Ancient and Modern* Vol. 1, New York : J. P. Haven, 1834.

4   베를린 시절 그가 받은 영향

1823년 부활절부터 귀츨라프는 베를린 대학교(지금의 베를린 훔볼트 대학교)에서 신학 공부를 시작했다. 이곳에서 수학하는 동안 그는 프로이센 제국의 수도인 베를린을 풍미하고 있던 낭만주의를 접하게 됐다. 귀츨라프가 유년시절을 보냈던 퓌릿츠와 슈테틴은 고전적이고 계몽주의적인 분위기가 주도적이었다면, 베를린은 직관과 감정을 중요시하는 낭만주의의 영향을 받고 있었던 것이다. 환상을 일으키는 무한한 상상력이나 원시 세계, 미지의 세계에 대한 동경은 낭만주의자들의 특징이라고 할 수 있다. 귀츨라프가 낭만주의의 직접적 영향을 받았다는 고백이나 객관적 기록은 발견할 수 없었지만, 그가 동시대를 살아가는 많은 낭만주의자들과 완전히 격리된 채 지낼 수는 없었을 것임은 분명하다.

당시는 특히 경건주의적인 영적 각성운동과 낭만주의가 결합된 성향을 보이는 경우가 잦았던 시기이기도 했다. 기존의 논리 체계보다는 낭만적 주관성과 개인의 창조성을 중시했던 낭만주의적 사고는 교의학적 논쟁이나 관념적이면서도 유형적이고 체계적인 교회보다 구원에 대한 개인적 경험과 회심을 중요시 여기는 귀츨라프의 사고와 통하는 부분이 있었다. 그에게는 구세주와 십자가에 대한 복음의 전파와 확장이 보다 중요한 관심사였기 때문이다.

낭만주의 경향이 미지의 세계에 대한 환상적이고 모험적인 태도, 그리고 논리보다는 감정을 중요시하는 풍조라고 한다면, 귀츨라프가 지니고 있던 특성, 즉 비교의적이고 기존의 신앙고백 중심으로 나누어진 교파주의를 중요하게 생각지 않는다는 점이 낭만주의에 영향을 받았다고 추측하기에 무리가 없어 보인다.

귀츨라프 전기 연구가 헤르만 쉬라이터(Herman Schlyter)에 의하면 귀츨라프의 낭만주의적 경향은 그의 선교신학에서 엿보이는 낙관주의(Optimismus)와 담대함(Waghalsigkeit)에서도 발견되는데, 이는 친젠도르프(Zinzendorf)의 헤른후트주의의 영향이라고도 볼 수 있다.[36] 귀츨라프는 친젠도르프적 선교 경향을 베를린 선교학교를 다니는 동안 요하네스 예니케(Johannes Jänicke, 1748~1827) 목사의 강의를 통해서, 또한 자기 스스로의 학습과 연구를 통해서 얻게 됐을 것이다.[37] 그의 이런 성향이 차후 전개될 선교사적 사고의 한 축이 됐음은 더 말할 나위 없는 일이다.[38] 필자는 다음 장에서 이를 심도 있게 다루고자 한다.

귀츨라프는 베를린 대학교 신학부로 진학했지만 몇 달을 채 다니지 못하고 학업을 중단하게 됐다. 불행하게도 그가 중병을 앓게 된 것이 이유였다. 그가 학업을 끝까지 마칠 수 있었다면 모교인 베를린 선교학교에서 가르칠 기회가 주어졌을 것이다. 그러나 그는 중병에 굴하지 않고 네덜란드 선교회에서 선교사 모집 소식을 듣고는 곧바로 그 길을 자원했다. 그러자 그가 앓고 있던 중병이 기적처럼 나아버렸다. 그의 놀라운 회복은 주치의가 "이것은 하나님이 하신 일이다"라고 말할 정도로 기적적인 사건이었다.[39]

1823년 5월, 귀츨라프는 다른 두 명의 지원자와 함께 네덜란드 선교회의 선교사가 되기 위해 네덜란드 로테르담(Rotterdam)으로 향했

---

36 Herman Schlyter, *Karl Gützlaff als Missionar in China*, 17f.
37 Herman Schlyter, *Karl Gützlaff als Missionar in China*, 18.
38 Marianne Winner-Lüdecke, *Karl Gützlaff : ein vergessener Rufer?*.
39 No author shown, "Karl Gützlaff", *Illustrierte Zeitung* vom 1 (Nr. 87), 1845.3, 130.

다. 이 일은 그가 그렇게도 희망하고 준비했던 선교사로의 실질적인 길로 그의 삶이 접어들고 있음을 의미한다.

귀츨라프가 선교사가 되기까지 그에게 미친 사상적·신앙적 영향을 종합해 보자면, 할레 경건주의(Pietismus)와 후기 경건주의의 한 지류인 친첸도르프의 헤른후트주의(Herrnhutismus), 그리고 영적 각성운동(Erwekungsbewegung)을 들 수 있을 것이다. 귀츨라프는 이것들을 차례로 경험한 후 선교활동을 교회의 설립과 확장으로 인식하기보다는 복음의 확장으로 이해했다. 이러한 사고는 그의 향후 선교에 큰 영향을 미치게 됐다. 또 이것들의 영향으로 개인적 회심에의 중요성과 긴급성을 인식했을 뿐만 아니라 경건한 삶과 믿음을 토대로 갖춘 적극적 행동, 그리고 선교활동에 대한 열의를 가지게 됐다. 아울러 당시 시대정신인 낭만주의도 그에게 큰 영향을 미쳤다.

선교사로서 귀츨라프의 그 소명은 어느 날 갑자기 주어진 것이 아니라 그의 어린 시절과 청소년 시절, 그리고 청년 시절을 통해 점차적으로 발전하고 확립됐음을 알 수 있다. 하나님이 모든 환경을 통해서 이끄심을 그는 마음으로 받아들여 순종했다는 의미일 것이다.

제2장

―

귀츨라프에게 나타나는 친첸도르프의 헤른후트주의의 영향

―

귀츨라프가 수학한 베를린 선교학교(Missionsschule in Berlin)는 독일의 후기 경건주의와 영국·독일의 영적 각성운동의 영향을 받았다. 그 중에서도 특히 친첸도르프(Nikolaus Ludwig von Zinzendorf und Pottendorf, 1700~1760) 백작과 그의 헤른후트 형제단(Herrnhuter Brüdergemeinde)의 영향은 아주 강력했다.

귀츨라프의 선교사역에 대해서 이해하기 위해서는 먼저 그가 수학하면서 그의 신학적 기반을 형성했던 베를린 선교학교에 대해서 알아보아야 한다. 이 장에서는 베를린 선교학교의 이념적 토대라고 할 수 있는 헤른후트주의의 태동을 역사적으로 고찰하고, 이 학교의 교과 과정과 신학적 강조점에 대해서 살펴보고자 한다. 이는 귀츨라프가 누구로부터 무엇을 배웠는지 추적해 나가는 과정이며, 이를 통해 귀츨라프의 선교신학적 경향을 규명할 수 있을 것이다. 이 연구가 특히 중요한 것은 1832년 그가 조선의 첫 번째 개신교 선교사로 방문하여 행했던 선교의 형식과 내용을 이해하기 위해서이다. 귀츨라프가 영향을 받은 헤른후트주의가 어떻게 조선 선교에 실제적으로 구현됐는지 살필 수 있을 것이다. 그것을 통해 복음 전파와 함께 그 실천을 중요시했던 독일 경건주의의 정신이 180여 년 전 우리의 선교역사에 분명히 잇닿아 있음을 알 수 있게 될 것이다.[1]

---

1 오현기, 「한국개신교의 선교 원년이 1832년인 근거에 관한 연구 - 칼 귀츨라프의 선교」, 『대학과 선교』 제21집, 2011.12, 133~170쪽에서 1832년 조선 선교에 나타난 헤른후트적 특징을 언급했다.

1 헤른후트 형제단과 헤른후트주의의 태동 과정

헤른후트 형제단과 헤른후트주의의 태동 과정을 알기 위해서 먼저 보헤미아 종교 난민들의 이주 역사를 살펴보자. 친첸도르프는 18세기 종교적 박해를 피해 보헤미아 왕국으로부터 넘어온 종교 난민들을 받아들인 독일 작센의 백작이다. 여기서 '보헤미아인'이란 합스부르크(Habsburg) 왕가의 지배하에 놓여 있던 보헤미아 왕국(das böhmische Königreich)의 국민을 말한다. 보헤미아 왕국은 프라하(Prag)를 중심으로 한 보헤미아 지역과 브르노(Brno)를 중심으로 한 모라비아 지역으로 구분됐다. 보헤미아 왕국의 국민들은 종교개혁자 얀 후스(Jan Hus, 1369~1415)의 영향을 강하게 받았으며 이들을 후스주의자라고 부르기도 한다.

1415년 독일 콘스탄츠(Konstanz)에서 후스가 화형당한 이후, 로마 가톨릭 교회의 핍박이 보헤미아에도 수백 년간 지속적으로 이어졌다. 때문에 보헤미아인들은 고향인 보헤미아 왕국을 떠나 종교 난민이 되어 국경에 접한 여러 나라로 피신해야 했다. 그들은 폴란드, 슐레지엔, 독일의 작센 등 인근 지역으로 종교의 자유를 찾아 이주했다.

그들의 종교적 신념은 실로 대단하여 난민의 몸으로 국경 근처에 머무르면서도 위험을 무릅쓰고 보헤미아어로 성경과 찬송가를 번역하여 보헤미아 왕국 안으로 반입시킬 정도였다. 이후 18세기에 이르러 이 종교 난민들 중 일부가 독일 작센의 친첸도르프 백작의 영지로 들어오게 된 것이다. 그리고 친첸도르프 백작은 보헤미아 종교 난민들을 위해 자신의 영지인 베르텔스도르프(Berthelsdorf) 근처에 헤른후트(Herrnhut)라는 마을을 세워 주었고, 그들을 루터 교회로 편입시켰

베르텔스도르프에 있는 친첸도르프 백작의 저택(촬영: 오현기)

다.² 헤른후트란 원래 "주님 예수의 보호(Obhut des Herrn Jesus)"라는 뜻에서 나온 말이다. 즉, 보헤미아 종교적 망명자들이 주님의 보호 아래 망명지를 찾은 것에 대한 감사를 표현하는 이름인 것이다.

1722년 6월 17일 이들은 첫 번째 집을 짓기 시작했고, 그해 10월에 크리스티안 다비드(Christian David, 1690~1751)의 인솔 아래 새로 지어진 건물에 첫 이주자들이 와서 살게 됐다.³ 여기서 다비드는 헤른후

---

2   Edita Sterik, "Die böhmischen Imigranten und Zinzendorf", Martin Brecht & Paul Peucker(ed.), *Neue Aspekte der Zinzendorf-Forschung*, Göttingen : Vandenhoeck & Ruprecht, 2006, 100.

3   Dietrich Meyer, *Zinzendorf und die Herrnhuter Brüdergemeine : 1700~2000*, Göttingen : Vandenhoeck & Ruprecht, 2009, 21. 크리스티안 다비드는 다른 선교사 두 명과 함께 1733년 그린랜드로 파송됐는데, 그들의 선교에 관한 역사는 David Kranz, *Historie von Grönland, erhaltend die Beschreibung des landes und der Einwohner A. insbesondere die*

제2장 귀츨라프에게 나타나는 친첸도르프의 헤른후트주의의 영향

트 형제단 설립의 또 다른 공헌자였다. 그는 1690년 가톨릭 가정에서 태어나 1717년 27세 되던 해에 개신교로 개종했다. 그는 1722년 독일어를 사용하는 모라비아 지역의 보헤미아 종교 난민들을 작센의 베르텔스도르프에 있는 친첸도르프 백작의 영지로 이끌어 온 인물이었다. 그는 1733년 5월 20일 마테우스 슈타흐(Matthäus Stach), 크리스티안 슈타흐(Christian Stach)와 함께 그린랜드 선교사로 파송됐다.[4] 보헤미아 망명자들이 처음 이주해 온 지 5년이 지난 뒤 1727년 4월에 조사된 바를 보면 헤른후트에 약 30채의 집과 220명의 거주자가 있었다. 어른이 133명, 아이가 87명이었는데, 그중 약 3분의 2는 모라비아 지방 출신이었고, 약 3분의 1에 해당하는 44명은 다른 지방 출신이었다. 원래 모라비아인이 아닌 사람 중에 보헤미아 지방 출신은 상대적으로 아주 적은 숫자에 불과했는데,[5] 이후 점점 많은 보헤미아 지방과 모라비아 지방 형제단들이 이곳으로 이주해 오게 됐다. 이때 모라비안(Moravian)이라는 단어는 헤른후트 형제단을 영어권에서 부르는 말인데,[6] 이들이 초창기 헤른후트 마을의 주류를 이룬 것에 영향을 받은 것이다. 후에 '헤른후트 형제단'의 다른 거점 지역도 새롭게 조성됐다.[7]

Geschichte der dortigen Mission der Evangelischer Brüder zu Neue-Herrnhut und Lichtenfels, 2. Aufl., Leipzig : Heinrich Detlef Ebers u. Weidmann, 1770 참조.

4   David Kranz, *Historie von Grönland, erhaltend die Beschreibung des landes und der Einwohner*, 399.

5   Dietrich Meyer, *Zinzendorf und die Herrnhuter Brüdergemeine*, 21.

6   Dietrich Meyer, "Brüderunität/Brüdergemeinde", Horst Robert Balz & Gerhard Krause, Gerhard Müller(ed.), *Theologische Realenzyklopädie* Bd.7, 1. Aufl., Berlin & New York : Gruyter, 1981, 225.

7   예를 들면 독일 내 지역은 1737년 필게루(Pilgerruh), 1738년 헤른학(Herrnhaag), 1743년 그나덴프라이(Gnadenfrei) 등지에, 독일 외 지역은 1736년 네덜란드 헤른학(Herrendyk),

1724년 5월 12일 헤른후트에 세워진 첫 번째 예배당(Betsaal)의 유적기념물(촬영 : 오현기)

헤른후트 마을에 상주하게 된 보헤미아 종교 난민들은 '헤른후트 형제단(Herrnhuter Brüdergemeinde)' 또는 옛 보헤미아-모라비아 형제교회의 권리와 권한을 요구함으로 '갱신된 형제단(Erneuerte Brüder-Unität)' 이라고도 불렸다.[8] 이들은 1727년 8월 13일의 성찬 예배에서 친첸도르프를 비롯한 교인들이 강력한 성령의 체험을 하면서 탄생한 집단으

1742년 스위스 몽미라일(Montmirail), 1743년 슐레지언 Brau 등지에 보헤미아 형제단의 거점지역이 형성됐다. Dietrich Meyer, "Brüderunität / Brüdergemeinde", 228.

8 Jean Loretz, *Ratio disciplinae Unitatis Fratrum A.C. : oder, Grund der Verfassung der Evangelischen Brüder-Unität Augsburgischer Confession*, Barby : L. F. Spellenberg, 1789, 158.

로서,[9] '갱신된(erneuert)'이란 말에서 드러나듯 보헤미아인들의 원래의 신앙인 후스주의가 독일의 경건주의, 특히 친첸도르프의 경건주의와 만나면서 새로운 신앙적 기조가 생성됐다는 의미를 가진다. 친첸도르프가 세운 헤른후트 마을에 거주하게 된 종교 난민들이 '형제(Brüder)'라는 단어를 고수했던 이유는 보헤미아와 모라비아의 옛 형제단교회(die alte Brüderkirche)에서부터 300년 이상 사용해오던 용어였기 때문으로 보인다.

그러나 그들의 굳은 결합은 와해되기 시작했다. 헤른후트 형제단

『친첸도르프, 신학적 그리고 그에 맞는 신념(Theologische und dahin einschlagende Bedenken)』, 1742 (촬영: 보령박물관, 소장: 오현기)[10]

---

9   Harry Yeide Jr., "Moravian", Robert Benedetto(ed.), *The New Westminster Dictionary of Church History* Vol. 1, Louisville : Westerminster John Knox Press, 2008, 445.
10 경건주의자이자 헤른후트공동체의 창시자인 친첸도르프 백작의 저서. 귀츨라프는 그의 저서들에 큰 영향을 받아 선교 지향적이고 그리스도 중심적인 사고를 확립했다.

의 일부가 친첸도르프 백작과의 갈등, 즉 성찬식의 방법과 그간 쌓여 온 사소한 오해로 인한 갈등으로[11] 1732년부터 헤른후트 지역을 떠나기 시작한 것이다. 모라비아 지역 출신들은 헤른후트에 거의 남았지만, 보헤미아 지역 출신 사람들이 중심이 되어 프로이센의 베를린으로 이주하기 시작했다.[12]

1735년 헤른후트 형제단의 대표적 지도자 다비드 니취만(David Nitschmann, 1695/1696~1772)이 베를린의 헤른후트 형제단의 새 감독으로 임직을 받았다.[13] 그는 헤른후트 형제단의 첫 번째 선교사로서 카리빅 해의 상트 토마스 섬(St. Thomas, 1732)에 파송됐고, 미국 동부 펜실베이니아의 헤른후트 형제단 선교 거점인 베들레헴시를 건설한 인물이었다.

1741년 12월 17일에는 드디어 독일 전역에 흩어졌던 보헤미아 출신 헤른후트 형제단의 전체 모임이 헤른후트에서 열렸다. 여러 지역으로 나누어진 단체를 하나로 엮는 이 전체 모임은 '보헤미아 형제단의 회의'라는 이름으로 하나가 됐다.[14]

친첸도르프가 숨진 후 헤른후트 형제단 공의회(Synode)는 형제단의 교회헌법을 각각 1764년, 1769년에 걸쳐 수정하여, 1775년 총공의회(General Synode)에서 확정했다.[15] 여러 나라, 여러 지역으로 흩어진

---

11   Edita Sterik, "Die böhmischen Imigranten und Zinzendorf", 103f.
12   Edita Sterik, "Die böhmischen Imigranten und Zinzendorf", 104. 1832년 10월 10일 보헤미아 지방 사람들이 친첸도르프의 저택 앞에서 시편 116편을 찬송하고는 한 가정만 남기고 모두 베를린을 향해 떠났다.
13   Jean Loretz, *Ratio disciplinae Unitatis Fratrum A.C.*, 104.
14   Edita Sterik, "Die böhmischen Imigranten und Zinzendorf", 107.
15   Dietrich Meyer, "Bruederunitaet / Bruedergemeinde", 228.

헤른후트 형제단이 비로소 통일된 체제를 구축하게 된 것이다.

2   헤른후트 형제단의 베를린 정착과 교회 설립

친첸도르프의 헤른후트를 떠나 베를린으로 온 보헤미아인들은 처음엔 숨어 살아야 했다. 그러다가 그 숫자는 점차적으로 늘어나 350명이 베를린으로 이주해 오자, 1733년 프로이센의 국왕 프리드리히 빌헬름 1세(Friedrich Wilhelm I, 1688~1740)는 당시 베를린에 새로 조성된 신시가지 프리드리히슈타트(Friedlrichstadt) 지역의 중심가인 빌헬름 거리(Whilelmstasse)에 34채의 집을 짓도록 허락해 주었다.

빌헬름 1세는 그들이 정착한 뒤 2년 후부터 집값을 갚아나가게 했고, 5년 동안 세금을 감면해 주었다. 게다가 보헤미아 난민들이 프로이센 제국의 병역 의무를 거부했을 때도 국왕은 이를 인정해 주었다. 이후 계속해서 늘어나는 보헤미아 난민들을 위해서 1737년에 베를린 프리드리히슈타트 외에 베를린 근교 릭스도르프(Rixdorf, 지금의 베를린 노이쾰른 지역)에 또 다른 보헤미안 집단 거주지를 허락했다. 난민들은 헛간이 있는 연립주택 18채를 짓도록 허락받았고, 말 두 마리와 소 두 마리 그리고 농사일을 위한 농기구들을 선물 받았다. 당시 대부분의 보헤미아 출신 난민들은 직물공과 편물공 출신이었다.[16]

국왕은 1735년 베를린 프리드리히슈타트 지역에 보헤미아 난민을

---

16   Deutsch-Tschechischer Zukunftsfonds, *Böhmisch Rixdorf-1737 : Böhmische Exulanten in Berlin*, Berlin : Vistafilm, 2012, DVD.

베를린 보헤미아 베들레헴 교회(1776년경)

위한 교회의 설립도 허가해 주었는데, 이 교회가 바로 2년 후 1737년에 완공된 "베를린 보헤미아 베들레헴 교회(Böhmische Bethlehemgemeinde in Berlin)"이다. 이 교회는 프리드리히 디터리히스(Friedrich Wilhelm Diterichs, 1702~1782)의 지도 아래 완공됐다.[17]

1747년부터는 국왕의 명령에 따라 보헤미아인들 사이에 루터파, 개혁파, 헤른후트파로 나누어 예배드리는 것이 허락됐다. 이로써 베를린 보헤미아 베들레헴 교회에는 루터파와 개혁파가 번갈아가며 주일예배를 드릴 수 있게 된 것이다.

또한 국왕은 릭스도르프에 거주하던 보헤미아인들을 위해서는

---

17 Julius Mebes, *Beiträge zur Geschichte des Brandenburgisch-Preussischen Staates und Heeres* Bd. 2, Berlin : Selbstverlag des Verfassers, 1867, 479.

베를린 개혁파 베들레헴 교회(촬영 : 장성각)

기존 마을교회(Dorfkirche)를 '릭스도르프 보헤미아-루터파 베들레헴 교회(böhmisch-lutherische Bethlehemsgemeinde in Rixdorf)'로 명명하고, 그곳에서 보헤미아인들이 예배를 드릴 수 있도록 배려했다.

보헤미아인들은 표면적으로는 여러 교파로 나뉜 것처럼 보였지만, 어느 교파에 속했든 헤른후트 형제단의 신앙과 신학, 즉 헤른후트주의를 공통적 기반으로 두고 있었다. 다름 아닌 헤른후트주의가 다양한 교파들 간의 불화를 막고 서로 화합할 수 있게 하는 힘이었던 셈이다.

하지만 안타깝게도 1943년 제2차 세계대전 시 폭격으로 베를린 프리드리히슈타트에 있던 베를린 보헤미아 베들레헴 교회는 파괴되어 버렸다. 그러나 다행스러운 것은 전쟁 이후 이 교회 소속의 개혁파 교인들이 '복음주의-개혁파 베들레헴 교회(Ev.- reformierte Bethlehemsgemeinde Berlin)'라는 교회 이름을 가지고 릭스도르프에 있는 원래 개혁파 소속의 학교건물을 사용하면서 계속해서 그 명맥을 유지하고 있다는 점이다.

지금의 베들레헴 개혁파 교회가 소장하고 있는 과거 보헤미아 베들레헴 교회의 종[18](촬영 : 오현기)

현재 베를린 시에는 보헤미아 베들레헴 교회가 있었던 자리를 '베들레헴 교회광장(Bethlehemskirchplatz Mitte 10177 Berlin)'이라 명명하고, 바닥에는 옛 교회 평면도를 모자이크로 표시해서 지금껏 기념하고 있었다. 근방을 경유하는 크라우젠 거리(Krausenstrasse)와 마우어 거

---

18 베들레헴 교회의 종에 관한 에피소드는 9장 「전문가 인터뷰」, 베른트 크렙스 박사의 인터뷰를 참고.

'베들레헴 교회광장'과 후앙 가라이사발의 베들레헴 교회 재현작품(촬영 : 오현기)

고쓰너 선교회(1836 창립)의 옛 보헤미아 베들레헴 교회 기념구조물의
크리스마스 점등식과 야외 기도회를 알리는 초청장(제공 : 고쓰너 선교회)

리(Mauerstrasse)는 300년이 지난 지금까지도 같은 이름으로 남아있다. 필자가 2013년 7월에 베들레헴 교회광장을 방문했을 때, 이 베들레헴 교회를 기리기 위해 '도시의 기억(Memoria Urbana)'이란 주제로 스페

인 설치 미술가 후앙 가라이사발(Juan Garaizabal)이 전에 있던 교회의 옛 모습 그대로를 철근을 사용하여 재현한 작품을 세워 전시하고 있었다. 베를린 시는 원래는 2012년 6월 27일부터 8월 19일까지 약 2개월 동안 한시적으로 이 작품을 전시하고 철거하려 했다. 그런데 베를린 개혁파 베들레헴 교회 담임목사인 베른트 크렙스(Bernd Krebs) 박사를 중심으로 베를린 기독교인들의 강력한 요청이 있었다. 또한 2012년 7월에 필자가 참여하여 베들레헴 보헤미아 교회를 심도 있게 다룬 귀츨라프 다큐멘터리 필름(〈귀츨라프의 섬 고대도〉, SBS 대전방송, 2012.10.7 · 11.2 2회 방영)의 촬영사실이 베를린 시 관계자들에게까지 알려지면서, 외국에서까지 기념되는 베를린 보헤미아 교회의 역사적 가치를 다시 한 번 시관계자들이 긍정적으로 인식하게 됐다.[19] 그 결과 베를린 시는 가라이사발의 작품을 그 자리에 영구 전시하기로 했다. 귀츨라프 다큐멘터리 필름이 베들레헴 보헤미아 교회를 다시 기념하는 데 일조 했다고 하니 보람된 일이다. 베를린 보헤미아 교회는 더 이상 역사 속에 잊혀진 교회가 아니라, 독일인과 세계인의 가슴 속에 종교 피난민까지도 따뜻하게 맞아줬던 인류애와 관용의 정신이 부활하여 원래의 자리에 다시 우뚝 서게 된 것이다. 이 정신을 이어받기 위해 2014년 2월 베를린 보헤미아 베들레헴 교회 기념사업회 '베들레헴의 빛(Lux Bethlehem)'이란 이름으로 창립되었다.

한편, 릭스도르프에 있던 보헤미아-루터파 베들레헴 교회는 복음주의-루터파 막달리나 교회에 흡수됨으로써, 현재 릭스도르프 보헤

---

[19] 베를린 선교역사학회 이사 클라우스 뢰버(Klaus Roeber) 목사의 설교, 'Grace be unto you, and peace from God our Father and from the Lord Jesus Christ', 일시 : 2013. 12.22, 장소 : 백석대학교 영어채플)

미아 베들레헴 교회 건물은 루터파 교회가 됐다. 격주로 예배를 드리고 연주회 장소로도 자주 사용되고 있다.[20]

베를린 릭스도르프에 있는 보헤미아 베들레헴 교회(Rihardplatz in Rixdorf). 베를린 노이쾰른의 보헤미아 교회는 귀츨라프가 수학한 베를린 선교학교의 모체인 베를린 보헤미아 교회의 지교회였다. 요한 예니케 목사는 이곳의 담임목사이기도 했다(촬영 : 오현기).

---

20 베른트 크렙스 박사와의 인터뷰, 일시 : 2012.7.29 12:00, 장소 : 베를린 개혁파 베들레

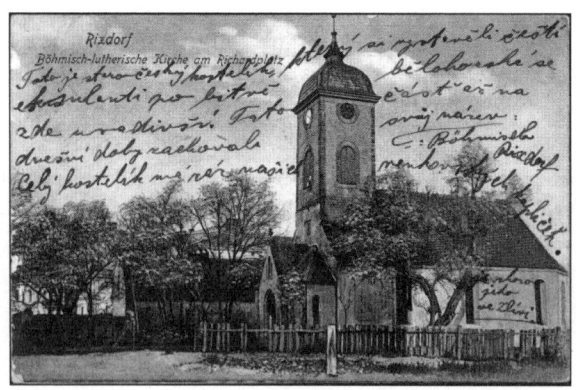
릭스도르프에 있는 보헤미아 베들레헴 교회(Rihardplatz in Rixdorf, 소장 : 오현기)

베른트 크렙스(Bernd Krebs) 박사는 현재 베를린 개혁파 베들레헴 교회 담임목사이다. 그의 증언에 따르면, 당시 옛 보헤미아 베들레헴 교회당 건물이나 목사관에 있었던 베를린 선교학교와 그에 대한 자료는 제2차 세계대전 때 파괴되거나 거의 소실됐다고 한다. 겨우 남은 부분은 주 연방 교회의 문서 보관소나 프로이센 문서 보관소에 보관되어 있다. 베들레헴 교회와 관련 있는 서신교환 자료에는 그들의 목사와 관계된 이야기, 법정 다툼, 집, 건물에 관한 정보 등이 남아있다고 한다.[21] 크렙스 박사는 보헤미아인들이 양쪽 교회에 사용된 '베들레헴 교회'라는 이름의 역사적 의미를 다음과 같이 설명했다.[22]

헴 교회.
21 필자는 베른트 크렙스 박사와 2004년 5월 11일에 이미 인터뷰를 가진 바 있으며, 당시 베들레헴 보헤미아 교회의 원래 건물과 교회 회보 등의 중요한 자료들이 제2차 세계대전 중 대부분 소실됐다는 증언을 들었다. 크렙스 박사와의 2차 인터뷰(일시 : 2012.7.29 12:00, 장소 : 베를린 개혁파 베들레헴 교회)에서 이를 재차 확인했으며, 1차 인터뷰에서 듣지 못한 자료에 대한 진전된 진술을 청취했다.
22 베른트 크렙스 박사와의 인터뷰, 일시 : 2012.7.29 12:00, 장소 : 베를린 개혁파 베들레헴 교회.

그들(보헤미아 종교 난민)이 프로이센 왕의 허가를 받아 베를린에 세운 (보헤미아)교회의 이름을 베들레헴이라고 정한 것은 프라하에 있는 얀 후스가 설교했던 베들레헴 교회를 기념하기 위한 것이다. 프라하와 베를린에 설립된 베들레헴 교회는 예수님 탄생 당시 베들레헴에서 헤롯에게 희생된 어린 아이들을 기념하는 것이다. 이는 정치권력에 의해 박해받거나 희생된 사람들을 기리는 것이라고 할 수 있다. 이 교회가 베들레헴이라는 이름을 가지게 된 것은 작센이나 프로이센으로 온 이 난민들도 박해를 받았다는 것을 상징적으로 나타낸다. 그리고 그들은 여기 베를린 베들레헴 교회에서 그들의 고향을 다시 얻게 됐다. 신앙의 자유를 가진 덕분에 정신적 지도자인 후스와 박해의 역사를 기억하면서, 새롭게 신앙생활을 하고 신앙고백을 할 수 있었다.

정리하면 베를린으로 이주한 보헤미아 지역 사람들은 신앙의 자유를 추구했던 종교개혁 선구자들의 후손들이다. 이들의 신앙은 박해 속에서도 보존됐으며, 독일의 경건주의, 특히 친첸도르프의 경건주의 신학과 만나면서 헤른후트주의로 체계화되며 발전했다. '갱신된 형제단'으로 거듭난 이들의 신앙전통이 독일 작센의 헤른후트뿐만 아니라 독일 프로이센의 베를린으로 이어진 것이다.

3 베를린 선교학교와 헤른후트주의

베를린 선교학교의 설립 정신과 배경을 살펴보는 것은 헤른후트주의가 어떻게 귀츨라프와 그의 선교신학과 연관이 있는지를 이해하는 데 결정적 열쇠를 제공한다. 귀츨라프가 수학한 베를린 선교학교는 요하네스 예니케(Johannes Jänicke, 1748~1827)가 빌헬름 거리 29번지

베를린 선교학교, 빌헬름 거리 29번지(Wilhelmstrasse 29), 1885년경(제공 : 베를린 개혁파 베들레헴 교회)

(Wilhelmstrasse 29)[23]에 있는 베를린 보헤미아 루터파 베들레헴 교회 목사관(Pfarrerhaus)에 설립하여,[24] 1800년 2월 1일에 개교했다.

이 선교학교가 사용한 건물은 1737년 보헤미아 루터파와 보헤미아 개혁파 베들레헴 교회의 목사관 및 학교로 건축된 것이었다. 예니케가 이 학교를 설립하게 된 신앙적, 신학적 배경에는 독일의 경건주의와 친첸도르프의 헤른후트주의가 있다. 예니케 개인적으로는 1788

---

23 Karl Friedrich Ledderhose, *Johann Jänicke : der evangelisch-lutherische Prediger an der böhmischen-oder Bethlehems-Kirche zu Berlin ; nach seinem Leben und Wirken dargestellt*, Berlin : G. Knak Selbstverlag, 1863, 31.

24 Annegret Smid, "Zur Geschichte der Gossner Mission", http://www.gossnermission.de/media/pdf/texte_geschichte_ueberblick.pdf; "Mauerstraße/Bethlehemskirchplatz : Das Jänickesche Missionsinstitut", http://www.dhm.de/ausstellungen/namibia/stadtspaziergang/bethlehemskirchsplatz.htm.

년 이후로 인도 선교사로 사역한 동생 요셉 다니엘 예니케(Joseph Daniel Jänicke)의 선교사역에 깊은 감화를 받았던 것으로 보인다.[25]

위에서 언급한 경건주의를 잠시 살피는 것은 베를린 선교학교를 이해하는 데 많은 도움이 된다. 경건주의의 태동은 30년전쟁(1618~1648) 시기로 거슬러 올라간다. 이 전쟁의 참화 이후 17세기 독일의 경건주의는 18세기 말 영국의 영적 각성운동에 영향을 끼쳤고, 또 다시 19세기 초반 독일의 영적 각성운동에 영향을 미쳤다.

프랑스 혁명의 영향으로 시작된 영적 각성운동은 교회 안의 신앙적 합리주의(der kirchliche Rationalismus)에 대한 반작용으로서 19세기 초반부터 독일의 경건주의자들 사이에서도 일어났다. 동시대인 1818년 베를린 대학교의 정교수로 부임한 헤겔(Georg Wilhelm Friedrich Hegel, 1770~1831)이 경건주의에 대해 "객관적 진리를 받아들이지 않고, 종교의 내용을 담은 교의를 반대한다"[26]라고 비판했음에도 불구하고, 경건주의는 실천적 경건주의 형태로 더욱 발전해 갔다.

경건주의의 특징은 '개인적 회심의 경험(ein individuelles Bekehrungserlebnis)'과 '강한 선교의식(ein starkes Sendungsbewusstsein)'이다.[27] 경건주의자 야곱 슈페너(Jakob Spener, 1635~1705)가 말한 "진실되고 살아있는 신앙(der wahre, lebendige Glaube)"[28]은 헤르만 프랑케(August Hermann Francke,

---

25 Karl Friedrich Ledderhose, *Johann Jänicke*, 93.

26 "der Pietismus … keine objektive Wahrheit annimmt und gegen die Dogmen, den Inhalt der Religion sich gewendet hat", Georg Wilhelm Friedrich Hegel, Georg Lasson(ed.), *Vorlesungen über die Philosophie der Religion* Bd 2, Stuttgart : Friedrich Frommann, 1966, 226.

27 Erich Beyreuther, *Die Erweckungsbewegung*, 2Aufl., Gottingen : Vandenhoek & Ruprecht, 1977, 1~3.

28 Johannes Wallmann, *Philipp Jakob Spener und die Anfänge des Pietismus*. BHTh 42. 2.

1663~1727)에 의해 "진실되고, 행동하는 기독교 신앙(das wahre, tätige Christentum)"으로 발전했다.[29] 이렇게 발전한 경건주의는 헤른후트 형제단의 설립자 친첸도르프의 "행동하는 기독교 신앙(das tätige Christentum)"[30]으로 이어졌다.

실제로 친첸도르프는 스스로 경건주의자를 자처했다.[31] 그러나 기존의 사변적 경건주의자들과 자신을 구별했고, 그들처럼 우울감(Melancholie)에 사로 잡혀 있지 않았다.[32] 친첸도르프가 말하는 경건주의란, 그가 말한 것처럼 "열광적이고 경건주의적인 환상들 앞에서, 마음 안에 실천적 기독교와 구세주에 대한 바른 감정을 유지하는 것"[33]이라고 할 수 있다. 이처럼 그는 사변적이거나 혹은 몽상적인 기독교가 아닌 실천적 기독교를 강조했다. 때문에 친첸도르프의 헤른후트적 선교 원리 중 중요한 하나는 복음을 알지 못하는 이들을 돌보는 것이었다.[34]

영적 각성운동 역사에 있어서 친첸도르프의 헤른후트주의의 영향은 매우 강력했다. 영국을 비롯한 유럽과 북미 각처에서 많은 영적 각성운동의 촉매 역할을 했다. 예를 들자면, 감리교의 창시자 요한 웨

Auflage., Tübingen : Mohr Siebeck, 1986, 28.
29 Johannes Wallmann, *Pietismus-Studien*, Tübingen : Mohr Siebeck, 2008, 110.
30 Nikolaus Ludwig von Zinzendorf, *Sonderbare Gespräche zwischen Einem Reisenden und Allerhand andern Personen, von Allerley in der Religion vorkommenden Wahrheiten*, Altona : Korte, 1739, 140.
31 Marianne Beyer-Fröhlich(Hrsg.), *Pietismus und Rationalismus*. Bd 7, Leipzig : Philipp Reclam jun. Verlag, 39 인용.
32 Otto Uttendörfer, *Zinzendorfs religiöse Grundgedanken*, Herrnhut : Verlag der Missionsbuchhandlung, 1935, 233 인용.
33 Nikolaus Ludwig von Zinzendorf, *Sonderbare Gespräche*, 140. "das thätige Christentum aber und ein wahres Gefühl vom Heiland in den Seelen sollen halten vor Fanatische und Pietistische Träume."
34 Karl Müller, *Missionstheologie*, Berlin : Dietrich Reimer Verlag, 1985, 39 비교.

슬리(John Wesley, 1703~1791)는 1738년 5월 24일에 영국 런던의 올더스게이트 거리(Aldersgate Street)에서 헤른후트(모라비안)교도의 모임에 참여했다가 구원의 확신을 경험했다. 그는 그해 여름 친첸도르프의 헤른후트를 직접 방문하여 독일 경건주의의 산 현장을 체험했다.[35]

독일과 영국의 영적 각성운동의 여파로 베를린 선교회(Berliner Missionsgesellschaft)[36]와 고쓰너 선교회(Gossner Mission) 등과 같은 19세기 독일 내 선교운동에 강한 자극이 됐고, 직접적 설립에 영향을 주었다. 베를린 선교회는 베를린 선교학교로부터 시작하여 1824년 예니케의 후계자들과 손자에 의해 창립됐고, 지금의 베를린 선교국(Berliner Missionswerk)으로 발전했다.

1836년 12월 12일에 창립된 고쓰너 선교회는 예니케 목사의 뒤를 이어 1829년에 보헤미아-루터파 베들레헴 교회(böhmisch-lutherische Bethlehemsgemeinde)의 후임 담임 목사로 취임한 요하네스 에판게리스타 고쓰너(Johnanes Evangelista Gossner 1773~1858) 목사가 창립했다. 고쓰너 목사는 1834년 이래로 선교 소식지『선교후원자와 선교단체를 위한 선교지의 일벌들(Die Biene auf dem Missionsfeld für Missionsfreunde und Missionsvereine)』을 발간했다. 이 선교회가 창립된 후 당대의 인도 선교를 주로 담당했다. 이 선교회는 현재에도 베를린에 본부를 두고 있다.

귀츨라프는 베를린 선교학교에서 수학하면서, 유·청소년기에 형성된 경건주의 신앙과 신학을 더욱 확고히 했다. 귀츨라프 문서연

---

35 John and Charles Wesley, *Selected Prayers, Hymns, Journal Notes, Sermons Letters and Treatises*, Paulist Press; New York, 1981, 21.
36 Hellmut Lehmann, *150 Jahre Berliner Mission*, Erlangen : Verlag der Ev.- luth., 1974, 15~19.

구자 하르무트 발라벤스 박사(Harmut Walravens, 전 국립 베를린 도서관 관장)는 귀츨라프가 독일 경건주의와 특히 그중 헤른후트주의로부터 받은 영향에 대해 "귀츨라프는 (베를린 선교학교) 교육과정을 통해서 그것들의 강한 영향을 받았으며, 그런 의미에서 그는 원래부터 경건주의적 견해와 해석에 물들어 있었다"고 평가했다.[37]

그렇다면 그의 신앙과 선교신학에 결정적 영향을 끼친 베를린 선교학교는 어떤 학교인가? 베를린 선교학교는 1800년 개교 당시 총 7명의 학생으로 시작하여 이후 80명의 학생이 수학했다. 이 학교 출신 선교사들의 활동 면모를 살펴보면 온 세계가 그들의 선교 대상이었다는 것을 알 수 있다.

베를린 선교학교의 첫 번째 선교사는 1804년 10월에 서남아프리카로 파송되어온 알브레히트 형제(Abraham und Christian Albrecht)였다. 그들은 남아프리카의 나마쿠아랜드(Namaqualand)의 첫 번째 개신교 선교사가 됐다.[38]

또 다른 인물은 독일 홀슈타인 출신의 니콜라이손(Johann Nikolayson)인데, 그는 다른 다섯 명의 베를린 선교학교의 동료들과 함께 유대인 선교를 위해 런던으로 떠났다. 그리하여 1809년에 설립된 런던의 '유대인 선교회(Judenmissionsgesellschaft in London)'에 유대인 선교사로 보내졌다. 1825년에 그들은 다시 예루살렘으로 보내졌으나, 전쟁으로 인해 1828년에 다시 고국으로 돌아온 후, 튀니지와 알제리 그리고 모

---

[37] 하르무트 발라벤스 박사와의 인터뷰, 일시 : 2012.7.30 17:00, 장소 : Begasstr. 2, 1257 Berlin 자택.

[38] Tilman Dedering, *Hate the Old and Follow the New : Khoekhoe and Missionaries in early Nineteen century*, Stuttgart : Franz Steiner Verlag 1997, 71.

로코에 있는 유대인들에게까지 선교사역을 했다.[39]

예니케 목사는 1800년 이래 20명이 넘는 제자들을 동인도와 시에나리온 등지로도 파송했다.[40] 이 선교학교는 설립자 이름을 따서 일명 '예니케의 선교 세미나(Missionsseminar des Jänicke)'라고도 불렸다. 전세계적 사역을 행한 베를린 선교학교는 1849년까지 존재했다.[41]

그렇다면 예니케의 목사관에 있었던 베를린 선교학교는 어디에 있었을까? 과거 보헤미아 베들레헴 교회의 목사관에 설립됐던 베를린

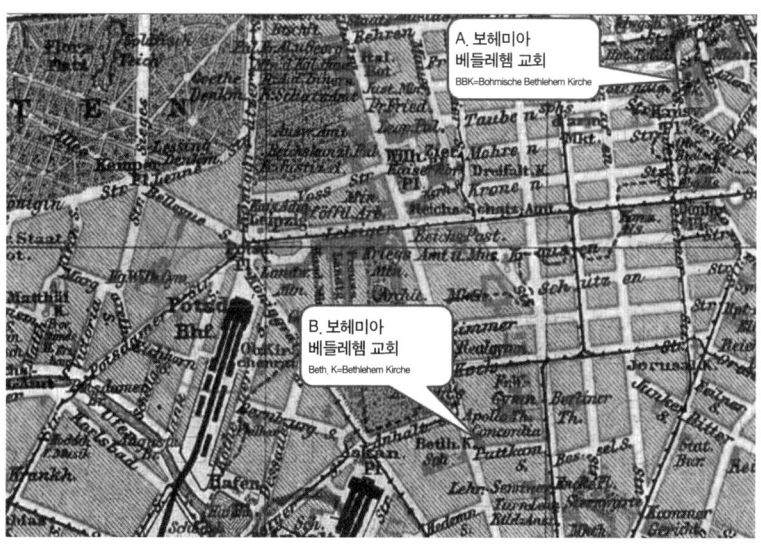

베를린 선교학교의 위치

---

39 Karl Friedrich Ledderhose, *Johann Jänicke*, 128.
40 F. A. Brockhaus Verlag Leipzig(Hrsg.), *Allgemeine deutsche Real-Encyklopädie für die gebildeten Stände. Conversations-Lexikon*, Leipzig : Verlag F. A. Brockhaus, 1827, 416.
41 Werner Raupp, "Schirnding, August Carl Friedrich Freiherr von", *Biographisch-Bibliographische Kirchenlexikon* Bd. IX, Nordhausen : Verlag Traugott Bautz 1995, 227.

선교학교의 위치를 알 수 있는 단서는 앞서 언급한 보헤미아 교회 목사관의 주소 '베를린 빌헬름 거리 29번지'라는 위치정보가 유일하다.

1895년에 제작된 옛 베를린 지도에는 보헤미아 베들레헴 교회의 예배당(지도의 A)의 위치 외에 빌헬름 거리에서 다른 보헤미아 교회건물(지도의 B)이 존재한다는 것을 알 수 있다.[42] 이 건물의 용도는 무엇일까? 당시 보헤미아인들의 집단 거주지에 중심이 되는 거리가 바로 빌헬름 거리였다. 하지만 그 거리에 다른 보헤미아 교회가 있었다는 기록은 없다. 만약 있었다면, 보헤미아 교회의 부속건물이 있었다는 뜻일 것이다. 베를린 선교학교의 위치인 보헤미아 교회 목사관의 주소와 베를린 빌헬름 거리 29번을 대입해 보면, 지도 B의 위치에 거의 근접하다.

필자가 2010년 7월 28일 현지를 방문한 결과, 그 자리에는 역사적 기록을 남긴 어떤 표지판도 없었으며, 단지 수풀이 무성한 공터만이 남아 있을 뿐이었다. 즉, 베를린 보헤미아 교회의 목사관이 B의 위치에 있다가 전쟁 등과 같은 원인으로 파괴되어 재건축 되지 않은 것으로 추정할 수 있다. 이곳이 바로 귀츨라프가 수학했던 베를린 선교학교의 자리이다.

4   베를린 선교학교의 설립자 예니케 목사

베를린 선교학교의 설립자 예니케 목사 역시 보헤미아의 종교 난

---

42   Titel : BERLIN, Verlag : F. A. Brockhaus' Geogr.-artist. Anstalt, Leipzig, Maße : 30.6 × 24.7cm, http://www.alt-berlin.info/cgi/stp/lana.pl?nr=3&gr=7&nord=52.511200&ost=13.384784.

민 가정 출신이었다. 그는 1774년부터 라이프치히 대학에서 신학과 철학을 공부했으며, 1792년부터는 베를린 보헤미아 루터파 베들레헴 교회(böhmisch-lutherische Bethlehemsgemeinde in Berlin)와 릭스도르프 보헤미아 루터파 베들레헴 교회(böhmisch-lutherische Bethlehemsgemeinde in Rixdorf)에서 담임목사로 사역했다.[43] 그는 또한 '프로이센 성서공회(Preußische Hauptbibelgesellschaft, 1814 창립)'와 '기독교 경건 서적을 위한 중앙 협회(Hauptverein für christliche Erbauungsschriften, 1816 창립)'를 창립한 인물이기도 했다.

요한 예니케 목사 [44]

---

43 Hermann Gunkel & Otto Scheel & Leopold Zscharnack(Hrsg.), *Die Religion in Geschichte und Gegenwart* Bd. 4, Tübingen : Mohr., 1912, 227.

44 Carl Friedrich Ledderhose, *Johann Jänicke : der evangelisch-lutherische Prediger an der böhmischen- oder Bethlehems-Kirche zu Berlin ; nach seinem Leben und Wirken dargestellt / von Karl Friedrich Ledderhose. Zum Besten der Mission für China*, Berlin 1863.

경건주의적 성향을 지닌 예니케 목사는 헤른후트주의를 신학적 기반으로 해서 1800년 베를린 선교학교를 설립했다. 이 학교는 19세기 독일, 특히 베를린에서 일어난 영적 각성운동과 선교운동의 핵심 역할을 수행한 곳이다. 이러한 교풍 속에서 귀츨라프는 교장인 예니케로부터 절대적 영향을 받게 된다. 다름 아닌 예니케 목사 자신이 귀츨라프를 "많은 노력과 끊임 없는 기도로 생명의 말씀 안에서 지도"했기 때문이다.[45]

예니케의 이러한 헌신적 지도 아래 귀츨라프는 베를린 "선교학교의 입학 후 하나님의 은혜로 자신의 소명이 명확해졌다"[46]라고 생각했으며, "하늘에 올라간 모든 성도들 아래에서 그리스도의 나라를 위해 복음 전하는 자가 되도록 열심히 자신을 연마하겠다"라고 스스로 다짐했다.[47] 선교학교 시절에 선교에 대한 확실한 소명을 갖게 된 것이다.[48] 이를 통해 귀츨라프가 예니케의 헤른후트주의적 신학 교육을 완전하게 흡수했다는 것을 알 수 있다.

근대 선교학의 아버지라 불리는 구스타프 바르넥(Gustav Warneck, 1834~1910)이 귀츨라프를 두고 "열정적인(enthusiastisch) 예니케의 제자(Zögling Jänickes)"[49]라고 단적으로 표현한 것은 그가 스승의 모범을 닮

---

45 C. F. Ledderhose, *Johann Jänicke*, 123.
46 1822년 5월 15일 포먼 주 스테틴 시 주지사(Oberpräsident)에게 보낸 편지. Karl Gützlaff, *Philethnos oder Missionar Karl Gützlaff's Bittschrift für die Heiden und Muhamedaner : nebst einer gedrängten Lebensgeschichte genannten Missionars von Heichrich Richer*, Bremen und Schwelm : Faltenberg, 1833, Heinrich Richter의 서문 IX 인용.
47 Karl Gützlaff, *Philethnos*, Heinrich Richter의 서문 VIII~IX.
48 Karl Gützlaff, *Philethnos*, Heinrich Richter의 서문 VIII.
49 Gustav Warneck, *Abriss einer Geschichte der protestantischen Missionen*, Berlin : Verlag von Martin Warneck 1900, 313.

았다는 뜻이기도 하다. 전 베를린 선교 역사신학회 회장인 클라우스 뢰버(Klaus Roeber) 박사의 관찰처럼 귀츨라프와 예니케 목사의 관계는 "행함과 믿음의 연결, 사고와 행동의 연결은 예니케와 그의 선교학교를 통해 미래의 선교사역과 귀츨라프에게 전수된 결정적 특징이다"라고 평가할 수 있다.[50]

5 베를린 선교학교의 교과 과정과 강조점

귀츨라프의 일생을 통틀어 대부분의 신학수업은 베를린 선교학교에서 이루어졌다. 가난해서 공립학교를 끝으로 더 이상 공부를 하지 못하고 1816년부터 가죽허리띠 제조기술 교육을 받던 그에게는 뜻밖의 기회였다. 앞서 언급했듯이 그는 프로이센 국왕 프리드리히 빌헬름 3세(Friedrich Wilhelm III, 1770~1840)의 재정 지원에 힘입어 열여덟 살 때인 1821년 3월부터 베를린 선교학교에서 선교사 수업을 받게 됐다.[51] 특별히 이 학교에서 수학하게 된 이유는 먼저 귀츨라프가 선교사의 꿈을 국왕 앞에서 피력했기 때문이고,[52] 둘째는 국왕이 당시 남인도에서 활동하던 이 학교 출신 레니우스(Karl Th. E. Rhenius) 선교사의 해외 선교보고를 담은 편지를 읽으면서 레니우스가 소개한 이 학교의

---

50 클라우스 뢰버 박사와의 인터뷰, 일시 : 2012.7.29 12:00, 장소 : 베를린 개혁파 베들레헴 교회.
51 Johann Jänicke가 J. H. P. Kohl에게 쓴 편지(베를린, 1822.1.13). Karl Friedrich Ledderhose, *Johann Jänicke*, 206 인용.
52 Karl Gützlaff, *Philethnos*, Heinrich Richter의 서문 VII.

성격을 접하게 된 것이 계기였다.⁵³ 국왕은 귀츨라프를 베를린 선교학교에서 수학시키기 위해 당시 대학교수의 연봉에 상응하는 500탈러(Taler)의 지원금을 학교에 희사했는데⁵⁴ 이 지원금은 선교학교를 운영하기에 충분한 자금이었다.⁵⁵

베를린 선교학교 출신으로서 남아프리카 선교사로 파송된 요한 에브너(Johann Leonhardt Ebner)에 따르면, 이 학교에서는 성경 수업뿐만 아니라 독어 · 라틴어 · 영어 · 네덜란드어 · 그리스어 · 히브리어 · 연산, 쓰기 그리고 수학을 가르쳤다.⁵⁶ 베를린 선교학교와 베를린에서 시작된 선교운동에 대해 연구한 전 베를린 선교역사학회 회장 클라우스 뢰버(Klaus Roeber) 박사는 베를린 선교학교의 교과과정을 두고 이렇게 언급한 바 있다.⁵⁷

> 교과목의 중심점은 신구약 성경학 과목에 놓여 있었다. 기독교 자기 변호적 교리의 경계설정인 변증학과 신조학을 알게 하고 수업 받게 하는 것에 초점을 맞추었다. 더불어 찬송가학과 기도생활을 가르쳤다. 특별히 눈에 띄는 점은 영어수업도 있었다는 것이다. 그리고 학생들이 그곳에서 일하기도 했던 실용적 과목들도 있었는데, 그 수업에서 실용적 지식과 의학적 지식, 약리적 지식을 가르쳤다. 그래서 학생들이 다음 단계의

---

53   Herman Schlyter, *Karl Gützlaff als Missionar in China*, Lund : C. W. K. Gleerup, 1946, 11.
54   No author shown, "Karl Gützlaff", *Illustrierte Zeitung* vom 1(Nr. 87), 1845.3, 129.
55   Johann Jänicke가 J. H. P. Kohl에게 쓴 편지, Berlin, 1822.1.13. Karl Friedrich Ledderhose, *Johann Jänicke*, 206 인용.
56   Johann Leonhardt Ebner, *Reise nach Südafrika und Darstellung meiner während acht Jahren daselbst unter den Hottentotten gemachten Erfahrungen; so wie einer kurzen Beschreibung meiner bisherigen Lebensschicksale*, Berlin : In Commission bei L. Öhmigke, 1829, 33.
57   클라우스 뢰버 박사와의 인터뷰, 일시 : 2012.7.29 12:00, 장소 : 베를린 개혁파 베들레헴 교회.

학업에 적절한 준비할 수 있는 예비학교 성격을 가졌다. 왜냐하면 계속해서 다른 선교회의 지원자로 들어가야 그들의 본 교육이 시작되기 때문이다. 예를 들면, 귀츨라프는 네덜란드 선교회에 들어갔고 네덜란드를 출발해서 자바, 네덜란드령 동인도제도로 갔다. 거기로부터 그는 나아갈 길을 발견했다. 베를린 선교학교는 선교사 지원자들을 받아들여서 그들의 사역을 위해 계속해서 다른 선교회로 이끌어 주는 선교회였다.

귀츨라프는 베를린 선교학교 재학 시절, 훗날 선교사역지에서 큰 활약을 한 의료선교에 필요한 기초적 의학과 약학도 공부했다.[58] 당시 선교사들이 실용적 의술과 약초를 키우고 약을 처방하는 법 등을 익히는 것은 헤른후트 형제단 선교사들의 교육적 특징 중 하나였다.[59] 특히 이 학교에서 가르치는 의료기술은 선교사로서 배워야할 필수적 과목이었고, 그는 이때 배운 의료기술을 토대로 훗날 그의 선교적 방편을 세울 수 있었다.

예를 들면 1827년 자바 섬 바타비아에서 선교할 당시 귀츨라프는 나병환자 마을을 방문하여 환자들을 돌보면서 선교활동을 했다.[60] 그 후 태국에서 선교할 때도 마약 환자와 눈병 환자들을 돌보았으며,[61] 1831년 6월 3일 출발한 1차 선교여행 때 선교를 위해 사용할 다량의

---

58   Marianne Winner-Lüdecke, *Karl Gützlaff : ein vergessener Rufer?*, Bad Liebenzeller : Verlag der Liebenzeller Mission, 1981, 11.

59   Hartmut Beck, *Brüder in vielen Völkern : 250 Jahre Mission der Brüdergemeine*, Erlangen : Verlag der Evangelisch-Lutherischen Mission 1981 28; Gudrun Meier, "Herrnhuter Beiträge zur Erforschung Ladakhs", Henry Osmaston und Nawang Tsering(ed.), *Recent Research on Ladakh 6 : Proceedings of the Sixth International Colloquium on Ladakh, Leh 1993*, Bristol : University of Bristol, 1997, 179f.

60   Karl Friedrich Ledderhose, *Johann Jänicke*, 124.

61   Herman Schlyter, *Karl Gützlaff als Missionar in China*, 50.

기독교 서적과 약간의 약을 챙겼던 것처럼,[62] 귀츨라프의 2차 선교 여행 때도 곳곳에서 의료선교를 했다. 그 선교 여행 중 1832년에는 조선에서도 감기에 걸린 노인 환자들을 위해 약을 처방해 주었다.[63]

그가 미국에 있는 한 선교 동역자에게 1833년에 쓴 편지에는 "의료의 실천은 복음을 설교하는 것과 전도서적의 배포와 언제나 조화를 이룬다"고 했다.[64] 그야말로 의료선교가 귀츨라프의 평소 선교전략으로 자리 잡았던 것이다. 귀츨라프는 가능한 한 많은 선교지에서 아픈 사람들에게 의료적 도움을 주고자 했다.[65] 이는 헤른후트적 특징으로, 신자뿐만 아니라 비신자의 생존까지 돌보는 일이었기 때문이다.[66]

이처럼 신학뿐만 아니라 다른 학문, 예를 들면 의학을 선교사 교육과정 중에서 중점을 두고 가르치는 것은 베를린 선교학교만의 교과과정이라기보다 헤른후트주의의 특징이라고 할 수 있다. 친첸도르프의 헤른후트 형제단은 신학뿐만 아니라 자연과학, 의학, 어학에 대한 정보를 수집해왔다. 이 모든 노력의 목표는 신학생들을 위한 다방면의 좋은 교육을 위해서였다.

베를린 선교학교는 이 작업을 위해 독일 예나 대학교(Universität Jena)와 밀접한 관계를 유지했으며, 이 대학의 교수와 학생들은 헤른후

---

62   Charles Gutzlaff, *The Journal of three voyages along the coast of China in 1831, 1832 and 1833*, 2.ed., London : Frederick westley and A. H. Davis, 1834, 105. 귀츨라프는 1831년 6월 3일 출발한 1차 선교여행 시에도 선교에 쓰일 많은 양의 기독교 서적과 약간의 약을 챙겼다.

63   C. Gutzlaff, *Journal*, 1834, 283.

64   American Board of Commissioners for Foreign Missions, *Missionary Herald* Vol. XXX, Boston : Crocker and Brewster 1834, 310.

65   C. Gutzlaff, *Journal*, 1834, 311.

66   Karl Müller, *Missionstheologie*, 39.

트와 각지의 헤른후트 형제단 거점지로 찾아와 연구를 도왔다. 의학은 해부학과 건강관리학, 그리고 일반 자연과학, 특히 식물학을 함께 가르쳤다. 선교사역을 위한 실용적 학문의 필요성이 대두되자 의학과 함께 선교현지에서 구할 수 있는 치료식물의 채취와 작업을 위해 약학도 배웠다.[67]

뢰버 박사는 헤른후트 형제단과 베를린 선교학교와의 관계에 대하여 이렇게 정리하고 있다.[68]

> 헤른후트 사람들은 교회가 경직됐던 시대에 깨어난 신앙운동이다. 경직된 이 시대에는 신조를 믿었고, 정부와 왕이 사람들에게 무엇을 믿어야 할지를 명령했다. 그러던 어느 날, 친첸도르프가 교회에 앉아있는 이 세상의 지배자들, 그리고 마치 세계 선교의 주인인 것처럼 행세하는 지배자들에 대하여 과감히 "아니오"라고 말했다. "주님이 계시는데, 이 주님은 예수 그리스도이시다. 그리고 그는 모든 것 위에 계신 유일하신 분이시다. 그의 말씀은 귀에서부터 우리 마음으로 밀려온다. 마음으로 마음이 회심되고 변화된다. 그리고 그것을 실행한다. (…중략…) 경직된 믿음이 변하여 살아있는 신앙으로! 다른 것으로는 안 된다." 그것이 친첸도르프 백작의 헤른후트 운동이었다. 이 운동은 선교운동으로 시작됐다. 그것은 근본적으로 마음의 감동에 관한 것이었다. 또한 마음 깊숙한 기도였다. 헤른후트 형제단이 운동에서 중요한 역할을 담당했으며, 인간의 마음과 그들의 손을 움직이는 성령에게 모든 것을 위탁하는 것이 바로 예니케 안에 살아 있던 헤른후트적 정신이었다.

---

67 Gudrun Meier, "Herrnhuter Beiträge zur Erforschung Ladakhs", 179.
68 클라우스 뢰버 박사와의 인터뷰, 일시 : 2012.7.29 12:00, 장소 : 베를린 개혁파 베들레헴 교회.

6 귀츨라프의 선교신학에 나타난 헤른후트주의

귀츨라프 전기 연구가 슐리터(Herman Schlyter)는 "귀츨라프의 선교 열정은 베를린 선교학교에서 교육받으면서 헤른후트주의(Hernnhutismus)와 복음주의(Evangelikalismus), 자유로운 형식의 신앙고백, 기독론 중심적 사고를 접하게 되면서 형성됐다"고 관찰했다.[69] 특히 앞서 언급한 것처럼 귀츨라프의 낙관주의(Optimismus)와 담대함(Waghalsigkeit)은 친첸도르프(Zinzendorf)의 헤른후트주의가 가지는 특징과 일맥상통한다.[70]

슐리터는 귀츨라프의 특성을 두고 "아마도 친첸도르프의 사상을 예니케의 수업과 설교를 통해서 공부했을 뿐만 아니라, 스스로 친첸도르프의 저서와 헤른후트의 저술을 연구하면서 만들어졌을 것"이라고 추측하고 있다.[71] 친첸도르프의 헤른후트주의는 그의 저서와 예니케 목사를 통해 귀츨라프에게 간접적으로 많은 영향을 미쳐왔기 때문이다. 이때 귀츨라프의 신앙생활을 탐구해보는 데 있어 보다 중요한 위치를 차지하는 선교신학적 주제로는 크게 세 가지를 꼽아볼 수 있다.

1) 기독론 중심사상

귀츨라프는 친첸도르프의 기독론 중심사상(Christozentrik der Trinitäts-

---

[69] Herman Schlyter, *Karl Gützlaff als Missionar in China*, 18.
[70] Herman Schlyter, *Karl Gützlaff als Missionar in China*, 17f.
[71] Herman Schlyter, *Karl Gützlaff als Missionar in China*, 18.

theologie Zinzendorfs)의 영향을 받았다. 친첸도르프는 "구세주가 창조주 (Der Heiland ist der Schöpfer)"이시며, "그리스도가 구약성경의 여호와이시다(Christus ist der Jehova des Alten Testaments)"[72] 또는 "예수가 신성 안에서 여호와이다(Jesus sei der Jehova in der Gottheit)"[73]라는 기독론 중심적 믿음을 피력했다.

친첸도르프는 "만약 우리가 예수를 알면, 우리가 하나님의 신성 안에서 필연적으로 알아야 할 모든 것을 알게 된다"[74]라고 말했다. 친첸도르프의 저서를 광범위하게 연구한 페터 침멀링(Peter Zimmerling)은 친첸도르프 신학의 근본은 기독론이 중심이며, 삼위일체 신학을 기독론과 적절하게 결합했다고 분석했다.[75] 이러한 맥락에서 침머링은 친첸도르프의 기독론 중심사상을 "인간은 그리스도를 통해서 성부와 성령께 나아간다"라고 정리한다.[76]

친첸도르프의 헤른후트주의는 예수 그리스도가 십자가에서 돌아가심으로써 우리가 받는 칭의와 구원을 강조한다. 독일 괴팅엔 대학교의 역사신학자 브렌트 묄러(Brend Moeller)는 친첸도르프 이전의 경건주의자 중 "그 누구도 친첸도르프만큼 그리스도가 십자가에서 돌아가

---

72 Dietrich Meyer, "Zinzendorf und Herrnhut", Friedhelm Ackva & Johannes van den Berg & Martin Brecht(ed.), *Der Pietismus im achtzehnten Jahrhundert,* Göttingen : Vandenhoeck & Ruprecht 1995, 40 인용.

73 Nikolaus Ludwig von Zinzendorf, *Einiger seit 1751 von dem Ordinario fratrum zu London gehaltenen Predigten in dreyen Haupt-Abtheilungen* Bd. 1, London & Barby : Seminario Theologico, 1756, 294.

74 Nikolaus Ludwig von Zinzendorf, *Einiger seit 1751 von dem Ordinario fratrum zu London,* 294. "Wenn wir Ihn(예수) kennen, so kennen wir alles, was wir in der Gottheit nothwendig kennen müssen."

75 Peter Zimmerling, *Gott in Gemeinschaft : Zinzendorfs Trinitätslehre*, Giessen & Basel : Brunnen Verlag, 2002, 38.

76 Peter Zimmerling, *Gott in Gemeinschaft : Zinzendorfs Trinitätslehre*, 39.

친첸도르프 백작의 묘(독일, 헤른후트)

심에 대한 신앙을 정립한 사람이 없었다"[77]라고 평가할 정도였다. 저명한 신학자 칼 바르트(Karl Barth) 역시 그를 "근대의 위대한 기독론중심주의자(grösster Christozentriker der Neuzeit)"라고 언급한 바 있다.[78] 이는 기독론 중심사상에서 그의 비중이 얼마만큼인지를 알 수 있게 해주는 극명한 지표이다. 이렇듯 친첸도르프의 신학사상적 근간은 그리스도이며, 다른 사고는 모두 그 아래 놓여있다고 할 수 있다. 그리스도는 그의 신학사상에 직접적인 토대였고, 중심이었던 것이다.

이에 영향을 받은 귀츨라프의 신학도 기독론 중심인 것을 쉽게

---

77 Brend Moeller, *Geschichte des Christentums in Grundzügen*, Göttingen : Vandenhoeck & Ruprecht, 1992, 303.

78 Peter Zimmerling, *Gott in Gemeinschaft*, 16 인용.

알 수 있다. 앞서 언급했듯이, 귀츨라프의 선교 열정은 이 베를린 선교학교에서 헤른후트주의(Herrnhutismus)와 기독론 중심적 사고를 배우게 되면서 싹튼 것이다. 귀츨라프가 추구한 선교신학의 핵심적 내용은 예수 그리스도에 의한 구원, 즉 기독론 중심이었다.

대표적인 예가 1822년 12월 22일 베를린에서 행한 한 강연이었다. 이 강연은 사도행전 4장 12절을 본문으로 하여 귀츨라프의 초기 신학적 사고를 잘 나타내고 있다. 그는 이 강연에서 "축복을 위한 그 길은 우리 주님과 구세주이신 예수 그리스도, 그가 말씀한 것처럼 (그는) 그 길, 진리, 생명이시다"[79]라고 말하면서 "축복된 유일한 길로서의 우리 주님"[80]이라 규정했다. 이 말은 그의 그리스도 중심적 구원관을 반영하고 있다. 그에게는 "예수님이 유일한 구세주이시며, 유일한 축복자"였던 것이다.[81] 그의 후기 문헌에도 일관되게 그리스도 중심적 내용이 곳곳에 남아 있다.[82] 1832년 조선에서 그가 행한 선교사역에서도 어김없이 "하나님의 아들, 예수 그리스도가 또한 조선인들의 구원자"이심을 전했다고 한다.[83] 이처럼 그의 선교사역 중심에는 기독론이 있었다.

---

79 Karl Gützlaff, *Predigt über Apostelgeschichte 4, 12. : gehalten am 22. Dezember 1822 in Berlin*, Berlin : Schantze, 1844, 4.
80 K.l Gützlaff, *Predigt über Apostelgeschichte 4, 12.*, 4.
81 K. Gützlaff, *Predigt über Apostelgeschichte 4, 12.*, 11.
82 후기 문헌 중에서 한 예를 들면, K. Gützlaff, Der Missionsverein für China zu Berlin (Hrsg.), *Die Mission in China : Vorträge, in Berlin gehalten, Dritter Vortrag*, Berlin : W. Schulz 1850, 6 · 9 · 10 · 11 etc.
83 Karl Gützlaff, *C. Gützlaff's Missionars der evangelischen Kirche, dreijähriger Aufenthalt im Königreich Siam nebst einer kurzen Beschreibung seiner drei Reisen in den Seeprovinzen Chinas in den Jahren 1831-1833*, Basel : Felir schneider, 1835, 251.

2) 선교에 대한 열정과 교회의 확산

귀츨라프는 친첸도르프로부터 선교에 대한 열정과 교회의 성장에 대한 신학적 의지의 영향을 받았다. 헤른후트 형제단으로부터 물려 받은 선교에 대한 도전과 자극은 각별한 것이었다. 1832년 조선 선교 당시 그가 헤른후트 형제단 선교사들의 모범을 직접적으로 거론하며 비교한 것은 친첸도르프의 헤른후트 형제단이 귀츨라프에게 얼마나 큰 선교적 모범이었는지 단적으로 보여주는 예이다.[84]

또한 친첸도르프는 선교사의 소명을 그의 신학적 중점인 기독론으로 이해하고 있었다. 그의 헤른후트 형제단은 선교에 대하여 침머링의 표현처럼 "십자가의 고난 받으신 구세주를 통한 하나님 나라의 확장을 위한 소명으로 이해했다"고 했다.[85] 그에게는 소명을 위해 이방인에게 나아가 복음을 전하는 일이 무엇보다 중요한 그리스도인의 사역이었던 셈이다.

실제로 친첸도르프는 1732년 레온하르트 도버(Leonhard Dober)와 다비드 니취만(David Nitschmann)을 중남미의 상트 토마스 섬(St. Thomas)에 파송한 것을 시작으로, 1733년 그린란드, 1734년 북미의 조지아, 1735년 남미의 수리남, 1737년 남아프리카 등지로 헤른후트 형제단 선교사들을 지속적으로 파송했다.[86] 파송된 선교사들은 질병과 현지

---

84   K. Gützlaff, *Aufenthalt*, 257. 귀츨라프는 조선 선교 시에 라브라도어, 그린랜드 및 뉴질랜드를 함께 언급한다. 이 지역들은 헤른후트 형제단 선교사들의 파송지이다. Archibald McLean, *Missionary Addresses*, St. Louis, Mo. : The Christian Publishing Company, 1895, 206. 귀츨라프는 제주도에 거주할 선교사들이 앞에서 언급한 지역의 헤른후트 선교사들에 비하면 덜 위험할 것이라고 보았다. K. Gützlaff, *Aufenthalt*, 257.

85   Peter Zimmerling, *Evangelische Spiritualität. Wurzeln und Zugänge*, Göttingen : Vandenhoeck & Ruprecht, 2003, 99.

86   Dietrich Meyer, *Zinzendorf und Herrnhut*, 37.

의 특수한 환경으로 인해 많은 고난과 어려움을 겪었다. 그린란드에서 사역한 헤른후트 형제단 선교사들의 경우만 보더라도, 흑사병(Pest)[87]과 잎사귀 역병(Blaetter-Seuche)[88] 등의 질병과 식인종(Menschenfresser)[89]의 위협 등으로 선교사들은 큰 고통을 당했다고 전해진다.

그린랜드에서의 헤른후트 선교사의 선교사역을 기록한 책, 1770[90]

---

87   David Kranz, *Historie von Grönland*, 423.
88   David Kranz, *Historie von Grönland*, 423~427.
89   David Kranz, *Historie von Grönland*, 342f.
90   David Kranz, *Historie von Grönland, erhaltend die Beschreibung des landes und der Einwohner A. insbesondere die Geschichte der dortigen Mission der Evangelischer Brüder zu Neue-Herrnhut und Lichtenfels*, 2. Aufl., Leipzig : Heinrich Detlef Ebers u. Weidmann, 1770.

헤른후트 선교사들과 관련해 귀츨라프 문서 연구자인 하르무트 발라벤스(Harmut Walravens) 박사는 필자와의 인터뷰에서 다음과 같은 인상적인 말을 남긴 바 있다.[91]

누가 자진해서 라브라도어로 가겠느냐? 모스키토 연안, 중앙아메리카는 목숨을 걸어야 한다. 그러나 헤른후트 선교사들은 하나님의 뜻이기 때문에 그렇게 했다. 오랜 토론은 없었다. 선교사들에게 경탄하는 것은 그들이 많이 배워서 그런 것이 아니라, 그들의 강한 신앙과 진실성과 관철할 수 있는 능력 때문이었다.

하지만 헤른후트 선교사들은 하나님의 뜻에 순종했을 뿐이라고 말한다. "하나님의 나라 확장(Ausbreitung des Reich Gottes)"[92] 혹은 "하나님 나라의 발전(die Entwicklung des Gottesreiches)"[93]으로 대표되는 귀츨라프의 선교 목적도 그의 모범이었던 친첸도르프의 사고처럼, 먼저 그리스도의 고난과 깊은 상관관계가 있다. 귀츨라프가 표현한 선교사역, 즉 "하나님의 이름을 전파하는 것"과 "복음을 가지고 널리 전하는 것", 그리고 "기독교를 알리기 위해 모든 지역으로 가는 것" 등은 "예수 그리스도가 죽음의 고통을 인내하신 것처럼, 이 일을 위해 그리스도인은 감옥에 던져지고, 죽음의 위협과 고난을 겪어야 한다"는 것과 같이 여겨진다.[94] 귀츨라프는 선교를 "하나님 나라의 발전 과정에서

---

91 하르무트 발라벤스 박사(Harmut Walravens, 전 국립 베를린 도서관 관장)와의 인터뷰, 일시 : 2012.7.30 17:00, 장소 : Begasstr. 2, 1257 Berlin 자택).
92 K. Gützlaff, *Die Mission in China : Vorträge, in Berlin gehalten, Dritter Vortrag*, 15.
93 K. Gützlaff, *Die Mission in China : Vorträge, in Berlin gehalten, Dritter Vortrag*, 11.
94 K. Gützlaff, *Die Mission in China : Vorträge, in Berlin gehalten, Dritter Vortrag*, 11.

흑암의 세력과 싸우는 것"[95]이라 규정한다. 그리스도인은 이 일을 위한 "그리스도의 종(Diener Christi)"[96]이자, "하나님의 나라 안에서의 동역자(Mitarbeiter)"[97]이며, 동시에 "그리스도의 사자(der Bote Christi)"인 것이다.[98] 따라서 귀츨라프에게 있어서 복음이 전파되는 곳에 교회의 설립과 확산은 불가분의 관계에 놓이게 된다.

귀츨라프에게 복음의 전파와 관련된 "하나님의 나라 확장(Ausbreitung des Reich Gottes)과 "주의 교회의 확산(Ausbreitung der Kirche des Herrn)"[99]은 서로 직접적 상관관계가 있다. 조선에서 선교할 때에 그가 남긴 글은 이 점을 뒷받침해준다. 그는 "제주도가 인구가 많은 지역들(일본·조선·만주·중국) 중에 처음으로 그리스도의 교회를 시작하기 위해서 그리고 하나님의 말씀을 전파하기 위해서 최상의 기회를 제공할 것"이라고 말했다.[100] 그는 실제로 선교지인 마카오에 교회(Gemeinde)를 설립했고, 작은 기도의 집들(kleine Bethäuser)[101]도 설립하여 선교활동을 했다. 귀츨라프가 1844년 중국 내지선교(內地宣敎)를 위해 설립한 복한회(福漢會, Der Chinesische Verein)의 사명도 '교회의 설립'이었다.[102] 복한회는 교인이 빌려준 작은 집이나 시골학교의 방을 사용했고, 귀츨라

---

95 K. Gützlaff, *Die Mission in China : Vorträge, in Berlin gehalten, Dritter Vortrag*, 11.
96 K. Gützlaff, *Die Mission in China : Vorträge, in Berlin gehalten, Dritter Vortrag*, 11.
97 K. Gützlaff, *Die Mission in China : Vorträge, in Berlin gehalten, Dritter Vortrag*, 15.
98 Karl Gützlaff, *Aufenthalt*, 252.
99 Karl Gützlaff, *Philethnos*, 19.
100 Karl Gützlaff, *Aufenthalt*, 257. "In diesem Fall würde sie(제주도) für die ersten Anbahnungen der Kirche Christi in diesen völkerreichen Ländergebieten(일본, 조선, 만주-타타르 그리고 중국) und für die Verbreitung des Wortes Gottes."
101 K. Gützlaff, *Die Mission in China : Vorträge, in Berlin gehalten, Dritter Vortrag*, 4.
102 K. Gützlaff, Chinesische Stiftung(Hrsg.), *Gaihan's Chinesische Berichte*, Kassel : C. S. 1850, 257.

프는 복한회의 모임을 통해 성찬과 세례를 베풀었다. 그는 헤른후트적 정서를 이런 모임을 통해 회상하고 있으며, 헤른후트 형제단의 의미를 복한회에 부여했던 것이다.[103]

3) 초교파주의

귀츨라프는 또한 친첸도르프의 초교파주의의 영향을 받았다. 친첸도르프는 원래 루터교 경건주의적 전통에서 교육받고 자랐지만, 그의 이력에서도 알 수 있듯 초교파적 헤른후트 형제단을 창립하고 이끈 인물이다. 친첸도르프의 헤른후트주의는 신앙고백과 신조를 우선시하는 루터파 정통주의(lutherische Orthodoxie)를 탈피하고 있다. 당연히 교파의 고유성을 중시하는 제도권 교회 중심적 사고(kein kirchlich institutionalisiertes Profil)를 지양하는 특징을 가지고 있었다.[104]

헤른후트 형제단은 "별도의 교회규율과 교회규칙(die besondere Kirchenordnung und Kirchenzucht)"[105]을 추구하는 "형제애적·초교파적 특수교회(Sonderkirche)"[106]로 독일교회 안에서 인정받았다. 1722년 그들은 서로 다른 종파 소속의 보헤미아 종교 난민이었지만, 헤른후트 공동체를 조직하기에 이르렀다. 실제로 이들 중에는 루터파와 개혁파 교

---

103 K. Gützlaff, *Gaihan's Chineschische Berichte*, 316.
104 Dorette Seibert Glaube, *Erfahrung Und Gemeinschaft : Der Junge Schleiermacher und Herrnhut*, Göttingen : Vandenhoeck & Ruprecht 2003, 129. Herman Schlyter, *Karl Gützlaff als Missionar in China*, 17f. 비교.
105 August Gottlieb Spangenberg, *Kurzgefasste historische Nachricht von der gegenwärtigen Verfassung der evangelischen Brüderunität augspurgischer Confession*, Berlin : August Mylius, 1786, 20.
106 Carl Hinrichs, *Preußentum und Pietismus*, Göttingen : Vandenhoeck & Ruprecht, 1971, 209.

회신앙을 가진 사람들이 많았다.[107]

공동체 조직이 가능했던 이유는 친첸도르프와 헤른후트 형제단이 무엇보다도 가장 먼저 경건주의적 초교파주의와 개방성을 목표로 했기 때문이다. 교파나 교단과 같은 유형교회의 조직이 선교의 주체가 되거나, 특정 교단이나 교파의 신조나 교리가 헤른후트 형제단의 선교신학의 바탕이 될 수는 없다는 점을 분명히 한 것이다. 덴마크 할레 선교회가 국가가 요청하여 선교사를 파송한 국가중심의 선교였다면, 친첸도르프의 헤른후트 형제단 선교는 평신도가 중심이 되어 파송된 자비량 선교사 중심이었다. 그러므로 교파주의나 교파의 신조중심주의에서 자유로울 수 있었다. 그 점이 바로 귀츨라프가 받은 영향이라 할 수 있다.

비록 귀츨라프는 중국 최초의 루터파 선교사라는 칭호를 받았지만,[108] 그 역시 그의 선교사역 초기부터 이미 초교파적 성향이 강하게 나타났다. 왜냐하면 그는 교파적 활동을 하지 않는 독립선교사로서 활동했기 때문이다. 그는 초교파적 베를린 선교학교 수학 이후, 마찬가지로 초교파적 성격을 가진 네덜란드 선교회 선교사로 훈련받아 파송됐으며 한때 초교파적 선교회인 런던 선교회와 협력했다. 그가 교파주의적 선교에 얽매이지 않는 초교파적 선교를 추구하는 것은 어찌 보면 당연한 일이다.

선교비 조달에 있어서도 귀츨라프는 말년에야 독일권 선교회들

---

107 August Gottlieb Spangenberg, *Kurzgefasste historische Nachricht*, 21.
108 홍콩 해피밸리(Happy Valley)에 있는 그의 묘비 삼면에는 각각 중국어, 독일, 영어로 그에 대한 추모글이 기록 되어 있는데, 모두 공통적으로 중국에 온 최초의 루터파 선교사로 기록하고 있다.

의 도움을 받았다. 1829년 네덜란드 선교회와 결별한 이후, 그가 사역한 선교지마다 스스로 재정을 충당했고 말년에는 영국총독청의 중국어 통역사 겸 중국인 민정관인 무화도(撫華道)[109]의 직책을 맡아 근무함으로써 선교비를 자체 조달했다.[110] 네덜란드 선교회 탈퇴 이후 그는 교파 선교사로 가입하거나 활동하지 않았고, 변함없이 독립성을 유지하면서[111] 여러 선교 기관이나 교단과의 협력관계를 유지했다.

7 귀츨라프에게 헤른후트주의적 영향을 끼친 그 밖의 인물들

귀츨라프가 네덜란드 선교회의 선교사 훈련을 받던 시기에 로테르담에서 헤른후트 형제단과 교류했던 시간을 제외하면 헤른후트의 영향과 감화는 대부분 베를린에서 수학하는 동안 이루어졌다. 베를린 선교학교 교장 예니케와 함께 귀츨라프의 학창시절 그에게 절대적 영향을 미친 다른 한 사람은 바로 베를린 선교학교의 강사였던 프리드리히 토룩(Friedrich August Gottreu Tholuck, 1799~1877)이라고 할 수 있다. 그는 김나지움(Gymnasium) 시기인 열일곱 살에 이미 19개국 언어를 습득할 정도로 언어에 특출한 소질을 보인 인물이다. 1817년 베를린 대학

---

109 귀츨라프는 홍콩 영국총독청에서 무화도(撫華道) 또는 화민정무사(華民政務司, Chinese Secretary and Interpreter)의 임무를 맡았다. 英官員道路 http://www.hk-place.com/viewtext.php?id=330 참고.

110 Evangelische Missionsgesellschaft in Basel(Hrsg.), *Evangelisches Missions Magazin*, Basel : Basileia Verlag 1954, 81.

111 Hauptverein für christliche Erbauungsschriften, *Karl Gützlaff's Leben und Heimgang*, Berlin : Haupt-Verein für christliche Erbauungsschriften, 1851, 14.

교(지금의 베를린 훔볼트 대학교)에서 신학과 철학을 공부했고, 그 역시 헤른후트 형제단으로부터 영향을 받았다.[112]

토룩은 도르파트 대학(Universität Dorpat) 교수 재직 시절 구약석의와 동양철학 교수를 제안받았지만, 1819년 중병으로 인해 수락하지 못했다. 1822년에 와서야 베를린 대학교 신학부에서 구약학 정원 외 교수를 거쳐, 1825년 당시 합리주의 이상이 주류를 이루던 할레 대학의 정교수가 됐다. 1827년에는 『독일 개신교를 위한 복음주의 신문(Die Evangelischen Kirchenzeitung für das protestantische Deutschland)』을 창간했다.[113]

1822년 귀츨라프는 그의 스승 토룩의 영향으로 벌써 6개의 언어를 습득한 상태였다. 심지어 토룩으로부터 페르시아어까지 배웠다.[114] 이러한 배움의 시기에 토룩의 주장, 즉 "기독교인의 존재는 오직 타자를 위해 사는 것"[115]이며, 그것은 다름 아닌 "헌신적 사랑(die hingebende Liebe)"[116]으로 나타나야 한다는 생각이 귀츨라프에게 큰 영향을 끼쳤을 것이다. 이러한 토룩의 주장은 실천적 기독교를 강조하던 후기 경건주의자의 모습을 잘 보여준다.

귀츨라프에게 헤른후트적 영향을 끼친 또 한 명의 중요한 인물은 당시 베를린 알렉산더 광장에서 극빈자 구호사업에 힘쓰던 바론 H. E. 폰 코트비츠(Baron Hans Ernst von Kottwitz, 1757~1843)였다. 폰 코트비츠는

---

112 Karl Heinz Voigt, *Internationale Sonntagsschule und deutscher Kindergottesdienst : Eine ökumenische Herausforderung*, Göttingen : Vandenhoeck & Ruprecht, 2007. 85.
113 Gustav Frank, "Tholuck, August", *Allgemeine Deutsche Biographie* Bd. 38, Leipzig : Duncker & Humblot, 1894, 55~59.
114 Marianne Winner-Lüdecke, *Karl Gützlaff : ein vergessener Rufer?*, 11.
115 Friedrich August Gottreu Tholuck, *Werke, Predigten über Hauptstücke des christlichen Glaubens und Lebens*, 4. Teil, 3ed., Gotha : Perthes, 1863, 15.
116 Friedrich August Gottreu Tholuck, *Werke*, 15.

초기 베를린 영적 각성운동의 지도자였으며, 토룩의 가장 중요한 영적 조언자였다. 그는 일찍이 헤른후트적인 영적 각성운동에 매료됐는데,[117] 이후 '헤른후트 형제단'을 통해 새로운 신앙적 삶을 얻게 됐다. 귀츨라프에게는 실천적 신앙인의 삶을 사는 코트비츠의 삶이 이상형이 됐을 것으로 보인다.[118]

이상에서 본 바와 같이 예니케, 토룩, 코트비츠의 신앙과 실천, 학문적 성향 등은 베를린 선교학교 시절의 귀츨라프가 헤른후트적 영향을 받은 토대인 것이다.

이 장을 맺으며 생각해 볼 바는, 선교사 귀츨라프가 가진 선교신학의 배경을 연구하는 것이 그의 선교전략과 선교사역을 이해하는 데 중요한 열쇠 역할을 한다는 점이다. 베를린 선교학교에서의 학업과 그곳에서 만난 사람들을 통해 친첸도르프의 헤른후트주의를 접했으며, 이는 훗날 귀츨라프의 선교신학 정립에 결정적 영향을 끼친다.

헤른후트주의는 18세기 영국, 19세기 독일의 영적 각성운동의 촉매 역할을 한 기독교 사상이었다. 특히 베를린 선교학교는 이러한 흐름에서 중심적 역할을 수행했는데, 그것은 베를린 선교학교의 설립자이자 귀츨라프의 영적 스승이었던 예니케 목사가 경건주의와 친첸도르프의 헤른후트주의를 설립 정신으로 삼았기 때문이다.

신앙의 자유를 찾아 독일 작센으로 이주해 온 보헤미아 난민들은 친첸도르프가 제공한 땅 헤른후트에 정착했다. 이곳에서 그들은 헤른

---

117 Historische Kommission zur Erforschung des Pietismus, *Pietismus und Neuzeit*, Bielefeld : Luther-Verlag, 2007, 119.
118 Marianne Winner-Lüdecke, *Karl Gützlaff : ein vergessener Rufer?*, 11

후트 형제단으로 거듭나면서 헤른후트주의라는 신학적 기조를 만들어낸 것이다. 귀츨라프는 예니케 목사를 중심으로 한 헤른후트주의적 신학교육을 완전하게 흡수했다.

귀츨라프의 선교신학에서 나타나는 친첸도르프의 헤른후트주의적 특징은 세 가지가 있다. 첫째, 삼위일체 신학 안에서의 기독론 중심 사상이다. 예수 그리스도의 십자가에서 죽으심을 통한 칭의와 구원을 강조하는 것이다. 둘째, 선교에 대한 열정과 교회의 확산이라고 할 수 있다. 친첸도르프는 선교사의 소명도 그의 신학적 중점인 기독론 중심으로 이해한 인물이다. 선교사의 소명을 십자가의 고난받으신 구세주를 통한 하나님 나라의 확장으로 이해한 것이다. 그러므로 이방인에게 복음을 전하는 것은 그리스도인의 중요한 사역으로 자리 잡게 됐고, 이는 이후 귀츨라프에게 선교사의 소명으로 다가왔다. 셋째, 초교파주의인 '헤른후트 형제단'은 특정 교단이나 교파의 신조와 교리가 선교신학의 바탕이 될 수 없다는 생각을 근간으로 한다. 귀츨라프의 선교신학에서 나타나는 개방성과 독립성은 이러한 친첸도르프의 헤른후트주의적 영향이라고 할 수 있다.

한국에 온 첫 번째 개신교 선교사 귀츨라프의 선교신학의 정체성을 형성하는 데는, 친첸도르프를 시작으로 선교학교에서의 헤른후트주의 교육과 예니케·토룩·코트비츠와 같은 헤른후트주의자들의 영향과 모범이 크게 작용했다. 그러므로 친첸도르프의 헤른후트주의는 귀츨라프의 선교신학을 형성한 밑바탕이며, 동시에 귀츨라프의 선교전략과 사역의 근거가 되는 신학사상임이 분명하다는 결론을 내릴 수 있다.

제3장

네덜란드 선교회에서의 선교훈련

귀츨라프의 실질적 선교사 실습은 1823년 6월부터 시작됐다. '베를린 선교학교(Missionsschule in Berlin)'와 베를린 대학교(지금의 베를린 훔볼트 대학교) 신학부에서 신학 수업을 받은 후[1] 두 명의 대학 동료와 함께 네덜란드 로테르담에 있는 네덜란드 선교회(Niederländische Missionsgesellschaft, 네덜란드어 : Nederlandsch Zendeling Genootschap, 1797 설립)로 건너갔다. 그곳에서 3년간(1823~1826) 선교훈련을 받았다.[2] 그중 절반은 런던과 파리로 수학여행을 다녔다. 당시 독일에는 아직 변변한 선교 단체가 조직되지 않았으므로, 이 학교에서 공부한 학생들은 독일이 아닌 네덜란드 선교회나 런던 교회협회(London Missionary Society, 1795 설립) 등의 선교사로 훈련받아야 했다. 이러한 선교회를 위한 선교사 공급을 베를린 선교학교가 담당한 것이다.

귀츨라프는 1823년 5월 두 동료와 함께 네덜란드 선교회에 훈련을 받기 위해 출발하여 그해 6월 5일 로테르담에 도착했다.[3] 그곳에 선교본부를 둔 네덜란드 선교회는 선교부 자체의 안락한 새 건물을 소유하고 있었고, 또한 초교파적 성격을 띠고 있는 곳이었다. 이 선교회는 당시 선교사를 파송하는 지역을 네덜란드 식민지로 제한했는데,[4] 1797년 선교회의 창립은 당시 저명한 네덜란드 석학이었던 반 데어

---

1   베를린 대학교(지금의 베를린 훔볼트 대학교) 신학부에서의 신학 수업은 중병에 걸려 불과 몇 달 수학하는 데 그쳤다.

2   Carl Friedrich Ledderhose, *Johann Jänicke : der evangelisch-lutherische Prediger an der böhmischen-oder Bethlehems-Kirche zu Berlin ; nach seinem Leben und Wirken dargestellt. Zum Besten der Mission für China*, Berlin : Selbstverlag, 1863, 123.

3   C. Gutzlaff, *The Journal of three voyages along the coast of China in 1831, 1832 and 1833*, 3. ed., London : Thomas Ward and CO, 1840, 52; Karl Friedrich Ledderhose, *Johann Jänicke*, 123.

4   August Köhler, *Die niederländische reformirte Kirche : Charakterisirende Mittheilungen über ihren dermaligen Zustand*, Erlangen : Deichert 1856, 116.

켐프(van der Kemp) 박사에 의해서였다. 그는 원래 기독교에 대해 적대적이었지만 회심한 이후 네덜란드 선교회를 초교파 선교회로 설립하게 됐다.[5]

이 선교회의 선교사 임직식마다 "그러므로 너희는 가서 모든 민족을 제자로 삼아 아버지와 아들과 성령의 이름으로 세례를 베풀고"라는 소위 대 위임명령(Great Commission, 마태복음 28장)이 인용됐다.[6] 초교파를 표방했지만 이 선교회의 뿌리는 런던 선교회와 마찬가지로 개혁주의적인 전통에 서 있었으며,[7] 이 선교회의 선교사들은 칼빈주의 신학에 중요한 영향을 받았다.[8]

1824년은 귀츨라프가 네덜란드 선교회의 선교사 훈련을 받던 시기이면서 로테르담에서 헤른후트 형제단과 교류하던 시간이었다. 그는 헤른후트 형제단의 라브라도어 선교사인 콜마이스트(Benjamin Gottlieb Kohlmeister, 1756~1844)를 만나 큰 감화를 받았다.[9] 또한 이 시기에 그는 마카오의 영화서원(英華書院; Chinese Mission College 혹은 The Anglo-

---

5   Benedict Stefan Steger, *Die protestantischen Missionen und deren gesegnetes Wirken : für Alle, welche sich über die segensreiche Ausbreitung des Christenthums unter den Heiden durch die protestantischen Missionen belehren wollen*, Hof : Bei Gottfried Adolph Frau, 1838, 12.

6   Rita Smith Kipp, *The early years of a Dutch colonial mission : the Karo field*, Ann Arbor : University of Michigan Press, 1990, 20.

7   Andrew C. Ross, "Missionary Expansion", Donald K McKim & David F Wright(ed.), *Encyclopedia of the Reformed Faith*, Louisville, Ky. : Westminster / John Knox Press ; Edinburgh : Saint Andrew Press, 1992, 243.

8   Rita Smith Kipp, *The early years of a Dutch colonial mission : the Karo field*, Ann Arbor : University of Michigan Press, 1990, 20 · 23.

9   Herman Schlyter, *Karl Gützlaff als Missionar in China*, Lund : C. W. K. Gleerup, 1946, 23. 귀츨라프는 1850년 유럽선교여행 중 네덜란드 헤른후트 거점지역을 다시 방문했다. Karl Gützlaff, *Gützlaffs Bericht seiner Reise von China nach England and durch die verschiedenen Under Europa's, im Interesse der Chinesischen Mission*, Kassel : Chinesischen Stiftung 1851, 14 · 17.

Chinese College, 1818 설립)[10]에 가고자 노력했다. 영화서원은 1818년 말레이 반도 말라카에 모리슨과 밀른 선교사가 세운 최초의 신학문 학원이었다. 그러나 귀츨라프의 이 계획은 연기되어야만 했다.[11] 영국선교회에 반복된 어떤 그리스인 사제의 요청, 즉 "그의 고발당해도 마땅한 악한 백성들(his deplorably ignorant countrymen)"을 위해 복음을 전해 달라는 부탁 때문이었다.[12] 당시 그리스는 오스만 터키 제국(Osman Turk Empire)의 지배를 받고 있었다. 영국선교회는 그곳에 필요한 도움자로서 귀츨라프를 선발했다. 그 때문에 결국 그는 1824년 가을 프랑스 파리로 보내지게 됐다.

귀츨라프는 그해 새롭게 설립된 파리선교회의 선교회관에 머물면서 터키어와 아랍어를 배울 수 있었다. 소아시아와 중동권의 선교지에 대한 조망을 가질 기회를 가진 셈이었다. 그런데 그는 영국선교회로부터 터키선교를 제안받았을 때 이를 거절했다.[13] 그 전부터 그의 마음속에 이미 동아시아, 특히 중국대륙을 자신의 선교지로 상정했던 것으로 보인다.

만약 그가 그 제안을 받아들였다면 어떻게 됐을까? 바울이 마케도니아 사람의 환상을 보고 유럽으로 향했던 것과 같이(사도행전 16장), 귀츨라프의 선교 방향과 내용은 전혀 다른 양상으로 전개됐을 것이다.

1825년 10월, 귀츨라프는 런던을 방문하여 중국에 발을 디딘 최

---

10   이 학교는 1843년 말레이 반도 말라카에서 홍콩으로 옮겼다. 곧 이어서 선교사들의 훈련을 위한 특수 신학교로 변모했다.
11   C. Gutzlaff, Journal, 1840, 52.
12   C. Gutzlaff, *Journal*, 1840, 52.
13   C. Gutzlaff, *Journal*, 1840, 52.

초의 개신교선교사인 런던 선교회 소속 로버트 모리슨(Robert Morrison, 1782~1834)을 만났다. 모리슨은 1807년 이래로 중국 광저우(廣州, Canton)에 살았으며, 영국 동인도회사(East India Company)의 중국어 통역사로 일했다. 당시는 모리슨이 1822년 말라카와 싱가포르를 경유하여 1824년부터 영국에 일시 귀환했던 시기였다.

또한 모리슨은 당시 영국 왕립학회의 회원이었으며, 귀환 후 중국서적을 많이 보유한 동양언어연구소(Orientalisches Sprachinstitut)를 운영 중이었다. 모리슨은 런던의 홀번구(Holborn)에 위치한 바틀렛 건물(Bartlett's Buildings)에 머무르는 동안 많은 선교사들을 교육했으며, 1824년 11월 엘리자 암스트롱(Eliza Armstrong)과 재혼한 후 1826년 중국으로 돌아갔다. 모리슨의 첫 번째 부인은 메리 몰턴(Mary Morton)이었다. 1809년 2월 20일에 결혼했으나,[14] 안타깝게도 그녀는 1821년 6월 10일, 30세가 되던 해 콜레라로 마카오에서 사망했으며[15] 마카오의 옛 개신교 묘지(Old Protestant Cemetery in Macau)에 안장됐다.

귀츨라프는 모리슨의 동양언어연구소를 방문하면서 중국 선교에 대한 관심을 싹 틔운 것으로 추정된다. 그 근거는 모리슨의 동양언어연구소에 있는 수많은 중국 서적이 귀츨라프의 천재적인 언어적 소양을 더욱 자극하는 계기가 됐고, 이 연구소를 통해 선교의 역사적 저작물을 충분하게 접하여 중국 관련 지식을 많이 습득할 수 있었기 때

---

14   William Dean, The China mission : embracing a history of the various missions of all denominations among the Chinese, with biographical sketches of deceased missionaries, New York : Sheldon, 1859, 341.

15   The Evangelical magazine and missionary chronicle Vol. XXX, London : Thomas Ward and Co., 1822, 39.

로버트 모리슨 선교사와 그의 성경번역 동역자인 중국인들(석판화, 1830년경, 소장 : 오현기)

문이다.[16] 아울러 몇몇 뛰어난 선교사들 및 선교 후원자들과 교류할 기회를 가질 수 있었다.[17] 그는 영국을 방문한 시기에 중국과 동아시아에 대한 관심을 키우고, 선교의 목표를 깨달았던 것으로 보인다.

1813년, 모리슨은 이미 신약성경을 번역했고,[18] 1819년에는 밀른(William Milne, 1785~1822)과 함께 구약성경을 번역했다.[19] 이것을 합본

---

16 Herman Schlyter, *Karl Gützlaff als Missionar in China*, Lund : C. W. K. Gleerup, 1946, 29~30.

17 C. Gutzlaff, *The Journal of three voyages along the coast of China in 1831, 1832 and 1833*, 3. ed., London : Thomas Ward and CO, 1840, 52.

18 Alexander Wylie & William Gamble, *Memorials of Protestant missionaries to the Chinese : giving a list of their publications, and obituary notices of the deceased*, Shanghae : American Presbyterian mission press 1867, 5f.

19 모리슨의 동료로 런던 선교회가 보낸 두 번째 선교사이자 첫 번째 영화서원의 교장인 밀른(William Milne, 1785~1822)은 『신천성서(神天聖書 : 載舊遺詔書兼新遺詔書)』

하여 1823년 말라카에서 선장본『신천성서(神天聖書-載舊遺詔書兼新遺詔書)』를 출간했다.[20] 이 성경은 훗날 1832년 귀츨라프의 한국선교 당시 순조대왕에게 진상된다.[21] 모리슨의 또 다른 중요업적으로는 영어-중국어사전을 편찬한 것을 들 수 있다.[22]

귀츨라프는 1825년 모리슨을 만나고 런던의 동양언어연구소를 견학한 후 여기서 취합한 자료들을 토대로 1826년 그의 첫 번째 저작물『지상에서 그리스도 나라의 확장의 역사』를 출판한다. 이를 네덜란드어(Geschiedenis der Uitbreiding van Christus Koningrijk op Aarde)로 출간하고, 1828년에는 독일어(Geschichte der Ausbreitung des Königreichs Christi über die Erde)로 출판했다. 귀츨라프는 1826년 7월 20일 로테르담에서 선교사 (the gospel ministry)[23]로 임직했는데, 그때 그의 나이가 23세였다. 앞서 언급 했듯이 네덜란드 선교회에서 훈련받은 선교사들은 칼빈주의 신학에 큰 영향을 받았다. 귀츨라프는 독일 루터파 교단에서 자랐지만, 그

를 번역했고, 서구에는 1820년『중국 개신교 선교의 첫 10년의 회고(A Retrospect of the First Ten Years of the Protestant Mission to China : Now)』라는 책을 통해 중국의 문화와 현지사정을 알렸다.

20 『神天聖書: 載舊遺詔書兼新遺詔書』, Malacca : Anglo-Chinese College, 1823. 귀츨라프 자신도 메드허스트와 함께 성경을 번역했다. 중국어 신약성경을 1837년에, 구약성경을 1840에 홍콩에서 출판했다.

21 K. Gützlaff, "An appeal in behalf of China", American Board of Commissioners for Foreign Missions, *Missionary Herald* Vol. XXX, Boston : Crocker and Brewster 1834, 423.

22 Robert Morrison, *Dictionary of the Chinese Language*, In Three Parts, Part II Vol. 1, Macao : The Honorable East India Company's Press 1819.

23 *The Chinese Repository* Vol. XX, 1851.1~12, 511; William Dean, The China mission : embracing a history of the various missions of all denominations among the Chinese, with biographical sketches of deceased missionaries, New York : Sheldon, 1859, 283; Alexander Wylie, *Memorials of Protestant missionaries to the Chinese : giving a list of their publications, and obituary notices of the deceased*, Shanghae : American Presbyterian mission press 1867, 54.

곳에서 안수를 받지 않았다. 이 점에서 그를 루터파 목사로 부르는 것은 문제가 있다. 그렇다면 그는 어떤 교파적 정체성을 가지고 있을까? 이 물음에 대한 답은 다음 귀츨라프의 초상화를 통해 추측할 수 있다.

목사가운을 입은 귀츨라프[24]

바젤 선교회가 그림 자료로 가지고 있는 그의 초상화에는 이와 관련한 이채로운 정보가 담겨있다. 독일 고쓰너 선교회 이사인 클라우스 뢰버 박사의 주장에 의하면, 이 초상화에서 귀츨라프는 목사가운(Talar)을 착용하고 있다. 그리고 벱헨(Beffchen)으로 불리는 넥타이를

---

24 Bild Archiv der Baseler Mission / Mission21 (http://www.bmarchives.org)

또한 착용하고 있는데, 그가 착용한 것은 개혁파 목사의 뱁헨이다. 원래 뱁헨이 두 쪽으로 나누어진 것은 루터파이고, 통으로 된 것은 개혁파 뱁헨이다. 루터파의 뱁헨이 두 쪽으로 나누어진 이유는 율법과 복음, 구약과 신약을 의미한다고 한다. 그러나 클라우스 박사에 의하면 개혁파의 경우 하나가 통으로 된 의미는 그리스도의 왕적 통치가 하나임을 의미한다고 한다. 즉, 이 그림은 기존의 평가, 즉 귀츨라프를 '루터파 목사'라고만 보려는 일각의 시도를 수정해야 할 만 한 이유가 될 것이다.

그렇다면 그가 소속된 교단과 선교회는 어디인가? 이미 앞 장들에서 보았다시피, 그는 독일 루터파 안에서도 초교파 성격을 띤 새로운 영적 각성운동의 본거지인 베를린 선교학교에서 헤른후트주의적 학업을 했으며, 그 후 칼빈주의적 성격이 강한 초교파 선교회인 네덜란드 선교회에서 훈련받았다. 그래서 그의 정체성은 한 교파의 신앙에만 국한될 수 없다. 그는 그리스도 복음의 전령이었지, 한 교파나 선교회를 대변하는 임무를 띠고 사역하지 않았다. 교파를 초월한 초교파적 선교사였다고 보는 것이 정확할 것이다. 또한 그는 심지어 자신의 국적도 초월했다. 한 편지에서 그는 독일인임에도 불구하고 자신의 조국을 네덜란드라고 한 문건도 존재한다.[25]

격동의 19세기 초·중반기에 귀츨라프는 어느 한 국가와 민족의 이익을 대변했던 어떤 해외 선교사들과도 같지 않았고, 국가와 민

---

25 이 편지는 Karl Gützlaff, *C. Gützlaff's Missionars der evangelischen Kirche, dreijähriger Aufenthalt im Königreich Siam nebst einer kurzen Beschreibung seiner drei Reisen in den Seeprovinzen Chinas in den Jahren 1831-1833*, Basel : Felir schneider, 1835, 320에서 인용했다. 「결론(Schlussbemerkung)」은 313~321에 기록되어 있는데, 요한 고쓰너 목사가 쓴 것으로 추정된다.

족의 울타리를 넘어 하나님 나라에 봉사하려는 의지를 가진 사람이었다. 이것이 바로 개신교 선교역사 중 어느 교파에도 얽매이지 않고, 자발적으로 세계선교의 선구자가 됐던 헤른후트의 후예다운 그가 걸어야 할 길임에 분명하다. 그는 어느 교단과 선교회에 소속되지 않은 독립선교사(Freimissionar)였다. 그것은 누가 보낸 것이 아니라, 하나님의 말씀 속에 그리고 하나님의 섭리로 이끄심을 통해 그에게 지시하신 사명이었기 때문이었다.[26]

---

26   Karl Gützlaff, *Aufenthalt*, 143 참고.

에피소드—귀츨라프 기획 전시전

한국인이 개최하는 최초의 귀츨라프 전시전은 어디에서 열렸을까? 한국을 포함한 전 세계 한인들의 국내외 교회를 통틀어, 한국에 복음을 전해준 최초의 개신교 선교사 귀츨라프의 선교를 기념하는 전시전을 처음 연 곳은 당시 필자가 담임하고 있었던 독일 베를린 소망교회였다. 베를린 소망교회(Friedrichruher Str. 6A, 12169 Berlin)는 선교대회를 2007년 9월 10~11일까지 베를린 소망교회 교육관(Droysenstr. 15 10629 Berlin)에서 열었는데, 그때 교육관의 다용도실을 일시적으로 개조하여 '조선에 온 최초의 선교사 칼 귀츨라프 자료 전시전'을 개최했다.

이 전시전을 위해 당시 교회에 출석하고 있던 미술 전공자 배민영 씨가 전체 전시코디를 담당했다.

'조선에 온 최초의 선교사 칼 귀츨라프 자료 전시전'(독일 베를린 소망교회, 2007.9.10~11)

베를린 소망교회가 이 자료전을 개최한 취지는 첫째, 독일에 거주하는 이들이 앞장서서 조선에 최초로 복음을 전해준 독인일에게 감사하고 이를 기념하자는 것, 둘째, 이제 귀츨라프의 뜻을 이어 받은 우리가 복음을 세계에 널리 전하자는 의미의 내포였다. 당시 베를린 소망교회 성도들은 독일에서 그것도 베를린이 한국 최초 선교사가 학업을 닦았던 도시였기 때문에 더 큰 감사와 의의를 지닐 수 있었다.

　　그렇다면 국내에서는 어디서 처음 귀츨라프 전시전이 열렸을까? 이 역사적 전시회의 타이틀은 '보령 문화의 전당' 내 보령박물관(충청남도 제1종 전문박물관 제30호)이 차지했다.

보령 문화의 전당(사진 : 보령박물관 제공)

　　이 박물관에서 국내 최초로 역사적인 귀츨라프 전시회가 '보령 믿음展'이라는 이름으로 2013년 11월 29일부터 2014년 4월 27일까지 약 5개월간 전시됐다.

보령의 믿음展 : 귀츨라프 전시관(보령 박물관, 촬영 : 오현기)

이 귀츨라프 관련 전시에는 필자가 그간 수집한 귀츨라프의 1차 사료를 엄선하여 제공했다. 전시관 한편에는 필자가 참여하여 독일과 홍콩현지에서 제작한 다큐멘터리가 상영되고, 또한 각 유물마다 일반인들의 이해를 돕기 위해 필자가 제공한 짧은 설명도 곁들여져 있다.

이러한 프로젝트에 필자가 참여하면서 느낀 점은 이제 한국교회가 귀츨라프의 헌신적 조선 선교를 기억하고 기념할 때임이 분명하다는 것이다. 어엿한 성인으로 성장한 한국개신교회가 전 세계로 복음을 전했던 복음의 전령들과 선교단체들을 기억하고 감사하며 그들이 못 다한 일을 우리가 이어 나가야 할 것이다. 이러한 일련의 프로젝트는 이것을 일깨우기에 분명 일조했으리라 믿는다.

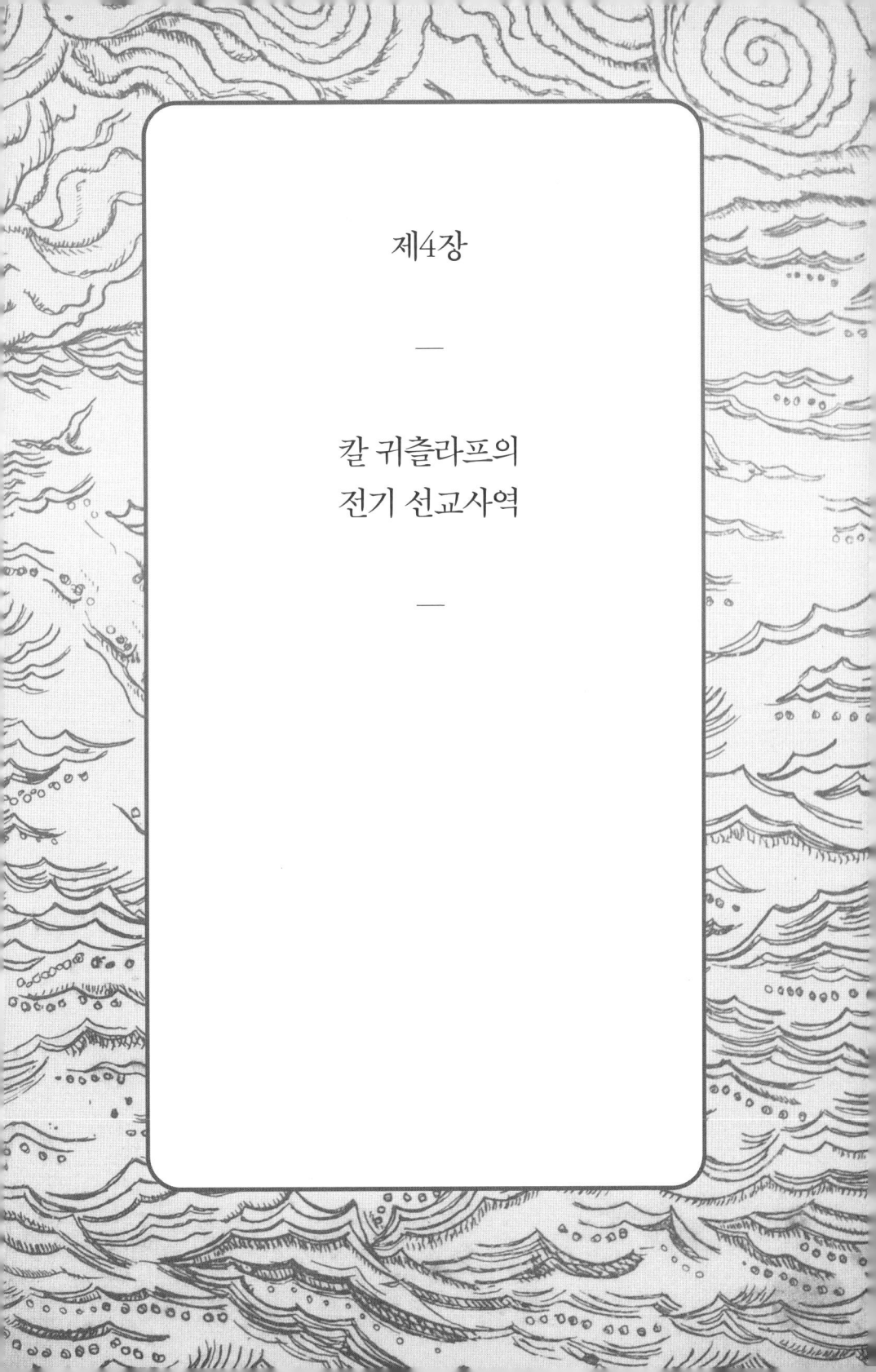

제4장

―

칼 귀츨라프의
전기 선교사역

―

귀츨라프의 선교사역 기간을 크게 1차 청·영전쟁(1839~1842)을 기준으로 나누어 볼 수 있다. 이 전쟁을 기점으로 13년간을 전기 선교사역으로, 그 이후부터 그의 사망 시까지 12년간을 후기 선교사역으로 구분한다. 그의 전기 선교사역은 바타비아·빈탄·싱가포르·방콕 및 마카오를 중심으로 이루어졌고, 후기 선교사역은 주로 홍콩을 중심으로 이루어졌다. 또한 전자는 주로 선교여행 중심으로 사역했고, 후자는 오랫동안 한 곳에 선교지를 정하고 머무는 정주형(定住形) 선교를 주로 행했다. 특히 그의 후기 선교사역 중심지인 홍콩을 중국 내륙 선교를 위한 거점 지역으로 삼았다.

이 장에서는 귀츨라프의 전기 선교사역에 대해 살펴볼 것이다. 그가 행한 선교의 방법과 내용에 주목하기 위해, 특히 바타비아(지금의 자카르타) 이후 귀츨라프의 선교 이동 경로와 함께 각 지역에서 행한 선교사역을 되짚어 보고자 한다. 그의 전기 사역시기에 선교지 이동 경로와 선교지에서의 주요 관심사를 관찰했을 때, 중국 선교가 그의 최종적 목표였음을 알 수 있다. 바타비아·빈탄·싱가포르·시암(지금의 태국) 및 마카오 선교 기간 중에도 귀츨라프는 중국인 선교를 위한 가능성을 모색하면서 실질적 준비를 해왔기 때문이다.

또한 귀츨라프가 선교를 위해 머물렀던 지역들의 정치·문화·사회의 지식과 경험을 토대로, 그의 번역선교와 문서선교, 복지선교사역이 보여주는 선교방법론의 효과를 구체적으로 살펴볼 생각이다. 이로써 귀츨라프의 전기 선교사역 기간이 훗날 본격적으로 시작된 중국 본토선교의 준비 단계이자 기틀역할을 했음을 밝히는 것이 이 장의 목적이다.

1   바타비아Batavia · 빈탄Bintan · 싱가포르Singapore 선교

귀츨라프는 1826년 9월 11일 네덜란드 선교회에 의해 자바(Java) 섬의 바타비아로 세 명의 동료 선교사와 함께 파송됐다. 선교사 임직 후 거의 두 달 만의 일로, 그에게 있어서 외국에서의 첫 선교경험이었다. 그는 헬레나 크리스티나호(Helena Christina)를 타고 9월 11일에 출발하여 이듬해인 1827년 1월 6일 거의 네 달 만에 목적지인 바타비아에 도착했다.[1] 귀츨라프의 도착과 함께 영국 런던 선교회 소속의 메드허스트(Walter Henry Medhurst, 1796~1857) 선교사는 바타비아 근처의 파라파탄(Parappatan)에 있는 자신의 집에 귀츨라프의 거처를 마련했고, 귀츨라프는 그 후 이 년 동안 그와 함께 사역했다.[2] 자바 섬에서 귀츨라프는 많은 중국인들을 만나게 됐다. 바타비아만 보더라도 당시 54,000명의 주민 중에 거의 15,000명이 중국인들이었을 정도로 중국인의 분포가 상당했다.[3] 귀츨라프는 즉각 바타비아로 이주해온 말레이인과 중국인들을 대상으로 선교활동을 시작했다. 중국인들과의 교류 역시 게을리하지 않았으며, 중국인 학교를 다니면서 그들의 언어와 풍습을 익혔다. 귀츨라프는 거의 하루 종일 바타비아의 중국인들 틈에

---

1   Alexander Wylie, *Memorials of Protestant missionaries to the Chinese : giving a list of their publications, and obituary notices of the deceased*, Shanghae : American Presbyterian mission press, 1867, 54.

2   Winfried Scharlau(ed.), *Gützlaffs Bericht über drei Reisen in den Seeprovinzen Chinas 1831-1833*, Hamburg : Abera Verlag, 1997, 15.

3   Johann Samuel Ersch, *Allgemeine encyclopädie der Wissenschaften und Künste*, Leipzig : J. f. Gleditsch, 1880, 267.

머물면서 서너 명의 중국인으로부터 중국어를 배웠다. 결코 쉬운 일이 아니었지만, 그만큼 자바 바타비아에서의 선교는 귀츨라프가 향후 전개될 중국 본토 선교에 대한 이상을 구체화하는 기간이었다.[4]

메드허스트 선교사와 주더랑(朱德郎)의 대화, 곁에 선 말레이 소년[5]

귀츨라프는 네덜란드 선교회 선교사 연수기간에 말레이어를 이미 배웠기 때문에 자바에서는 기초적 소통이 가능한 상태였다. 본래 4개월간의 자바 체류 후 원래 파송 계획대로 북쪽에 있는 수마트라(Sumatra) 섬의 바타족(Batta 혹은 Batak)을 선교하러 가는 것이 일정이었으나, 폭동으로 인한 전시상황 때문에 미뤄야만 했다. 대신에 귀츨라

---

4   Herman Schlyter, *Karl Gützlaff als Missionar in China*, Lund : C. W. K. Gleerup, 1946, 35.

5   Walter Henry Medhurst, *China; its state and prospects, with especial reference to the spread of the gospel; containing allusions to the antiquity, extent, population, civilization, literature and religion of the Chinese*, London : John Snow, 1842.

프는 메드허스트 선교사와 함께 수마트라 섬 근처 있는 리오-군도(Riou-Archipelago)의 빈탄(Bintan) 섬으로 가게 됐다. 1827년 4월 13일 이곳에 도착하여 15일부터 본격적인 선교사역을 시작하고 일 년 동안 말레이인과 중국인을 위한 선교사역을 수행했다.

당시 빈탄 섬에는 8,000명의 중국인이 살고 있었다. 귀츨라프는 그곳과 가까운 싱가포르에까지도 선교사역을 확대해 나갔는데, 이는 싱가포르에도 6,000명 이상의 이주 중국인이 살고 있었고 중국 각처와 심지어 남베트남과 시암에서까지 많은 배가 입항하고 있다는 사실을 '복음전파의 기회'라고 생각했기 때문이다.[6] 빈탄 섬 선교 시기부터 귀츨라프는 푸젠 성(福建省) 출신 중국인 궈(郭) 씨의 양자로 들어가 스리에(實獵)라는 중국 이름을 사용하기 시작했다. 바로 이것이 그의 서명이나 문헌에 자주 나타나는 이름인 궈스리에(郭實獵)이다. 이는 그가 중국이름을 쓸 때 대표적으로 사용한 이름이다.

이때부터 귀츨라프는 중국식 옷을 입고 다녔는데,[7] 그의 비선교 문서 연구가인 하르무트 발라벤스(Harmut Walravens)는 귀츨라프의 이러한 행동을 두고 그가 리치나 아담 샬 같은 유명한 가톨릭 예수회 선교사들의 모범을 따르고 있다고 생각했다. 그래서 실제로 귀츨라프는 중국 전통 복장을 하고 사람들 속에 섞여서 마치 중국 내국인처럼 다녔는데, 이는 중국인들에게 유럽식의 문화를 강권하지 않으려 했기 때문으로 보인다고 평가했다.[8]

---

6   Karl Gützlaff, *Geschichte des chinesischen Reiches* Bd. 2, Quedlinburg (u.a.) : Basse, 1836, 111.

7   William Jones, *The Jubilee Memorial of the Religious Tract Society*, London : Religious Tract Society, 1850, 487.

8   하르무트 발라벤스 박사(Harmut Walravens, 전 국립 베를린 도서관 관장)와의 인터뷰,

중국 푸젠 성 어부 복장을 한 귀츨라프(석판화, 1840년경, 소장 : 오현기)[9]

이는 귀츨라프가 보다 효과적인 선교를 위해 이국적 삶의 형태에 동화되려 애쓴 증거이기도 하다. 귀츨라프는 빈탄에 도착해서는 광둥

일시 : 2012.7.30, 장소 : Begasstr. 2, 1257 Berlin 자택.
[9] 이 석판화는 홍콩에서 활동하던 화가 시너리(G. Chinnery)의 원화에 따른 것인데, 세실리에 브란트(Cäcilie Brand)에 의해 독일 라이프치히 August Knicscl 출판사에서 1840년경 인쇄됐다.

어(Kantonesisch)와 관화(Mandarin)까지도 공부하기 시작했고, 그즈음 아편 중독자들을 처음으로 대하게 됐다. 그는 그의 의학적 지식을 동원하여 그들을 돌보는 작은 병원을 설립했다.[10]

귀츨라프가 1827년에 선교후원자로 추정되는 한 목사에게 보낸 편지[11]는 당시 그의 상황을 엿볼 수 있게 해는 좋은 자료이다. 그는 여러 생필품의 부족함을 호소했는데, 예를 들면 면으로 된 셔츠·양말·면바지·장화·모자 등의 공급을 요청하고 있었다. 아울러 눈에 띄는 것은 그 시기에 보편적이지 않았던 여성 선교사를 거론하고 있다는 점이다.

> 만약 여성 선교사가 함께 오고 싶어 한다면, 특히 많은 이불과 의복들을 준비해야 한다. 여기서는 가벼운 움직임조차도 우리를 땀에 젖게 한다. 그리고 자주 옷을 갈아입어야 한다. 그렇게 하지 않으면 병들기 쉽기 때문이다. 그 밖에도 가능하다면, 여성이 일하는 데 필요한 물건들, 재봉도구 등을(가져와야 한다). 여기선 적당한 가정용 여성복이 100휠던(Gulden, 네덜란드 화폐) 이상 한다. 만약 여성 선교사가 옷을 충분히 가져오지 못하면 상당한 비용이 들 것이다.

이 편지에서 보듯이 귀츨라프는 여성 선교사의 참여에 대해 긍정적이었다. 선교지에서의 여성 선교사 필요성을 제기한 것이다. 그는 1830년대도 지속적으로 여성의 선교참여와 중국에 여학교를 세울 것을 요청했다.[12]

---

10   Winfried Scharlau(ed.), *Gützlaffs Bericht*, 16.
11   귀츨라프가 한 목사(Prediger)에게 보낸 편지, 1827.4.16(Rheinische Mission 소장, 고대도 교회 기념관 영인본).
12   Herman Schlyter, *Karl Gützlaff als Missionar in China*, 117.

빈탄에서 멀지 않은 싱가포르에서 귀츨라프는 런던 선교회 소속인 야곱 톰린(Jacob Tomlin, 1793~1880) 선교사를 만났다. 그는 톰린과 시암 선교에 대해 의논했다. 나중에 톰린이 병에 걸려 싱가포르로 돌아오기 전까지 두 사람은 동역자가 되어 시암에서 거의 아홉 달 가량 (1828.8.23~1829.5.14)을 함께 사역했다.[13] 귀츨라프는 "이미 준비되어 있고 많은 경험이 있는 동료(mit seinem bereits geübtern und erfahrungsreicher Mitbruder)"[14]인 톰린으로부터 영향을 받아 중국 선교에 대한 또 한 번의 자극을 받는다. 아울러 귀츨라프는 중국 선교를 위해 이웃나라인 시암과 남부 베트남(Cochin-China)의 상황을 면밀히 살펴보는데, 그에게 중국 선교를 위한 준비작업의 일환으로서 무엇보다도 중요한 일이었기 때문이다.[15]

그는 싱가포르 선교를 위해 네덜란드 선교회뿐만 아니라 당시 1828년 설립된 신생 선교회인 독일의 바르멘 선교회(Missionsgesellschaft in Barmen)에 싱가포르 선교사 파송을 요청하기도 했다.[16] 이 선교회는 라인 선교회(Rheinische Missionsgesellschaft)라고도 부르는데 1828년 9월 23일 3개의 개신교 선교회, 즉 엘버펠드, 바르멘 그리고 쾰른 선교회가 합쳐진 선교회이다. 라인 선교회의 본부를 바르멘에 둬서 '바르멘 선교회(Barmen Missionsgesellschaft)'라고 부르기도 한다. 그는 싱가포르 방문 중 가족에게 보낸 편지에 다음과 같이 쓰고 있다.

---

13 *The Eclectic review* vol. 3(July~December), London : Holdsworth and Ball, 1832, 198.
14 Evangelische Missions-Gesellschaft in Basel, *Magazin für die neueste Geschichte der evangelischen Missions und Bibelgesellschaften*, Basel : Verlage des Missions Institutes zu Basel, 1835, 22.
15 Winfried Scharlau(ed.), *Gützlaffs Bericht*, 16.
16 Herman Schlyter, *Karl Gützlaff als Missionar in China*, 40.

내 미래의 인생길은 불명확하다. 나는 다른 선교사와 함께 시암과 보르네오로 선교여행을 하기로 결심했다. 어려운 일이 일어나지 않는다면, 일본을 방문하는 기회를 가졌으면 좋겠다.[17]

그는 이 편지에서 다음 목표 선교지인 시암을 거론했고 실제로 그는 이 계획을 실행에 옮기게 됐다. 1828년 11월 3일자로 영국성서공회에 보낸 귀츨라프의 동역선교사 톰린의 편지에 의하면, 1828년 7월 초 귀츨라프와 톰린은 메드허스트 선교사가 미리 준비해준 쪽성경과 전도서적 27상자를 실은 중국 돛단배를 타고 방콕으로 향했다.[18] 드디어 중국 선교의 전초기지인 시암에 입성함으로써 귀츨라프는 꿈에 그리던 중국 선교에 한 걸음 더 다가서게 된 것이다.

2 시암Siam 선교

네덜란드 선교회는 귀츨라프의 중국 선교에 대해 회의적이었다. 결국 그는 네덜란드 선교회의 승인 없이 싱가포르를 떠나 17일 만인 1828년 8월 23일 시암의 수도 방콕에 도착했다.[19] 귀츨라프는 톰린 선교사와 함께 시암을 방문한 최초의 개신교 선교사였다. 그의 시암 도착은 역사적 사건이라 할 수 있는데, 그때 그의 나이 25세, 톰린은 35세였다.

---

17 Winfried Scharlau(ed.), *Gützlaffs Bericht*, 16 인용.
18 Church Missionary Society, T*he Missionary Register*, London : R. Watts Crown Court Temple Bar, 1829, 275.
19 C. Gutzlaff, *The Journal of three voyages along the coast of China in 1831, 1832 and 1833*, 2.ed., London : Frederick westley and A. H. Davis, 1834, xxxii.

방콕에도 많은 중국인들이 거주하고 있었다. 그는 아시아 대륙, 특히 중국 선교야 말로 자신이 사역할 선교의 중심 무대라고 생각했다. 때문에 중국 선교의 전초 기지격인 시암을 스스로 선택하여 중국 선교의 준비 기간을 가지고자 했던 것으로 보인다. 하지만 네덜란드 선교회의 지도자 중 한 명인 바론 멕케이(Baron A. Mackay)는 귀츨라프가 네덜란드 선교회의 영향에서 벗어나 중국문제에 관해 너무 성급하게 앞서 나간다고 생각하여 귀츨라프를 비판했다.[20] 이러한 갈등 속에서도 중국 선교에 대한 뜻을 포기하지 못한 귀츨라프는 1829년에 소속되어있던 네덜란드 선교회를 탈퇴하여 독립선교사(Freimissionar)의 길을 비로소 걷게 됐다. 네덜란드 선교회는 귀츨라프가 네덜란드의 식민지였던 인도네시아에 국한하여 선교를 집중하길 원했으며,[21] 모슬렘 지역의 선교는 안전을 이유로 만류했기 때문이다. 이에 귀츨라프는 네덜란드 선교회의 방침이 자신의 선교에 많은 제약을 가한다고 판단하여 네덜란드 선교회를 탈퇴하기로 결정했던 것이다.

귀츨라프가 선교회 탈퇴를 실행에 옮기기까지는 큰 용기가 필요했을 것이다. 선교회에 소속되지 않은 선교사는 당장 선교비를 후원받기가 쉽지 않았기 때문이다. 하지만 귀츨라프는 더 큰 선교 비전을 위해 이것을 포기했다. 그는 시암 선교 기간부터 네덜란드 선교회와 결별하고 재정적으로도 독립하게 됐다.

---

20   Jessie G. & Rolland Lay Rutz, "The Dutch Foundation of the Gützlaff Mission in China : 1823-1851", Willy Vande Walle & Noël Golvers(ed.), *The History of the Relations between the Low Countries and China in the Qing Era(1644-1911)*, Leuven : Leuven University Press, 2003, 237.

21   Jessie G. & Rolland Lay Rutz, "The Dutch Foundation of the Gützlaff Mission in China", 237.

귀츨라프가 거주했던 방콕은 시암에서 활동하는 중국인 상인들끼리의 거점도시였다. 당시 방콕에는 30만 명이 살고 있었는데, 도시 인구의 절반 이상이 중국인이었을 정도였다. 중국 선교를 준비하기 위한 첫발로는 적당한 장소였다고 할 수 있다. 그는 이곳에서 푸젠 성(福建省)과 광둥 성(廣東省) 지역어를 배워 중국 선교를 착실히 준비해 갔으며,[22] 시암어도 동시에 익힐 수 있었다.

귀츨라프가 방콕에서 사역할 때 거주했던 집[23]

톰린 선교사와 함께 정주형 선교를 하면서 귀츨라프는 시암인, 인도차이나인 그리고 중국인들에게 하나님의 말씀으로 선교하는 목표를 구체적으로 설정했다.[24] 귀츨라프와 자바에서 동역했던 메드허스트 선교사의 기록에 의하면, 1828년 시암에서 한 명의 중국인이 귀츨라프에 의해 세례를 받았는데 이것이 시암에서 맺은 "선교의 첫 번째

22　Jessie G. & Rolland Lay Rutz, "The Dutch Foundation of the Gützlaff Mission in China", 237.

23　C. Gutzlaff, *The Journal of three voyages along the coast of China in 1831, 1832 and 1833*, 2.ed., London : Frederick westley and A. H. Davis 1834.

24　C. F. Ledderhose, *Johann Jänicke*, 125 인용.

열매"였다고 한다.²⁵

1829년 5월 14일, 톰린 선교사가 건강이 나빠져 싱가포르로 돌아갈 수밖에 없게 됐다. 귀츨라프는 그해 11월 26일 말라카(Malacca)에서 만난 마리아 뉴엘(Mary Newell, 1794~1831)과 결혼했다. 뉴엘은 런던 선교회에서 파송된 최초의 여성 선교사이자 말라카 여성학교의 관리자(superintendent)였다.²⁶

귀츨라프는 다음 해인 1830년 2월 11일에 부인과 함께 방콕으로 다시 돌아와, 독자적 선교사역을 시작했다. 그러는 동안 귀츨라프와 그의 부인은 태국어 성경번역에 힘을 쏟았다. 서로 다른 민족으로 구성된 세례 희망자 때문에 신약성경을 시암어와 라오스어 그리고 캄보디아어로 번역해야 했고, 그들은 동시에 시편과 영어 기도서를 다중 언어로 번역했다. 1831년이 되자 귀츨라프 내외는 불완전하지만 시암어로 성경 전체를 번역할 수 있게 됐다. 또한 기독교 서적들이 시암어로 인쇄되기 시작했다.²⁷ 이후 이들은 라오스어와 캄보디아어로 상당한 분량의 성경을 번역했고 곧바로 시암어와 캄보디아어로 된 사전과 문법책을 위한 준비를 시작했다.²⁸ 그리고 남베트남인을 위한 사전(cochin-chinesisches Wörterbuch)을 부인과 함께 편찬했다.²⁹

---

25   Walter Henry Medhurst, *China : Its State and Prospects : With Especial Reference to the Spread of the Gospel : Containing Allusions to the Antiquity, Extent, Population, Civilization, Literature, and Religion of the Chinese*, London : John Snow 1840, 328.

26   *The Eclectic review*, 198.

27   Walter Henry Medhurst, *China : Its State and Prospects*, 328.

28   George Bradley McFarland, *Historical Sketch of Protestant Missions in Siam 1828-1928*, Bangkok : the Bangkok times press, 1928, 4.

29   Carl Ritter, *Die Erdkunde im Verhältniss zur Natur und zur Geschichte des Menschen, (Geography in Relation to Nature and the History of Mankind)* Bd. 3, Berlin : G. Reimer, 1834, 1188.

귀츨라프는 이 사전을 미국의 해외선교를 위한 위원회(Commissioners for Foreign Missions)에 보내는데, 후에 버마(Burma)에서 사역하던 침례교 선교사 엘리자 그루 존스(Eliza Grew Jones)가 시암어-영어 사전을 완성(1833년 12월)하는 데 큰 도움을 주게 된다.[30]

귀츨라프의 표현대로 그의 아내는 하나님이 주신 "하나님에 대한 온화한 경외와 영혼구원을 위한 꺼지지 않는 열심을 통해 무장된 특별한 선물"[31]이었던 것이다. 이러한 번역선교와 아울러 귀츨라프는 방콕에서 간단한 의술도 베풀었다.[32] 특히 그는 돌봄과 선교의 일환[33]으로 마약 환자와 눈병 환자들을 돌보는 것을 중요시했다.[34]

그러던 중 귀츨라프에게 큰 시련이 닥쳐왔다. 1831년 2월 16일, 당시 37세의 아내 마리아 뉴엘이 방콕에서 산고 끝에 쌍둥이 딸을 출산한 뒤 몇 시간 만에 숨진 것이다. 당시 그의 쌍둥이 딸 중 하나는 출생 직후 숨졌고, 나머지 한 명도 약 네 달 후에 숨졌다. 귀츨라프의 가족들은 모두 방콕에 매장됐다.[35] 그는 당시의 아픔을 담은 심경을 다음과 같이 표현했다.

---

30 Dana L. Robert, "evangelist or homemade?", Wilbert R. Shenk(ed.), *North American Foreign Missions, 1810-1914 : Theology, Theory, and Policy*, Grand Rapids : Eerdmans, 2004, 120.

31 No author shown, "Der Missionar Gützlaff", *Allgemeine Kirchen-Zeitung*, 1832.8.26, 1103.

32 Jessie G. & Rolland Lay Rutz, "The Dutch Foundation of the Gützlaff Mission in China", 237.

33 오현기, 「한국개신교의 선교 원년이 1832년인 근거에 대한 연구」, 『대학과선교』 21, 2011, 155~157쪽 참조.

34 Herman Schlyter, *Karl Gützlaff als Missionar in China*, 50.

35 Alexander Wylie & William Gamble, *Memorials of Protestant missionaries to the Chinese*, 54.

나의 정겹고 사랑스러운 아내의 죽음도 나에게는 또한 감사의 대상이다. 나를 향한 하나님의 뜻은 아무것도 아닌 내가 (주를 위하여) 무엇인가 행동하고 (주를 위하여) 고난받는 것이 분명하다.[36]

귀츨라프는 아내의 죽음을 계기로 선교에의 새로운 각오를 다지게 된다. 그는 한 편지에서 아내의 죽음과 관련하여 시암에서의 자신의 사역이 끝났으며, 중국을 향한 목표를 세웠다는 뜻을 밝혔다. 이는 자신의 개인적 선택이 아니라 성령에 의한 결정이라고 한다.[37] 실제로 그의 아내가 숨진 후 4개월 만에 귀츨라프는 곧바로 중국을 향한 새로운 선교여행을 시도했다. 아내의 죽음과 그의 선교사역 사이의 모종의 연관성을 찾을 수 있는 있는 대목이라고 할 수 있다. 시암에 있던 그의 사역지는 네덜란드 출신의 미국인과 영국출신 선교사가 맡게 됐다.[38] 귀츨라프의 부인이 남긴 유산은 이후 귀츨라프의 선교비로 충당됐다.[39]

1차 선교여행(1831.6.3~1831.12.13)은 중국 광둥 성 동부 출신의 중국인 친구 린정(Lin-Jung)의 중국 돛단배(Dschonk), 상선 순리호(Shunle)를 이용했다.[40] 방콕을 출발해서 남베트남, 중국남부 쿤룬, 샤먼, 타이완, 저우산, 닝보, 상하이, 원산, 랴오둥, 만주금촌, 산둥, 톈진까지, 그리고 다시 톈진에서 마카오까지 여섯 달간의 여정을 소화해냈다. 귀츨라프는 1차 선교 여행 이후 중국 마카오를 선교기지로 정했다. 결국 시암

---

36 C. F. Ledderhose, *Johann Jänicke*, 126 인용.
37. Karl Gützlaff, *Aufenthalt*, 138.
38 Karl Gützlaff, *Aufenthalt*, 138.
39 Ferd Moesch, "Carl Friedrich August Gützlaff", *Allgemeine Enzyklopädie der Wissenschaften und Künste* Bd. 98, Leipzig : Brockhaus, 1880, 268.
40 C. F. Ledderhose, *Johann Jänicke*, 125.

에서 선교하면서 중국 선교를 위해 좀 더 뚜렷한 소명, 즉 "중국을 하나님의 말씀으로 선교하는 목표"를 확인하는 계기가 된 것이다.[41]

시암에서의 선교와 1차 선교여행과 관련해서는 1832년 10월에 벌써 『시암 선교와 중국해안 항해기』라는 책이 광저우에서 발간됐다.[42] 이 책의 내용은 그대로 1833년 귀츨라프의 『동아시아 항해기』 1판과 1834년의 『동아시아 항해기』 2판, 1840년의 『동아시아 항해기』 3판에 같은 글로 실렸다.

귀츨라프는 중국 선교사로서의 소명을 자신의 결단이 아닌 하나님의 섭리로 여기며 다음과 같이 기록하고 있다.

> 주님, 우리의 하나님이 그의 말씀 속에 그리고 그의 섭리로 이끄심을 통해 나에게 지시하신 모든 방법으로 그리고 모든 수단을 동원해서 중국인들에게 복음을 선포하라는 것을 나는 마음으로 받아들였다.[43]

그의 다짐처럼 그의 아시아 선교의 최종기착지인 중국에서 남은 생애를 바쳐 선교했다. 그래서 흔히 귀츨라프를 '중국인의 사도(Apostel der Chinesen)', '선교사의 제왕(König der Missionare)',[44] '근대 중국의 으뜸 사도',[45] 등으로 부른다. 그는 이러한 별명에 걸맞게 자신의 중국식 이

---

41 C. F. Ledderhose, *Johann Jänicke*, 125 인용.

42 Karl Gützlaff, "Journal of a residence in Siam : and of a voyage along the coast of China to Mantchou Tartary", *Chinese Repository* Vol. I(1832.5~1833.4), Canton, 1833, 16~25 · 45~64 · 81~99 · 122~140 · 180~196.

43 K. Gützlaff, *Aufenthalt*, 143.

44 Richter, Heinrich u. Gützlaff, Karl, *Philethnos oder Missionar Karl Gützlaff's Bittschrift für die Heiden und Muhamedaner : nebst einer gedrängten Lebensgeschichte genannten Missionars von Heichrich Richer Faltenberg*, Bremen und Schwelm : Faltenberg, 1833, 서문 III.

45 「근대 중국의 으뜸 사도」란 홍콩 해피밸리의 홍콩공원 묘지에 있는 그의 묘소비문에 적

름을 '중국을 사랑한다'는 뜻의 '애한자(愛漢者)'라 스스로 지었다. 또한 '덕을 숭상하는 사람(Admirer of Virtue)'이란 뜻의 '선덕(善德)' 혹은 '선덕자(善德者)',[46] 귀츨라프의 독일 발음을 음차한 '귀스리에(郭實獵)' 또는 '귀스리(郭士立)' 등은 현지에 동화되어 중국인들 속에서 선교하려는 그의 여망을 담고 있는 이름인 것이다. 그리고 자주 필명으로는 사용한 이방인을 사랑하는 사람이란 뜻의 '필레트노스(Philethnos)'도 그가 지향하는 선교가 어떤 것임을 암시해 주고 있다. 가는 곳 마다 선교지의 현지민들을 사랑으로 돌보았던 그는 마카오에서 하나님이 허락해 주신 "모든 수단과 방법으로" 본격적인 대망의 중국 선교를 실행하게 된다.

3 마카오Macau 선교

귀츨라프는 1차 선교 여행 이후 중국 마카오로 거주지를 이동한다. 이 시기에 광저우(Canton)도 자주 오가며 선교했다. 그는 메리 원스톨(Mary Wanstall, 1799~1849)과 1834년 5월 6일 말라카에서 재혼했는데, 원스톨은 1832년부터 말레이 반도의 말라카에 모리슨 선교사가 설립한 영화서원 교사이자 독립선교사였다. 한국 최초 영국공사인 해리 스미스 파커스 경(Sir Harry Smith Parkes, 巴夏禮, 1828~1885)이 그녀의 사촌이었다.[47] 파커스 경은 13살 때인 1841년 6월에 영국을 출발해서 10

힌 글이다.

46 Alexander Wylie & William Gamble, *Memorials of Protestant missionaries to the Chinese : giving a list of their publications, and obituary notices of the deceased*, Shanghae : American Presbyterian mission press, 1867, 58.

47 Syngman Rhee, *Korea's appeal to the Conference on Limitation of Armament*, Washington D.

월에 마카오에 도착하여 메리 원스톨의 집에 머물렀다. 그때 당연히 귀츨라프와 교류가 있었고, 조선에 대한 파커스 경의 인연이 벌써 거기서부터 시작됐다.

1835년 1월 7일, 마카오에서 베를린에 있는 한 친구에게 보낸 편지에서 귀츨라프는 이 결혼에 대해 "주 예수께 바쳐진 영혼임을 고백하고, 거룩한 혼인으로 맺어졌다"고 소개했다.[48] 귀츨라프와 결혼 후 그의 아내 메리 원스톨은 마카오로 이주했고, 이후 1849년 4월 싱가포르에서 사망했다.[49]

귀츨라프는 아내와 함께 마카오에서 교육기관을 세워 사역했다. 근대교육을 통한 현지인들의 계몽은 차세대 선교사와 지도자들을 길러내는 귀중한 사업이었다. 귀츨라프가 설립하고 사역한 학교는 동양여성교육협회학교(Eastern-Female-Education Society School)였는데,[50] 중국 · 인도 · 동양 여성교육진흥협회(the Society for Promoting Female Education in China, India and the East, 1834 설립)의 후원과 모리슨교육협회(the Morrison Education Society)의 도움으로 1835년 9월 작은 학교로 개교했다.[51]

특히 모리슨교육협회로부터는 사무엘 로빈스 브라운(Samuel Robbins

C. : Korean Mission to the Conference on the Limitation of Armament, 1922, 32.

48 K. Gützlaff, "Briefe an einen Freund in Berlin(Macao, 1835.1.7)", 376.
49 귀츨라프는 생전 세 번 결혼했는데, 세 번째 부인은 잉글랜드(England) 브리스톨(Bristol) 출신의 도로시 가브리엘(Dorothy Gabriel, 1821~1888)이며, 둘째 부인이 사망한 다음해 유럽을 선교보고 차 방문했을 때 그녀와 만나 1850년 9월 19일에 결혼했다 (Alexander Wylie, *Memorials of Protestant Missionaris to the Chinese*, 56).
50 이 학교는 "Chinese-and-India-Female-Education Society"라고도 불린다.
51 Church Missionary Society, "Eastern-Female-Education Society"(State of Mrs. Gutzlaff's School at Macao, 1836.10.14 보고), *Missionary Register*, London : L. B. Seeley, 1838, 278; "First annual report of the Morrison Education Society"(1837.9.27), *Chinese Repository* Vol. 6, Canton : The Proprietors, 1838, 231~232.

Brown)이라는 교사를 지원받을 수 있었다.[52] 학교는 큰 포르투갈식 집으로 크기는 110×60 피트였고,[53] 상단부에 아이들이 놀 수 있을 만큼 멋지고 긴 방을 가진 건물이었다.[54]

동양여자교육협회학교는 바로 그곳에서, 열두 명의 어린 중국소녀들과 두 명의 중국 소년을 학생으로 받아 시작했다. 1836년 12월에는 23명, 1837년 3월에는 26명의 아이들로 다소 증가됐다가 1838년 중반에는 16명의 소년과 다섯 명의 소녀가 등록해 있었다. 그들은 모두 귀츨라프의 집에서 함께 생활했다.[55] 모리슨교육협회의 1838년의 보고서도 이와 일치한다. 귀츨라프는 이 동양여자교육협회학교에서 아이들을 가르치면서 동시에 학교를 관장하고 돌보았다. 이 보고서에도 역시 당시에 16명의 소년과 다섯 명의 소녀가 재학하고 있었다고 보고하고 있다. 아이들은 연령에 따라 세 개의 반으로 나뉘었다고 한다. 영어와 지리, 역사, 글쓰기 등을 배웠고 모두들 신약성경을 읽었다. 귀츨라프는 제자들을 일주일에 네 번 중국어로 시험을 치게 했고, 영어로 강의했다.[56]

1835년 9월 7일 마카오에서 쓰인 귀츨라프의 편지는 그의 아내가 행한 선교사역을 소개하고 있다. 그녀는 마카오에서 두 개의 학교

---

52 William E. Griffis, *A Maker of the New Orient. Samuel Robbins Brown*, New York : Revell, 1902, 49~52.

53 William E. Griffis, *A Maker of the New Orient. Samuel Robbins Brown*, 71.

54 No author shown, "Eastern-Female-Education Society"(State of Mrs. Gutzlaff's School at Macao, Report dated Oct 14, 1836), *Missionary Register*, 1838, 278.

55 No author shown, "Chinese-and-India-Female-Education Society"(notes dated Dec.14, 1836, and March 15, 1837), *Missionary Register*, 1838.3, 124.

56 No author shown, "Art. III. The Second Annual Report of the Morrison Education Society"(read 3rd October, 1838), *Chinese Repository* Vol. VII, 1838.10(No 6), 307.

를 설립했는데, 학교에 소속된 약 30명 내지 40명 정도의 어린이들은 서로 다른 민족들로 구성되어 있고, 이 중에는 중국아이들도 있었다고 한다.[57]

그 아이들 중에 후에 대표적 인물로 기억되는 사람은 용굉(容閎, 1828~1912)이다. 1835년 용굉은 원래는 모리슨교육협회학교 학생이었다가 일곱 살이 되던 해에 귀츨라프 부부가 운영하는 학교로 오게 됐다.[58] 후에 용굉은 중국인으로서는 처음으로 미국 대학에 들어가서 1854년에 졸업했다. 그리고 학업을 마친 후 다시 중국으로 돌아와 서양 선교사들과 함께 번역가로 사역했다. 그의 일생과 사역 경험을 담은 저서로는 1909년에 발간된 『중국과 미국에서의 나의 삶(*Yung Wing, My Life in China and America*)』, (New York : Henry Holt, 1909)이 남아 있다.

귀츨라프의 아내 메리가 관장하던 또 하나의 교육 기관은 1835년 광저우에서 세워졌다가 1838년 마카오로 옮겨온 모리슨교육협회학교(Morrison Education Society School)인데, 이 역시 그녀가 감독관을 맡아 운영한 학교이다. 모리슨교육협회학교에는 12명의 중국 아이들이 중국인 선생 아래서 공부하고 있었으나,[59] 1842년 홍콩, 지금의 모리슨 힐(Morrison Hill)로 옮겨온 후 재정상태가 어려워지면서 1849년에 문을 닫게 됐다.

귀츨라프의 선교사역은 당시 사회적 약자인 장애인과 여성의 지위 향상에 큰 관심을 기울였다. 더욱이 사회적 복지사업은 헤른후트

---

57 K. Gützlaff, "Briefe an einen Freund in Berlin(Macao, 1835.1.7)", 377.
58 Carl Smith, *Christians : Élites, Middlemen, and the Church in Hong Kong*, 1st ed., Hong Kong : Hong Kong University Press, 1985, 19.
59 *The Penny Magazine of The Society for the Diffusion of useful Knowledge*, London : Charles Knight & Co, 1838, 287.

의 선교 원리 중 하나인 삶의 질을 향상시키는 원칙에 부합하는 것이었다. 이러한 사역을 추구했던 귀츨라프는, 1836년 광저우의 한 거리에서 시각 장애를 안고 살아가는 한 고아 소녀를 입양하기에 이른다. 그 아이는 구걸을 하다가 범죄에 빠진 채였고, 구출의 손길을 절실히 필요로 하고 있었다.[60] 아이는 입양되면서 메리 귀츨라프(Mary Gützlaff)라는 새로운 이름을 받았다. 메리는 어릴 때 유괴된 후, 거지 역할을 시키기 위해 인위적으로 눈이 멀게 한 아이였다. 중국인 시각장애인들이 귀츨라프의 중요 선교사역 대상이었지만,[61] 그는 동시에 아동 시각장애인에 대해서도 큰 관심을 가지고 있었다. 1837년에 귀츨라프는 몇 명의 시각장애 여자 아이들, 즉 아그네스(Agnes), 라우라(Laura), 루시(Lucy), 제시(Jessie)를 더 입양했다. 그중 라우라는 아버지가 멀리 떠난 사이 거지역할을 시키기 위해 계모가 메리처럼 눈을 멀게 한 아이였다.[62] 귀츨라프 부부는 이 아이들을 그들이 마카오에 세운 동양여성교육협회학교에 입학시켜 교육했다. 이곳에서 아이들은 점자성경과 천로역정(Pilgrim's Progress)을 읽게 될 정도로 수준 높은 교육을 받았다.[63] 그들은 추측건대 1837년에 필라델피아(Philadelphia)에서 보내온 북미 최초의 점자책, 마가복음을 사용했을 것이다. 이 두 점자책은 1833년 시각장애를 가진 이들도 교육을 받을 수 있도록 필라델피아의 펜실베

---

60 American and Foreign Christian Union, *The Christian World : The Magazine of the American and Foreign Christian Union* Vol. 3, New York : American and Foreign Christian Union, 1862, 28.

61 Herman Schlyter, *Karl Gützlaff als Missionar*, 112.

62 No author shown, *The Blind and their Books : with some account of Laura Gutzlaff, a native of China*, London : Wertheim, Macintosh & Hunt, 1859, 20~21.

63 Yung Wing, *My Life in China and America*, New York : Henry Holt, 1909, 1~3 · 7~8.

이니아 연구소(the Pennsylvania Institution for the Instruction of the Blind)에서 제작됐다.[64] 이처럼 불쌍한 장애아동들이 귀츨라프와 그의 아내가 운영한 학교에 소속된 학생들의 대부분이었다. 이 학교들은 중국 근대교육의 효시이자 산실이었다.

1842년 귀츨라프는 앞서 언급된 네 명의 입양소녀들을 영국 런던 시각장애인학교(London Blind School)에 유학시켰다. 하지만 안타깝게도 메리는 1842년 3월 18일,[65] 루시도 그다음 해인 1843년 7월 8일에 영국에서 병들어 숨지고 만다.[66] 하지만 아그네스는 1855년에 런던 시각장애인학교를 졸업한 후, 1856년 중국으로 다시 돌아와 시각장애인을 가르치는 여성 선교사가 됐다. 이는 시각장애인으로서는 최초의 성과였다. 아그네스는 중국에 있는 중국인 복음협회(the Chinese Evangelisation Society)에서 사역을 시작했다. 그에 이어 1862년 상하이로 이주하여 영어교사로서 독립적으로 활동했다. 1871년에는 미국 감독교회선교회(the American Episcopal Church Mission)의 주도 아래 귀츨라프 안과병원이라는 작은 병원이 문을 열게 됐다. 병원은 그녀의 유지에 따라서 상하이에 세워졌고, 1882년에 지금의 성누가병원(St. Luke's Hospital)에 합병됐다.[67] 성누가병원은 귀츨라프 안과병원을 매각한 대

---

64 *12th Annual report of the managers of the Pennsylvania Institution for or the Instruction of the Blind*, Pennsylvania : Pennsylvania Institution for the Instruction of the Blind, 1845, 12.

65 No author shown, *The Missionary repository for youth, and Sunday school missionary magazine* vol. 4, London : John Snow, 1842, 153.

66 No author shown, *The Missionary repository for youth, and Sunday school missionary magazine* vol. 6, London : John Snow, 1844, 23.

67 George Lanning, Samuel Couling, *The history of Shanghai*, Shanghai : For the Shanghai Municipal Council by Kelly & Walsh, 1923, 17.

금으로 병원에 필요한 자금의 큰 부분을 충당했다고 한다.[68]

친첸도르프의 헤른후트들이 선교지의 병원과 학교를 지원함으로써 의료선교, 교육선교에 주력했듯이 귀츨라프도 특히 이 점을 중요시 여겼다.[69] 이를 자신의 선교 현장에도 적용하여, 일생에 거쳐 돌봄의 선교를 실천했다. 그의 마음에 흐르는 기독교적 사랑의 정신은 중국 최초의 시각장애인 교사이자 중국인 최초 시각장애인 선교사, 귀츨라프 안과병원의 설립자인 중국의 헬렌 켈러와 같은 귀츨라프의 양녀 아그네스를 통해 면면히 이어졌다.

한편, 귀츨라프에게 마카오에서의 선교는 복음의 바른 전파와 확산에 중점을 둔 사역이었다. 복음의 전파와 확장,[70] 그리고 '주의 교회의 확산(Ausbreitung der Kirche des Herrn)'[71]이야말로 그의 일생에 있어 중요한 비전이었기 때문이다. 그는 이 본업을 가능케 하기 위해 1835년에는 광저우 영국 영사관의 통역사를 맡았다. 이 일은 원래 로버트 모리슨 선교사가 하고 있었으나 그가 죽은 이후 곧바로 귀츨라프가 맡게 됐다.[72] 이 일을 통해 그는 스스로 선교비를 충당할 수 있었다.

귀츨라프의 2차 선교여행(1832. 2. 26~9. 5)과 3차 선교여행(1832. 10. 20

68　The protestant Episcopal Church in the U. S. A., *An Historical Sketch of the China Mission of the Protestant Episcopal Church in the U.S.A. from the First Appointments in 1834 to Include the Year Ending August 31st, 1884 List of the Missionaries, Revised to December, 1887*, 2.ed., New York : Domestic and Foreign Missionary Society of the protestant Episcopal Church in the U. S. A., 1888, 62.
69　오현기, 「귀츨라프의 선교신학에 나타난 친첸도르프의 헤른후트주의의 영향에 관한 연구」, 『복음과 선교』 20, 2012, 237~278쪽.
70　Herman Schlyter, *Karl Gützlaff als Missionar in China*, 17~18 비교.
71　Karl Gützlaff, *Philethnos*, 19.
72　Brockhaus Konversations-Lexikon, *Die Gegenwart : Eine encyklopädische Darstellung der neuesten Zeitgeschichte für alle Stände* Bd. 4, Leipzig : F. A. Brockhaus 1850, 636.

~1833.4.29)은 모두 마카오에 선교기지를 두고 진행됐다. 귀츨라프는 그의 한 편지에서 이러한 선교여행 동안 중국의 큰 통상지를 탐방함과 동시에 "하나님의 말씀을 성공적으로 확산시켰다"고 밝혔다.[73]

귀츨라프는 마카오에서 교회(Gemeinde)를 설립했고, 곳곳에 작은 기도소들(kleine Bethäuser)을 세웠다.[74] 1840년 귀츨라프는 마카오에서 두 명의 젊은이에게 세례를 주게 됐는데, 한 명은 의사이고 다른 한 명은 교사였다고 한다.[75]

그는 마카오에서 번역 · 문서선교활동도 활발히 행했다. 1833년 뉴욕에서 발행된 영문 『동아시아 항해기』 1판을 비롯하여, 1834년에는 영문 『동아시아 항해기』 2판, 1835년에는 독문 『동아시아 항해기』, 1840년에는 영문 『동아시아 항해기』 3판을 간행했다. 1833년부터 1837년까지는 서양 문물과 과학 · 지리 · 역사를 소개하는 중국어 잡지인 『동서양고매월통기전(東西洋考每月統記傳, *The East-West Monthly Magazine*)』(Canton, 1833~1835; Singapore, 1837)을 발간한 것도 바로 마카오 선교시기에 이루어진 것이다.[76]

또한 이 시기에 그가 중국어로 저술한 많은 책들이 출판됐다. 예를 들면 『대영국통지(大英國統志)』(1834), 『성종배류함(誠崇拜類函)』(1834), 『속죄지도전(贖罪之道傳)』(1834), 『상활지도전(常活之道傳)』(1834), 『상제진

---

73 K. Gützlaff, "Briefe an einen Freund in Berlin(Macao, 1835.1.7)", 376.
74 K. Gützlaff, Der Missionsverein für China zu Berlin(Hrsg.), *Die Mission in China : Vorträge, in Berlin gehalten, Dritter Vortrag*, Berlin : W. Schulz 1850, 4.
75 Carl Smith, *Christians : Élites, Middlemen*, 216.
76 귀츨라프는 이 서적을 1833년 8월에 광저우에서 1권을 발행한 것을 시작으로 1837년까지 싱가포르에서도 발행했다. 그 후로는 The Society for the Diffusion of Useful Knowledge in China가 1838년까지 발행했다.

『동서양고매월통기전(東西洋考每月統記傳, The East-West Monthly Magazine)』
(Canton, 1833~1835; Singapore, 1837, 소장 : 베를린 국립 도서관)

교전(上帝眞敎傳)』(1834), 『시비약론(是非畧論)』(1835), 『정교안위(正敎安慰)』(1836), 『구세주야소지성훈(救世主耶蘇之聖訓)』(1836), 『야소신적지전(耶蘇神蹟之傳)』(1836), 『전인구확(全人矩矱)』(1836) 등이 있다.[77]

귀츨라프와 메드허스트가 주도하고 미국인 최초의 중국 선교사인 브리지멘(Elijah Coleman Bridgman, 1801~1861)[78]과 영국인 최초의 중국

---

77 언급된 책들에 대한 자세한 내용은 이 책의 11장「귀츨라프의 아시아언어로 된 대표적 서적(중국어 · 일본어 · 시암어)」을 참조.
78 브리지멘은 1830년 광저우(Canton)에 도착했다.

선교사 로버트 모리슨(Robert Morrison, 1782~1834)의 아들, 요한 모리슨 (J. R. Morrison, 1814~1843)이 함께 도왔다고 해서 사인소조역본(四人小組譯本)이라고도 불리는 귀츨라프 역본은 1837년 신약성경인 『신유조서(新遺詔書)』를 바타비아에서 발간한 데 이어 구약성경인 『구유조서(舊遺詔書)』를 1836년부터 1840년까지 발간하여 모리슨의 신구약성경의 미비점을 보완했다. 귀츨라프본인 이 성경은 후에 태평천국(太平天國)의 난 때 태평천국교도들에 의해 1853년 발행된 『신유조성서(新遺詔聖書)』와 『구유조성서(舊遺詔聖書)』로 수정 번역되어 사용됐다.[79] 이 점은 이 책의 9장에서 좀 더 상세히 다루도록 하겠다.

귀츨라프는 마카오 선교 시기에 또한 일본 선교를 꿈꾸었다. 1832년 2차 선교여행 때, 유구왕국(琉球王國, 지금의 오키나와)에서 일본인과의 접촉을 통해 일본 본토선교의 꿈을 구체화했고, 그 후 1837년 실행에 옮기기 위해 미국 선교사 윌리엄스(S. Wells Williams)와 파크(Peter Park), 그리고 일본인 표류 어부 일곱 명과 함께 일본으로 떠났다. 목표는 일본과의 국제통상 및 선교 가능성을 타진하기 위해서였다. 하지만 미국선적의 모리슨호(The Morrison)를 타고 에도(지금의 도쿄)와 가고시마로 떠났던 귀츨라프는 막부를 설득하지 못한 채 타고 간 배가 포격을 받고 마카오로 다시 돌아오게 됐다.[80] 비록 귀츨라프는 일본 본토를 선교하진 못했지만 일본 선교에 대한 열정으로 1837년에는 표류한 일본인 어부들에게 배운 일본어로 요한복음과 요한일이삼서를 번역하

---

79   『舊遺詔聖書』: http://nla.gov.au/nla.gen-vn2033774; 『新遺詔聖書』: http://nla.gov.au/nla.gen-vn2033681.

80   Marius B. Jansen & John Whitney Hall & Madoka Kanai & Denis Twitchett, *The Cambridge History of Japan*, Cambridge : Cambridge University Press, 1989, 107.

여 그해 5월 싱가포르에서 출간함으로써 하나의 결실을 맺었다.[81]

13년에 걸친 귀츨라프의 전기 선교사역을 정리해 보자면, 그의 선교사역은 자바섬의 바타비아에 파송되면서 시작됐다. 자바 현지인은 물론이고, 그곳에 나와 있는 중국인 역시 귀츨라프의 중요한 선교 대상이었다. 중국 선교에 대한 입장 차이로 인해 네덜란드 선교회를 탈퇴한 귀츨라프는, 이후 독립선교사의 길을 걷게 됐다. 그 정도로 그가 가진 동아시아 전반에 대한 선교적 관심 특히, 중국 선교에 대한 열망이 컸었다.

귀츨라프는 바타비아에 머물 때 중국인들과 교류하면서 그들의 언어와 문화를 익혔고, 계속해서 빈탄, 싱가포르로 선교 거점을 옮겨갔다. 빈탄 선교 때부터는 본격적으로 중국 선교전략을 세웠으며, 이를 실천으로 옮기기 위해 효과적인 방법들을 모색하는 모습을 보여줬다.

그는 먼저 중국식 이름인 궈스리에를 사용했고, 중국식 옷을 입고 다니면서 중국인들에게 동화되기 위한 노력을 게을리 하지 않았다. 광둥어나 관화와 같은 중국 지방의 언어들을 배우기 시작했다. 선교 거점을 옮겨갈 때마다 귀츨라프는 서로 다른 국적의 사람들을 만나고, 그들로부터 새로운 언어들을 배웠다. 일본어나 말레이어, 시암어, 캄보디아어 등을 배운 귀츨라프는 번역선교를 실행하고 아울러 이들의 언어를 서방 세계에 소개하는 중개자 역할을 맡아 행했다.

베를린 선교학교 재학 시 배운 헤른후트 선교 원리가 귀츨라프 선교의 면면에 그대로 살아 있었던 것이다. 선교지에서 사는 사람들

81　Toshikazu S. Foley, *Biblical Translation in Chinese and Greek : Verbal Aspect in Theory and Practice*(Linguistic Biblical Studies 1), Leiden : Brill, 2009, 19, 각주 65 참고.

의 삶의 질을 향상시키기 위한 노력이 귀츨라프에게서도 여러 방면에 걸쳐 발견된다. 그는 아편 중독자나 환자들을 돌보기 위한 병원을 세워 의료선교를 수행하거나 학교를 세워 근대적 교육을 통한 계몽으로 차세대 선교사들을 길러냈다.

동역자로서의 여성 사역자에 대한 열린 시각 역시 그가 가진 놀라운 점들 중 하나이다. 이에 관한 언급들은 그의 편지나 보고서에서 자주 발견되는데, 열린 시각을 토대로 행해진 선교사역은 현지에서의 장애인, 고아 그리고 여성의 사회적 지위 향상에 대한 시사점을 제공해준다.

귀츨라프가 베푼 이러한 사랑은 시각장애인 교사이자 중국 최초 시각장애인 선교사, 귀츨라프 안과병원 설립자, 중국의 헬렌 켈러와 같은 그의 양녀 아그네스를 통해 이어졌고, 지금까지 그의 기독교적 사랑의 일례로 남아있다.

마카오에 이른 귀츨라프는 교회를 설립하고 세례를 베풀었다. 이는 그가 선교를 통해 복음의 바른 전파와 교회의 확산을 목표했다는 것을 보여준다. 귀츨라프는 어느 지역을 가든 그곳 현지인만큼 중국인들에게 관심을 가지고 그들에게 선교할 수 있는 방법들을 구체적으로 모색하고 실행에 옮겼다. 귀츨라프의 전기 선교사역은 거점 지역 선정과 그 방법에 있어서 결국 후기 선교사역의 토대가 된 경험들이라고 할 수 있다. 중국에서의 그의 초기 선교사역을 한마디로 정리해 보면 그는 "모든 수단과 모든 방법으로(auf allen Wegen und mit allen Mitteln)"[82] 선교했다. 즉, 복음 전파와 함께 교육을 통한 계몽과 사회복지 그리고 문서를 통한 선교 등에 주력했음을 알 수 있다.

---

82   K. Gützlaff, *Aufenthalt*, 143.

제5장

귀츨라프의 조선 선교

이번 장에서는 귀츨라프가 조선에서 행했던 선교활동의 면면들을 자세히 살펴볼 것이다. 이 작업은 보다 명확한 선교 일정과 내용을 근본적으로 파악하기 위한 것으로서, 필자는 먼저 당시의 문헌들을 살펴 어떤 일이 실제로 있었는지를 규명해 볼 것이다. 아울러 사료들 간의 상관관계를 살피고, 기록의 어감을 귀츨라프가 본래 의도했던 바대로 되살려 볼 것이다. 이 작업을 위해서 비교 대조하는 대표적 서양 문헌들을 발행연대 순으로 소개해 보자면,

① 귀츨라프, 『동아시아 항해기』 1판(영문)

① 촬영 : 보령박물관, 소장 : 오현기

Charles Gutzlaff, The Journal of Two Voyages Along the Coast of China, in 1831, & 1832; the First in a Chinese Junk and the Second in the British Ship Lord Amherst; with notices of Siam, Corea, and the Loo-Choo Islands, 1. ed., New York : John P. Haven, 1833. 이 책은 귀츨라프의 조선 항해기를 담은 단행본으로서 첫 번째로 발간된 의의를 지닌다(귀츨라프의 조선 항해 기록 부분 : pp.255~287). 이하 C. Gutzlaff, *Journal*, 1833.

② 린지 & 귀츨라프, 『북중국 항해기』 2판(영문)

Hugh H. Lindsay & Carl F. Gutzlaff, *Report of proceedings on a voyage to the northern ports of China, in the ship Lord Amherst,* 2. ed.,

② 촬영 : 보령박물관, 소장 : 오현기

London : Fellowes, 1834. 이 책은 동북아시아 탐사항해의 책임자였던 동인도회사 상무관인 휴 헤밀턴 린지(Hugh Hamilton Lindsay, 1802~1881)와 귀츨라프가 영국의회에 제출한 공식 항해보고서이다(린지의 조선항해 기록 부분 : pp.215~261, 귀츨라프의 조선항해 기록 부분 : pp.293~294).[1] 이하 H. Lindsay, Report.

③ 영인본, 소장 : 오현기

③ 『외국문학을 위한 잡지』(독문)

Magazin für die Literatur des Auslandes Nr. 25, Berlin, 1834.2.26.

④ 귀츨라프, 『동아시아 항해기』 2판(영문)

Charles Gutzlaff, *The Journal of Three Voyages along the Coast of China in 1831, 1832 and 1833*, 2.ed., London : Frederick westley and A. H. Davis 1834(귀츨라프의 조선항해 기록 부분 : pp.316~356). 이하 C. Gutzlaff, *Journal*, 1834.

---

1   이 책의 첫 번째 판은 1833년 런던에서 발간됐다.

⑤ 귀츨라프, 『동아시아 항해기 1판』(독문)

Karl Gützlaff, *C. Gützlaffs Missionars der Evangelischen Kirche, dreijähriger Aufenthalt im Königreich Siam nebst einer kurzen Beschreibung seiner drei reisen in den Seeprovinzen Chinas in des Jahren 1831-1833*, Basel : Felir Schneider, 1835(귀츨라프의 조선항해 기록 부분 : pp.241~257). 이하 K. Gützlaff, *Aufenthalt*.

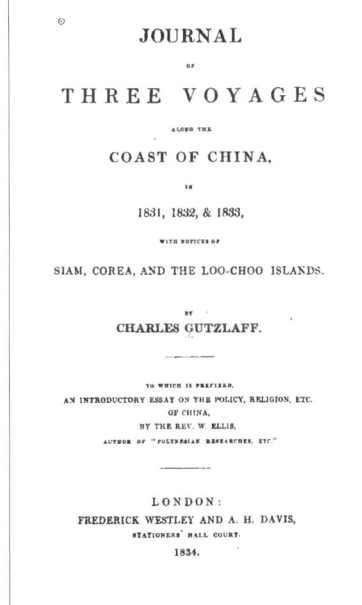

④ 영인본, 소장 : 오현기

⑤ 영인본, 소장 : 오현기

⑥ 바젤 선교회, 『개신교 선교와 성경협회의 최근역사』(독문)

Evangelische Missionsgesellschaft in Basel, Magazin für die neueste Geschichte der evangelischen Missions und Bibelgesellschaften, Basel : Verlage

 des Missions Institutes zu Basel, 1835(귀츨라프의 조선항해 기록 부분 : pp.257~273). 귀츨라프, 『동아시아 항해기』 1판(독문)과 같은 본문이다.

⑥ 촬영 : 보령박물관, 소장 : 오현기

⑦ 화보신문(독문)

Illustrierte Zeitung Nr. 87, Leipzig, 1. 1845.3.

독일어 기사체로 된 *Magazin für die Literatur des Auslandes*(1834)의 경우 린지의 영문 H. Lindsay, *Report*의 독일어 요약본이라 볼 수 있다. 그런데 내용 서술과 편집에 따라 사건을 다루는 데 있어 다소 차이가 보인다.

영어로 쓰인 C. Gutzlaff, *Journal*, 1833과 C. Gutzlaff, Journal, 1834의 경우에도 제1판과 제2판의 내용 중 조선 선교 부분은 같지만 서문에서 서로 다른 부분이 있고, 특히 제1판의 서문은 조선 선교와 관련하여 중요한 사료를 제공하므로 중요하게 다루어져야 한다.

일반적으로 C. Gutzlaff, *Journal*, 1834의 단순한 독일어 번역이라고 생각되어 왔던 K. Gützlaff, *Aufenthalt*는 영어판에 비해 조선 항해 기록 부분이 누락되어 있기는 하지만, 귀츨라프의 선교 일정을 다룬 면에서는 오히려 사건이 첨가되거나 의미가 강조된 부분이 있다. 특히 조선 선교와 관련하여 영문판과는 달리 '그리스도의 교회'를 언급하고 있다는 점에서 귀츨라프의 조선 선교 여행의 선교사역 실체를 밝히는 데 큰 도움을 주는 중요한 사료이다.

Illustrirte Zeitung.

№ 87.] — Erscheint jeden Sonnabend. — Leipzig, den 1. März 1845. — Preis 5 Ngr. — [IV. Band.

Inhalt.

Tagesgeschichte: Carl Gützlaff. — Kiew. — Wochenbericht.
Kunst und Wissenschaft: Das British and foreign Institute in London. — Die neue Bibliothek in München. — Kurze Nachrichten. — Die deutsche Gewerbeausstellung in Berlin. (Schluß.) —
Mannigfaltigkeiten: Briefwechsel. — Anzeigen. — Modebericht. — Technische Aufsätze. — Schach. — Rebus.

Carl Gützlaff.

Wenn es schon außer allem Zweifel ist, daß Niemand, der die Bestimmung des Christenthums als Weltreligion und den geistigen Fortgang desselben anerkennt, gleichgültig zusehen kann und darf, ob Millionen seiner Menschenbrüder außerhalb dieser geistigen Verbindung und ohne Antheil an diesen Segen stehen, wenn somit Cultur der Menschheit und Verbreitung des Christenthums untrennbare Begriffe sind, so bleibt doch immer noch die wichtigste und anschwierigste zu lösende Frage die, wie diese Verbreitung des Christenthums geschehen soll. Ihre Beantwortung wird sich allerdings nach der Culturstufe der Völker richten müssen. Nicht ganz ohne Grund hat man wenigstens in früherer Zeit den Gesellschaften und Individuen, welche dem alten Vorwurf machen dürfen, daß sie diese Frage zu wenig berücksichtigt haben. Es haben verschiedene der geistlichen Sendboten die Lösung ihrer Aufgabe einzig darin gesucht, daß sie ohne weitere Vorbereitung, ohne Berücksichtigung der Bildungsstufe und der geistigen Bedürfnisse der Völker das Wort Gottes in seiner ursprünglichen Gestalt durch Schrift und Predigt zu ihnen gebracht haben, wo dann freilich auch die willige Aufnahme dieses Wortes nur eine rein äußerliche gewesen ist, deren Spuren so ziemlich meistens Erfahrung sich eben so schnell wieder verschwunden find. Wenn man sich dabei auf das Beispiel der Apostel berufen hat, die ja auch ohne Weiteres den Heiden das Heil verkündigt haben, so hat man vergessen, wie damals die ganze Entwicklung der Geschichte auf diesen einen Punkt, die Verehrung Eines Gottes im Geist und in der Wahrheit hindrängte, und wie selbst die politische Gestaltung der Dinge diesen erhabenen Zweck des Weltregiments mit fördern mußte. Heutzutage ist dieses Vordringen einer höheren geistigen Cultur nicht mehr ein massenhaftes, nicht an ein völliges Umstürzen eines heidnischen, sich selbst überlebt habendes Weltreiches geknüpft, denn in allmäligen, das nur mit der über die andern Welttheile fortschreitenden allgemeinen menschlichen Bildung Hand in Hand gehen kann. Zwar ist es wohl ein unumstößliches gewisses Wort des Herrn, daß das Evangelium den geistig Armen geprediget werden soll, und auch bei diesen am leichtesten Eingang findet; aber wenn geistlich Arme nur solche sind, die ihre geistige Armuth fühlen und sich deshalb nach Erleuchtung sehnen, so folgt daraus erstens, daß man dieses Evangelium Niemand aufdringen darf, ehe diese Sehnsucht in ihm entstanden oder doch geweckt worden ist, zweitens aber, daß diese geistige Armuth doch auch mit sehr verschiedenen Bildungsstufen bereit gedacht werden kann, und daß die Art, das Evangelium zu verkündigen, sich dann nothwendig nach den verschiedenen Bildungsstufen richten muß. Völkern, die noch auf einer sehr kindlichen und rohen Stufe der allgemeinen höhern Cultur, die freilich eigentlich ebensowohl in Christenthum wurzelt, fühlbar gemacht werden, wobei dies z. B. neuerdings in Afrika von den Missionären wirklich geschehen ist; weit schwieriger aber ist das Verfahren bei solchen Nationen, die bereits auf einem gewissen Stadium der Cultur angekommen sind und ihren Zustand für unverbesserlich halten, wie z. B. die Hindus und die Chinesen. Hier ist die größte Behutsamkeit mit Vorsicht nöthig, hier bedarf es gewiß nicht bloß einer warmen Begeisterung für den heiligen Beruf,

einer heißen Liebe zu dem Evangelium und zu den heilsbedürftigen Brüdern selbst, sondern auch der bedeutendsten Intelligenz und selbst einer gewissen politischen Klugheit.

Ein Charakter, der die letztgenannten Eigenschaften auf eine sehr ausgezeichnete und hervorragende Weise in sich vereinigt, ist Carl Gützlaff, der Apostel China's. Je länger dieser Mann sich mit hartnäckigem Eigensinn der europäischen Cultur verschloß, und je mehr Anerkennung der Muth eines Mannes verdient, der zuerst an den edelsten Absicht, auch ohne nachhaltende etwas gewaltsame Unterhandlung, unter diesen starren Grenzen zu durchbrechen wagte, umdesto eher rechnen wir auf die freundliche Theilnahme unserer Leser, wenn wir ihnen jetzt eine Skizze des Lebens und Wirkens dieses ausgezeichneten Mannes entwerfen.

Carl Friedrich August Gützlaff, der einzige Sohn eines braven und gottesfürchtigen Mannes, des Schneidermeisters Johann Jacob Gützlaff, wurde den 8. Juli 1803 zu Pyritz, einem Städtchen in Preußisch-Pommern, geboren. Nachdem der Knabe schon in seinem vierten Lebensjahre seine Mutter verloren hatte, nahm sich eine Stiefmutter seiner als liebreiche Pflegerin an. Doch auch diese starb bald, und die dritte Frau, welche sein Vater heirathete, behandelte den Knaben mit einer Härte, unter welcher sowohl seine leibliche

Der Missionar Carl Gützlaff.

als geistige Entwicklung litt, und die fröhliche Munterkeit seiner Jugend durch harte Schwermuth getrübt ward. Dennoch benutzte er mit großem Eifer den Unterricht am Gymnasium seiner Vaterstadt, und obwohl dessen religiöser Theil nach der Richtung der damaligen Zeit nicht eben tief in die Tiefe gehen machte, so entwickelte sich doch in der Seele des Knaben eine lebhafte Neigung für den geistlichen Stand. Zwar trat diese Neigung, vermuthlich durch den Druck seiner Verhältnisse, eine Zeitlang dergestalt wieder in den Hintergrund, daß er sich zu dem Handwerk eines Gürtlers oder Gelbgießers entschloß, aber sie offenbarte sich, bei der ungenügenden Leere einer mechanischen Beschäftigung, bald wieder, wenn auch in einer besondern Richtung. Die Bekanntschaft mit einem Kaufmann, der ihm das Lesen einer Missionsrede erweckte im Jahre 1818 in dem Jünglinge das Verlangen, sich dem Berufe eines Missionärs zu widmen. Bitten um Unterstützung zur Vorbereitung auf diesen Beruf bei seinem Vater und seinem vormaligen Lehrern blieben zwar erfolglos; als er aber im Jahre 1820 auf Anregung eines Jugendfreundes, Namens Heidenreich, dem auf einer Durchreise nach Stettin begriffenen Könige Friedrich Wilhelm III. ein Bewillkommnungsgedicht in seinem und eines Freundes Namen überreichte, gefiel dies dem Könige so, daß er ihm den Wunsch einer geistlichen Laufbahn auch beschloß, für den Jüngling zu sorgen. Seine Bildung zu diesem Zwecke mußten den Eramen bestehen, das günstig ausfiel, und in der besten Folge sollte Gützlaff das Francke'sche Pädagogium zu Halle beziehen. Einige Monate später besuchte der König, da dieser, angeregt durch ein Schreiben des Missionär Rhenius zu Madras in Ostindien, welcher seinigst ein stilles Gefallen fand, beschlossen hatte, Gützlaff in das Missionsinstitut des verstorbenen Predigers Jänicke nach Berlin zu senden, zur Bestreitung seiner Missionsstudien mit 500 Thalern zu unterstützen. So kam Gützlaff im Mai 1821 als achtzehnjähriger Jüngling nach Berlin, wo er in dem dortigen Missionsseminar Fleiß den Studien oblag, und in dem Grunde einer tieferen religiösen Erkenntniß und evangelisch-frommen Gesinnung fester wurde. Eine erste Anerkennung seiner bedeutenden Gaben kann es gelten, daß ihm nach anderthalb Jahren, und sich zu dem Amt eines Lehrers am Missionsseminar vorzubereiten. Während er jedoch

린지의 H. Lindsay, *Report*는 귀츨라프의 조선 선교기록들과 대조하여 비교 분석하기에 효과적인 역사적 자료를 제공하고 있다. *Illustrierte Zeitung* Nr.87, Leipzig, 1. 1845.3의 경우에는 귀츨라프의 조선 선교 부분을 간략하게 다루고 있다는 점이 아쉽지만, C. Gutzlaff, *Journal,* 1833의 서문에서 언급된 귀츨라프의 편지, 즉 조선인을 비롯한 동아시아인들을 위해 귀츨라프가 신약성경 만 권이 필요했음을 증언하고 있어 이 또한 중요한 사료이다.

그 외에 한국 측 사료로는 『조선왕조실록』 순조실록과 『일성록』, 『비변사록』, 김경선(金景善)의 「영길리국표선기(英吉利國漂船記)」 등이 외국 사료와 함께 비교대상이 될 것이다.

1 　　　　　　　　　　조선 선교 이전의 여정

귀츨라프의 어린 시절과 학창 시절은 독일 경건주의와 보헤미아 후스파의 유민인 헤른후트(Herrnhut)의 강한 영향을 받았다고 앞서 언급한 바 있다. 그는 베를린 선교학교(Missionsschule in Berlin)에서 수학했으며 그 후 로테르담의 네덜란드 선교회에서 선교사 훈련을 받아 선교사로 임직했다. 이후 두 명의 동료와 네덜란드 선교회에 속해서 삼 년 동안 훈련을 받았다. 1826년 귀츨라프는 외국에서의 첫 선교지인 바타비아(Batavia, 지금의 자카르타)에 파송됐고, 1828년부터 1831년까지는 시암의 방콕에서 런던선교회(London Missionary Society) 소속 선교사 야곱 톰린(Jacob Tomlin)과 함께 선교사역을 했다.

귀츨라프의 중국 선교를 향한 꿈은 1831년부터 1833년까지 총 세 차례에 걸친 선교 여행 끝에 이루어졌다. 그의 최종 목표는 중국의 연안을 거쳐 조선과 일본을 방문하는 것이었다. 이 선교활동은 일기 형식으로 상세히 기록되어 현재까지 남아있다. 이 장에서는 2차 선교 여행 중 조선을 방문한 1832년 7월 17일부터 8월 17일까지의 기록을 살필 것이다.

1831년에 있었던 귀츨라프의 1차 여행은 중국 상선, 1832년부터 1833년에 이루어진 2차 여행은 동인도회사의 로드 애머스트호(Lord Amherst, 이하 애머스트호), 3차 여행은 실프호(Sylph)에 동승하면서 이루어졌다. 조선을 방문할 때 탔던 애머스트호에 대한 고증은 이 책의 7장에서 상세히 다룰 것이다. 이 여행은 귀츨라프보다 앞서 마카오에서 중국 선교활동을 벌이고 있던, 중국에 최초로 온 개신교 선교사이자 '중국 복음주의 선교단(Brüder der evangelischen Mission in China, 1807

설립)'의 설립자이며 영국 동인도회사의 통역관이기도 했던 로버트 모리슨(Robert Morrison, 1782~1834)의 제안을 귀츨라프가 수락하면서 이루어졌다. 탐사가 계획됐던 동북아시아 지역은 아직도 개신교 선교사의 발이 닿지 않은 선교 불모지였다. 그러나 선교의 열정이 가득했던 그가 복음을 동북아시아 지역에 전하기 위해서는 다른 선택의 여지가 없었다.[2]

우선 귀츨라프의 1831년 1차 선교 항해는 린정(Lin-Jung)이라고 하는 중국 광둥 성 동부 출신 친구의 상선에 동승하면서 시작됐는데, 사실 이 배는 중국 연안에 장사하러 다니는 상선에 불과했다.[3] 부인과의 사별 직후 이루어진 이 여행은 그 자신 또한 열병을 앓는 악조건 속에서도 감행됐던 것이다.[4] 그해 6월 3일, 귀츨라프는 위험을 무릅쓰고 낡은 중국 돛단배(Dschonk)에 몸을 맡겼다. 이 상선의 항로를 따라 방콕을 출발해서 톈진(天津)까지, 그리고 다시 톈진에서 마카오까지, 장장 여섯 달간의 여정을 소화해냈다. 그리고 모리슨의 권유로 귀츨라프는 당시 포르투갈령인 마카오를 선교거점으로 삼았다.

귀츨라프는 2차 선교여행을 위해 동인도회사의 500톤급 크기 애머스트호를 탈 수 있게 됐다. 영국 국적의 애머스트호는 1832년 동인도회사에서 극동의 새로운 통상지를 개척 탐사하려는 목적을 가지고

---

2   K. Gützlaff, "Briefe an einen Freund in Berlin"(Macao, 1835.1.7), Preussische Haupt-Bibelgesellschaft(Hrsg.), *Neueste Nachrichten aus dem Reiche Gottes. 20. Jahrgang*, Berlin : Trowitzsch und Sohn, 1836, 376.

3   Carl Friedrich Ledderhose, *Johann Jänicke : der evangelisch-lutherische Prediger an der böhmischen-oder Bethlehems-Kirche zu Berlin; nach seinem Leben und Wirken dargestellt., Zum Besten der Mission für China*, Berlin : Selbstverlag, 1863, 125.

4   C. F. Ledderhose, *Johann Jänicke*, 126.

용선한 배이다. 타이완을 거쳐 조선 그리고 일본까지 항해할 계획이 었으며,[5] 배의 운항을 맡은 총 책임자는 동인도회사 상무관인 휴 해밀턴 린지(Hugh Hamilton Lindsay, 1802~1881)였다.

2 조선인과의 만남, 조선 선교를 위한 탐색

귀츨라프의 2차 선교여행은 애머스트호의 항로를 따라 이어졌다. 1832년 2월 26일 귀츨라프의 선교 기지가 있던 마카오를 출발했다.[6] 출항일자에 대해 린지와 귀츨라프의 기록이 다른데, 귀츨라프는 2월 25일에 마카오에서 배에 탑승했으나 역풍과 안개로 인해 27일까지는 항해가 불가능했다고 기록하고 있다.[7] 하지만 영국의회 공식보고서인 H. Lindsay, *Report*, 1834에 기록된 날짜를 공식적 출발로 보는 것이 타당하다.

4월 11일 타이완에 도착, 5월 26일 닝보(寧波)를 거쳐 6월 19일 상하이까지 당도한 애머스트호는 상하이 옆 충밍다오(崇明島)를 방문하게 된다. 상하이에서 식료품을 구입하면서 본격적인 항해 준비를 마친 배는[8] 7월 8일 다시 상하이를 출발하여 다음 행선지인 산둥

---

5 귀츨라프의 제3차 선교여행은 1832년 10월 20일 출항하여 1833년 4월 29일에 돌아왔다.

6 H. Lindsay, *Report*, 1.

7 C. Gutzlaff, *The Journal of three voyages along the coast of China in 1831, 1832 and 1833*, 2.ed., London : Frederick westley and A. H. Davis, 1834, 154. The *Chinese Repository* Vol. XI, 1842, 7에는 출항 날짜가 2월 27일로 기록되어 있다.

8 K. Gützlaff, *C. Gützlaff's Missionars der evangelischen Kirche, dreijähriger Aufenthalt im Königreich Siam nebst einer kurzen Beschreibung seiner drei Reisen in den Seeprovinzen*

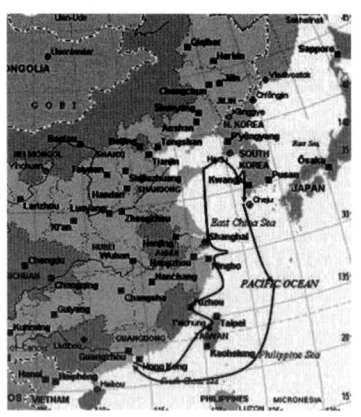

귀츨라프의 2차 선교여행도

(Schang Tungin)으로 향했다.[9] 7월 14일 양쯔강 하구와 대양이 만나는 곳에 퇴적된 소위 '위험한 모래톱들'을 지나 산둥 반도 곁에 있는 류궁다오(劉公島)에 정박했다가[10] 7월 15일에는 '웨이하이(威海)'에 도착했다. 이곳은 중국이 일본 해적을 막기 위해 1400년경에 성을 쌓아 놓은 곳으로, 1806년 영국 사신단이 방문했던 곳이기도 하다.[11]

다음 날, 7월 16일 애머스트호는 조선으로 출항했다. 보고서에 의하면 이 배가 조선을 방문하고자 했던 중요한 목적 중 하나는 조선의 국왕을 공적으로 만나 영국과의 통상을 요청하는 것이었다.[12] 7월 17일(음력 6월 20일) 아침, 배는 조선 연안에 도착했다. 배가 조선에 도착한 시간과 정황에 관한 자세한 기록을 린지가 남기고 있는데, 그에 따르

Chinas in den Jahren 1831-1833, Basel : Felir schneider, 1835, 239.
9 *Magazin für die Literatur des Auslandes* Nr. 25, Berlin, 1834.2.26, 99.
10 K. Gützlaff, *Aufenthalt*, 240.
11 *Magazin für die Literatur des Auslandes*, 99.
12 *Magazin für die Literatur des Auslandes*, 99.

면 그들 앞에 조선 연안이 보이기 시작한 시간은 오전 10시경이었다.[13]

귀츨라프 일행이 도착한 곳의 지명에 대해서는 귀츨라프와 린지가 약간 다르게 표기하고 있다. 먼저 귀츨라프는 바실만(Basilbay, 충청남도 서천군 비인만)의 북쪽에 있는 한 섬 'Tschwang-schang'[14] 또는 바실만 북쪽에 있는 'Chwang-shan'[15]으로, 린지는 제임스 홀 경의 군도(Sir James Hall's Group, 경기도 옹진군 대청군도)[16] 북쪽에 있는 큰 섬 'Chang-Shan Pung-shang'으로 표기하고 있다.

제임스 홀 경 군도는 1816년 서해안을 측량했던 스코틀랜드 출신 바실 홀(Basil Hall, 1788~1844) 함장의 아버지 이름을 딴 곳으로, 대평군도, 즉 서해 5도를 뜻한다. 그 이름은 바실 홀과 함께 온 선장 머레이 맥스웰(Murray Maxwell)이 명명한 것이었다. 그들은 10일간 조선을 방문했다.[17]

귀츨라프와 린지의 발음 표기와 지리적 상황을 종합해 볼 때, '장산' 또는 '창산'으로 불릴 수 있는 곳임을 추측할 수 있다. 우선 그들이 도착한 곳을 장산이라고 가정하고 김정호의 〈대동여지도〉를 참고해 보면, 당시 장산이라는 지명을 가진 곳은 개성 근처 내륙에 한 곳, 전라도 내륙에 한 곳, 그리고 황해도의 장산곶(長山串) 세 군데뿐이다. 그리고 장산반도 안에 장산(長山)이라는 산이 존재한다.

이점과 관련한 조선 측 사료를 살펴보면, 당시 황해감사 김난순(金

---

13   H. Lindsay, *Report*, 215.
14   K. Gützlaff, *Aufenthalt*, 245와 이 책 부록 지도 참조.
15   C. Gutzlaff, *Journal*, 1834, 320.
16   H. Lindsay, *Report*, 215.
17   그들의 조선 방문은 Basil Hall & Herbert John Clifford, *Account of a voyage of discovery to the west coast of Corea, and the Great Loo-Choo Island*, 1818, appendix Xi~Xviii를 참고.

蘭淳)이 조정에 귀츨라프가 탄 배의 출현을 보고하고 있다. 그 보고에 의하면 애머스트호는 장연(長淵)의 조이진(助泥鎭) 해상에 정박했다고 한다.[18] 이를 토대로 우리는 애머스트호가 황해도 장산곶 근처 장연현 조이진 또는 조어포 앞 해상에 정박한 것을 알 수 있다. 서양 사료를 보면 좀 더 구체적으로 몽금도 앞에 정박했다.[19] 귀츨라프의 조선 정박에 대한 설명은 이 책의 6장에서 좀 더 자세히 다루도록 하겠다.

그들이 도착한 장소의 부차적 기록 중 지명에 관해 린지가 작성한 'Pung-shang'이란 표기에는 여전히 의문이 남는데, 황해도 내에 정확하게 풍산 또는 풍상으로 불리는 지명이 없는 탓이다. 단지 황해도 남동쪽에 위치한 평산(平山)만이 발음상 근접한 지명이나 장산곶과는 거리가 있어 의미 있는 발견은 아닌 듯싶다. 하지만 장산곶 가까이 황해도 남서부에 병풍산(屛風山) 또는 평풍산(해발 611m)[20]이라 불리는 산이 존재했다는 점으로 미루어 린지의 'Pung-shang'은 아마도 장산곶과 근접한 병풍산을 지칭하는 것이라 추측된다.

귀츨라프 일행은 7월 17일 도착 당일 장산곶 해안에서 한 작은 어선을 만나게 된다. 그 안에는 반쯤 벗은 두 명의 조선 어부들이 타고 있었다. 서로 말이 통하지는 않았지만 한문으로 서로 필담을 나눌 수 있었다. 귀츨라프의 기록에 의하면 그중 노인에게 여러 권의 책과 몇 개의 단추를 선물했더니 크게 기뻐했다고 했다.[21] 그는 그것이 사자 문

18 『일성록』, 순조 32년 8월 11일(음력).
19 H. Lindsay, *Report*, 215.
20 http://www.cybernk.net/infoText/InfoNatureCultureDetail.aspx?mc=BN0101&id=BN010100179381&rightType=%20&direct=1
21 K. Gützlaff, *Aufenthalt*, 245.

양의 기념 단추였다고 한다.[22] 이것은 영국 동인도회사의 문양이 새겨져 있는 단추였던 것이 분명하다. 린지도 7월 17일 오후 5시경에 귀츨라프와 함께 해안에 접근했다가 작은 고깃배를 만났다고 기록하고 있다.[23]

영국 동인도회사의 사자문양이 있는 단추(1858년 복제품, 소장 : 오현기)

조선 측 기록에 의하면 선물을 받은 사람들은 조이진에 거주하는 어민 김대백(金大伯)과 조천의(趙天義)였다.[24] 이들이 받은 책에 대한 황해감사 김난순의 보고에 의하면 '이단좌설(異端左說)'로 간주되어 감영의 마당에서 불태워졌는데, '한권책자(一卷冊子)'를 불살랐다 한다.[25] 귀츨라프에 의하면 이들이 받은 책은 사실은 여러 권이었고 동인도회사의 문양이 새겨진 단추 선물에 대한 언급이 없으므로 분명 몇 권의 책과 단추선물은 압수되거나 불타 없어지지 않고 남겨졌을 것으로 추측

---

22 C. Gutzlaff, *Journal*, 1834, 320.
23 H. Lindsay, *Report*, 125.
24 『일성록』, 순조 32년 8월 11일(음력).
25 『일성록』, 순조 32년 8월 11일(음력).

된다. 물론 여기서의 책들이란 고대도 같은 다른 지역의 예에서도 보듯이 귀츨라프가 가져온 기독교 서책이거나 낱권으로 제본된 신약의 복음서일 가능성이 높다. 조선 측 기록을 보면 장산(長山)을 가리키며 묻자 어부들이 '장산'이라는 두 글자를 써 주었고 귀츨라프 일행이 책자 한 권을 주었다고 한다.[26] 그로 인해 귀츨라프 일행이 장산의 소재를 파악했을 것이다. 린지가 이때 조선 어부들의 답례 행위를 기록하고 있는데, 귀츨라프 일행은 그들로부터 생선 몇 마리를 선물로 받았다고 한다.[27] 조선 측 기록은 그것이 노어(鱸魚) 3마리였다고 밝히고 있다.[28] 여기서 노어는 농어(農魚)와 같은 말이다.

조선에 최초의 통상을 요구하고자 선박을 타고 온 사람들과 첫 번째 선교를 위해 함께 온 선교사 귀츨라프는 그렇게 조선인들과 평화적으로 만나고 우호적으로 교류할 수 있었다. 이는 첫 번째 공식 통상선의 우호적 성격을 말해주는 것이므로 역사적으로도 의의가 크다고 할 수 있다.

일행은 육지에 — 비록 그들은 섬으로 착각했지만 — 상륙하자마자[29] 둥근 말총 모자를 쓴 몇 명의 주민들을 만났다. K. Gützlaff, *Aufenthalt*는 그들이 중국식 옷을 입었다고 단순히 기록하고 있으나,[30] C. Gutzlaff, *Journal*, 1834는 더 자세히 '중국식 복식과 비슷하지만 폭이 넓고 단추가 없다'라고 설명해 두었다.[31] 귀츨라프는 육지 깊숙이

---

26 『일성록』, 순조 32년 8월 11일(음력).
27 H. Lindsay, *Report*, 215.
28 『일성록』, 순조 32년 8월 11일(음력).
29 린지는 몇 명의 어부들과 그들의 집이 있는 곳에 상륙했다. H. Lindsay, *Report*, 215.
30 K. Gützlaff, *Aufenthalt*, 245.
31 C. Gutzlaff, *Journal*, 1834, 320.

있는 주민들의 집을 찾아보길 원했지만, 그들이 길을 막고 들여보내 주지 않았다.

K. Gützlaff, *Aufenthalt*의 기록에는 없고, C. Gutzlaff, *Journal*, 1834의 기록에만 있는 한 에피소드를 보면, 지팡이를 짚은 한 노인이 "좌(tshoa)"하며 앉을 것을 권하고 귀츨라프 일행이 알아들을 수 없는 긴 연설을 했다. 일행이 나중에 중국어를 조금 할 줄 아는 한 젊은이를 통해 알게 된 것은 조선의 풍속과 방문한 이방인 손님이 갖추어야 할 의무를 일러주었다는 것을 알게 됐다.[32] 이어 노인은 귀츨라프 일행에게 담뱃대와 담배를 선물로 주었으며, 나이, 이름, 어디서 왔는지 등 여러 가지 궁금한 점을 물어봤다. 또 조선국왕의 위대함을 여러 차례 강조했다고 한다.[33] 그날 귀츨라프는 그곳이 기름진 토양의 마을로 보임에도 불구하고, 경작의 흔적을 찾을 수 없었으며 단지 야생 장미와 백합만 보였다고 기록해 두었다.

그날 저녁 애머스트호의 항해 책임자 상무관 린지는 조선 왕에게 올릴 통상청원 편지를 작성했다. "영국 국적의 선장 후히메(Hoo Heame)는 여기 조선 왕의 위엄의 보좌 앞에 존경심을 가지고 청원서를 드립니다."[34]로 시작되는 이 글은 영국과의 통상을 염원하는 내용을 담고 있었다. 하지만 사실 린지는 실제 선장이 아니었다. 애머스트호를 운행하는 선장은 토마스 리스(Thomas Rees)였다.[35] 린지는 항해의 목적인

---

32   C. Gutzlaff, *Journal*, 1834, 320.
33   C. Gutzlaff, *Journal*, 1834, 320.
34   H. Lindsay, *Report*, 216.
35   H. Lindsay, *Report*, 244.

탐사와 통상과 관련한 최고 책임자일 뿐이었다.[36] 하지만 무슨 이유에선지 그는 청원서에서 자신을 선장으로 소개하면서, 주후(主後) 1832년 7월 17일, 도광(道光)[37] 12년 6월 20일이라고 병기했다.[38] 선장의 이름으로 쓰인 "Hoo Hea-me"는 린지(Hugh Hamilton Lindsay)의 이름을 따 만든 한자 이름이었다.

7월 18일 새벽에 귀츨라프 일행은 육지에 있는 마을로 들어갔다. K. Gützlaff, *Aufenthalt*의 기록에는 정확한 날짜가 아닌, 그저 "다른 날에(am anderen Tag)"라고 되어 있지만 C. Gutzlaff, *Journal*, 1834의 기록을 참고할 때 7월 18일이 분명하다. 린지 역시 귀츨라프 일행이 18일 새벽에 육지로 들어갔다고 증언한다.[39] 귀츨라프 일행은 마을에 들어가서 식량을 사고 조선의 국왕께 드리는 편지를 전하기 위해, 조선 도착 당일인 17일에 이미 한 번 올랐던 언덕에서 내려다 본 어떤 마을로 들어갔으나 어떤 주민들이 마을 진입을 방해했다.[40] K. Gützlaff, *Aufenthalt*는 "주민들이 말쑥하게 옷을 입었다"[41]라고 조금 더 자세히 기록하고 있다. 귀츨라프는 주민들의 의복과 남녀의 머리 모양새를 관찰하고 또한 여성들의 사회적 지위를 판단하고 있는데, 남편들에게 눌린 탓에 부녀자들의 지위가 낮아졌다고 판단하는 부분은 흥미롭다.[42] 귀츨라프는 또한 그곳에서 유럽식 총을 가진 사람도 보았다고 했

---

36 H. Lindsay, *Report*, 4.
37 도광은 청나라 황제 선종(宣宗, 1820~1850)의 연호이다.
38 H. Lindsay, *Report*, 217.
39 H. Lindsay, *Report*, 218.
40 C. Gutzlaff, *Journal*, 1834, 320.
41 K. Gützlaff, *Aufenthalt*, 245.
42 C. Gutzlaff, *Journal*, 1834, 322.

다. 이와 관련하여 조선 측 기록을 보면, 배를 타고와 조이진 포구 근처로 진입한 사람들이 8명이었으며, 그들을 대항하기 위해 교졸(交捽)들이 조총을 들고 나갔다고 말하는 점이 일치한다.[43]

마을로 들어간 이후, 어떤 초라한 오두막집 앞에서 높은 신분의 복장을 한 사람들에게 귀츨라프 일행이 제지당하는 장면이 이어진다. 린지 역시 자신의 기록물을 통해 그곳에서 바실 홀의 책에서 묘사된 적이 있는 "챙이 이색적인 둥근 모자"를 쓴, 신분이 높아 보이는 옷을 입은 귀인들을 만났다고 전한다.[44]

조선의 귀인들[45]

그들과는 원활한 의사소통을 위해 필담도 주고받을 수 있었다.[46] 린지는 이들과의 대화에서 고관을 만나려면 북쪽으로 30리를 더 가

---

43 『일성록』, 순조 32년 8월 11일(음력).
44 H. Lindsay, *Report*, 218; C. Gutzlaff, *Journal*, 1834, 268.
45 Basil Hall, *Account of a voyage of discovery to the west coast of Corea, and the Great Loo-Choo Island*, London : John Murray, 1818, 16~17.
46 C. Gutzlaff, *Journal*, 1834, 324.

야 한다는 조언을 들었다.⁴⁷ 그러다 갑자기 그들이 돌변하여 만약 귀츨라프 일행이 떠나지 않으면 병사를 부르고 공격할 것이라며 협박했다. 주민들 중 몇 명은 목을 베는 시늉까지 했다. 이것은 제임스 홀과 같이 한국을 방문 했던 군의관 존 매클라우드(John McLeod)가 경험한 것과 같았다.⁴⁸

일행은 조선인들이 자기들을 정중히 대할 것이라고 믿었다. 그래서 그들에게 국왕에게 청원서를 전달할 계획이 있을 뿐이라며 책 한 권을 선물했다. 조선인들은 책을 받아들였다가 이내 "Pulga(불가)"라고 말하며 곧바로 돌려주었다. 귀츨라프 일행은 "Pulga(불가)"라는 말을 "책을 불태워 버려라"로 이해했다.⁴⁹ 귀츨라프는 당시 주었던 선물의 항목에 대해서 자세히 밝히는데, 작은 물품과 몇 개의 단추 그리고 책 한 권이었다.⁵⁰

이날 있었던 사건에 대해서 린지는 그곳에 조선인 200명 이상이 모여 있었다는 것과, 그들과의 대화가 실패한 탓에 더 이상 불미스러운 일이 일어나기 전에 모선인 애머스트호로의 귀환을 결정했다고 적고 있다.⁵¹ 조선 측 기록도 이 점을 생생히 전하고 있는데, 조이진에 속한 포구 주민들 약 100명이 몰려와 에워싸자 타고 와 정박해둔 큰 배를 향해 급하게 달아났다고 한다.⁵²

---

47 H. Lindsay, *Report*, 214.
48 John McLeod, *Voyage of His Majesty's ship Alceste, to China, Corea, and the Island of Lewchew, with an account of her shipwreck : to China*, Corea, 3. ed., London : J. Murray, 1820, 52.
49 K. Gützlaff, *Aufenthalt*, 247.
50 C. Gutzlaff, *Journal*, 1834, 325.
51 H. Lindsay, *Report*, 220.
52 『일성록』, 1832.8.11.

조선인들의 적대적인 반응을 경험했음에도 불구하고 귀츨라프는 조선이 "세계에서 가장 적의감에 불타는 민족(Das feindseligste Volk auf der Erde)"[53]이라고 생각했던 세상의 판단에 대하여 회의적이라고 기록했다. 조선인들이 외국인에게 불친절한 것은 사실이지만, 악의 없는 외국인을 대할 때는 그들도 아픔을 가지고 행동한다는 것이다.[54] 귀츨라프는 조선인들의 거친 행동의 이면, 즉 원치 않는 행동을 해야만 하는 당시 조선인들의 심리 상태를 읽어낸 것이다.

귀츨라프는 그날 크고 낡은 한 어선을 만났다. 귀츨라프 일행이 선물한 책에 대한 답례로 선원들은 담뱃잎을 선물했다. 선물 교환을 통해 귀츨라프는 조선인의 따뜻한 성품을 다시 한 번 확신하게 됐고, 외국인을 경원시하는 이유가 외국인과 접촉하면 사형을 당하는 국법 때문이었음을 알게 됐다.[55]

조선 방문 당시 그가 나눠준 책은 전도 서적이나 성경 쪽 복음인데, 그날은 더 이상 책을 직접 전달할 기회가 없었다는 점으로 보아 귀츨라프는 조선인들과 만나는 기회가 있을 때마다 이런 종류의 책을 전달했음을 알 수 있다. 7월 18일자 기록에서 귀츨라프는 가톨릭의 박해와 순교를 언급하면서 "언제 하나님의 섭리(Gnadenrat Gottes)가 허락되어서 이러한 강력한 장애물을 제거하실지 우리는 알지 못한다고 했는데,[56] 이러한 언급은 1801년(순조 1)에 신유박해(辛酉迫害)가 일어나 청나라 신부인 주문모를 포함하여 조선인 약 100명이 처형되고 약 400명

---

53 K. Gützlaff, *Aufenthalt*, 247.
54 K. Gützlaff, *Aufenthalt*, 248.
55 K. Gützlaff, *Aufenthalt*, 248.
56 K. Gützlaff, *Aufenthalt*, 247.

이 유배된 사실을 그가 이미 알고 있다는 것을 말해준다. 즉, 조선 전역에서 일어난 광범위한 천주교 박해사건을 염두에 뒀음이 분명하다.

이튿날인 7월 19일부터 7월 20일까지는 계속되는 강한 비와 짙은 안개 때문에 해안에 접근하는 것이 불가능했다.[57] 린지는 조선인과의 상호 소통을 위한 가능성이 없다고 판단하고, 그곳을 떠나기로 결정했다.[58]

7월 21일, 날씨가 개자 그들은 남동부에 위치한 몇몇 섬들 중 인구가 많은 허턴(Hutton, 외연도) 섬 근처에 정박했다. 이곳은 바실 홀이 1816년 9월 3일에 방문했던 곳이다. 귀츨라프는 기록에 남기지 않았지만, 린지는 거기서 바실 홀 선장이 명명한 테이블 산(Table Mountain, 봉화산, 279m)을 보았다고 했다.[59]

그날 오후 5시에는 조류의 변화로 다시 '바실만(비인만)을 품은 지역'에 정박했다. 이는 그들의 도착 지점과 상당한 거리가 있는 것이 분명하지만, 당시 바실 홀 일행이 작성한 지도에는 바실만, 제임스 홀 군도 등 알고 있는 지역만을 기준으로 하다 보니 그들의 도착 지점이 다소 부정확하게 기록된 것이다. 정황으로 보았을 때 정박지는 비인만 근처가 아니라 녹도 인근 지역으로 추정된다.

거기서 약 2마일 떨어진 곳에는 깎아지른 듯한 산이 하나 있고, 중턱에 마을이 조성되어 있어 망원경을 통해 사람들을 관찰할 수 있었다고 한다. 그들은 헐렁한 흰 옷을 입고 이리저리 바쁘게 다니며, 귀

---

57 H. Lindsay, *Report*, 220f.
58 *Magazin für die Literatur des Auslandes*, 99.
59 H. Lindsay, *Report*, 221. 외연도에는 봉화산(279m), 당산(73m), 망재산(171m)이 있다.

츨라프 일행의 출현을 신기하게 여겼다.[60]

7월 23일, 그들은 여러 섬 사이로 지나갔다. 그중 한 섬에 들러 산봉우리까지 올라갈 기회가 있었다. 여기에서는 항해 중 '물개 떼'를 만났는데, 스스럼없이 다가오는 물개들 중 한 마리를 쉽게 잡았다고 한다.[61] C. Gutzlaff, *Journal*, 1834에서는 총으로 쏘아 잡아서 배에 필요한 많은 양의 기름을 충당했다고[62] 하고, K. Gützlaff, *Aufenthalt*는 좀 더 자세히 용도를 표현하길, 배에서 무엇을 연소시킬 때 쓸 신선한 기름으로 사용했다고 기록했다.[63] 실제로 서해안, 특히 백령도 인근에는 천연기념물 331호이자 멸종위기 야생동물 2종인 점박이 물범이 살고 있다.

이날 오후에 대단히 호의적인 조선인들을 만난다. 린지에 의하면 배 몇 척이 그들을 방문 했다. 선상에서 함께 포도주를 먹고 배를 돌아보게 하는 친절을 베풀었다. 그들도 호의에 답하듯 조선의 국법에는 어긋나지만 린지 일행과 함께 해안으로 동행했다.[64] 귀츨라프는 자신들의 정박지 맞은편의 해안가 마을에서 온 몇 명의 어부들이 자신들을 해안으로 초청했다고 한다.[65]

이 섬은 어디였을까? 이 섬은 김경선(金景善)의 「영길리국표선기(英吉利國漂船記)」를 참고할 때, 녹도(鹿島)나 동소도(東小島, 불모도) 중 하나이며, 애머스트호 승선자들이 그곳에 음력 6월 24일(7월 21일)에 도

60　H. Lindsay, *Report*, 221; *Magazin für die Literatur des Auslandes*, 99.
61　K. Gützlaff, *Aufenthalt*, 248.
62　C. Gutzlaff, *Journal*, 1834, 327.
63　K. Gützlaff, *Aufenthalt*, 248.
64　H. Lindsay, *Report*, 221f.
65　C. Gutzlaff, *Journal*, 1834, 328.

착하여 4일 동안 머물렀다고 대답한 것으로 기록되어 있다.[66] 그들이 정박한 섬의 정확한 위치는 불모도(不毛島)보다는 녹도(鹿島)일 가능성이 더 높다. 무인도인 불모도와는 달리 녹도는 유인도인데다 귀츨라프 일행이 당시 머문 것이 녹도였다는 것을 나중에 조선인들을 통해 들었다는 기록이 있기 때문이다.[67]

귀츨라프와 린지는 녹도의 주민들과 접촉하여 식사 대접까지 받았다.[68] 이곳에서 귀츨라프 일행이 대접받은 음식을 보면, 소금에 절여 건조한 생선과 타르타르족(The Tartars, 만주족) 사이에서 보통 마시는 신맛이 나는 음료(막걸리)를 대접받았다.[69]

린지는 북쪽에서 만난 사람들보다 이곳의 섬 주민들이 덜 거칠고 덜 적대적이었다고 판단했다.[70] 그곳에서 귀츨라프는 주민들이 제공하는 술과 소금에 절인 생선을 먹었다. 린지의 기록에 의하면, 당일은 비가 오고 짙은 안개 때문에 섬을 걸어서 돌아보지는 못했다.[71]

이튿날인 7월 24일, 일행이 불모도 근처에 머물고 있을 때 큰 조선 배가 나타나서 그 배에 탄 사람들이 작고 얇은 종이쪽지를 전달했다. 거친 항해에 대한 위로 인사를 담고 있는 편지였다.[72] 애머스트호가

---

[66] 김경선(金景善), 『연원직지(燕轅直指)』 제1권 출강록(出疆錄) 「영길리국표선기(英吉利國漂船記)」, 순조 32년 11월 25일(임진년, 1832), 고전종합DB(http://db.itkc.or.kr/)

[67] H. Lindsay, Report, 224.

[68] C. Gutzlaff, Journal, 1834, 328; H. Lindsay, Report, 222.

[69] C. Gutzlaff, Journal, 1834, 328. K. Gützlaff, Aufenthalt, 242 비교.

[70] H. Lindsay, Report, 222; Magazin für die Literatur des Auslandes, 99.

[71] H. Lindsay, Report, 222.

[72] K. Gützlaff, Aufenthalt는 23일로 기록하고 있지만, 7월 24일로 기록한 C. Gutzlaff, Journal, 1834와 H. Lindsay, Report를 참고할 때 24일에 일어난 일이다.

정박하고 있는 곳은 아주 위험하기 때문에 "Gan-keang"이라는 만(Bay)으로 가면 보다 안전하게 정박하고, 고관을 만나 무역상담도 할 수 있으며, 식량도 구할 수 있을 것이라는 조언도 얻을 수 있었다.[73] 발음상 '간개앙'이나 '강기앙' 혹은 '강깅' 등이 가능한데, 서해안에는 이와 유사한 이름이 존재하지 않는다. 이곳이 어디인지는 이 책의 6장에서 자세히 다룰 것이다. 잠시 언급하자면, '간개앙'이나 '강기앙'은 『조선왕조실록』을 참고할 때, 당시 홍주목사 관할하에 있던 고대도(古代島)의 항구 안항(安港)이 분명하다.[74] 그러나 고대도의 주민들에게 실제 탐문해 본 결과 고대도에 이러한 이름의 항구는 들은 바가 없다고 했다.[75]

C. Gutzlaff, *Journal*, 1834의 7월 24일자 기록에는 방문한 조선인들의 태도가 매우 정중했다고 되어있다. 또 그들은 선실까지 올라와 일행들과 함께 럼주를 자유롭게 마셨다.[76] 방문한 조선인들은 배에 탄 사람들이 어느 나라에서 왔는지 물었고, 린지는 자신들이 영국에서 왔으며 조선의 왕에게 편지와 선물을 드리길 원한다고 했다.[77]

방문자들 중 지도자의 역할을 맡은 이는 의사소통에 매우 적극적이었으나, 조선 국왕의 이름은 끝내 말하지 않고 다만 왕이 36년간 통치했으며 300여 개의 도시를 다스린다는 이야기만 해주었다.[78] 린지는 그 일행에게 던진 질문을 통해 애머스트호가 정박해 있는 곳으로

---

73 C. Gutzlaff, *Journal*, 1834, 329.
74 『조선왕조실록』, 순조 32년 7월 21일.
75 고대도 최고 고령자 하옥희 권사(2013년 현재 94세)의 인터뷰(2013.8.13) 등 여러 고령자와 주민들에게 탐문했다.
76 C. Gutzlaff, *Journal*, 1834, 329.
77 H. Lindsay, *Report*, 222.
78 C. Gutzlaff, *Journal*, 1834, 330.

부터 300리 떨어져 있는 "경기도 한양(Keng-ke-tao Han yang)"이 수도임을 알게 됐다.[79] K. Gützlaff, *Aufenthalt*의 기록에는 이 거리를 시간으로 환산한 기록도 함께 나오는데, "겨우 36시간" 떨어져 있다고 추측했다.[80] 그래서 왕으로부터 빠른 답신을 받을 수 있을 것으로 기대했다.[81]

조선의 방문자 중 한 사람은 한문책을 자신의 지방언어로 막힘없이 빠르게 읽을 수 있었다. 이를 통해 귀츨라프는 그가 다방면의 교육을 받았다고 생각했다.[82] 또 방문자들이 중국 돈은 본 적 있지만 영국 달러(dollar)는 알지 못한다고 했고, 귀츨라프 일행이 "조선의 국왕이 연 4회 중국에 조공을 바친다고 하는 『중국통계집(*Chinese statistical Work*)』을 보여주자, 사실이다"라고 답을 했다는 부분은 C. Gutzlaff, *Journal*, 1834의 기록에만 전하지고 있다.[83]

귀츨라프가 쓴 영문과 독문, 두 권의 책에서는 이날의 방문자 이름을 밝히지는 않고 있다. 하지만 린지의 경우, 방문자의 이름이 등노(Teng-no)이며 그가 온 것은 고관이 어떤 용무로 배가 왔는지 조사하기 위해 그를 보냈기 때문이라고 밝히고 있다.[84] 그는 위험한 그곳을 피해 배를 옮길 것을 권고했다. 함께 온 신분이 높아 보이는 사람들은 린지가 건넨 선물을 처음에는 거절했으나, 약간의 선물, 옥양목와 모직(calico and camlet)을 선물로 받아들였고 배를 몰고 온 선원들 역시 사자

---

79   H. Lindsay, *Report*, 223.
80   K. Gützlaff, *Aufenthalt*, 249.
81   K. Gützlaff, *Aufenthalt*, 249.
82   K. Gützlaff, *Aufenthalt*, 249.
83   C. Gutzlaff, *Journal*, 1834, 330.
84   H. Lindsay, *Report*, 222.

문양이 새겨진 단추를 선물로 받았다.[85] 조선인들은 몇 시간 동안 포도주와 독주를 들면서 선상에 머물렀다.[86]

7월 25일(음력 6월28일), 린지에 의하면 정오를 조금 지난 시간 등노가 다시 찾아 왔다. 조선 측 사료를 보면 이때는 불모도에 정박해 있었을 때였다. 등노처럼 조정관(intermediator) 역할을 할 젊은 고관의 비서(secretary) 양의(Yang-yih)[87] 혹은 양치(Yang-chih)[88]를 대동하고 다시 찾아 왔다. 린지는 양의를 매우 지적인 젊은이였다고 표현한다.[89]

린지에 의하면, 그들이 이전까지 정박했었던 곳이 녹도(Lok-taou 鹿島)였음을 방문자들을 통해 비로소 알게 됐다고 한다.[90] 그들은 애머스트호를 "Gan-keang"이라는 항구로 옮길 것을 재차 권고했다.[91] K. Gützlaff, *Aufenthalt*의 기록에는 정확한 날짜가 없지만, C. Gutzlaff, *Journal*, 1834 기록에는 25일 "Gan-keang"으로 출발하여 당일 도착했다고 되어있다.[92] 조선의 항로에 익숙지 않을 선원들을 대신해 조선항해사들이 함께 타서 이 배를 이끌었다. 폭풍과 안개 속에서 항해해야 했음에도 불구하고, 일행들은 안전한 선착장을 찾게 됐다는 기쁨을 잃지 않았다고 한다.[93]

필자는 이곳이 고대도(古代島) 안항(安港)임을 6장에서 자세히 밝히

---

85 H. Lindsay, *Report*, 223.
86 H. Lindsay, *Report*, 223f.
87 H. Lindsay, *Report*, 224.
88 C. Gutzlaff, *Journal*, 1834, 330.
89 H. Lindsay, *Report*, 224.
90 H. Lindsay, *Report*, 224.
91 H. Lindsay, *Report*, 224.
92 C. Gutzlaff, *Journal*, 1834, 272.
93 K. Gützlaff, *Aufenthalt*, 249.

고자 한다. 도착한 그곳은 정박하기에 좋고 바람도 피할 수 있는 곳이었다.[94] 무엇보다 중요한 것은 이방인들의 방문에 이들을 처음 영접한 관리들이 "모두가 기뻐하고 행복해 했다"는 점이다.[95] 이곳 조선인들과의 만남은 이렇게 우호적이었다.

3   본격적 조선 선교

7월 26일 애머스트호는 또 다른 두 고관 "킨(Kin)"(공충수우후(公忠水虞候)[96] 김형수(金瑩綬))과 "리(Li)"(홍주목사(洪州牧使) 이민회(李敏會))의 방문을 받았다. 수군우후는 정 4품으로 각 수군 절도영의 지휘관인 수군 절도사를 보좌하는 참모직책이다. 그들은 먼저 귀츨라프 일행에게 오랜 항해에 대해 위로의 말을 건넸다. 김형수는 60세로 해학적이고 열린 마음을 가진 사람이었고, 이민회는 근엄한 흰 수염을 달고 있었다고 한다.[97] 그들은 애머스트호가 이곳에 온 이유를 비롯해 궁금한 점 몇 가지를 간단히 질문했다. 그 뒤에는 별달리 중요하지 않은 질문들로 사담을 나누었다.

린지는 그들의 질문을 좀 더 상세히 기록하고 있다. 배가 어떤 목적으로 왔으며, 왕에게 정식으로 보낼 편지가 있는지 물었다고 한다. 이에 대해 린지는 "우리의 목적은 당신들과 통상하기 위함이다. 우리

---

94   C. Gutzlaff, *Journal*, 1834, 330.
95   C. Gutzlaff, *Journal*, 1834, 331.
96   공충은 충청의 옛 이름이다.
97   H. Lindsay, *Report*, 225.

의 배는 공식적이고, 그리고 편지는 공적인 것을 다룬다"라고 대답했다. 그들이 왕에게 전달할 편지의 내용을 묻자 린지는 그 편지가 왕이 혼자 숙독하고 결정하기 위해 쓰였다는 이유를 들며 그에 대해 자세히 밝히지 않았다.[98]

　이 두 명의 고관들은 거친 항해에 대해 위로를 전하며, 귀츨라프 일행에게 저녁식사를 대접했다. 고관들은 마른 물고기, 간장, 술과 같은 음식을 수고롭게도 직접 배로 가져와 대접했다. 귀츨라프 일행은 비록 입맛에 맞지 않아 거절했지만, 조선인들이 이방인 손님들을 대접하려는 우호적 정신만큼은 돋보였다고 한다. 이는 고대도에서 고관들과의 만남이 서로 친선과 우호를 쌓을 수 있는 방향으로 시작됐음을 시사한다. 그리고 귀츨라프 일행은 고관들에게 진귀한 물품들, 즉 음악이 나오는 코담배갑과 그림들, 그 밖에 다른 물건들을 구경시켜 줌으로써 문화적 교류를 시도했으며, 그 결과 고관들은 크게 호기심을 가졌고 흡족해 했다. 그래서 귀츨라프는 "이방인에게서 기대할 수 있는 이상의 큰 우호감을 어디에서나 만났다"고 한다.[99]

　또한 이날은 귀츨라프 일행이 많은 시간을 할애해서 조선 국왕에게 드릴 선물을 꾸렸던 날이기도 하다. K. Gützlaff, *Aufenthalt* 기록에는 C. Gutzlaff, *Journal*, 1834에 없는 귀츨라프 자신의 소망이 나타나 있다. 조선 국왕에게 올리는 청원문과 함께 성경 한 질과 많은 전도책자(ein Exemplar des Bibelbuches und unserer sämtlichen Traktate)를 선물로 줌으로써 그에게 하나님의 말씀을 알릴 목적이었다고 밝힌 것이 그것이다.

98　H. Lindsay, *Report*, 225.
99　C. Gutzlaff, *Journal*, 1834, 335.

귀츨라프는 이 선물이 죄 많은 세상에 대항해 계시된 하나님의 사랑의 증거이자, 그분의 아들인 예수 그리스도를 조선 국왕에게 알릴 수 있기를 바란다고 피력했다.¹⁰⁰ C. Gutzlaff, *Journal*, 1834의 기록에는 린지가 조선인들에게 귀츨라프가 소지하고 있는 성경 한 질과 기독교 전도책자 모두를 국왕에게 선물하라고 정중하게 요청했다고 한다.¹⁰¹

린지가 밝힌 조선의 국왕에게 보낼 선물 목록 중에는 완전히 한문으로 번역된 두 질의 성경과 전도책자가 들어 있었다.¹⁰²

> 다양한 색상의 최고급 광폭천 4점,
> 다양한 색상의 낙타털로 만든 천 6점,
> 옥양목 14점,
> 망원경 2개,
> 무늬를 새겨 넣은 유리, 향수병, 꽃병 등 6개,
> 사자무늬가 새겨진 동인도회사 단추 12다스,
> 다양한 주제의 책들, 2질의 성경과 모든 전도서적들의 완전한 번역본 2질, 대부분 귀츨라프가 중국인들 사이에 배포하기 위해 가져온 고(故) 밀른 박사의 지리, 천문, 과학에 관한 글.¹⁰³

이처럼 순조에게 진상된 선물의 내용에 있어서 성경이 한 질이었는지 두 질이었는지는 귀츨라프와 린지의 진술에 차이가 있다. 그러나 귀츨라프는 한 질이라고 일관되게 기록하고 있다.¹⁰⁴ 한국 측 기록

100　K. Gützlaff, *Aufenthalt*, 249; *Illustrierte Zeitung* Nr.87, Leipzig, 1. 1845.3, 131.
101　C. Gutzlaff, *Journal*, 1834, 332.
102　H. Lindsay, *Report*, 227.
103　H. Lindsay, *Report*, 227.
104　K. Gützlaff, "An appeal in behalf of China", American Board of Commissioners for

을 보면, 당시 충청감사 홍희근이 보고한 왕께 드리는 예물 목록에, 전도책자로 추정되는 『본국도리서(本國道理書)』가 26종이 실렸음을 확인할 수 있다.[105]

여기서 무엇보다 중요한 것은 귀츨라프가 조선 국왕에게 진상한 성경이 어떤 성경이었는지를 밝히는 것이다. 귀츨라프는 자신이 어떤 성경을 왕에게 진상했는지에 관한 결정적 단서를 1833에 쓴 「중국을 위한 호소(An appeal in behalf of China)」란 글에서 남기고 있다. 귀츨라프는 이 글에서 조선선교에 대한 소감을 간략히 언급하고 있는데, 그는 처음에는 조선에서 적대감을 경험하지 못했지만 왕실에서 파견된 관원들을 만났을 때 앞뒤가 꽉 막혔다는 것을 느꼈다고 한다. 그럼에도 불구하고 귀츨라프는 그 관원들을 통해 조선 국왕에게 선물을 전달할 수 있는 기회를 얻었고, 그 선물 중에는 성경 한 질, 21권(volume)과 전체 전도책자 2세트가 포함되어 있었다고 정확히 진술하고 있다.[106]

"성경의 한 질, 21권"이라는 표현에서 우리는 당시 어떤 성경을 왕에게 진상했는지 추적할 수 있다. 귀츨라프 자신도 메드허스트와 함께 성경 번역을 했으나 중국어 구약성경을 1836년, 신약성경을 1837년에 출판했기 때문에 1832년에 조선에 가져온 성경은 그 자신의 번역본은 아니다. 이 성경의 정체를 알 수 있게 하는 조건들, 즉 중국어로 되어 있고, 1832년 귀츨라프의 2차 항해 전에 이미 발간됐으며, 21권으로 구성된 이 성경의 제작 조건을 모두 만족하는 것은 『신

Foreign Missions, *Missionary Herald* Vol. XXX, Boston : Crocker and Brewster 1834, 423.
105 『조선왕조실록』, 순조 32년 7월 21일(음력).
106 K. Gützlaff, "An appeal in behalf of China", 423.

천성서(神天聖書-載舊遺詔書兼新遺詔書)』뿐이다.[107] 『신천성서』는 중국어로 된 최초의 신구약 완역 성경으로서, 귀츨라프의 선교적 동역자였던 모리슨이 1823년 말라카에서 출판한 21권(volum) 선장본(threadbound)이다.

『신천성서』(1823) 1권 창세기[108]

『신천성서』 21권 선장본[109]

---

107 『신천성서(神天聖書-載舊遺詔書兼新遺詔書)』, Malacca : Anglo-Chinese College, 1823. 이 성경은 다음과 같이 21권으로 된 선장본(threadbound)이다. 내용으로는 vol. 1 創世歷代傳 = Genesis; vol. 2 出以至比多地傳 = Exodus; vol. 3 利未氏古傳書 = Leviticus; vol. 4 算民數書傳 = Numbers; vol. 5 復講法律傳 = Deuteronomy; vol. 6 若書亞傳 = Joshua; 審司書傳 = Judges; vol. 7 路得氏傳 = Ruth; 撒母以勒 上下 = Samuel; vol. 8 列王傳 上下 = Kings; vol. 9 歷代史紀 上 = I. Chronicles; vol. 10 歷代史紀 下 = II. Chronicles; vol. 11 以士拉傳 = Ezra; 尼希米亞傳 以士得耳傳 若百書傳 = Job; vol. 12 神詩書傳 = Psalms; vol. 13 諺語書傳 = Proverbs; 宣道書傳 = Canticles; 所羅門之歌 vol. 14 以賽亞書 = Isaiah; vol. 15 耶利米亞傳 = Jeremiah; 耶利米亞悲歎傳 = Lamentations; vol. 16 偐西其理書傳 = Ezekiel; vol. 17 但衣理書傳, 十二先知書傳 = Daniel, Malachi; vol. 18 馬竇書 = Matthew; 馬耳可書 = Mark; vol. 19 路加書 = Luke; 若翰書 = John; vol. 20 使徒行書, 與羅馬輩 書, 可林多輩第一書, 可林多輩第二書 = Acts; II Corinthians; vol. 21 厄拉氏亞書, 若翰現示書 = Galatians; Revelations.

108 http://hk.apple.nextmedia.com/news/art/20100627/14178671.

109 http://www.bible.or.jp/contents/library/lib03_21.html.

이미 1813년에 모리슨에 의해 신약성경이 완역됐고,[110] 1819년에 모리슨이 윌리엄 밀른(William Milne, 1785~1822)과 함께 구약성경을 공동 번역했다.[111] 이때 중국인 'Le Sëe-sang',[112] 'Cai Gao 와 Lian-Fa'[113]의 도움으로 중국어 완역이 가능했다. 이것이 바로 21권 선장본으로 출판된 것이다. 그러므로 순조에게 바쳐졌던 성경은 모리슨의 『신천성서』가 확실하다.

오후에 방문해도 좋다는 약속에 따라[114] 귀츨라프는 오후 4시 직전 린지, 심슨(Simpson), 스티븐스(Stephens), 일부 선원들 그리고 조선인 동행자 등노와 양의와 함께 조선의 왕에게 선물을 전달하기 위해 모선을 떠나 노를 젓는 대형 보트(long-boat)를 타고 고관들의 "임시 거처(the temporary Residence of chiefs)"가 있는 작은 마을을 향해 갔다.[115] "임시거처"라는 말에서도 알 수 있듯이 고관들이 원래 상주했던 곳이 아니었다. 원산도처럼 관아(官衙)가 존재했던 섬이 아니라, 서양인들의 방문으로 인해 임시 관아가 차려진 곳임을 의미한다. 보트가 도착하자 당

---

110 Alexander Wylie & William Gamble, *Memorials of Protestant missionaries to the Chinese : giving a list of their publications, and obituary notices of the deceased*, Shanghae : American Presbyterian mission press 1867, 5f.

111 윌리엄 밀른은 모리슨의 동료이자 런던 선교회가 보낸 두 번째 선교사이며, 첫 번째 영화서원의 교장을 역임했다. 그는 모리슨과 함께 『신천성서(神天聖書 - 載舊遺詔書兼新遺詔書)』를 번역했고, 서양에는 1820년 『중국 개신교 선교의 첫 10년의 회고(*A Retrospect of the First Ten Years of the Protestant Mission to China : Now*)』라는 책을 통해 중국의 문화와 현지사정을 알렸다.

112 Eliza A. Morrison, *Memoirs of the life and labours of Robert Morrison* Vol. 2, London : Longman, Orme, Brown and Longmans, 1839, 483.

113 Zhidong Hao, *Macau : History and Society*, Hong Kong : Hong Kong University Press 2011 127f.

114 H. Lindsay, *Report*, 226.

115 H. Lindsay, *Report*, 227.

황한 주민들은 귀츨라프 일행을 적대하는 명백한 표시를 보냈다. 해안에 상륙할 때 약 50명의 난폭한 주민들이 목을 자르는 시늉을 하며 위협했다.[116] 고관이 출타 중이며, 다시 오는 것이 좋겠다는 조언을 조선인 동행자 양의로부터 들었지만, 귀츨라프 일행은 마을 입구로 다가갔다. 이 마을에는 12피트(feet) 정도 높이의 버드나무 가지로 엮어 만든 울타리가 쳐져 있었다.[117]

일행이 가까이 갔을 때, 린지에 의하면 모직으로 만든 모자를 쓰고 파란색 옷을 입은 두 명의 무장 군인을 만났으며, 이 둘은 나팔을 불면서 귀츨라프 일행의 길을 막아섰다.[118] 귀츨라프는 한 명의 병사가 나팔을 불었다고 했다. 이는 이방인의 출현을 알림과 동시에 귀츨라프 일행을 위협하기 위함이었다.[119] 그때 출타하고 없다던 고관들이 갑자기 나타나 마을 어귀에서 제지당하고 있던 귀츨라프 일행을 해안가에 기둥을 세워 만든 임시 면담장소로 안내했다. 그러나 그 장소는 조선의 국왕에게 선물을 드리는 장소로 적당하지 않다고 귀츨라프 일행이 즉시 거부했다. 한편, 고관이 손으로 가리킬 만큼 가까운 해변가에 임시 면담장소가 있는 것을 보았을 때 마을은 해변가에서 얼마 멀지 않은 위치해 있었던 것으로 보인다. 이날 귀츨라프 일행을 마을 어귀 좁은 길에서 막지 못한 죄로 그 군인이 태형(笞刑)에 처해 질 뻔 했다는 사실은 귀츨라프의 C. Gutzlaff, *Journal*, 1834과 린지의 H. Lindsay, *Report*에 둘 다 기록하고 있지만, 린지는 좀 더 구체적으로 상황을 설

---

116   H. Lindsay, *Report*, 227f.
117   H. Lindsay, *Report*, 227.
118   H. Lindsay, *Report*, 228.
119   C. Gutzlaff, *Journal*, 1834, 333.

명하길 귀츨라프 일행 중 체격이 좋은 흑인(Negro)이 개입해서 몸싸움을 하면서까지 그 병사의 태형을 말렸다고 기록한다.[120] C. Gutzlaff, *Journal*, 1834에 보면 구경꾼들이 이 인도적 행위(this act of humanity)를 기뻐했다고 한다.[121] 이 해프닝은 귀츨라프 일행에 대한 주민들의 인식이 개선되는 좋은 예로 작용했을 것이 분명하다.

그날 조선 국왕께 드리는 편지와 선물을 공식적으로 전달할 수 있었다. 이미 언급한 대로 귀츨라프 일행은 해안가의 임시 면담소가 서한과 예물을 받는 정중한 장소가 아니라고 생각하여서 이를 거부했다. 그러자 일행은 마을에 있는 "첫 번째 집 안"에서[122] "어떤 집채의 바깥"[123] 마당으로 인도됐고 그곳에서 조선국왕께 드리는 서한과 예물을 공식 전달했다.

이날 귀츨라프는 K. Gützlaff, *Aufenthalt*에서 국왕에게 전달한 선물이 어떤 결과로 다가올 것인지 큰 희망을 가졌다.

> 지금까지 기쁘게도 이 민족은 우리의 책들을 매우 강한 호기심을 가지고 받아들였고, 나는 이 땅의 왕에게도 하나님의 말씀으로 축복을 전할 수 있다는 희망을 가질 수 있었다. 하나님이 그의 아들 예수 그리스도를 통하여 악한 세상에 선포하셨던 하나님의 사랑의 증거로서 과연 어떠한 굉장한 선물이 국왕에게 주어질 것인가![124]

---

120 Lindsay, *Report*, 230.
121 C. Gutzlaff, *Journal*, 1834, 334.
122 H. Lindsay, *Report*, 232.
123 C. Gutzlaff, *Journal*, 1834, 334.
124 K. Gützlaff, *Aufenthalt*, 249.

C. Gutzlaff, *Journal*, 1834에서 귀츨라프는 국왕에게 하나님의 사랑의 교리를 전할 수 있는 기회를 가진 것이 매우 기뻤으며 이 소망으로 스스로도 행복했다고 자신의 감회를 기록으로 남겼다.[125]

7월 24일 조선인들은 수도 한양까지의 거리가 삼백 리(36시간)라고 했는데, 27일에 와서는 천 리(120시간)로 늘려 잡아서 말했다고 한다. 이것은 외국인들에게 수도를 알리지 않으려고 하는 의도였을 것이라고 귀츨라프는 추측했다.[126] 그리고 C. Gutzlaff, *Journal*, 1834에 의하면 등노와 양의가 그날 밤에 다시 찾아와 한양까지의 거리와 관계된 말을 했다.[127]

7월 27일 그들은 전날 방문했던 고대도를 다시 찾아갔다. 한 병사가 목을 베고 칼로 배를 가르는 시늉을 했는데, 자신이 외국인을 막지 못하면 형벌을 받는다는 뜻이었다.[128]

이날 귀츨라프는 섬을 돌아보며 토양과 식물을 중국과 비교해 보고 이내 "외딴 곳에 있어 식물학 연구를 위한 풍부한 자료가 있는 곳이다"라고 그곳의 학문적 가치를 인정했다.[129] 이날 고대도에서 당산을 오르는 길에서 독사를 만나 린지가 총으로 쏘아 죽이는 사건도 있었다.[130] 이 사건도 귀츨라프의 영문책에만 기록되어 전해진다.

귀츨라프는 조선인의 종교성에 대해 관찰하다가, 곧 조선인들은 불교를 싫어하고 도교에 관해서는 잘 모르고 있다고 평가했다. 가정

---

125 C. Gutzlaff, *Journal*, 1834, 333.
126 K. Gützlaff, *Aufenthalt*, 250.
127 C. Gutzlaff, *Journal*, 1834, 335.
128 C. Gutzlaff, *Journal*, 1834, 337.
129 C. Gutzlaff, *Journal*, 1834, 337.
130 C. Gutzlaff, *Journal*, 1834, 337.

집에서 우상의 흔적을 찾을 수 없어서 반종교적 민족이 아닌가 하는 의심까지도 했다. 그는 또한 조선인들이 영혼의 불멸을 믿지만, 아직 개념적으로 완전히 정립되지는 못한 것 같다고 보았다.[131] 따라서 귀츨라프는 기회가 생길 때마다 조선인들에게 '인류의 구세주'에 관한 이야기를 전했고, 기독교의 시작 역시 설명했다. 그러나 조선인의 반응은 냉담했다고 한다.[132] 하지만 그들은 귀츨라프의 선교에 대해 물리적 적대감을 표하지는 않았다.

낯선 외국인들을 무조건 적으로 취급했던 조선인들이 차차 변하기 시작했다. 하나님의 아들, 예수 그리스도가 구원자임에 대해 기꺼이, 그리고 반복해서 대화하길 원했던 것이다.[133] 이러한 과정 속에서 귀츨라프가 말하기를, 조선인 사이에 "기독교의 축복이 확산될 수 있는 적당한 방법과 수단을 심사숙고하는 것에 고무됐다"고 했다.[134] 또한 귀츨라프는 전능하신 "하나님이 그들을 이 땅으로 하여금 결국 약속의 땅(this promising field)으로 들어가게 허락하실 것"이라고 기대했다.[135] 그에게 있어 이 조선 땅을 방문한 것은 "하나님이 은혜를 베푸셔서 가능했던 일"이었기 때문이었다.[136]

C. Gutzlaff, *Journal*, 1834는 "복음을 받아드리길 원하는 사람"[137]

---

131 K. Gützlaff, *Aufenthalt*, 251.
132 K. Gützlaff, *Aufenthalt*, 251; C. Gutzlaff, *Journal*, 1834에는 "전능하신 하나님"이란 말이 첨가되어 있다.
133 K. Gützlaff, *Aufenthalt*, 251.
134 K. Gützlaff, *Aufenthalt*, 252.
135 C. Gutzlaff, *Journal*, 1834, 340.
136 K. Gützlaff, Der ostpreusche Verein für China(Hrsg.), *Die Mission in China : Vorträge, in Berlin gehalten, Erster Vortrag*, Berlin : W. Schulz, 1850, 12.
137 C. Gutzlaff, *Journal*, 1834, 339.

에게 책을 나누어 주었다고 하는데,[138] K. Gützlaff, *Aufenthalt*는 이 책이 모두 기독교 서적들(Christliche Bücher)이었고, 그와 동시에 "한문으로 된 신약성경의 견본(Exemplare des chinesischen Neuen Testamentes)"을 나누어 주었다고 좀 더 자세히 기술하고 있다. 이 책을 받은 사람들은 귀츨라프에게 주의를 기울여 책을 읽겠으며 잘 간수하겠다고 약속했다.[139] 고관은 이러한 종류의 책을 수령하는 것을 금지했지만, 이미 많은 관리와 서기들이 이 책들을 받은 뒤였다. 오히려 이 금지령으로 인해 책의 가치가 더하게 됐다. 마침내 고관들도 책을 받자 많은 사람들이 책을 받으려고 몰려들었다.

귀츨라프는 그의 멘토(Mentor)격인 로버트 모리슨의 지적처럼, "한문으로 된 책은 중국뿐 아니라 조선(Corea)과 일본, 남서제도(南西諸島) 인도지나반도 어디에서든지 이해가 가능한 언어"[140]임을 간파했기 때문에 한문으로 된 성경과 전도서적의 보급에 힘을 기울였다. 조선 국왕에게 진상된 것뿐만 아니라, 민간에 주어진 신약성경의 일부분 또는 복음서와 전도책자가 모두 한문으로 되어있다는 것은 조선인들의 이해를 용이하게 해서 실질적 선교 효과와 직결됐다. 귀츨라프는 "이 암흑의 반도 위에 아주 낮은 계층의 사람이라 할지라도 읽기를 배웠고 기꺼이 읽기를 좋아한다는 것은 주목할 가치가 있다"[141]라고 하며, 이것이 성경과 전도서를 읽는 자산이 될 것으로 보았다. 아울러 "주민들은 적지 않은 지적 능력을 가진 것으로 보인다"라고 높이 평가

---

138 C. Gutzlaff, *Journal*, 1834, 339.
139 Gützlaff, *Aufenthalt*, 251.
140 Eliza A. Mrs. Robert Morrison, 1839, 494.
141 K. Gützlaff, *Aufenthalt*, 252.

했다.[142]

조선인들의 마음속에 "생명의 말씀(the Word of Life)"[143]에 대한 갈망이 있는 것을 본 귀츨라프는 "모든 사건들에서 나타난 것은 하나님의 은혜로운 보호하심을 위한 나의 기도들에서 끊임없이 간구했던 바로 그 하나님의 역사이다"[144]라고 스스로 고무됐다. 그래서 이러한 역사를 통해 귀츨라프는 "전능하신 하나님께서 정치적 장벽을 제거하시고 우리들에게 이 약속의 땅(promising field)에 들어가도록 허락하실 것이다"라고 기대했다.[145]

K. Gützlaff, *Aufenthalt*는 선교적 입장에서 C. Gutzlaff, *Journal*, 1834보다 좀 더 명료하게 이 부분을 기록하고 있다. "전능하신 하나님의 손이 지금까지 선교사역들(Missionsarbeiten)에 대항한 어리석은 국가 권력인 장애물을 제거하실 것이다. 그리고 이 소망의 경작지(Saatfeld der Hoffung)를 차지하기 위해 그리스도의 사자들(die Boten Christi)에게 그 길을 예비하실 것이다."[146] 즉, "선교사역"이란 말과 그것을 행하는 "그리스도의 사자(선교사)"를 추가로 언급함으로 "약속의 땅" 또는 "소망의 경작지"는 선교를 통해 이루어질 전능하신 하나님의 역사임을 명확히 하고 있다. 이 문장을 보면 K. Gützlaff, *Aufenthalt*는 분명 더 선교학적인 진술이다.

린지의 기록에 의하면, 27일 귀츨라프와 린지는 오랫동안 양의를

---

142 K. Gützlaff, *Aufenthalt*, 256
143 C. Gutzlaff, *Journal*, 1834, 339.
144 C. Gutzlaff, *Journal*, 1834, 339.
145 C. Gutzlaff, *Journal*, 1834, 340.
146 K. Gützlaff, *Aufenthalt*, 252

설득한 끝에 양의로 하여금 한글 자모 전체를 쓰게 만들 수 있었다고 한다. 귀츨라프가 한문으로 주기도문을 썼고, 양의가 읽었을 뿐만 아니라 이것을 한글로 번역했다.[147]

린지의 『북중국 항해기』 중 주기도문 번역 부분[148]

독일어 잡지인 *Magazin für die Literatur des Auslandes*도 양의의 주기도문 번역을 기사화하고 있다.

---

147 H. Lindsay, *Report*, 239.
148 Hugh H. Lindsay & Carl F. Gutzlaff, *Report of proceedings on a voyage to the northern ports of China, in the ship Lord Amherst* , 2. ed., London : Fellowes, 1834, 239.

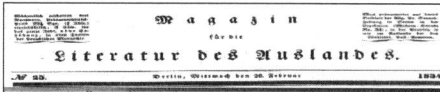

양의를 통한 주기도문 번역에 관한 기사[149]

이는 독일어권에 주기도문 번역에 관한 첫 번째 기사로 사료적 가치가 높다.

양의는 고관들이 알면 자신이 목숨을 잃게 될 것이라고 경고하면서, 번역이 적힌 종이를 없애길 애원했다. 귀츨라프는 양의의 앞에서 번역한 문서를 상자에 넣고 잠그는 것을 보여주어 그를 안심시켰다.[150] 조선인 양의를 시켜 한글로 쓴 주기도문의 번역본은 단편적이긴 하지만 최초의 한글 성경번역의 시도라고 할 수 있다. 고대도 정박지에서 행한 주기도문 번역은 이런 의미에서 큰 역사적 의미를 지닌다.

귀츨라프는 양의, 혹은 접촉한 모든 조선인으로부터 알음알음 배운 한글을 조선을 떠난 지 두 달여 만인 1832년 11월에 『중국의 보고 (寶庫)(The Chinese Repository)』를 통해 소논문 「한국어에 대한 소견(Remarks on the Corean Language)」을 발표했다.[151] 이는 지볼트(Philipp Franz Balthasar

---

149 *Magazin für die Literatur des Auslandes*, 1834, 99.
150 H. Lindsay, *Report*, 239.
151 C. Gutzlaff, "Remark on the Corean Language", *The Chinese Repository* Vol. 1 No. 7, 1832.11, 276~279.

von Siebold, 1796~1866)와 함께 한글을 서양에 알린 최초의 과학적이고도 체계적인 논문이었다.[152]

지볼트의 한글 연구는 조선을 직접 방문한 것이 아니라, 1828년 3월 17일 전라도에서 3척의 배를 타고 가다가 조난당해 일본에 표류한 36명의 조선인들과의 면담을 통해 작성한 것이었다.[153] 현지에서 현지 주민들을 통해 한글을 채집하여 발표한 것은 귀츨라프가 유일했다.

귀츨라프는 「한국어에 대한 소견」에서 한글의 독창성과 중국어와 다른 언어적 체계가 있음을 설명했다. 그래서 그는 "한글 특성의 구성이 매우 간단하지만 동시에 매우 독창적"이며,[154] "한국말이 표현력이 매우 풍부한 말"이라고 호평했다.[155]

이 논문은 독일어권에서도 한글이 최초로 소개되는 데 큰 역할을 했다. 당시 『외국(Das Ausland)』이라는 독일잡지를 통해 귀츨라프가 『중국의 보고』라는 선교 잡지에 소개한 영문 소논문이 독일어로도 잘 소개되어 있다.[156] 그의 이 영문 소논문으로 말미암아 독어권에도 한글이 소개되는 계기가 마련됐으니, 최초의 한류의 전도사라 불러도 손색이 없다.

---

152 Von Siebold, Philipp Franz Balthasar, *Nippon : Archiv zur Beschreibung von Japan und dessen Neben- und Schutzländern : Jezo mit den Südlichen Kurilen, Krafto, Koorai und den Liukiu-Inseln* Vol. 7 (Leiden : C. C. van der Hoek, 1832), 10~14.
153 김영원 외, 『항해와 표류의 역사』, 솔, 2003, 337~338쪽.
154 C. Gutzlaff, "Remark on the Corean Language", 277.
155 C. Gutzlaff, "Remark on the Corean Language", 278.
156 *Das Ausland* Nr. 310, München, 1833.11.6, 1240. 이 신문에는 글쓴이의 이름이 없다. 하지만 독일 내 귀츨라프 연구가 실비아 브레젤 박사(에어푸르트 대학교 연구교수)는 귀츨라프가 기록한 것이라 단정하고 있다.

「한글에 대한 소견」(1832.11)[157]

독일어 잡지 『외국』에 소개된 한글(1833.11)[158]

---

157 C. Gutzlaff, "Remark on the Corean Language", 276~278.
158 *Das Ausland* Nr. 310, München, 6. Nov. 1833, 1240.

1833년 7월 발간된 『중국의 보고』에 나오는 「한글 음절표(the Corean syllabary)」[159]라는 글의 저자는 로버트 모리슨으로 추정된다.[160] 그러나 이 표는 귀츨라프가 붓으로 써서 제공한 168자의 당시 한글 자모음의 조합과 그것의 발음을 소개하고 있다. 이는 현지를 방문하여 직접 채집하지 않고는 도무지 알 수 없는 자모의 조합과 발음을 명시하고 있음으로 귀츨라프의 결정적 기여로 이 선교 잡지에 소개된 것이다.

이처럼 귀츨라프의 번역선교는 현지 방문을 통한 한글 성경번역 선교의 효시가 됐을 뿐만 아니라, 조선말을 익히고 한글을 세계에 첫 번째로 소개한 문화적 중개자의 역할도 수행한 것이다.

귀츨라프의 붓으로 쓴 한글 음절표(촬영 : 보령박물관)[161]

---

159 No author shown, "The Corean Syllabary", *The Chinese Repository* Vol. 2 No 2, 1833, 135~139.

160 이웅호, 「모리슨 목사의 "The Corean Syllabary"에 대하여」, 『국어교육』 제37권, 한국어교육학회, 1980, 161~183쪽.

161 No author shown, "The Corean Syllabary", *Chinese Repository* Vol. II(1833.5~1834.4), Canton : Proprietors, 1834.

귀츨라프는 7월 28일에 관한 기록은 남기지 않았으나 린지에 의하면 이날은 다른 방문자가 없었고 등노와 양의만이 방문하여 애머스트호의 무장(武裝) 상태에 관하여 호기심 어린 많은 질문을 던졌다고 한다.

　　7월 29일에 있었던 일에 대한 언급은 영문과 독문 둘 다 생략하고 있다. 이튿날 7월 30일, 두 명의 고관이 찾아온 사건으로 곧장 건너뛴다. 고관들의 방문은 지금까지의 고생을 위로하고 잔치를 베풀기 위해서라고 했다. 하지만 귀츨라프는 감시를 위해 관가에서 파견된 사람일 것이라고 짐작했다. 귀츨라프 일행은 이날 오후에 고대도 해안가에 감자를 심으러 갔으며, 조선인들에게 감자 재배법을 중국어로 써주었다.[162] 린지는 이에 대해 기록하길, 저녁 식사 후에 감자를 심으러 상륙했으며 귀츨라프가 감자재배법을 중국어로 상세히 미리 적어왔다고 한다. 이 재배법은 감자를 심은 땅 주인에게 전해 주었다.[163] 이는 귀츨라프가 감자 파종에 주도적으로 참여했음을 보여주는 예이다.

　　귀츨라프와 감자 전래에 대하여 심도 있게 연구한 신호철 장로는 자신의 책을 통해 조선 후기의 실학자 오주(五洲) 이규경(李圭景, 1788~?)가 백과사전식으로 만든 책 『오주연문장전산고(五洲衍文長箋散稿)』에서 감자 한반도 전래설을 두 가지로 설명한다고 소개하고 있다. 하나는 감자(북저北藷)가 두만강을 넘어 북쪽 지방에서 순조 갑신년(1824)에서 을유년(1825) 사이에 들어왔다는 북저변증설(北藷辨證說)과 또 하나는 임진년(1832) 영국배가 고대도에 정박하고 감자를 불모도에 심었다는 '불

162　K. Gützlaff, *Aufenthalt*, 252.
163　H. Lindsay, *Report*, 236.

모도 파종설'이다.¹⁶⁴

이규경의 책은 귀츨라프와 관련하여서 의미 있는 기록이지만, 귀츨라프의 항해기나 린지의 보고서를 참고할 때 파종한 곳은 유인도이다. 즉, 무인도인 불모도에서 감자의 파종설은 잘못된 정보에 기초한 것이다.

또 귀츨라프의 감자 파종과 관련된 한국문헌은 1862년에 기록된 김창한(金昌漢)의 『원저보(圓藷譜)』이다. 이 책에는 영국상선이 전북 해안가에서 1개월을 머물렀으며, 이 배에 타고 있던 선교사가 김창한의 아버지에게 씨감자를 나누어 주고 재배법을 가르쳐 주었다고 한다.¹⁶⁵ 이 사료는 정박지의 잘못된 정보를 빼고 나면 귀츨라프의 내한과 감자 파종의 기록으로 중요한 사료이다.

감자파종에 대한 서양 측 사료를 보면 귀츨라프 보다 린지가 더 자세히 기록하고 있다. 귀츨라프는 저녁 식사 후 가장 좋은 땅을 찾아 백 개 이상의 감자를 심었으며, 수백 명의 사람이 둘러서서 이를 지켜보았다고 한다.¹⁶⁶ 외국인이 감자 심는 광경을 지켜보던 주민들을 쫓아 보내지 못한 죄로 어떤 군졸은 귀츨라프 일행이 지켜보는 앞에서 장군으로부터 벌을 받아야만 했다. 귀츨라프는 그 일을 윗사람이 위용을 과시하기 위한 것이라고 이해했다.¹⁶⁷ 귀츨라프는 줄곧 조선인들이 헐벗고 굶주리는 것을 안타까워했다. 그래서 그의 이 불쌍히 여기는 마음이 이 민족을 위해 무엇인가를 하게 만들었다. 감자라는 작물

---

164   신호철, 『귀츨라프행전』, 양화진선교회, 2009, 227쪽.
165   신호철, 『귀츨라프행전』, 229쪽.
166   H. Lindsay, *Report*, 236.
167   C. Gutzlaff, *Journal*, 1834, 342.

의 탁월함(Vortrefflichkeit)에 대해 칭송했을 뿐 아니라,[168] 그는 감자의 성공적 재배 같은 혁신(innovation)이 조선인들을 위해 "혜택(benefits)"을 가져 올 것이라 생각했다.[169]

이처럼 귀츨라프는 영적 양식인 복음을 가지고 온 것과 더불어 육적 양식도 공급하려 애썼다. 선교지에서 이러한 마음이 생긴 이유는 그의 선교신학과 선교정신 때문이었다고 생각된다. 선교신학과 정신은 복음을 알지 못하는 이들까지도 돌보는 경건주의적 헤른후트의 선교정신에서 나온 것이다. 헤른후트의 신학과 정신은 필자가 2장에서 이미 밝힌 바 있다.

이날 30일에 귀츨라프는 고대도에서 "언덕 위의 신당(Temple)"을 방문했다. 이 산당은 7월 27일 그가 언덕 위에 있는 석조건축물(a stone building)이라 지칭했던 곳이고, 신당(a temple)으로 인지한 곳이다. 산당이 있다 해서 그 동산은 지금까지 당산이라 불리고 있다. 귀츨라프가 방문한 이 산당은 1999년 원인 모를 화재로 소실되기 전까지 존재했다. 지금은 '각시당'이라는 제단만이 남아 있다. 귀츨라프에 의하면, 종이가 발려 있는 작은 방 한 칸의 산당이고, 방 중앙에 소금에 절인 생선이 달려 있었다. 그 산당 바닥에는 금속으로 만든 작은 용이 있었다고 했다. 도광 3년에 건립됐다는 기록과 누가 성금을 내어 이 산당을 세웠는지는 밖에 있는 돌에 적혀 있다고 했다.[170] 당시 조선인들은 매년 정월 초에 소를 잡아 제사를 지냈다. 주민들은 "소가 제 발로 당

---

168 K. Gützlaff, *Aufenthalt*, 235.
169 C. Gutzlaff, *Journal*, 1834, 342.
170 C. Gutzlaff, *Journal*, 1834, 342. K. Gützlaff, *Aufenthalt*, 253은 "건물 외벽에는 이 신당을 세운 사람들의 이름과 신당을 세우는 데 들어간 돈의 합계가 기록되어 있었다"고 한다.

산으로 올라갔다"고 한다.[171]

　이처럼 산당이 존재했다는 것은 당시 이 섬이 상당히 무속적 속성이 강한 지역이었다는 것을 증명한다. 섬의 특성상 외부에 대해 배타적이었을 것이고, 더구나 무속적 신앙을 가진 이들이었는데 어떻게 선교가 가능했을까? 많은 저항이 있었으리라는 추측이 가능하다. 그래서 귀츨라프는 이러한 사람들에게 인류의 구세주에 관해서 기회가 있을 때마다 전했다. 하나님의 아들, 예수 그리스도가 구원자임을 반복해서 전달했던 것이다.[172]

　7월 31일, 수군우후 김형수는 귀츨라프 일행들에게 해안가에 가지 말 것을 명령했다. 그 역시 상부로부터 엄격한 명령을 받았기 때문이었다.[173] 귀츨라프가 손님에게도 자유를 허락해야 한다는 점을 강조하면서 K. Gützlaff, *Aufenthalt*에서 언급한 『금언집(*heilige Bücher*)』은 C. Gutzlaff, *Journal*, 1834를 볼 때 『예기(禮記, *The Book of Rites*)』이다.

　일행은 근처를 항해하여 야생 복숭아와 야생포도를 보았고, 귀츨라프는 "먹을 것이 충분 하지 않은" 주민들을 위해 포도 재배법과 좋은 포도즙을 어떻게 만드는지 역시 글로 적어주었다.[174] 이 야생포도는 머루로 추측되는데, 주민들에 의하면 실제로 고대도와 인근 섬에는 머루가 많이 난다고 한다.

　8월 1일, 아마도 조정으로부터의 강한 명령 때문인지 우호적이

171　충남문화산업진흥원, 『칼귀츨라프와 함께 떠나는 고대도 여행』, 충남문화산업진흥원, 2012, 93쪽.
172　K. Gützlaff, *Aufenthalt*, 251.
173　K. Gützlaff, *Aufenthalt*, 253.
174　K. Gützlaff, *Aufenthalt*, 254.

였던 고관들의 태도가 조심스러운 방향으로 돌변했다. 심지어 그들은 린지가 그들과의 대화를 통해 한 자라도 더 조선말을 배우려고 시도하는 것조차도 경계하게 됐다. 단어집을 만들어 향후 소통에 사용하려 했던 린지의 계획에 차질이 생긴 것이다.

귀츨라프는 조선인의 위생 상태와 건강 상태를 고관들의 호사스러움과 대비하여 말하면서, 복음이 조선에 들어와서 그것을 진리를 받아들인다면 평민들의 불행이 그칠 것이라고 적고 있다.[175] K. Gützlaff, *Aufenthalt*는 이를 좀 더 극적으로 표현했다. "복음이 조선에 파고들어, 성실한(착한) 마음을 가진 주민들이 복음을 받아들여서 이 불행이 영원히 근절될 것이다"라고 말이다.[176]

8월 2일에 일어났던 일에 관해서는 C. Gutzlaff, *Journal*, 1834에만 기록이 남아 있다. 이날 애머스트호는 조정에서 파견한 문관 "우(Woo)"(문정역관(問情譯官) 오계순(吳繼淳))의 방문을 받았다. 그날은 많은 사람들이 배로 찾아왔는데, 귀츨라프는 고대도에 정박한 이후 계속하여 약을 공급해 주었으며, 60명의 노인 감기 환자를 위해 충분한 약을 처방해 달라는 요청을 받아들였다.[177] 이것은 단순한 의료 행위가 아니라 인술을 베푸는 것이 복음을 설교하는 것, 전도 서적을 배포하는 것과 언제나 조화를 이루기 때문에 그가 사용하는 선교 방법의 일환임이 분명하다.[178] 이는 서양 선교사로서 근대 서양의 약을 처방하여 인

---

175 C. Gutzlaff, *Journal*, 1834, 346.
176 K. Gützlaff, *Aufenthalt*, 255.
177 C. Gutzlaff, *Journal*, 1834, 347.
178 1833년 미국에 있는 선교 동역자에게 보낸 귀츨라프의 편지에 이점을 기록하고 있다. American Board of Commissioners for Foreign Missions, *Missionary Herald* Vol. XXX, Boston : Crocker and Brewster 1834, 310.

술을 베푼 최초의 역사적 기록이 될 것이다.

8월 3일과 4일의 기록은 찾아볼 수 없다. 8월 5일에는 앞서 언급된 문정역관 오계순이 승선하여 화물을 상세히 조사하고 돌아갈 날짜를 물었다. 8월 7일에는 수군우후 김형수가 조선의 국왕께 보냈던 서신과 선물을 돌려주기 위해 왔으나, 귀츨라프 일행은 그것을 거절했다. 그 일로 인해 수군우후 김형수는 근심하며 되돌아갔다. 그는 조정의 허락 없이 선물을 수령했다는 비판에 시달리고 있었기 때문이었다.

그날 귀츨라프 일행은 큰 항만을 탐사하기 위하여 작은 배로 서북쪽의 어느 섬에 상륙했고, 일행을 찾아온 주민들에게 책자를 몇 권 주었으며,[179] 이튿날 새벽 6시에 모선으로 돌아왔다.[180] 이것은 안면도와 천수만을 답사한 것이다. 이 답사를 통해 귀츨라프 일행은 안면도는 섬이지만 수로를 만들어 분리시킨 인공적 섬임을 주민들과의 대화를 통해 알게 됐다.[181] 실제로 조선 인조(仁祖)대왕 때(재위 1623~1649) 세곡선이 남창(南倉, 태안읍 평천리)에 세미(稅米)를 원활히 입고 시키기 위해 판목(지금의 안면읍) 창기리(倉基里)와 남면(南面) 신온리(申溫里)의 경계를 뚫어 당시 육지였던 안면곶을 인위적으로 섬으로 만들었다. 조선 측 사료를 보면, 귀츨라프 일행이 서산의 간월도 앞바다로부터 태안 주사창리 포구 앞으로 와서 마을 사람들을 향해 알아들을 수 없는 말을 하고는 책자들을 그들에게 던져주고 돌아갔다고 한다.[182]

8월 8일 기록은 없고, 8월 9일은 조정으로부터 대신이 와서 중국

179　C. Gutzlaff, *Journal*, 1834, 348.
180　H. Lindsay, *Report*, 244.
181　H. Lindsay, *Report*, 244.
182　『조선왕조실록』, 순조 32년 7월 21일(음력).

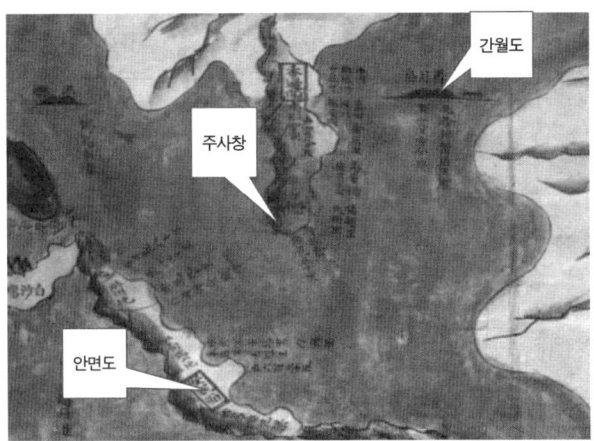

『1872년 지방지도』 충청도편 〈서산군산천도〉

의 허가 없이는 통상이 불가하다고 통보했다. 그리고 외국인으로부터 서신과 선물을 받는 것은 불법이라는 이유로 받아 두었던 것을 재차 돌려주려고 했다. 귀츨라프가 설득을 시도했지만 실패했다.[183]

8월 10일 귀츨라프 일행은 고대도를 떠날 계획으로 필요한 물품을 요청하고 고대도 주위의 가장 큰 섬의 산들을 답사했는데, 원산도가 가장 유력하다. 그곳에서 야산을 답사하다가 어떤 산봉우리에서 한 요새(a fort)를 발견했다. 이 요새가 오천면에 있는 충청수영성(사적 501호)이라는 주장이 있지만[184] 다소 무리가 있어 보인다.

그 이유는 첫째, 귀츨라프의 기록에 의하면 "섬"인데,[185] 충청수영성은 내륙이기 때문이다. 둘째, 충청수영성은 외적의 침입과 조운선의

---

183 C. Gutzlaff, *Journal*, 1834, 349.
184 허호익, 『귀츨라프의 생애와 조선 선교활동』, 한국기독교역사연구소, 2009, 186쪽; 신호철, 『귀츨라프행전』, 276~280쪽.
185 C. Gutzlaff, *Journal*, 1834, 351.

뱃길을 보살피는 임무를 수행하기 위해 군사적으로 잘 준비된 곳인데, 군사적인 아무런 제약 없이 이방인의 탐사가 이루어지기가 쉽지 않다. 충청수영성은 조선 초기에 세워졌으며, 1896년(고종 33)에 그 임무를 다하고 폐영됐다.『세종실록지리지』에 의하면 군선 142척, 수군 8,414명이 소속되어있던 큰 수영이었다. 당시 성벽 둘레가 1,650m 높이 3.3m에 이르는 성이었다.[186] 귀츨라프 일행의 탐사에 대해 주민들만 방해했을 뿐 군인들의 출현이 없었다. 그리고 귀츨라프는 그곳에서 어떤 "총이나 군사 장비"를 보지 못했다.[187] 만약 충청수영성이라면 정반대의 기록이 남았을 것이다. 당시 각 섬들의 야산 정상에 세워져 있던 봉수대를 그들이 오해하지 않았을까 추측해 본다.

    8월 11일에 귀츨라프 일행이 요구했던 물품이 공급됐고 조선 국왕에게 보냈던 서신과 선물을 돌려주려는 시도가 다시 있었지만, 귀츨라프 일행은 그것을 끝까지 되돌려 받지 않았다. 이날 또 한 가지 눈에 띄는 역사적 사실은 조선의 쇄국정치 아래 조선의 고관들과 린지 및 귀츨라프 사이에 맺어진 하나의 협약이다.「국왕의 감사를 위한 기록(a Memorial for the Inspection of the King)」이라 이름 부쳐진 이 문서는 귀츨라프가 한문으로 쓰고 영어번역본을 첨부했다. 이 문서는 린지에 의해 그 전문이 남아 있다.[188] 이 문서의 원본은 한문 한 부와 번역본인 영문 한 부이고 사본이 네 부이다. 귀츨라프와 접촉한 당시 고관들 네 명에게 나누어 주었다. 이 기록에는 영국선박이 곤경에 빠지면 충분한 식량을 제공할 것과 조선의 해안에서 조난되면 선원들을 베이징으

---

[186] *Now and Hier*, Sommer Vol. 8, 2013, 49~51.
[187] C. Gutzlaff, *Journal*, 1834, 351.
[188] H. Lindsay, *Report*, 252~256.

로 송환해 달라고 명기하여 요청했다.[189] 이에 고관들은 2차례에 걸쳐 동의했다.[190] 이는 조정에서 파견한 고관들과의 약속임으로 협약적 성격을 가진다.

귀츨라프는 조선 방문을 마무리하면서 C. Gutzlaff, *Journal*, 1834 에는 "영원한 하나님의 위대한 계획(the great plane)"[191]을, 같은 본문인 K. Gützlaff, *Aufenthalt*에는 "영원한 하나님의 위대한 섭리의 계획(das grosse Weltregierungsplane)"을 조선에 복음이 전파되는 것과 연결시켜 언급한다.

> 영원한 하나님의 위대한 섭리의 계획에 따라서 이 반도의 주민들을 위해 하나님의 은혜 충만한 방문의 때가 분명히 올 것이다. 무엇보다 우리의 눈으로 이 시대를 바라봄으로써 우리는 우리의 손에 놓여 있는 모든 수단으로 구원을 가져오는 십자가의 가르침을 전파함을 통해 그것(하나님의 은혜 충만한 방문의 때)의 다가옴이 빨리 우리에게 일어날 수 있도록 해야 할 것이다.[192]

귀츨라프는 조선에 복음이 다시 전파될 것을 확신했다. 그리고 그것을 위해 다시금 선교의 사역을 자신의 손으로 해야 한다는 결의를 다지고 있다. 비록 그가 다시 조선을 방문하여 사역했다는 기록은 없지만, 그의 이러한 확신은 그에게 영향을 받은 많은 그리스도의 전령들로 말미암아 현실이 됐다. 아래 글은 개인의 희망을 넘어 예언자적

---

189 C. Gutzlaff, *Journal*, 1834, 352.
190 C. Gutzlaff, *Journal*, 1834, 352.
191 C. Gutzlaff, *Journal*, 1834, 355.
192 K. Gützlaff, *Aufenthalt*, 256f.

소망임이 분명하다.

"조선의 국왕은 지금 최소한 그가 원하기만 한다면 성경 속의 하나님의 계시를 읽을 것이다. 또한 그의 백성 중에서 많은 사람들이 하나님의 말씀을 받아들였다"고 스스로를 위로했고, 고대도를 선교거점으로 한 사역이 "성경이 우리에게 가르치신 것처럼 하나님은 또한 이 첫 번째 미약한 시작을 축복하실 것이다"고 기대하면서 "우리는 조선 위에 더 좋은 날이 밝아 오기를 소망한다"라고 기도했다.[193] 애머스트호는 1832년 8월 12일에 고대도를 떠나[194] 서남쪽으로 항해했다.[195] 8월 17일에 애머스트호는 제주도 연안에 도착했다. 귀츨라프 일행은 제주도 일대를 둘러본 후, 그곳의 지리적 특성이 중국·일본·만주·조선을 잇는 선교기지(Missionsstation)로 알맞다는 생각을 했다.

K. Gützlaff, *Aufenthalt*는 C. Gutzlaff, *Journal*, 1834가 말하지 않은 선교학적으로 중요한 부분을 담고 있는데, 그것은 바로 교회에 대한 언급이다. 귀츨라프는 "제주도는 인구가 많은 이 지역들(조선·일본·만주·중국) 안에서 그리스도 교회의 첫 번째 설립과 하나님 말씀의 전파를 위해서 최상의 충분한 기회를 제공할 것"이라고 생각한 것이 바로 그것이다.[196] 이는 동북아 선교를 위해 기본적 전략을 구상한 것으로, 비록 구체화됐는지는 확인되지 않았지만, 그가 '선교기지'인 제

---

193 K. Gützlaff, *Aufenthalt*, 257.
194 H. Lindsay, *Report*, 259.
195 『조선왕조실록』, 순조 32년 7월 21일(음력). 린지도 남쪽으로 항해했다고 기록을 남겼다. H. Lindsay, *Report*, 1834, 259.
196 "In diesem Fall würde sie(제주도) für die ersten Anbahnungen der Kirche Christi in diesen völkerreichen Ländergebieten(일본, 조선, 만주-타타르 그리고 중국) und für die Verberietung des Wortes Gottes." K. Gützlaff, *Aufenthalt*, 257.

주도를 발판으로 하여 조선·중국·만주·일본 등으로 복음이 확산될 것을 선교 전략적 차원에서 처음으로 구상을 했다는 점에서 높이 평가할 수 있다.

귀츨라프는 조선 선교가 래브라도(Labrador)와 그린랜드(Grön-land), 뉴질랜드(Neuseeland)에 파견된 "첫 믿음의 전령들"보다 덜 위험하다고 하면서 선교에 대한 각오를 다지는 장면은 특히 주목해 볼만 하다.[197] 그가 예로 든 지역은 모두 헤른후트 선교사들의 파송지이다. 조선 선교의 순간 귀츨라프가 이들과 자신을 비교했다는 점이다. 왜 그가 그 많은 선교회나 선교사들 중에 헤른후트 선교사들과 자신을 비교했을까? 그 답은 이미 이 책의 2장에서의 밝힌 대로 귀츨라프는 광범위한 헤른후트주의와 신앙의 영향을 받았다는 연구결과에서 충분히 시사를 받을 수 있다. 즉, 귀츨라프는 그의 모교 베를린 선교학교에서 배웠던 헤른후트의 선교신학과 선교사역들을 항상 모범으로 삼고 자신의 선교사역에 항상 견주어보고 있었던 것이다. 그 자신이 바로 헤른후트 선교사의 정신적 후예였기 때문이다.

이 장을 정리해 보자면, 우리는 조선 최초의 개신교 선교사 귀츨라프의 조선 선교에 대한 명확한 일정과 내용을 파악하기 위해서 귀츨라프의 조선 선교에 대해 기술하고 있는 당시 문헌들을 비교하면서 살펴보았다. 상호 보완적 관계 속에 있는 사료들을 차근차근 되짚어봄으로써 조선 선교가 실제로 어떻게 이루어졌는지 규명할 수 있었다. 귀츨라프의 글은 린지의 글과는 달리 사건에 대한 신앙적 해석을 보다 중요한 사안으로 다루고 있으며, 그의 사고와 행동의 궤적은 자신의

---

197 K. Gützlaff, *Aufenthalt*, 257.

선교신학이 어디에 바탕을 두고 행해졌는지 엿볼 수 있도록 돕는다.

같은 내용을 다루고 있음에도 서로 다른 시각을 취하고 있는 대목들이 더러 눈에 띈다. 귀츨라프의 『동아시아 항해기』[198]만 보더라도 영문판과 독문판의 접근법이 다르고, 출판 연대와 독자들에 따라 사건에 관한 강조점을 달리하는 편집법도 인상 깊다. 또 영문 1판과 2판은 같은 원문을 가지고 있음에도 다른 부록을 첨가하고 있어 각 권이 사료로서의 고유 가치를 가지고 있다.[199] 따라서 사료들의 상호 비교와 분석을 통해서만이 좀 더 구체적인 조선 선교의 실체에 접근할 수 있을 것이다.

---

198 영문 : C. Gutzlaff, *Journal*, 1834. 독문 : K. Gützlaff, *Aufenthalt*.

199 C. Gutzlaff, *The Journal of Two Voyages Along the Coast of China, in 1831, & 1832; the First in a Chinese Junk and the Second in the British Ship Lord Amherst*, 1 ed., New York : John P. Haven, 1833의 서문을 보면 1833년 8월에 영국성서공회에게 만 권의 신약성경을 주문한 귀츨라프의 편지가 나오는데, 배포 예정지가 인도자나 반도, 하이난 섬, 중국 해안 그리고 조선이었다(서문 vii). *Illustrierte Zeitung* Nr.87, Leipzig, 1. 1845.3, 131에도 이를 확인하고 있다.

제6장

귀츨라프의 조선 선교탐방경로
- 고대도(古代島) 안항(安港) 정박론

이번 장에서는 귀츨라프가 행했던 조선 선교탐방의 경로를 애머스트호의 항로를 따라 자세히 추적 기술할 생각이다. 이를 통해 그가 탄 애머스트호가 중국 마카오를 떠나 조니진 앞, 몽금포 앞바다의 몽금도(夢金島, 대도) 앞에 최초 정박했으며, 이후 남하하여 1832년 7월 21일에 외연도(外煙島) 근처에 도착하고 녹도(鹿島)를 거쳐 불모도(不毛島)에 도착했으며, 이윽고 7월 25일 조선인들이 정박을 제안한 "안전한 항구(ein sicherter Ankerplatz)"[1] 고대도 안항에 정박했다는 점을 확인하려는 것이다.

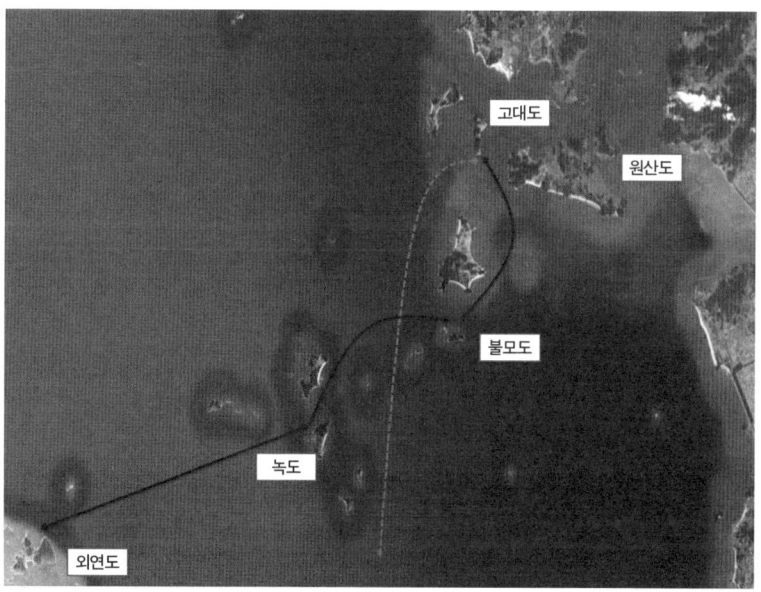

로드 애머스트호 추정 항해도(1832)

---

1   Karl Gützlaff, *C. Gützlaff's Missionars der evangelischen Kirche, dreijähriger Aufenthalt im Königreich Siam nebst einer kurzen Beschreibung seiner drei Reisen in den Seeprovinzen Chinas in den Jahren 1831-1833*, Basel : Felir schneider, 1835, 249.

이 장에서는 그간 논란의 대상이 됐던, 귀츨라프가 그의 영문과 독문 책에서 각각 "Gan-keang"[2] 혹은 "Gaang-kiang",[3] "Gan-kiang"[4] 으로 조금씩 다르게 표기한 지명이 결국 고대도 안항(古代島 安港)이 라는 것을 크게 다음 두 가지 방법을 통해 논증하려고 한다. "Gan-keang"이라는 단어의 표기 방식과 그 의미에 대한 분석, 그리고 조선과 서양지도에 나타나는 해로를 분석하는 방법이 그것이다.

이로써 귀츨라프의 조선 선교탐방에 있어 '고대도 정박설'을 강화하고, '원산도 개갱 정박설'[5]에 대한 반론을 세우고자 한다.

1   최초 정박지 - 몽금포 앞바다의 몽금도대도 앞

앞서 언급했듯이 귀츨라프의 2차 동아시아 선교여행은 1832년 2월 26일 마카오에서 시작한다. 그는 4월 11일 타이완에 도착했고, 5월 26일 닝보(寧波)를 거쳐 6월 19일 상하이에 도착하여 그 옆 충밍다오(崇明島)를 방문했다.[6] 7월 8일 다시 상하이를 출발하여 산둥(Schang Tungin) 반도를 거쳐,[7] 7월 14일 산둥 반도 곁에 있는 류궁다오(劉公島)

---

2   Charles Gutzlaff, *The Journal of three voyages along the coast of China in 1831, 1832 and 1833*, 2.ed., London : Frederick westley and A. H. Davis, 1834, 329. Hugh H. Lindsay & Carl F. Gutzlaff, *Report of proceedings on a voyage to the northern ports of China, in the ship Lord Amherst*, 2. ed., London : Fellowes, 1834. 252.
3   K. Gützlaff, *Aufenthalt*, 241.
4   K. Gützlaff, *Aufenthalt*, 248.
5   신호철, 『귀츨라프행전』, 양화진선교회, 2009. 저자는 원산도 '개갱'한 정박설을 주장한다.
6   K. Gützlaff, *Aufenthalt*, 239.
7   *Magazin für die Literatur des Auslandes* Nr. 25, Berlin, 1834.2.26(이하 *Magazin*), 99.

에 정박했다.[8] 7월 15일에는 웨이하이(威海)에 도착했고[9] 조선을 향해서는 7월 16일 출항했다.[10] 귀츨라프 일행을 태운 로드 애머스트호는 1832년 7월 17일(음력 6월 20일) 오전 10시경 드디어 조선 연안이 눈에 들어왔다.[11]

그들이 가지고 있던 "예수회신부들(Jesuiten)의 지도"[12]란 이미 1816년 바실 홀의 조선 방문 때도 참조된 바 있는 〈예수회 기념지도(the celebrated map of the Jesuits)〉[13]였던 것으로 보인다. 이 지도는 중국에 관해서는 비교적 정확했으나 조선에 관해서는 오류가 많았다.[14] 그 때문에 귀츨라프 일행이 가진 조선에 대한 지리적 정보가 제한적일 수밖에 없었던 것이다.

귀츨라프는 "바실만(Basilbay) 북쪽에 있는 한 섬, 장상(Tschwang-schang)"[15]에 도착했다. 린지도 귀츨라프처럼 이곳을 섬으로 보아서 "제임스 홀 경의 군도(Sir James Hall's Group)의 북쪽의 큰 섬, 장산 풍상(Chang-Shan Pung-shang)"[16]이라 했다. 조선 측 사료인 『일성록』을 참고하면 귀츨

---

8   K. Gützlaff, *Aufenthalt*, 240.
9   *Magazin*, 99.
10   *Magazin*, 99.
11   Hugh H. Lindsay & Carl F. Gutzlaff, *Report of proceedings on a voyage to the northern ports of China, in the ship Lord Amherst*, 2. ed., London : Fellowes, 1834, 215.
12   K. Gützlaff, *Aufenthalt*, 242.
13   W. Blackwood, *Blackwood's Edinburgh magazine* Vol. 2, William Blackwood : Edinburgh 1818, 577.
14   W. Blackwood, *Blackwood's Edinburgh magazine*, 577.
15   K. Gützlaff, *Aufenthalt*, 245; C. Gutzlaff, *Journal*, 1834, 320.
16   'Pung-shang'이 장산곶에 인접한 평풍산을 지칭한 것으로 추측된다. 오현기, 「한국에서의 첫 개신교선교사 귀츨라프의 조선 선교 기록에 대한 비교연구」, 『부경교회사연구』 17호, 2008.11, 14쪽 참고. H. Lindsay, *Report*, 215.

라프 일행이 제일 처음 만난 조선 어부들과 필담을 나누었을 때 장산을 가리키며 위치를 묻자 어부들이 '장산(長山)'이라는 글자를 써주었다고 한다. 이로써 귀츨라프 일행은 장산의 지명을 알 수 있었다.[17] 그러므로 여기서 언급된 곳은 장산이 맞다.

도착 지점에 대한 정보로는 당시 영국 동인도회사 소속으로 이 정보를 취급하는 자리에 있던 스코틀랜드 수계 지리학자 홀스버그(James Horsburgh, 1762~1836)가 최초 정박지를 "다니엘 섬(Daniel Island)"이라 기록하고 있다.[18] 같은 책 다른 판에서는 "다니엘 섬이 곧 장산(Chang shan)"이라고 했다.[19]

1861년 애머스트호의 조선 탐사기록을 반영해 '대영제국 해양수로국(Great Britain Hydrographic Department)'이 발행한 『중국 항로 안내집』 제3판에서 다니엘 섬의 좌표는 38°17'N. 124°56'E.에 위치해 있고 제임스 홀 군도 최북단 섬(백령도)으로부터 북쪽 12마일(海里, nautical mile),[20] 즉 22km쯤 떨어져 있다고 기록되어 있다.[21] 바로 지금의 몽금포 앞 해상 근처이며, 이는 조선 측 사료와도 일치한다.

---

17 『일성록』, 순조 32년 8월 11일(음력).

18 James Horsburgh, *The India directory, or, directions for sailing to and from the East Indies, China, Australia, and the interjacent ports of Africa and South America* Vol. 2, 5. ed., London : Allen, 1843, 470.

19 James Horsburgh, *The India directory, or, directions for sailing to and from the East Indies, China, Australia, and the interjacent ports of Africa and South America* Vol. 2, 7. ed., London : Allen, 1859, 505.

20 영국 해리를 환산하면 1,853.184m이다.

21 John William King, *Great Britain Hydrographic Dept, The China Pilot; Comprising the Coasts of China, Korea, and Manchuria; The Sea of Japan, the Gulfs of Tartary and Amur, and the Sea of Okhotsk,* 3.ed., London : Great Britain Hydrographic Dept., Admiralty 1861, 254.

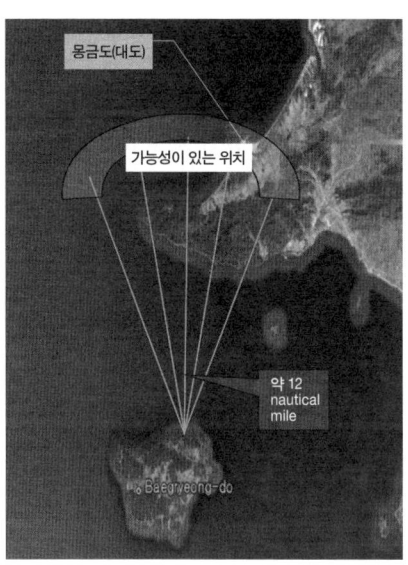

제임스 홀 군도 최북단 섬(백령도)으로부터 북쪽 12마일 지역

이에 대한 조선 측 사료를 보면, 애머스트호를 발견하고 이를 첫 보고한 사람은 조이진(助泥鎭) 만호(萬戶)였던 이민수(李民秀)로 되어 있다. 1882년 7월 20일(음력 6월 23일)자 보고에는 7월 17일(음력 6월 20일) 몽금포 앞바다(本浦前洋)에 이양선 당선(唐船, 옛 중국의 배)이 도착했다고 보고했다. 이는 애머스트호를 당선으로 오해한 결과이다.[22] 또 장연현감(長淵縣監)의 보고에는 애머스트호를 목격한 사람들의 증언을 싣고 있는데, 큰 배가 서남외양(西南外洋)에서 7월 17일(음력 6월 20일) 포시(哺時, 오후 3~5시)에 나타나 중류에 닻을 내렸다는 기록이 남아있다.[23] 황해감사(黃海監司) 김난순(金蘭淳)의 보고에는 1832년 7월 18일(음력 6월 21

---

22 『일성록』, 순조 32년 8월 11일(음력).
23 『일성록』, 순조 32년 8월 11일(음력).

일) 황해도 장연군 조이진에 이양선이 정박했다고 되어 있어²⁴ 『일성록』과는 하루의 차이를 보이지만, 서양의 자료와 『일성록』을 종합적으로 참고하면 1832년 7월 17일이 도착일인 것만은 분명하다.

도착한 위치에 린지가 두 개의 섬, 즉 "가까이 있는 돌섬과 또 다른 큰 섬"²⁵을 언급했다. 『1872년 지방지도(地方地圖)』「장연지도(長淵地圖)」를 참고할 때 린지가 말하는 비교적 "큰 섬"은 현재 '대도' 또는 '큰 섬'으로 불리는 몽금도(38°11'24"N. 124°46'05"E.)라는 추측이 가능해진다. 위성사진에 나타나는 몽금도의 형태는 동서 약 440m, 남북 약 150m 크기의 유선형이다. 이 섬은 육지에서 약 1km 정도 밖에 떨어져 있지

몽금도와 외몽금도(『1872년 지방지도』「장연지도」)

---

24 『일성록』, 순조 32년 8월 11일(음력).
25 H. Lindsay, *Report*, 215.

않고, 곁에는 동서 90m, 남북 74m의 크기의 작은 외몽금도(38°11'24"N. 124°45'47"E.)가 있다. 작은 돌섬이 딸려 있다는 린지의 기록과 일치하는 대목이다. 그러므로 귀츨라프가 타고 온 애머스트호가 최초 정박한 곳은 몽금포 앞바다의 몽금도 앞이라고 보는 것이 정확하다.

이곳에서 귀츨라프는 처음으로 조선인 어부들을 만나 책과 단추 그리고 농어를 주고받았다.[26]

정리하자면, 조선의 땅이 그들의 눈에 들어온 것은 오전 10시경이고 오후 5시경에는 몽금포 앞바다에서 조선인 어부들과의 첫 번째 만남을 가졌다.[27] 그리고 애머스트호는 몽금포 앞바다에 있는 몽금도 앞에 정박했음을 알 수 있다. 그리고 육지에도 진입했다.[28] "악의 없는 외국인에게는 마음에 아픔을 가지고 대한다"[29]는 사실을 알았지만[30] 적대적인 조선인들을 만난다. 조선인들에게 강요된 쇄국정책 때문이었다. 7월 19일부터 7월 20일까지는 계속되는 강한 비와 짙은 안개 때문에 황해도 해안에 접근하는 것이 더는 불가능했다.[31] 항해 책임자였던 상무관 린지는 '장산'(몽금포 앞바다) 정박지를 떠날 것을 결정했다.[32]

---

26 H. Lindsay, *Report*, 215. 노인에게 여러 권의 책과 몇 개의 단추를 선물했다. K. Gützlaff, *Aufenthalt*, 245 비교.
27 H. Lindsay, *Report*, 125.
28 H. Lindsay, *Report*, 218.
29 K. Gützlaff, *Aufenthalt*, 248.
30 K. Gützlaff, *Aufenthalt*, 248.
31 H. Lindsay, *Report*, 220f.
32 *Magazin*, 99.

2 '장산'몽금포 앞바다에서 고대도古代島 안항安港까지의 항로

애머스트호는 7월 21일 날씨가 개자 남하하여 동남부에 위치한 섬들을 둘러보았다. 귀츨라프 일행은 남하하다 머문 곳이 허턴(Hutton) 섬(외연도)이 위치한 군도 사이일 것이라 추측했다.[33] 이곳은 바실 홀(Basil Hall)이 1816년 9월 3일에 방문하여 명명했던 곳이다.[34] 린지는 당일 "바실만(Basil's Bay, 비인만(庇仁灣))을 품은 지점"[35]에 또 정박했다고 기술하는데, 이는 녹도(鹿島)로 추정된다. 김경선(金景善)의 「영길리국표선기(英吉利國漂船記)」에는 녹도, 동소도(東小島, 불모도)에 7월 21일(음력 6월 24일)에 도착하여 4일 동안 머물렀다고 애머스트호 승선자들이 대답한 것으로 기록되어 있다.[36] 7월 23일에 귀츨라프와 린지는 녹도의 주민들과 접촉하여 식사 대접을 받았다.[37] 두 사람 모두 녹도에서의 주민 접촉을 기록하고 있음으로 보아 적어도 7월 23일까지는 녹도에 머물렀던 것으로 보인다.

녹도 다음의 정박지는 불모도였다. 홍주목사(洪州牧使) 이민회(李敏會)의 증언에 의하면, 7월 23일(음력 6월 26일) 밤에 받은 공충수우후(公忠水虞候) 김형수(金瑩綬)의 감결(甘結)[38]에 이양선(異樣船)이 불모도에

---

33 H. Lindsay, *Report*, 99.

34 Basil Hall & Herbert John Clifford, *Account of a voyage of discovery to the west coast of Corea, and the Great Loo-Choo Island*, 1818, 16.

35 H. Lindsay, *Report*, 221.

36 김경선(金景善), 『연원직지(燕轅直指)』 제1권 출강록(出疆錄) 「영길리국표선기(英吉利國漂船記)」, 순조 32년 11월 25일(임진년, 1832), 고전종합DB(http://db.itkc.or.kr/)

37 C. Gutzlaff, *Journal*, 1834, 328; H. Lindsay, *Report*, 222.

38 상급(上級) 관청(官廳)에서 하급(下級) 관청에 보내던 공문(公文).

도착하여 정박했다는 내용이 실려 있다. 그 감결에는 이민회가 급하게 출발했으나 7월 25일(음력 6월 28일)에야 고대도에 도착했다고 적었다.[39] 그러나 이와 다른 보고로는, 원산도에 있던 수우후(水虞候) 김형수(金瑩綬)가 녹도별장(鹿島別將)의 급한 보고(馳報), 즉 7월 22일(음력 6월 25일) 이양선 한 척이 불모도 외양(不毛島外洋)에 도착했다는 보고를 접했다. 그는 배를 타고 출발했지만 큰 바람과 비(風雨大作)로 인해 7월 25일(음력 6월 28일)에야 겨우 고대도에 도착했다고 한다. 이를 통해 적어도 애머스트호가 7월 23일에는 녹도를 거쳐 불모도에 도착했음을 알 수 있다.[40]

귀츨라프는 7월 24일 조선 고관이 보낸 등노(Teng-no)을 포함한 사람들이 큰 배를 타고 왔음을 기록하고 있다. 등노는 애머스트호를 보다 안전한 곳으로 옮길 것을 제안했다.[41] 귀츨라프 일행은 그 제안을 받아들였고, 7월 25일(음력 6월 28일) 임시 정박지로부터 조선인들이 제안한 안전한 항구로 출발해 7마일 거리에 있는 섬들을 잇달아 통과했다. 그들은 출발 당일 고대도에 도착했다.[42] 그들은 임시 정박지에 방문한 사람들을 통해 자신들이 정박했던 곳이 녹도임을 비로소 알게 됐다고 했다.[43] 이후 그들이 도착한 곳을 귀츨라프는 "안전한 선착장(ein sicherter Ankerplatz)",[44] 곧 "Gan-keang"이라고 기록했다.[45] 이를 정리

---

39 『일성록』, 1832.8.7(음력).
40 『일성록』, 1832.8.7(음력).
41 K. Gützlaff, *Aufenthalt*, 249.
42 『일성록』, 1832.8.7(음력); H. Lindsay, *Report*, 224.
43 H. Lindsay, *Report*, 224.
44 K. Gützlaff, *Aufenthalt*, 249.
45 C. Gutzlaff, *Journal*, 1834, 329.

하면 그들은 7월 25일 불모도를 출발해 당일에 고대도에 도착했다. 이에 다른 자료로는 고대도 도착 날짜가 7월 23일(음력 6월 26일) 유시(酉時, 오후 5~7시)라는 기록도 있지만[46] 이는 잘못된 기록이다. 서양 사료와 조선 사료를 종합할 때 7월 25일이 더 타당하다.

애머스트호의 여정에 관해 여러 자료들 사이에 다소의 차이가 있지만 공통된 부분부터 종합하여 추측해보면, 그들은 제일 먼저 외연도 근처에 도착(7월 21일)했고, 녹도 정박(7월 21~23일)을 거쳐 불모도(7월 23~25일 정오)에 도착했다. 그리고 현지 조선인들의 권유에 따라 고대도(7월 25일 오후)로 옮겨갔다고 할 수 있다. 등노를 태운 배가 24일에 왔다면, 귀츨라프 일행이 불모도에 정박했을 때가 맞을 것이다. 외연도, 녹도, 불모도의 순서로[47] 애머스트호가 자의로 탐사했을 것으로 짐작할 수 있다.[48] 불모도에서 고대도까지는 조선 항해사들이 탑승하여 안전한 항구로 바닷길을 이끌었다.[49]

---

46 『조선왕조실록』, 순조 32년(음력 1832.7.21).
47 『일성록』, 1832.7.8(음력).
48 영국 배 애머스트호가 홍주(洪州) 불모도 뒤 바다에 표류해 왔다고 한다. "英吉利國船漂到洪州不毛島後洋" 김경선, 「영길리국표선기(英吉利國漂船記)」.
49 C. Gutzlaff, *Journal*, 1834, 330.

3 귀츨라프의 '고대도 안항' 정박에 대한 근거

1) 지명 "Gan-keang"이라는 단어에 대한 귀츨라프의 표기 방식과 그 의미

조선 사람들이 귀츨라프 일행에게 위험한 정박지를 벗어나 안전한 항구를 소개했을 때, 귀츨라프는 그곳을 자신의 영문책 『동아시아 항해기』에서 "Gan-keang"[50]으로, 같은 내용 독문 책에는 "Gaang-kiang"[51] 그리고 "Gan-kiang"[52]이라고 표기했다. 그곳은 만(灣, Bay 또는 die Bucht)[53]이며 "안전한 선착장(ein sicherter Ankerplatz)"[54]이므로, 우선 항구임이 분명해 보인다. "Gan-keang"으로의 이동은 7월 24일 등노를 비롯한 조선 사람들이 큰 배를 타고 와서 애머스트호가 정박한 지역이 위험함을 알렸으며 조선 사람들이 배를 보다 안전한 곳으로 옮길 것을 요청했기 때문이다.[55] 조선 사람들은 귀츨라프 일행이 그곳에 가면 고관을 만나 무역 상담도 할 수 있고 식량 문제를 해결할 수 있다고 했다. 그런데 중요한 것은 조선인들이 말한 "Gan-keang"이 어느 장소인가라는 점이다. 만약 현존하는 장소가 아니라면, 조선 사람들이 고유명사, 즉 지명으로서 "Gan-keang"을 언급했는지 아니면 어느 한 장소의 성격적 표현이었는지를 가려낼 필요가 있다. 그렇다면 귀츨라

---

50 C. Gutzlaff, *Journal*, 1834, 330; H. Lindsay, *Report*, 252.
51 K. Gützlaff, *Aufenthalt*, 241.
52 K. Gützlaff, *Aufenthalt*, 248.
53 K. Gützlaff, *Aufenthalt*, 248f.
54 K. Gützlaff, *Aufenthalt*, 249.
55 C. Gutzlaff, *Journal*, 1834, 329; H. Lindsay, *Report*, 252.

프는 안전한 항구에 대해 그들로부터 어떤 말을 들은 것일까?

외국인이 한국어를 표기할 때 발음과 음절의 수와 관련하여 어려움이 생기는 것이 일반적이다. 그러나 귀츨라프의 경우에는 조선인과의 소통에 있어서 오해가 일어날 가능성이 낮았다. 몽금포 앞바다의 조선인들과의 접촉에서 보이듯이 그는 직접 한문을 통한 필담으로 소통을 시도한 전례가 있기 때문이다. 또한 최초 정박지 몽금포 앞 해상에서 만난 어부로부터 안내받은 장산이라는 지명이나 일시 정박했던 녹도의 비교적 정확한 표기를 보면 그가 중국식의 발음이 아닌 현지인의 발음을 들은 그 대로 종종 옮겨 적었다고 추정해 볼 수 있다. 이것은 귀츨라프가 현지인과의 대면과정에서 채집한 기록에도 그대로 나타나고 있다.[56]

"Gan-keang" 경우에는 의사소통을 위해 서로 쪽지를 주고받은 것으로 볼 때, 조선인이 한문으로 쓰고 발음한 것을 귀츨라프가 영문과 독문으로 옮긴 것이므로 어떤 근거를 가지고 한 표기라는 추측이 가능하다. 또한 이 항구의 이름을 한자로 썼다면 귀츨라프가 모를 리가 없다. 상무관 린지도 도착한 항구를 "Gan-keang"이라 기록했다.[57] 7월 24일 찾아온 조선사람 중 한자로 된 책을 빠르고 유창하게 그들의 고유한 발음으로 읽어 내렸던 사람이 포함되어 있었다는 점을 보았을 때,[58] 당시 지명에도 없는 "Gan-keang"이라는 표현을 귀츨라프나 린지가 아무런 근거 없이 쓸리는 만무하다.

---

56 예를 들면 "불가(Pulga)"(K. Gützlaff, *Aufenthalt*), 247; "좌(tshoa : 座)"(C. Gutzlaff, *Journal*, 1834, 266).
57 H. Lindsay, *Report*, 252.
58 K. Gützlaff, *Aufenthalt*, 249.

또한 "Gan-keang"을 두 음절로 구성된 단어로만 보는 전제는 정확한 이해를 방해할 수도 있다.[59] 귀츨라프가 한문으로 된 지명을 쓸 때 정확히 음절 구분을 하지 않고 '-' 없이 사용한 예도 종종 있었기 때문이다.[60] 즉, 한국어로 두 음절 또는 세 음절일 수 있다는 가능성을 열어두고 먼저 접근해야 한다는 것이다.

우선 "Gan-keang"을 보자면, 한국 발음으로 할 때 영문과 달리 독문책에는 "Gan"을 "Gaang"이라 표기하여, '간'과 아울러 '강'의 가능성을 열어둔다. 두 번째 음절인 "Ke"의 모음 'e'는 귀츨라프가 직접 한국에서 채집한 한글을 토대로 만든 '한글 음절표(Corean Syllabary)'를 보면 한글 '기'를 'Ke' 또는 'Kee'로 표기했음을 알 수 있다.[61] 즉, "기"로 읽힐 수 있다. 동승한 상무관 린지도 조선의 수도를 언급할 때 "경기도 한양(Keng-ke-tao Han yang)"[62]이라고 표기하여 그들이 채집한 한글의 '기'를 'ke'로 적고 있다.

그래서 영문과 독문의 공통분모를 찾으면 우선 첫 두 음절은 "강기"로 발음될 것이다. 마지막 음절인 'ang'을 '앙'으로 발음할 수 있으나, 귀츨라프도 "항해하는 동안 폭풍과 안개 속에 안전한 선착장(ein sicherter Ankerplatz), 항만(港灣)인 'Gan-kiang'을 찾는다는 기쁨을 가지고

---

59 허호익 교수는 이음절로만 이해한다. 허호익, 『귀츨라프의 생애와 조선 선교활동』, 한국기독교역사연구소, 2009, 119쪽.

60 예를 들면, K. Gützlaff, *Aufenthalt*에는 지명에 대해 Nanking 130, Heinan 148, Kirin 154, Tursan 155, Namoh, 170 등 음절을 구분하지 않았으며, 다른 사료에도 Schusan, Puto, Hainen등 두음절의 지명을 '-' 없이 기록한 예도 많다. K. Gützlaff, Chinesische Stiftung에 보낸 편지(1843.3.16), Chinesische Stiftung(Hrsg.), *Gaihan's Chinesische Berichte*, Kassel : C. S. 1850, 36f.

61 No author shown, "The Corean Syllabary", *Chinese Repository* Vol. II(May 1833~April 1834), Canton : Proprietors, 1834, 136.

62 H. Lindsay, *Report*, 223.

항해를 했다"[63]라고 언급한 것을 볼 때 'ang'은 항구를 뜻하는 '항(港)'일 가능성이 높다. 종합해 보면 "Gan-keang", "Gaang-kiang" 그리고 "Gan-kiang"은 '강기항'이라 읽을 수 있다.

그러나 강기항은 조선의 지명에 나타나지 않는 장소이다. 하지만 1차 사료에 나와 있는 조선 측 공식문서들을 참조하면, 조선인들이 안전한 곳이라고 말했던 장소이자 귀츨라프가 'Gan-keang'이라고 지칭한 곳을 고대도 안항이라고 볼 수 있다. 왜냐하면 『일성록』에 영국 선적이 정박한 기록을 보면 홍주(洪州) 고대도가 언급되어 있고,[64] 『조선왕조실록』 순조실록에도 홍주 고대도 후양(後洋) 또는 고대도 안항이 기록되어 있기 때문이다.[65] 1차 사료가 모두 잘못된 것이 아니라면, 위에 언급된 안전한 항구는 당시 홍주목사 관할하의 고대도의 항구 안항이라고 볼 수밖에 없다.

그렇다면 우선 생각해 볼 수 있는 것은 조선인들은 '안항(安港)'을 그 성격을 강조하여 '강기항'이라고 불렀다고 볼 수 있다. 조선 측 기록에 지속적으로 나타나는 '안항'은 안전한 항구란 뜻인데, 이에 강기항을 대입시켜 본다면 '배를 편안하게 정박할 수 있는 있는 기항지(寄港地)', 즉 강기항(康寄港)이 되기 때문이다. 강기항은 조선 측이 보다 통제 가능한 안전한 항구로 이동하는 것을 도와주기 위해 귀츨라프 일

---

63   K. Gützlaff, *Aufenthalt*, 249.

64   "公忠監司洪羲瑾以洪州古代島引泊英吉利國船"『일성록』, 1832.7.11(음력); "狀啓以爲洪州古代島安港引泊英吉利國船"『일성록』, 1832.7.11(음력); "洪州古代島安港引泊英吉利國船"『일성록』, 1832.7.14(음력); "洪州古代島所泊異國船", 『일성록』, 1832.8.11(음력).『읍지류』충청도편에는 7월 도착이라고 잘못 기록했으나, 고대도 도착을 정확히 기록했다.

65   "來泊於洪州古代島後洋" 또는 "到泊於本州古代島安港"이라 기록됐다.『조선왕조실록』, 순조 32년(1832) 7월 21일(음력).

행과 필담을 나누던 중에 언급된 단어로서, 장소를 나타내는 고유명사가 아닐 수도 있다. 따라서 강기항은 고대도 안항의 성격에 관한 표현, 즉 "편안한 기항지"를 설명하려던 단어로 생각해 볼 수 있다. 예로부터 '강'과 '안'은 서로 비슷한 말로 사용됐기 때문이다. 예를 들어 어른에게 올리는 편지에 자주 등장하는 "만강(萬康)"은 "만안(萬安)"과 같은 뜻으로, "아주 편안하다"는 말로 사용된다.

정리해보면 귀츨라프가 사용한 "Gan-kiang"은 비록 책 마다 약간씩 다르게 표기되기는 했지만, 일차적으로 '강기항'이라고 유추해 볼 수 있다. 그리고 이 단어는 고유명사가 아니라 각각의 고유한 뜻을 가진 세 개의 형태소로 구성된 보통 명사화된 단어이다. 그러므로 이 추론은 조선인들이 말한 한자어를 알파벳으로 표기했을 가능성에 대해 무게를 둔 추론이다.

여기에다 또 하나의 추론을 더해 보자면, "Gan-keang"은 『동아시아 항해기』[66]에서 보이는 귀츨라프의 기록 습관에 따른 표기법을 가지고 관찰하는 방법을 들 수 있다. 그의 기록 습관에 따른 다른 중요한 단서는 『동아시아 항해기』에 나오는 일본으로 향한 항해에서 찾을 수 있다. 귀츨라프는 1832년 8월 17일 제주도 인근을 떠난 애머스트호가 8월 22일 류큐(琉球) 제도 오키나와 나하(那覇) 항에 정박했다고 기록했는데, 그는 나하 항을 "Napa-keang",[67] "Na-pa-keang",[68] 린

---

66 C. Gutzlaff, *Journal*, 1834; K. Gützlaff, *Aufenthalt*.
67 C. Gutzlaff, *Journal*, 1834, 357.
68 East India Company, *Asiatic journal and monthly Register* Vol. XII(Nr.47-171), London : Wm. H. Allen & Co., 1833, 171.

지는 "Na-pa-kiang"⁶⁹으로 표기했다. 이때 "Na-pa"는 나하에 해당하고 "keang"은 항구를 뜻한다. 귀츨라프의 독문『동아시아 항해기』에는 "Napa-kiang"이라고 기록되어 있다.⁷⁰ 이는 일본어가 아니라 중국어로 발음한 것을 표기한 것으로 보인다. 이것을 조선 항해 때 나타난 미지의 항구 "Gan-keang"에 대입해 보면, 'Gan' 또는 'Gaang'은 이미 밝혔던 안(安)을 뜻하는 영문표기이고 'keang'은 항구를 의미한다.

귀츨라프가 언급한 "Gan-keang" 표기에 대한 두 가지 분석 모두가 "안전한 정박지(ein sicherter Ankerplatz,⁷¹ 또는 safe anchorage⁷²)", 곧 안항을 뜻하게 된다. 상무관 린지도 조선인들이 말한 "안전한 정박지(a safe anchorage)"⁷³ 또는 "안전한 항구(a safe harbour)"⁷⁴라는 표현을 사용하고 있기 때문이다. 종합하자면, 귀츨라프와 린지가 사용한 "Gan-keang"은 비록 책 마다 약간씩 다르게 표기되긴 했지만, 고유명사라고 볼수도 있지만, 각각의 고유의 뜻을 가진 두 개 또는 세 개의 형태소로 구성된 보통명사화된 단어라고도 볼 수 있다.

그렇다면 조선인들이 귀츨라프 일행에게 고대도 또는 고대도 안항이라는 이름을 직접 언급하지 않은 이유는 무엇일까? 그것에 대해서는 다음과 같이 추론해 볼 수 있다.

첫째, 이동할 항구의 지명을 정확히 가르쳐 준다고 해도 처음 방문한 외국인들이 제대로 알지 못할 것이고, 둘째, 경계심을 가진 외국

---

69 H. Lindsay, *Report*, 259.
70 K. Gützlaff, *Aufenthalt*, 258.
71 K. Gützlaff, *Aufenthalt*, 249.
72 C. Gutzlaff, *Journal*, 1834, 329.
73 H. Lindsay, *Report*, 222f.
74 H. Lindsay, *Report*, 226.

인들에게 낯선 곳으로의 이동을 요구할 때에 제일 중요한 점은 이동할 곳에 대한 신뢰감을 주는 것이 우선이었기 때문이다. 실제로 조선인들이 7월 24일 승선하여 의사소통을 위해 건넨 얇은 종이로 된 첫 번째 문건에 대해 "위협적 내용을 담은 것이 아니라, 거친 항해에 대한 동정심을 표했다"[75]고 한 점에서도 살펴볼 수 있다. 이처럼 조선인들은 무엇보다도 이방인인 귀츨라프 일행을 안심시키려 노력했던 것이다. 그래서 조선인들은 외국인이 알아듣지도 못할 실제 지명보다는 자신들이 제안할 항구의 성격인 "안전한 기항지"로 설명했을 가능성이 높다.

2) 조선의 지도들에 나타난 해로(海路)

고대도는 조선 측 공식문서들 외에 조선지도들인 『해동지도(海東地圖)』의 〈대동총도(大東摠圖)〉와 『여지도(輿地圖)』, 『광여도』에는 高代島로, 『비변사방안지도』의 호서지도편 〈호서전도〉에서는 高臺島로, 『1872년 지방지도』 충청도편 〈보령부지도〉와 『동국여도(東國輿圖)』의 〈삼남해방도〉에서 古代島로, 서로 다르게 기록됐지만 모두 고대도(古代島)이다.

조선시대 지도에 나타나는 해로는 귀츨라프 일행의 고대도 정박을 정황적으로 파악할 수 있게 해 준다. 당시 해로에 따르면 그들의 고대도 정박이 당연하고 자연스럽다. 조선지도들의 해도를 참고해 볼 때 애머스트호가 현지 지리에 밝은 조선 항해사를 태우고 녹도와 불모도를

---

[75] C. Gutzlaff, *Journal*, 1834, 271

거친 후 "동북 쪽"⁷⁶으로 향했다고 하는데, 그렇다면 이 배는 고대도나 원산도 쪽으로 향했을 가능성이 크다. 당시 세곡선의 뱃길을 그린 공식 해로는 남쪽에서 올라와 고대도 근처를 반드시 지나갔기 때문이다.

첫 번째 예로, 『해동지도』의 〈대동총도〉(1750 초 제작)에는 고대도 곁을 지나는 해로가 정확히 그려져 있다.

두 번째 예인 『동국여도』(1800~1820 제작)는 세곡선의 항로를 더 자세히 보여주고 있는데, 원산도(元山島)와 삽시도(揷矢島)를 통해 오는 배가 고대도 앞에서 만나고 하나로 합해져 고대도와 장고도 사이를 오가는 뱃길이 있다. 이 지도는 고대도가 해상 교통에 있어 중요한 섬인 것을 보여주는 중요한 자료이다.⁷⁷

그런데 여전히 의문이 하나 남는다. 『조선왕조실록』 순조신록에서 언급된 정박지에 대한 두 가지 중요한 정보, 즉 고대도 안항과 더불어 고대도(古代島) 후양(後洋)은 어디인가? 사실 당시 조선에서는 고유한 해양지명을 정확히 부여하지 않았다. 앞바다는 전양(前洋), 먼 바다는 외양(外洋)⁷⁸으로 표현했으며, 고유 명칭으로 부르지 않았다.⁷⁹ 고대도 후양이라는 표현도 이런 의미에서 대단히 모호한 표현이다. 김경선의 「영길리국표선기」에는 고대도(古代島) 앞 항구(前港)라 했다.⁸⁰ 상호 모순되는 표현처럼 보이지만, 고대도의 항구임에는 분명하다.

---

76 H. Lindsay, *Report*, 224.
77 『동국여도(東國輿圖)』〈삼남해방도(三南海防圖)〉, 1800~1822 제작, 규장각한국학연구원(http://kyu janggak.snu.ac.kr/).
78 『일성록』, 1832.9.5(음력) 비교.
79 임영태 · 김동수 · 최윤수, 「해양 지명의 표준화와 해양지명의 제정 및 활용을 위한 기초연구」, 『한국지적학회 학술대회 논문집』, 한국지적학회, 2004, 123쪽.
80 김경선, 「영길리국표선기(英吉利國漂船記)」.

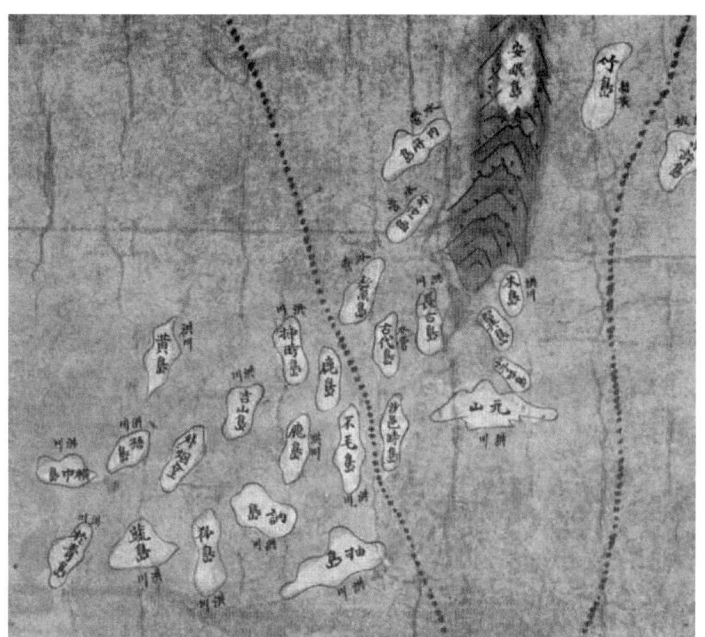

『해동지도』의 〈대동총도〉

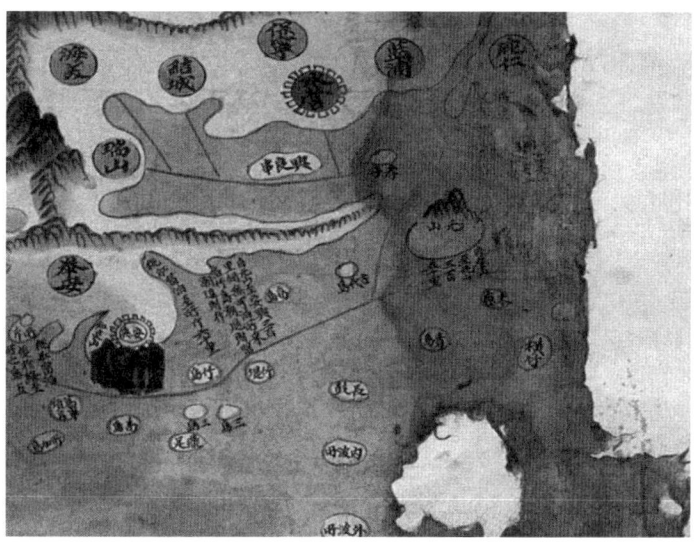

『동국여도』

우선 후양의 의미를 살피자면, 후양의 반대되는 전양(前洋)의 개념은 조선시대의 여러 기록에서 나타난다.『승정원일기』인조 3년에는 "충청도 태안군 안흥진 앞바다(忠淸道泰安郡安興鎭前洋)"라는 표현이 있다.[81] 이것은 육지를 기준으로 단순히 앞 쪽의 바다를 뜻한다. 그리고 인조 6년에 "14척의 배를 미곶 앞바다에서 모병에게 탈취 당했다(義州報, 海西運入十四船, 到彌串前洋, 又被毛兵所奪事)"[82]라는 평안감사의 서목(平安監司書目)을 볼 때 앞바다는 육지를 기준하여 바다 쪽을 뜻한다. 즉, 내륙의 반대 방향이다. 외양이라는 개념도 육지를 기준으로 한 설명으로 보는 것이 타당하다. 그렇다면 육지 앞의 섬들도 일관성 있게 먼 바다 방향을 전양이라 보는 것도 타당하다. 만약 각 섬을 기준으로 하여 앞바다 뒷 바다를 나눈다면, 아마도 섬주민의 관점에서는 육지 쪽이거나, 그들이 많이 모여 사는 마을을 기준으로 앞바다와 뒷 바다를 정할 공산이 크다. 그러나 이는 상황에 따라 가변적이라 공식적이고 일관성 있는 정부의 공식기록이나 지방 관리의 공문 등에 쓰일 확률은 거의 없다고 보인다. 즉, 육지를 기점으로 전양을 삼고, 섬이 있다면 그 섬의 육지 반대편인 외양 쪽이 전양일 것이다.

고대도 후양에 관한 이러한 추측을 가능케 하는 증거는『승정원일기』에 군자감(軍資監) 별영(別營) 등에 납부할 쌀 316석이 1867년 4월 21일(음력)에 고대도 전양에서 배의 파선으로 침몰했다는 기록에 나타난다.[83]『동국여도』〈삼남해방도〉(1800~1822 제작)를 참고할 때 고대도를 지나는 세곡선은 고대도와 장고도 사이를 지나가고 있다. 이 세

---

81 『승정원일기』, 인조 3년(1625) 4월 19일(음력), http://db.itkc.or.kr/
82 『승정원일기』, 인조 6년(1628) 3월 16일(음력), http://db.itkc.or.kr/
83 『승정원일기』, 고종 4년(1867) 6월 8일(음력), http://db.itkc.or.kr/

곡선의 항로가 정확하다고 한다면, 고대도 전양은 뱃길이 지나가는 고대도와 장고도 사이의 바다가 될 것이다. 정리하면 고대도의 전양은 육지 반대쪽 방향을 뜻하며, 그 반대 개념이 후양이 될 것이다. 고대도의 경우에도 이 법칙이 적용된다면 당연히 전양과 후양은 명백하다.

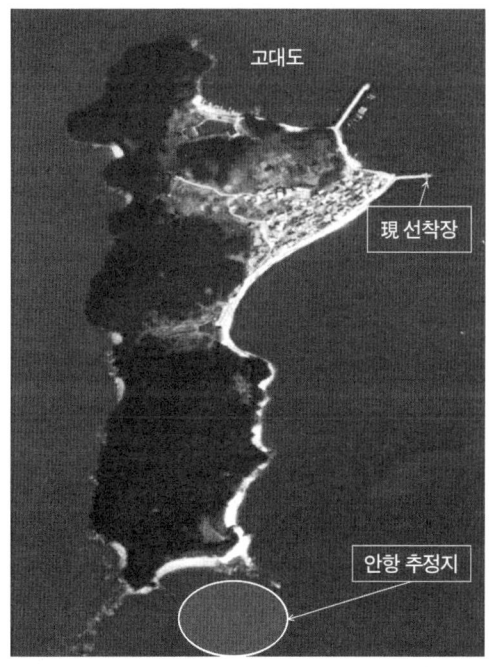

고대도 현재의 선착장과 안항 추정지

이처럼 고대도는 조선의 해로상 아주 중요한 위치에 있었다. 고대도의 비중 있는 지리적 요소는 섬의 산업적 기반에도 영향을 끼쳤다. 1600년대 초반부터 남부 지방의 조곡미를 운반하던 조운선의 중

몽돌해수욕장 근처 안항 추정지

간 기착지였고, 남해안 지방에서 연평도로 조기잡이 가던 선박의 물품 보급과 보충을 위한 기항지로서 상설시장인 파시(波市)가 형성됐던 곳이다. 또한 원양어선(중선)의 기지로 해산물 거래가 많았고, 중국 배가 드나들 정도로 발전된 곳이었다. 고대도는 상업도 아울러 발달했다. 뱃사람들과 어상들을 대상으로 하는 조선소를 갖추고 있었고, 또한 잡화상·어구상업·음식업·접객업 등이 발달했던 곳이다.[84]

1759년의 인근 도서의 주민 현황을 보면 고대도에 상대적으로 많은 주민이 거주했다는 것을 알 수 있다. 조선 후기에 각 읍에서 편찬한 읍지(邑誌)를 모아 책으로 엮은 『여지도서(輿地圖書)』의 1759년도를

---

84 전영진, 「고대도 민속의 특징」, 한국국어교육학회 편, 『새 국어 교육』 52, 1996, 335쪽.

기준으로 하면 고대도의 가구 수가 면적이 더 넓은 삽시도와 장고도의 가구 수를 합친 만큼이나 많았다.[85]

1759년 남해도(고대도, 삽시도, 장고도) 주민현황				
섬명	가구 수	주민 수	남자	여자
고대도	75	226	109	117
삽시도	35	177	79	98
장고도	41	158	74	84

고대도가 주위의 섬 중에서는 가장 발달된 지역이며, 주요 해상 교통로에 위치해 있기 때문에 섬의 크기와 상관없이 중요한 역할을 했음이 분명하다.

귀츨라프 일행이 조선의 항해사들과 함께 녹도에서 출발하여 불모도를 경유, 동북 방향으로 항해하여 등노가 말한 대로 녹도로부터 "불과 30리, 또는 10마일거리"에 있는 안전한 항구로 갔다면,[86] 분명 통상적 해로를 따라 움직였을 것이고 이는 그 거리에 있는 고대도 또는 원산도일 가능성이 높은 것이다.

3) 서양의 지도들에 나타난 해로

조선의 지도에 나타나는 해로를 참고할 경우 애머스트호의 진행

---

85 전영진, 「고대도 민속의 특징」, 337쪽.
86 H. Lindsay, *Report*, 222.

방향이 고대도나 원산도 쪽일 것으로 가닥을 잡을 수 있으며, 서양의 지도에 나타나는 해로들은 이러한 추측의 결론을 더욱 더 고대도 쪽으로 향하게 한다. 고대도 안항의 서양식 표기인 "Gan-keang"은 귀츨라프가 다녀간 다음에 "Majoribanks Harbour"라고도 불렸다. 원래 "Majoribanks Harbour"는 귀츨라프와 동승한 동인도회사 상무관 린지가 천수만을 보고 1832년 8월 7일에 붙여준 이름이었다.[87] 그러다가 천수만은 "Shoal Gulf" 또는 "Shoal Harbour"로 새롭게 명명된다.

1858년 발간된 『중국 안내집(*China Pilot*)』은 "Gan-keang"과 "Majo-ribanks Harbour"를 동일시한다.[88] 이 책의 1861년판도 "Gan-keang"과 "Majoribanks Harbour"를 여전히 동일시하며, 여기에 "Shoal Gulf(천수만)"을 첨가한다.[89] 이 책의 각주에서 귀츨라프는 "Gan-keang"을 "Majoribanks Harbour"라고 불렀으며 린지는 "Shoal Harbour"를 "Majoribanks Harbour"로 불렀다고 설명하고 있다.[90] 이 책에서 조선 지역의 위치를 정리한 도표는 스코틀랜드 수계 지리학자 홀스버그(James Horsburgh, 1762~1836)가 제시한 근거와 프랑스 군함 비르지니호(Virginie)의 게렝 제독(Rear admiral Guérin)의 지휘 아래 1856년에 작성한 해도를 참고하고 있다.[91]

---

87 H. Lindsay, *Report*, 240.

88 John W. King, *The China Pilot. The coasts of China and Tartary, from Canton River to the Sea of Okhotsk; with the adjacent islands. Compiled from various sources*, 2.ed. London : Hydrographic Office, 1858, 217.

89 John W. King, *The China pilot : the coast of China, Korea, and Tartary; the Sea of Japan, Gulfs of Tartary and Amur, and Sea of Okhotsk,* 3 ed., London : Hydrographic Office, 1861, 255.

90 John W. King, *The China pilot*, 1861, 255. H. Lindsay, *Report*, 240 비교.

91 John W. King, *The China pilot*, 1861, 425.

WEST AND SOUTH COASTS OF KOREA.

			° ′ ″	° ′ ″	
Chodo island	-	South point -	38 27 0	124 34 40	French frigate *Virginie*, 1856.
Deception bay	-	Middle of entrance -	37 3 0	126 33 0	,,
Caroline bay	-	West point of entrance -	37 1 30	126 25 0	,,
Joachim harbour	-	,, ,,	36 53 30	126 17 50	,,
Chassériau bank	-	South extreme -	36 59 20	126 18 0	,,
Daniel island	-	West side -	33 17 0	124 56 0	Horsburgh.
Sir James Hall group		North island -	37 56 0	124 44 30	Basil Hall, 1816.
Marjoribanks harbour		-	36 25 0	126 25 0	Horsburgh.
,,		Mauzac islet -	36 26 45	126 28 0	French frigate *Virginie*, 1856.
Tas-de-Foin islet	-	-	36 24 30	126 24 0	,,
Wai-ian-do island	-	-	36 15 45	126 9 50	
Basil bay	-	-	35 7 38	126 42 20	Basil Hall, 1816.

홀스버그와 비르지니호의 해도를 참고한 표[92]

    비르지니호의 게렝 제독의 명에 따라 프랑스 해군 소위 몽다루가 1857년에 작성한 원산도 안면도 인근 해도[93]에는 "Majoribanks Harbour"가 고대도와 장고도에 사이에 표시되어 있다. 이는 항구 표시이기 보다는 고대도 전체를 지칭하는 것으로 보아야 한다. 지금의 고대도에 사는 주민들의 증언에 의하면 고대도와 장고도 사이에는 물살이 세서 배를 정박하기가 거의 불가능 하다고 한다. "Majoribanks Harbour"는 이미 밝혔듯이, 천수만을 시작으로 고대도 안항을 뜻하는 지명으로 혼돈되어 사용됐다. 이는 위치의 신빙성에 의문을 품을 수 있는 이유이다. 그러나 이 해도에서 "Majoribanks Harbour"가 고대도 인근에 표시됨으로 적어도 고대도설을 강화하는 자료임에는 분명하다.

    게렝 제독의 해도에서 "Gan-keang"인 "Majoribanks Harbour"은

---

92 John W. King, *The China pilot*, 1861, 425.
93 국립해양조사원 http://www.khoa.go.kr/ 사이버해양박물관 고(古)해도 http://www.khoa.go.kr/app/probe/contents.asp?sgrp=D03&siteCmsCd=CM0016&topCmsCd=CM0195&cmsCd=CM0303&pnum=2&cnum=1&ntNo=13

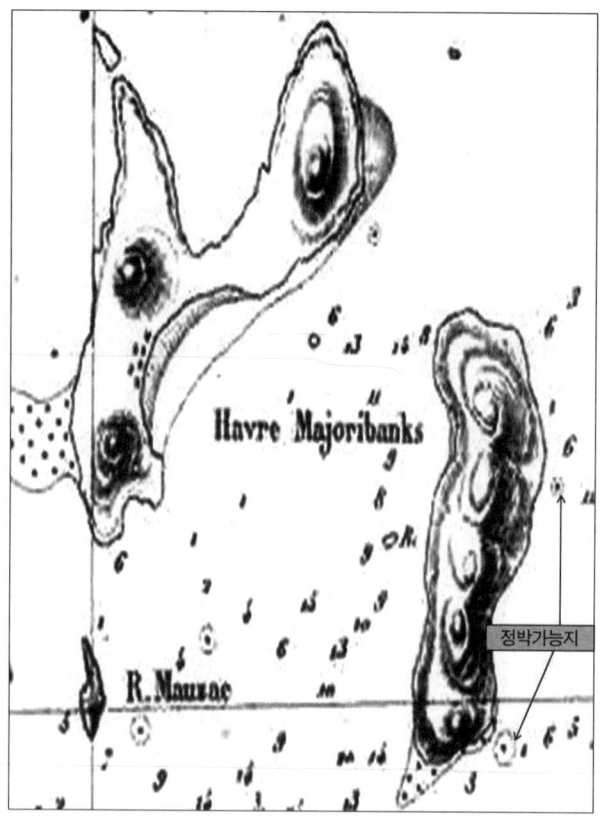

비르지니호의 게렝 제독의 명에 따라 프랑스 해군 소위 몽다루가 1857년에 작성한 해도

조선 측 자료가 고대도라고 일관되게 주장하고 있으니, 우선은 장고도 쪽보다는 고대도 쪽이라 여겨야 할 것이다. 고대도 안에서의 정박 가능지로는 프랑스 함대가 지도에 표시한 두 곳이 있는데, 위쪽의 정박지는 현재도 고대도 항구로 사용되는 곳 근처이고, 아래쪽 정박지는 남동쪽 해안, 옛날 세곡선이 지나가며 피항했던 장소라고 고대도 주민들은 전한다. 그곳은 섬 남쪽에 위치한다.

비르지니호가 만든 해도에도 이 정박 가능한 두 곳을 정확히 표기해 두었다.[94] 두 곳 중 하나가 분명 고대도의 '안항' 정박지일 것이라 생각된다. 조선의 지도들에 일관되게 나타나는 항로인 세곡선 해로에 가깝게 위치하면서 고대도 후양에 있고, 린지가 기록한 대로 "Gan-keang"이 큰 마을 가까운 곳에 있으며[95] 바람을 피할 수 있는 곳(파도막이가 되는 자연적 방파제 역할을 하는 지형지물)이 있다[96]라고 했다. 아울러 섬에서 배를 바로 항구에 접안한 것이 아니라 좀 떨어져 있었다. 그래서 귀츨라프 일행을 태운 배가 닻을 내리자마자, 섬으로부터 많은 배들이 다가 왔다고 했다.[97] 또한 귀츨라프가 고대도를 방문할 때 노를 젓는 대형 보트(long-boat)를 사용하여[98] 고대도로 간 것을 보았을 때, 해상에 떠 있는 정박지임이 분명한다. 그렇다면 이 모든 조건을 만족하는 남쪽에 위치한 정박지가 바로 고대도 안항이라 확실시된다.

귀츨라프가 동승한 애머스트호가 고대도 안항에 도착했다는 가능성을 더 정확히 뒷받침해 주는 것은 1840년의 영국 해군성 수로국(Hydrographic Office of the Admiralty)에서 작성한 해도이다.[99] 애머스트호의 1832년 항로가 이 지도상에 "애머스트호 1832년(Amherst 1832)"라

---

94 "Mouillages de la Cote Ouest de Coree leves en 1857 par Mr. Montaru Enseigne de Visseau(1857년 한국 서해안에 정박 후 해군 중위 몽다루(Mr. Montaru)에 의해 측량)"이란 제목이 붙어 있고, "Havre Majoribanks et entree du Shoal Gulf"이란 부제목이 붙어 있다. 국립해양조사원 http://www.khoa.go.kr/museum/VIEW.HTM.

95 H. Lindsay, *Report*, 224.

96 C. Gutzlaff, *Journal*, 1834, 330.

97 H. Lindsay, *Report*, 224.

98 H. Lindsay, *Report*, 227.

99 Hydrographic Office of the Admiralty, "The peninsular of Korea"(London : R .B. Bate, 1840.6.27), Librarie Loeb-Larocque(ed.), *The European Mapping of Korea*, Librarie Loeb-Larocque : Paris 2009, 59; 국립해양조사원 http://www.khoa.go.kr/museum/VIEW.HTM.

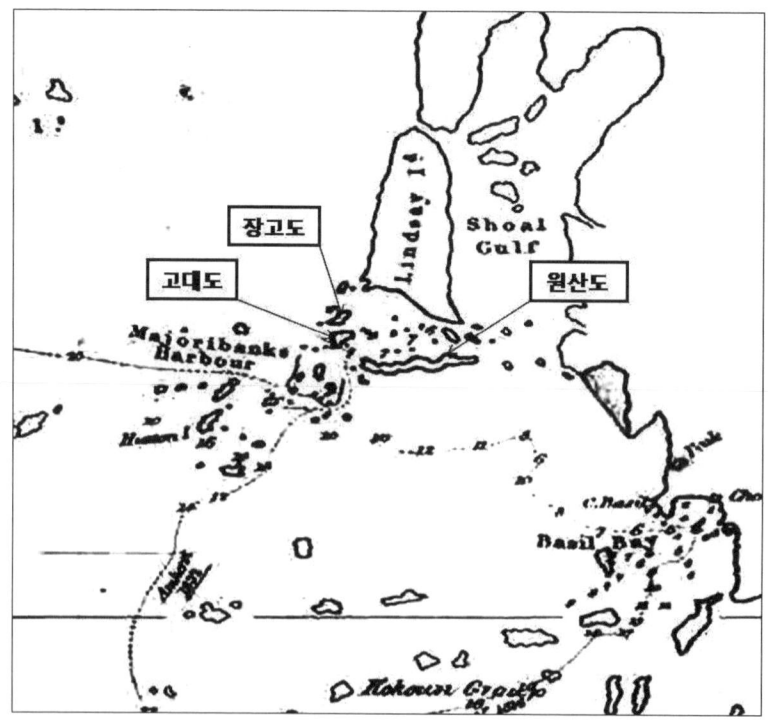

〈영국 해군성 수로국(Hydrographic Office of the Admiralty) 해도〉(1840)

는 글자와 항로를 의미하는 선을 사용하여 정확하게 표시되어 있기 때문이다. 이는 애머스트호의 선장 리스(Thomas Rees)가 1832년에 작성한 해도가 바탕이 됐다.[100] 영국 해군성 수로국의 해로에도 안항으로 추정되는 "Majoribanks Harbour"가 표시되어 있으며, 애머스트호의 항로를 표시하는 선은 린지가 기록한 대로 허턴 섬이 자리한 군도 사

---

100 "Chart shewing the track of the Lord Amherst among the outer islands of the Corean Archipelago by Capt. T. Rees 1832" drawn on a scale of 3 inches to a degree 1 f. 4 in. x 1 f. 2 in. (Add 16, 365. x.)" British museum dept. of MSS., *Catalogue of the Manuscript Maps Charts and Plans and of the topographical Drawings in the British Museum* Vol. III, London : Order of the Trustees 1861, 343.

이를 지나 녹도로 추정되는 섬에서 동북쪽으로 작은 섬(불모도)을 지나 고대도 끝, 고대도 '안항'에 도착함을 정확히 보여주고 있다.[101]

따라서 이 영국 해도는 애머스트호의 항로에 원산도가 개입될 여지를 원천적으로 배제한다. 이 해도에 따르면 애머스트호는 외연도 방향에서 와서 녹도, 불모도를 거쳐 동북쪽으로 올라갔다가[102] 고대도 끝 안항에 정박하고 서남쪽으로[103] 내려가 제주도를 향하여 남하했다. 이 해도는 애머스트호가 1832년 7월 25일 고대도 안항에 정박했으며, 안항이 귀츨라프의 조선 선교 여행에 있어서 결정적 기항지로 사용됐다는 점을 알 수 있게 하는 중요한 사료적 가치를 지니고 있다.

이 장을 정리해 보자면, 애머스트호의 1832년 조선 항해경로를 추적해 본 결과 귀츨라프는 7월 17일 몽금포 앞바다의 몽금도 앞을 시작으로, 1832년 7월 21일 외연도 근처, 같은 날 녹도를 거쳐 23일 불모도에 도착, 25일 고대도 안항에 도착했다. 이 책은 귀츨라프의 고대도 안항 정박설을 주장하는데, 이 주장은 귀츨라프의 "Gan-keang"이라는 단어의 표기 방식과 그 의미에 대한 분석, 그리고 조선과 서양 지도에 나타나는 해로를 분석하는 방법론을 근거로 하여 증명했다.

귀츨라프는 "안전한 기항지"를 "Gan-keang" 또는 "Gaang-kiang", 그리고 "Gan-kiang"으로 표기했는데, 책마다 약간씩 알파벳 표기의 차이를 보인다. 그러나 이 단어는 지명을 나타내는 고유명사와 함께 안항의 성격적 특성을 보통명사화한 단어로도 볼 수 있다.[104] 특히

---

101 Hydrographic Office of the Admiralty, "The peninsular of Korea", 59.
102 H. Lindsay, *Report*, 224.
103 『조선왕조실록』, 순조 32년(1832) 7월 21일(음력).
104 Gan-keang에 대한 진전된 연구의 결과는 오현기, 『귀츨라프 ON 고대도』, 성남: 북코리

1832년 전후 작성된 조선과 서양의 지도에는 고대도 주변의 항로가 표시되어 있는데, 여기서 고대도가 아주 중요한 위치에 있어 지리적으로 비중 있는 항구를 가졌을 뿐 아니라 산업이 발달해 많은 인구를 보유하고 있었다는 사실을 알 수 있다. 무엇보다 결정적 근거는 영국 해군성 수로국에서 작성한 해도이다. 이 해도에는 고대도 안항을 거쳤던 애머스트호의 1832년 항로가 정확하게 표시되어 있다.

귀츨라프는 자신이 여러 책에서 "Gan-keang"으로 기록하기도 한 고대도 안항을 기점으로 하여 인근 섬들과 육지까지 본격적인 기독교 복음을 전하기 시작했다. 그는 이곳에서 순조에게 한문으로 된 신구약합본 성경을 진상했으며, 주민들 중에 기독교 서적(Christliche Bücher)을 얻기를 원하는 사람에게 선물로 주었고 "한문으로 된 신약성경(Exemplare des chinesischen Neuen Testamentes)"을 나누어 주었다.[105]

1832년 7월 27일에는 한국 선교 역사상 아주 중요한 사건이 일어나는데, 오랜 설득 끝에 고관의 비서 '양의(yang-yih)'로 하여금 한글 자모 일체를 쓰게 하는 데 성공한 것이다. 이어 귀츨라프는 이 젊은이에게 한문으로 주기도문을 써주면서 읽게 하고, 또 이것을 한글로 번역하게 했다.[106] 계속해서 귀츨라프는 감자를 파종하면서 최초로 서양감자를 소개했고,[107] 7월 31일에는 야생포도로 음료를 만드는 법을 전수했다. 또한 감기에 걸린 노인을 위해 60명분의 약을 처방해 주기도 했다. 고대도 안항을 기점으로 하여 주변 섬들과 내륙, 특히 천수만과

아, 2022를 참고하라.
105 K. Gützlaff, *Aufenthalt*, 251.
106 H. Lindsay, *Report*, 239.
107 린지는 이 사건을 7월 27일, 귀츨라프는 7월 30일로 기록하고 있다.

창리를 방문하여 전도책자를 전달하기도 했다.[108]

8월 12일 고대도 안항에서 퇴거하여 8월 17일 제주도 근처에 도착하기 전까지[109] 고대도는 귀츨라프가 조선방문 일정의 절반 이상을 들여 선교활동을 진행한 곳이다. 귀츨라프는 이 섬을 선교 기지로 하여 복음이 조선에 받아들여져서 가난과 불행이 종식되길 기도[110]하며 선교했다. 이렇게 고대도는 한국에 온 첫 번째 개신교 선교사 귀츨라프가 제주도로 남하하기 전까지 정박하여 주변 지역과 내륙까지 선교를 수행했던 선교기지였다. 그런 의미에서 고대도의 선교적·역사적·문화적 가치를 재발견하여 한국과 세계에 널리 알려야 할 것이다.

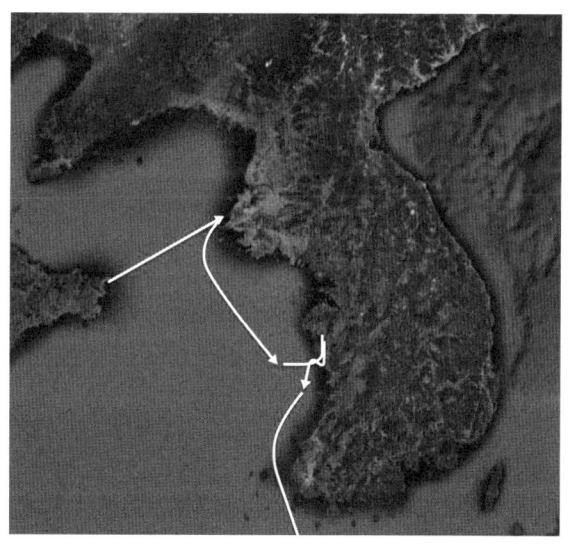

귀츨라프의 조선항해도(1832.7.17~8.17)

---

108 C. Gutzlaff, *Journal*, 1834, 348f.; 『조선왕조실록』, 순조 32년 7월 21일(음력).
109 H. Lindsay, *Report*, 259.
110 K. Gützlaff, *Aufenthalt*, 255.

제7장

귀츨라프 선교사가 탑승한
로드 애머스트호(Lord Amherst)

- 그 역사적 고증과 선교역사적 의미

1832년 개신교 선교사로서는 최초로 한국을 선교차 방문했던 귀츨라프가 타고 온 배는 영국 동인도회사가 용선한 로드 애머스트호(Lord Amherst)였다. 이 선박은 한국에 와 최초로 서양과의 정식 통상을 요구한 통상선으로 기록됐다. 하지만 동시에 선교사(宣教史)적 눈으로 보면, 최초의 서양 선교선(宣教船)으로도 볼 수 있다. 그만큼 애머스트호가 가지는 선교사 안에서의 역할과 의미는 크다. 그런데 애머스트호에 대한 객관적 연구가 실행되어야 함에도 불구하고 선교사적 틀 안에서의 연구가 전무하다시피하다. 그러므로 이 점에서 애머스트호를 선교역사 안에서 선교학적 시각으로 바라볼 연구의 필요성이 제기된다.

그래서 이번 장에서는 첫째로 앞선 장들에서 언급됐던 이 선박이 가진 역사적 실체로서의 면모를 연구 대상으로 삼아 그 형태와 구조에 관해 좀 더 구체적으로 분석하고, 승선한 인물들에 관한 연구를 기본적으로 시행하려고 한다. 아울러 애머스트호의 규모, 즉 배의 길이, 넓이, 돛의 크기 등 실제적 크기와 배의 톤수에 대한 실질적 연구를 병행하여 이 배의 실체를 밝히고자 한다.

둘째로 귀츨라프의 선교와 관련하여 이 선박이 애초의 목표로 했던 통상선으로서의 역할뿐만 아니라 1832년 7월 17일부터 8월 17일까지, 즉 한 달 동안 애머스트호 선상에서 진행된 귀츨라프의 선교를 고찰하여 조선 최초의 서양 통상선인 애머스트호가 선교선으로 사용된 것에 대해 그 선박의 기여와 선교역사적 의미를 부여하고자 한다.

"모든 수단과 방법으로"[1]라는 귀츨라프의 선교방법론은 결국 통

---

1 K. Gützlaff, *C. Gützlaff's, Missionars der evangelischen Kirche, dreijähriger Aufenthalt im Königreich Siam nebst einer kurzen Beschreibung seiner drei Reisen in den Seeprovinzen Chinas in den Jahren 1831-1833*, Basel : Felir schneider, 1835. 143.

상선 애머스트호를 이용해서 기독교 복음을 전하기 위한 선교여행을 통해서 잘 나타난다.² 이 통상선이 복음을 전하는 선교선처럼 사용된 것은 귀츨라프가 말하는 "하나님의 섭리의 실행(die Leistung seiner Vorsehung)"이었던 것이다.³

1   1832년 이전 개신교인의 조선 방문

1627년(인조 5) 한국에 최초로 온 개신교권 국가 출신 외국인은 네덜란드인 3명이었다. 이들은 제주도에 표류했다. 그중 중요한 인물은 박연(朴燕 또는 朴淵)인데, 그의 본명은 벨테브레(Jan Janes Weltevree, 1595~?)였다. 네덜란드 북부의 드 라이프(De Lijp) 시 출생이었으며, 처음에는 네덜란드 연합동인도회사 소속의 범선 홀란디아호(Hollandia)로 출항했다가 우베르케르크호(Ouwerkerck)로 갈아타고 일본으로 가다가 태풍을 만나 1627년 제주도로 표류하게 된 것이다. 본국에 있을 때 그에게 부인과 딸이 있었으나, 조선에 귀화한 후 다시 결혼하여 두 자녀를 두었다.⁴

그 후 1653년(효종 4) 8월에는 네덜란드 상선 데 스페르베르호(De Sperwer)의 하멜(Hendrik Hamel, 1630~1692) 일행이 제주도로 표류하여 찾아왔다. 하멜과 그 일행은 네덜란드 개신교인으로 추측된다. 그렇지만

---

2   K. Gützlaff, "Briefe an einen Freund in Berlin(Macao, 1835.1.7)", Preussische Haupt-Bibelgesellschaft(Hrsg.), *Neueste Nachrichten aus dem Reiche Gottes*. 20. Jahrgang, Berlin : Trowitzsch und Sohn, 1836, 376.
3   K. Gützlaff, *Aufenthalt*, 143.
4   김영원 외, 『항해와 표류의 역사』, 솔, 2003, 171쪽.

하멜 일행이 조선을 탈출한 후 남아있는 8명의 송환을 위해 일본막부가 조선에 서한을 보냈을 때, 예조참의 박세모가 일본 쓰시마 섬 번주에게 답신격인 서계(『쓰시마 섬종가문서』 서계 1212, 1667)를 보낸 내용에서 하멜 일행에 대한 조선 측의 평가가 드러난다. 그 답신에서 "하멜 일행이 기독교도가 아니라 전라도 해안에서 14년간 어업에 종사한 단순 표류민"임을 밝히고 있다.[5] 그 후 1787년(정조 11) 5월에는 프랑스 함대 부솔호(La Boussole, 500톤)와 아스트로라베호(L' Astrolabe, 500톤)가 제주도를 측량하고 울릉도에 접근한 적이 있었다.

한국개신교 선교역사에 중요한 사건 중 하나인 최초의 성경전달 사건은 1816년(순조 16)에 일어났다. 중국과의 외교 교섭을 위해 영국 외교관 애머스트(Sir Jeffrey William Pitt Amherst)를 비롯한 외교 통상 특사단이 1816년 2월 9일 영국을 떠나 그해 8월 11일에 보하이 만 톈진 북쪽 연하구(蓮河口)에 도착했다. 이들 배는 영국 국적의 군함인 프리기트함 알세스트호(Alceste, 대포 46문)와 범선 리라호(Lyra)였다. 이 배들은 각각 영국의 머레이 맥스웰(Murray Maxwell, 1775~1831) 대령과 바실 홀(Basil Hall, 1788~1844) 대령이 이끌었다.

그들의 출항 목적은 기존의 광둥 지역에만 국한됐던 무역허용 지역을 넘어 새로운 무역을 위해 항구를 열어줄 것과 독점적 지위, 즉 유럽인들과의 독점무역과 조세 징수권을 누리고 있던 공행(公行)이라는 중국 상인 조합을 통하지 않고 자체적 무역을 행할 수 있도록 청원하기 위함이었다.[6] 이 일을 위해 특사 일행이 베이징을 방문하고 다시 돌

---

5   김영원 외, 『항해와 표류의 역사』, 223쪽.
6   이준엽, 『중국 최근 근세사』, 일조각, 1967, 44~47쪽.

아오기까지 시간적 여유가 있었다. 그 배들 중 알세스트호와 리라호는 1816년 8월 29일 보하이 만을 떠나 1816년 9월 1일 오전 9시 백령도와 대청도 사이에 도착하여(당시 기록한 좌표 : 37°50'N. 124°46'E.) 9월 10일까지 서해안을 측량⁷했으며, 여러 섬들을 발견하고 주민들과 접촉하며 마을들을 탐방했다.⁸ 이 군도는 알세스트호 선장 맥스웰의 제안으로 리라호 선장 바실 홀의 아버지였던 저명한 영국 에딘버러 지질학회장 제임스 홀(Sir James Hall)의 이름을 따서 불리게 됐다. 바로 지금의 대청군도이다.

리차드 다이턴(Richard Dighton)이 그린 머레이 맥스웰(Murray Maxwell) 선장(약 1818)⁹

---

7   Basil Hall & Herbert John Clifford, *Account of a voyage of discovery to the west coast of Corea, and the Great Loo-Choo Island*, London : John Murray, 1818, 7.
8   Basil Hall & Herbert John Clifford, *Account of a voyage of discovery*, 7.
9   http://www.npg.org.uk/collections/search/portrait.php?search=ap&npgno=D13340.

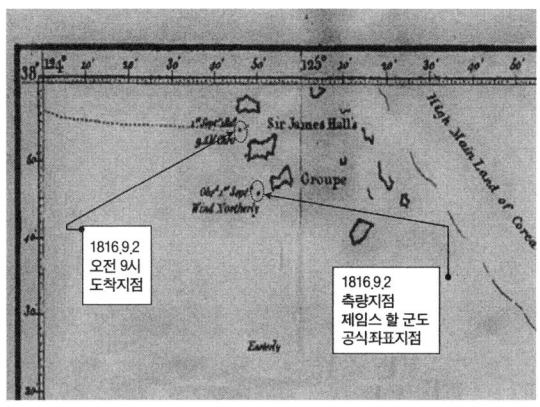

〈바실 홀의 항해도〉, 대청군도[10]

    이어서 그들은 9월 4일에 충청도 마량진(馬梁鎭) 갈곶(葛串, 지금의 충남 서천군 서면 마량리) 밑에 도착[11]해서 여기를 바실만(Basil Bay, 지금의 비인만)이라 명명했다.

    그때 맥스웰 함장이 마량진 첨사(수군첨절제사, 종 3품) 조대복(趙大福)에게 전달한 영문 성경책이 우리나라에 최초로 전해진 성경이다. 조대복이 알세스트호 선실의 책을 살펴보던 중에 우연히 눈길을 주었던 책인 성경을 맥스웰이 선물로 준 것이었다. 처음에는 조대복이 거절했으나 배에서 내릴 때에는 그 선물을 받았다.[12] 그들은 9월 1일부터 10일까지 10일 동안 서해안 측량 및 주민 탐방 등을 행했는데, 바실 홀은 이러한 10일간의 조선 방문을 상세하게 기록한 책을 1818년 런던에서 『한국 서해안과 유구(琉球) 섬 항해기(Account of a Voyage of Discovery

---

10 Basil Hall & Herbert John Clifford, *Account of a voyage of discovery*의 부록지도.

11 『조선왕조실록』, 순조 16년(1816) 7월 19일(음력) 충청수사(忠淸水使) 이재홍(李載弘)의 장계에 나타난다.

12 Basil Hall & Herbert John Clifford, *Account of a voyage of discovery*, 41.

to the West Coast of Corea, and The Great Loo-Choo Island : with an Apendiz containing Charts, and various hydrographical and scientific Notices)』라는 이름으로 출간했다.

서해안에 머무는 동안 홀의 부관 허버트 존 클리퍼드(Herbert John Clifford)는 28개의 조선어 어휘를 채집하여 이 책에 소개하고 있다.[13]

WORDS OBTAINED FROM THE INHABITANTS OF THE WEST COAST OF COREA.			
English.	Corean.	English.	Corean.
No	Poodong.	*Good	Hota.
Water	Bool.	*Earth	K,hool.
A pipe	Dewton.	*Knife	Khul.
Hair	Bodee.	Jacket	Chouka.
Eyes	Doon.	Trowsers	Choongay.
Mouth	Joep.	Shoe	Po schien.
Nose	Ko.	Stockings, or boots	Hung ian.
Hand	So-an.	Tobacco pouch	Samb-jee.
Beard	Shee-om.	Rice (food)	Pa-ap.
Tongue	Chay.	Fan	Pootsa.
Ear	Quee.	Stove	Tok.
Teeth	Jee.	White hat	Pan-s-ee.
*Tree	Phang na moo.	Black hat	Kat.
*Grass	Phee.	A cock.	Tac.

클리퍼드가 조선 서해안 주민들에서 채집한 조선말들[14]

또 하나의 흥미로운 사실은 리라호가 영국으로 귀항하는 도중인 1817년 8월 11일에 대서양의 세인트헬레나 섬에 들러 폐위되어 그곳에 유배 중이었던 나폴레옹을 찾아갔다는 점이다. 바실 홀의 아버지 제임스 홀과 나폴레옹이 친분이 있었기 때문인데, 그곳에서 나폴레옹에게 조선에서 있었던 일을 이야기해주고 조선을 스케치한 그림을 보여주기도 했다.[15]

이들의 항해의 경험을 담은 책은 귀츨라프에게 중요한 의미가 있

---

13 Basil Hall & Herbert John Clifford, *Account of a voyage of discovery*, 부록 cxcii.
14 Basil Hall & Herbert John Clifford, *Account of a voyage of discovery*, 부록 cxcii.
15 박천홍, 『악령이 출몰하던 조선바다』, 현실문화, 2009, 210쪽.

었다. 그들이 파악하고 명명한 지명을 귀츨라프가 참조한 것이다. 예를 들면, 귀츨라프는 그가 도착한 지점에 제임스 홀 군도의 북쪽(Sir James Hall's Group)과 바실만(Basil Bay)이라는 지명을 인용했다.¹⁶ 또한 애머스트호에 동승한 린지도 제임스 홀 경의 군도(대청군도)를 기준으로 해서 북쪽의 큰 섬, 장산 풍산(Chang-Shan Pung-shang)이라는 지점을 그들이 도착한 첫 정박지로 기록하고 있는 것이다.¹⁷

바실 홀의 여행기에 나타난 조선인의 생활상¹⁸

아울러 귀츨라프가 조선의 생활상을 어느 정도 그의 책을 통해 학습함으로써 조선 선교를 위한 사전지식을 쌓을 수 있었다는 점에서 이 책의 기여는 큰 것이었다. 그러나 그들은 영국특사를 호위하는 영국 군인이었을 뿐 개신교 선교를 담당하러 조선을 방문한 사람들은 아니었다. 즉, 귀츨라프 이전에 스스로 선교사라는 자의식을 가지고 기독

---

16 K. Gützlaff, *Journal of three voyages along the coast of China in 1831, 1832 and 1833*, 2.ed., London : Frederick westley and A. H. Davis, 1834, 265; K. Gützlaff, *Aufenthalt*, 245.

17 Lindsay, Hugh H. & Carl F. Gutzlaff, *Report of proceedings on a voyage to the northern ports of China, in the ship Lord Amherst*, 2. ed., London : Fellowes, 1834, 215.

18 Basil Hall & Herbert John Clifford, *Account of a voyage of discovery*, 44.

교 복음을 전하기 위해 조선을 선교방문한 사람은 사실상 없었다.

2 애머스트호의 규모

1) 애머스트호의 크기와 톤수

1832년 7월 17일 귀츨라프 선교사를 태우고 조선에게 통상을 요구했던 최초의 서양 선박 애머스트호는 어떤 배였을까? 우선 조선 측 자료를 참고할 때, 애머스트호는 3개의 돛을 가진 범선[19]이라고 한다. 당시의 정보가 제한적이다 보니 이 배를 두고 무장군함이었다는 오해가 있었다.[20] 그러나 군함이라는 것은 해전에 맞게 구조가 갖춰져 있고 군인이 직접 타서 통제하며 운항하는 선박을 가리킨다. 애머스트호처럼 해적의 습격이나 위급한 상황을 상정해 스스로의 방어를 위한 무장을 군함으로 보기에는 무리가 있다. 아쉽게도 애머스트호에 대한 서양 측 자료는 지금까지 발굴된 것이 그리 많지 않다. 어디에서부터 어디로 운항했는지,[21] 어떤 용도로 영국 동인도회사의 선박으로 용선됐는지 하는 정보 정도이다. 심지어 귀츨라프의 2차 선교여행 시에 탑승한 애머스트호의 선장의 이름도 한국에 잘못 알려진 경우도

---

19 『조선왕조실록』, 순조 32년(1832) 7월 21일(음력).
20 리진호, 『귀츨라프와 고대도』, 에이멘, 1989, 39쪽. 허호익은 500톤급 함선이라 했지만, 근거를 대지 않았다. 허호익, 『귀츨라프의 생애와 조선 선교활동』, 한국기독교역사연구소, 2009, 71쪽.
21 예를 들면 애머스트호 1833.2.21 인도 Madras로부터 켈커타 3.3 도착 / 1833.5.23 싱가포르와 중국항해를 위해 켈커타 출발 등. Christian Ministers of various Denominations(ed.), *The Calcutta Christian Observer* Vol. II, Jan.~Dec., Calcutta : the Baptist Mission Press 1833, 198; 355.

있다. 이는 김경선의 「영길리국표선기(英吉利國漂船記)」에 영국 동인도 회사 상무관(商務官)인 린지(Hugh Hamilton Lindsay, 1802~1881)의 한문명 호하미(胡夏米)를 선장으로 기록한 것에서 오해가 기인했다.[22] 린지는 항해의 총 책임자였지만,[23] 실제로 이 선박의 선장은 토마스 리스(Thomas Rees)였다. 애머스트호의 선장 리스가 조선 방문에 크게 기여한 바는 1832년에 그가 작성한 해도[24]가 이후 다른 서양 선박의 조선 방문에 중요한 자료가 됐다는 것이다. 리스에 대해서도 개인적으로 알려진 사항은 많지 않으나, 단편적으로 알려진 바로는 1833년 8월 16일 리스의 딸이 태어났다는 기록[25]과 그의 아내 이름은 마리아 리스(Maria Rees)이며, 1836년 12월 27일 마카오에서 34세의 일기로 숨졌다[26]라는 사실 정도이다.

애머스트호는 영국 동인도회사와 한시적 용선 계약을 맺은 507톤의 상업용 범선[27]일 뿐 군함은 아니었다. 이 상선은 '특별선(Extra

---

22 김경선(金景善), 『연원직지(燕轅直指)』 제1권 출강록(出疆錄) 「영길리국표선기(英吉利國漂船記)」, 순조 32년(1832, 임진년) 11월 25일, 고전종합DB(http://db.itkc.or.kr/)

23 H. Lindsay, *Report*, Advertisement.

24 "Chart shewing the track of the Lord Amherst among the outer islands of the Corean Archipelago by Capt. T. Rees 1832" drawn on a scale of 3 inches to a degree 1 f. 4 in. x 1 f. 2 in. (Add 16, 365. x.)" British museum dept. of MSS., *Catalogue of the Manuscript Maps Charts and Plans and of the topographical Drawings in the British Museum* Vol. III, London : Order of the Trustees 1861, 343.

25 East India Company, *Asiatic journal and monthly Register* Vol. 8, Jan.~Apr., London : Parbury Allen & Co., 1834, 203.

26 East India Company, *Asiatic journal and monthly miscellany* Vol. 24, Sept.~Dec., London : 머레이 맥스웰(Murray Maxwell) 선장 Richard Dighton의 그림(약 1818) Wm. H. Allen and Co., 1837, 217.

27 India. Governor-general, *Railways(India) : return to an order of the honourable The House of the Commons dated 12 July 1853*, London : the honourable The House of the Commons, 1853, 33. 이 선박의 동인도회사에 용선기간은 1826~1833년. 애머스트호가 506톤이

Ship)'으로 분류된 배이며, 이는 화물이 일반 화물상선의 수송 공간을 초과하는 경우 동인도회사가 하나 이상의 선박을 용선하여 특정계획에 투입하는 배를 가리킨다.[28] 즉, 로드 애머스트호는 원래 동인도회사 소속이 아니었지만, 동인도회사가 새로 계획하고 승인한 탐사를 위해 용선계약을 맺었다.[29]

애초에 동인도회사 소속의 쿠르즈(cruiser)급인 크라이브호(Clive)가 이 "상업적 실험을 목적으로" 하는 탐사에 투입될 예정이었다. 그러나 크라이브호의 선장 해리스(Harris)[30]가 통상지에서 선물로 건넬 가능성이 있는 물품을 초과해서 싣는 것을 거부했기 때문에[31] 크라이브호를 이용한 운항은 갑자기 취소됐다. 이 배는 1832년 2월 15일 중국 린틴(Lintin)에서 인도 봄베이(Bombay)로 계획을 변경하여 출항했다.[32] 그래서 위원회는 애머스트호를 크라이브호 대신 용선하고 크라이브호가 원래 계획했던 항로를 따라 항해시킨 것이다.[33] 만약 원래의 계획대로

란 다른 기록은 다음 웹사이트 참조. http://www.eicships.info/ships/shiplistL.asp.

28 "Ship roles-what do they mean?" http://www.eicships.info/help/shiprole.html

29 Walter Henry Medhurst, *China : Its State and Prospects : With Especial Reference to the Spread of the Gospel : Containing Allusions to the Antiquity, Extent, Population, Civilization, Literature, and Religion of the Chinese*, London : John Snow, 1840, 375; East India Company, *Asiatic journal and monthly Register* Vol. IX, Sept.~Dec., (London : Wm. H. Allen & Co., 1832), 45.

30 H. B. Morse, T*he Chronicles of the East India Company Trading to China, 1637-1834* Vol. 4, Oxford : The Clarendon press, 1926~29, 333. Immanuel C. Y. Hsü, "The Secret Mission of the Lord Amherst on the China Coast, 1832", *Harvard journal of Asiatic studies* Vol. 17, Harvard-Yenching Institute, 1954, 234 재인용.

31 H. B. Morse, *The Chronicles of the East India Company Trading to China, 1637-1834 Vol. 4*, 333. Immanuel C. Y. Hsü, "The Secret Mission of the Lord Amherst on the China Coast, 1832", 234 재인용.

32 Elijah Coleman Bridgman & Samuel Wells Williams(ed.), *The Chinese Repository* Vol. XI, 1842.1, 7.

33 East India Company, *Asiatic journal and monthly Register* Vol. IX, Sept.-Dec., 45.

진행됐다면, 아마도 조선에 최초로 통상을 요구한 선명(船名)은 바뀌었을 것이다.

　　애머스트호의 출항은 실험적 탐사의 성격을 지녔다. 이 여행을 두고 스텐리는(Brian Stanley)는 그의 책에서 귀츨라프가 "새로운 아편 판로 개척을 위해 빌린 배"를 탔다고 비판적으로 기록하고 있는데,[34] 귀츨라프의 2차 선교 항해와 관련지어 생각할 때 이는 오해이다. 당시 동인도회사의 입장에서는 새로운 통상지를 개척 탐사하는 것이 필요했다. 그래서 추진된 동북아 탐사계획은 비밀에 부쳐졌는데, 왜냐하면 당시 광둥 지역에서만 활동이 허가된 동인도회사의 무역을 북 중국 항구 전역으로 확대하기 위함과 아울러 중국인과 지역 정부의 반응을 탐문하기 위한 성격을 띠었기 때문이다.[35] 당시 중국 동북지역에서 고수익을 노리는 유럽 상인들에 의해 마약과 상품의 밀수가 성행했다. 다행히 소수의 상인들에 의해 유럽 상인들의 이러한 행태가 공익을 해치는 것이라고 비판하는 자정적 움직임이 일어났고, 이는 기존과 다른 통상 방법을 찾자는 취지에서 기획된 일이었다.[36] 무엇보다 당시 애머스트호에는 앞서 언급한 출항 목적에 따라 배에 마약은 한 줌도 싣고 있지 않았다.[37] 애머스트호의 이번 항해는 동인도회사의 광동무역회사(supra Cargoes at Canton) 특별위원회 의장인 매조리뱅크스(Charles Albany Marjoribanks, 1794~1833)가 기획하고, 동인도회사의 상무관이었던

34　Brian Stanley, *The Bibel and the Flag : Protestant missions and British imperialism in the nineteenth and twentieth centuries*, Leicester : Apollos, 1990, 105.
35　H. Lindsay, *Report*, Advertisement.
36　Walter Henry Medhurst, *China : Its State and Prospects*, 375.
37　Walter Henry Medhurst, *China : Its State and Prospects*, 375.

린지가 항해 총책임자가 됐다.[38] 그들은 1832년 2월 26일 마카오에서 출항했다.[39]

실제로 린지는 1832년 2월 26일 애머스트호로 출항할 때, 광폭천 33짐짝, 낙타털 70짐짝, 영국산 옥양목 50짐짝, 목화실 20짐짝, 인도산 목화원료 50짐짝, 모두 합쳐 뱃짐을 223짐짝을 실었다.[40] 애머스트호를 용선한 대가로 영국동인도회사는 애머스트호의 원래 회사인 화물회사 화이트만 엔 컴퍼니(Messrs. Whiteman & Company)에게 매달 2,500달러를 지불했다.[41]

조선 측 사료를 보면 『조선왕조실록』 순조실록 음력 1832년 7월 21일 공충감사 홍희근의 장계에 대한 비변사의 의견에 이미 이 배를 "행상(行商)"하는 배로 여기고 있었고, 같은 날짜 기록 예부(禮部) 자문(咨文)에도 "행상"하는 배로 파악하고 있다.[42] 또한 『읍지류』 충청도편에도 "서양상강(西洋商舡)", 즉 애머스트호를 서양의 상선으로 파악했다.[43]

중요한 점은 조선의 개항을 요구했던 이후의 외국 배들은 종종 무력시위나 약탈로 문제가 됐는데, 조선에 처음으로 통상을 요구한 애머스트호는 평화적인 방법으로 친선관계를 다지려고 했다는 것이다. 이는 이후 다른 외국배들과의 차별성을 지닌다. 이처럼 첫 통상을 요구한 서양 상선은 평화적으로 조선에 다가왔다. 만약 미약한 시

---

38 H. Lindsay, *Report*, Advertisement.

39 H. Lindsay, *Report*, 1. 출발 일자의 상이함에 대해 앞에서 이미 언급했다.

40 Immanuel C. Y. Hsü, "The Secret Mission of the Lord Amherst on the China Coast, 1832", 234.

41 Immanuel C. Y. Hsü, "The Secret Mission of the Lord Amherst on the China Coast, 1832", 234.

42 『조선왕조실록』, 순조 32년(1832) 7월 21일(음력).

43 『읍지류』 충청도편.

작이지만 이때 통상이 이루어져 조선의 국왕을 비롯한 지도자들이 좀 더 빨리 개화에 눈을 떴다면, 그리고 동시에 복음을 받아들여 새로운 신앙에 귀 기울였다면, 조선의 역사가 바뀌었을 수도 있었을 것이다.

애머스트호에 대하여 현재는 발굴된 서양 측 자료가 매우 제한적이라 조선 측 자료에 상당히 의지할 수밖에 없다. 이 배는 무슨 재원으로 만들어졌으며, 어느 해에 진수했는가에 대한 기록이 『조선왕조실록』 순조실록 32년 7월 21일자 공충감사 홍희근(洪羲瑾)의 보고에 나타나 있다.[44] 배는 이목(椈木, 뽕나무과 대추나무)으로 만들어졌고, 배의 건조 연도는 조선 도착보다 7년 전, 즉 1825년에 건조됐다.[45]

배의 크기에 대해 추측해 볼 수 있는 자료는 현재로는 조선의 자료가 유일하다. 조선 측 기록을 보면, "삼범죽선(三帆竹船)", 즉 세 개의 돛대를 가진 범선이며 길이는 30파이고 넓이는 6파였다.[46] 여기에 나타나는 조선의 배의 크기를 재는 단위는 파(把)인데, 원래 조선시대에 배를 재는 단위는 두 가지 경우가 있다.

첫 번째는 1752년(영조 28)에 제정된 영조척(營造尺)으로 측정한 경우이다. 『경세유표(經世遺表)』 「균역사목추의(均役事目追議)」의 '균역선량선척(均役廳量船尺)'과 『증보문헌비고(增補文獻備考)』에는 10척(尺)을 1파로 규정하고 있다. 그러나 두 번째 『만기요람(萬機要覽)』의 「양선록안(量船錄案)」에는 기존의 영조척과는 배를 재는 크기가 다르다. 여기에서 양선척(量船尺)은 영조척(營造尺)의 반을 기준으로 한다, 즉, 『만기요람』의 양선척(量船尺) 기준으로는 10척(尺)의 경우 『경세유표』 「균역사목

---

44 『조선왕조실록』, 순조 32년(1832) 7월 21일(음력).
45 김경선, 「영길리국표선기」.
46 『조선왕조실록』, 순조 32년(1832) 7월 21일(음력).

추의」의 '균역선량선척'과 『증보문헌비고』의 길이에 반밖에 되지 않는다. 『경세유표』와 『증보문헌비고』에 나오는 영조척(營造尺)에 따라 재면 애머스트호의 길이는 약 93미터, 넓이는 약 18미터가 나오지만, 『만기요람』의 「양선록안」 규정에 따른 수치에 의하면 그 절반밖에 안 된다.[47] 이처럼 사용하는 단위에 따라서 배의 규모를 계산해 내는 데 차이가 있을 수 있다.

애머스트호를 잰 것은 『만기요람』의 「양선록안」 규정에 따른 수치일 가능성이 높은데, 이는 애머스트호의 총 톤수를 추리해 보면 알 수 있다. 순조신록에 기록된 배 앞뒤가 뾰족한(頭眉尖) 애머스트호의 길이는 30파(46.5m)이고, 넓이는 6파(9.3m)이다.[48] 김경선의 「영길리국표선기」에는 이와 함께 돛대에 대한 정보가 부가적으로 실려 있는데, 앞 돛대가 19파(29.5m), 중간 돛대 22파(34.1m), 뒤 돛대 16파(24.8m)라고 기록하고 있다.[49]

이렇게 가정할 때, 애머스트호의 무게는 몇 톤일까? 애머스트호의 톤수에 관한 기록은 여러 가지가 있다. 서양의 1차 사료를 토대로 필자는 총 톤수를 500톤급이라 예측했다. 328톤[50]과 350톤[51]이라는

---

47 영조척은 31.0cm 내외이다(윤장섭, 「한국의 영조척도」, 『건축』 제19권 제2호, 1975. 5, 9쪽; 김유정, 「말 싣던 제주배는 얼마나 컸을까」, 『제민일보』, 2008.9.30(http://www.jemin.com/news/article View.html?idxno=208030)).
48 『조선왕조실록』, 순조 32년(1832) 7월 21일(음력).
49 김경선, 「영길리국표선기」.
50 Harriett Low Hillard, Nan P. Hodges & Arthur W. Hummel(ed.), *Light and Shadows of a Macao Life : The Journal of Harriett Low, Travelling Spinster* vol. 1, Woodinville, WA : The History Bank, 2002, 414.
51 Immanuel C.Y. Hsu, "The Secret Mission of the Lord Amherst on the China Coast, 1832", 234.

기록, 심지어 1,000톤[52]이라는 주장도 있다. 그런데 애머스트호는 미국 국적의 돌레호(Dhaulle)와 함께 당시 영국 동인도회사가 용선한 배 중 상대적으로 크기가 작은 것으로 분류된다.[53] 1800년대 애머스트호와 동시대 운항한 상대적으로 큰 배인 800~1,000톤급이나 되는 영국 동인도회사 소속의 큰 선박에 비해 상대적으로 작으려면,[54] 300톤급이나 500톤급이 되어야 할 것이다.

이것을 전제하고 애머스트호가 몇 톤인지를 다음 두 가지 방법으로 유추해 볼 수 있다. 첫째, 참고할 수 있는 동시대의 배와 비교를 통해서 그 측량 값의 대충을 짐작하는 것이다. 동시대 운항했던 배로서 비교할 수 있는 선박은 비글호(HMS Beagle)를 들 수 있는데, 비글호는 1831년 12월 27일 남미탐사를 위해 찰스 다윈(Charles Robert Darwin, 1809~1882)을 태우고 떠난 배이다. 비글호(2차 항해)는 1차 항해보다 돛을 하나 더 달아 3개의 돛으로 개조된 체로키급 발크범선(Cherokee-class, Barque-sloop)이었다. 승선인원 70명 정도였으며, 길이 90.3ft(27.5m) 최대넓이 24.5ft(7.5m) 그리고 총 톤수는 242톤이었다.[55] 애머스트호는 비글호보다 길이가 거의 두 배고 넓기 때문에 그 톤수는 분명 비글호

---

52 리진호, 『귀츨라프와 고대도』, 39쪽.

53 James Horsburgh, *The India directory, or, directions for sailing to and from the East Indies, China, Australia, and the interjacent ports of Africa and South America* Vol. 2, 5. ed., London : Allen, 1843, 433.

54 애머스트호 운행 당시 동인도회사가 보유한 천 톤급 배는 Duke of Sussex(1,336톤, 운항기간 1826~1834), Duke of York(1,327톤, 운항기간 1817~1833), Dunira(1,325톤, 운항기간 1817~1833), Lady Melville(1,271톤, 운항기간 1813~1834), Lord Lowther(1,332톤, 운항기간 1825~1833) 등이 있었다. http://www.eicships.info/ships/shiplistG.asp.

55 H. E. L. Mellersh, *FitzRoy of the Beagle*, London : Rupert Hart-Davis 1968, 70f.; HMS Beagle from Wikipedia, http://en.wikipedia.org/wiki/HMS_Beagle.

로드 애머스트호의 규모(507톤)

의 톤수보다는 클 것으로 짐작할 수 있다. 순조신록에 나와 있는 양선척은 『만기요람』의 양선척을 기준으로 잰 것으로 여겨지는 대목이다.

둘째는 당시 영국의 배의 톤수계산 법을 조선 측 사료에 나와 있는 길이로 계산해 보면 대충치를 알 수 있다. 1773년 조지 3세 치하의 영국에서는 모든 상선의 톤수를 측정하도록 하는 법안이 제정됐다.[56] 영국 해군이 1677년에 만들었고, 1773년에 법으로 채택된 톤수 측정법은 "옛 톤수 측정법(Bilder's Old Measurment : BOM)"이라 불린다.[57] 영국은 1677년 영국 해군에서 도입했던 톤수 측정법을 그대로 채택

---

56 김성준·고재용, 「영국선박톤수측정법의 변천에 관한 역사적 고찰」, 『해운물류연구』, 2004.9, 222쪽.
57 김성준·고재용, 「영국선박톤수측정법의 변천에 관한 역사적 고찰」, 221·223쪽.

하여 1786년, 1819년, 1833년 재차 수정했고 1835년까지 시행했다.[58] 1835년부터는 왕립위원회에 의해 제안된 새로운 톤수측정법이 발효되어 시행됐으므로 애머스트호의 톤수 측정법은 1835년 이전의 BOM 측정법을 썼을 것이다. BOM 수식은 다음과 같다.

$$Tonnage = \frac{(Length - (Beam \times \frac{3}{5})) \times Beam \times \frac{Beam}{2}}{94}$$

Length = 최대길이, Beam = 최대 넓이, 모든 단위는 피트(feet)[59]

여기에 조선 측 애머스트호의 선박 측량, 『만기요람』「양선록안」의 기준으로 잰 수치를 피트(feet)로 환산하여 계산해 BOM의 정산서 식으로 계산해 보면, 500톤급 후반이라는 계산이 나온다. 여기에 조선 측 측량이 약간의 오차가 있을 수 있었음과 당시 배의 선주들은 세금을 덜기 위해 실제 톤수보다 낮추어 보고하는 관행이 있었음을 감안해야 한다.[60] 이 두 점을 고려 할 때 애머스트호는 500톤급이 맞을 것이다.

2) 애머스트호의 구조와 장비 그리고 승선자

『조선왕조실록』 순조신록에 의하면,[61] 애머스트호의 구조는 상층

---

58 김성준·고재용,「영국선박톤수측정법의 변천에 관한 역사적 고찰」, 222쪽.
59 김성준·고재용,「영국선박톤수측정법의 변천에 관한 역사적 고찰」, 221쪽; Builder's Old Measurement http://en.wikipedia.org/wiki/Builder%27s_Old_Measurement
60 김성준·고재용,「영국선박톤수측정법의 변천에 관한 역사적 고찰」, 218쪽.
61 『조선왕조실록』, 순조 32년(1832) 7월 21일(음력).

(上層)과 중층(中層)이 있고 큰 방이 10간(間), 작은 방이 20간(間) 있었다. 뱃머리와 배의 후미에는 각각 건령귀(乾靈龜, 나침반)가 설치되어 있었다. 애머스트호 안에는 희고 검은 염소(羔)를 자체적으로 키우고 있으며, 오리와 닭을 가두는 새장에 홰(塒)를 설치하고 있고, 돼지우리도 갖추고 있었다. 푸르거나 검은 색의 급수선(汲水船) 4척은 배의 좌우에 항상 매달아 놓았다가 언제든 물에 띄워 놓을 수 있도록 했다.[62] 순조신록은 앞 돛대와 중간 돛대 그리고 뒤 돛대 모두 3층이라 했지만, 「영길리국표선기」에는 돛대에 대해서 앞 돛대와 중간 돛대 그리고 뒤 돛대는 모두 3층과 6층으로 되어 있고, 수레바퀴 모양으로 만들어져 있으며 중간에 사람이 설 수 있는 받침대를 달아 놓았다고 더 자세히 묘사하고 있다.[63]

애머스트호의 뒷부분에는 선관(船官)이 거처하는 방이 있고, 배의 앞쪽에는 조리실이 있었다. 이 배의 무장에 관한 조선 측 기록을 보면 배 안에 실은 병기(兵器)는 환도(環刀) 30자루, 총 35자루, 창 24자루, 대화포(大火砲) 8좌(座)가 있었다고 한다.[64] 그들이 사용하는 그릇은 화기(畵器)이고 술통(樽)과 병(甁)은 유리였으며, 숟가락은 은(銀)으로 만들었다고 한다.

또 배에 타고 있는 사람들에 대해 순조실록 1832년 7월 21일(음력)과 「영길리국표선기」에 기록이 남아있는데, 「영길리국표선기」가 순조실록보다 이름·직책·거주지·나이까지 좀 더 상세히 적고 있

---

62 『조선왕조실록』, 순조 32년(1832) 7월 21일(음력); 김경선, 「영길리국표선기」.
63 김경선, 「영길리국표선기」.
64 "環刀三十銃三十五鎗二十四大火砲", 『조선왕조실록』, 순조 32년(1832) 7월 21일(음력); 『일성록』, 1832.7.8(음력).

다. 승선자는 총 67인이었는데, 「영길리국표선기」는 다음과 같이 적고 있다.

    4품(品) 자작(子爵) 선장(船長) 호하미(胡夏米, 상무관 린지)는 나이 30,[65] 난돈(蘭墩, 런던)에 살고, 출해리사(出海李士, 선장 리스)는 나이 32, 난돈에 살고, 6품(品) 거인(擧人) 의생(醫生) 하(何, 귀츨라프)[66]는 나이 29, 난돈에 살고, 제일 과장(第一夥長) 파록(波綠, Stephens)[67]은 나이 38, 난돈에 살고, 제이 과장 심손(心遜, Simpson)은 나이 22, 난돈에 살고, 제삼 과장 약한(若翰, John)은 나이 20, 난돈에 살고, 화사(畫師) 제문(弟文)은 나이 19, 난돈에 살고,[68] 시종(侍從) 미사(米士, Misha)는 나이 15, 난돈에 살고, 필도로(必都盧, Peter)는 나이 20, 난돈에 살고, 과계(夥計, 심부름꾼)는 벽다라(辟多羅) 나이 40, 흔도사탄(忻都斯坦, 힌두스탄)에 살고, 마행(馬行)은 나이 26, 흔도사탄에 살고, 임이(林爾)는 나이 30, 흔도사탄에 살고, 임홍(林紅)은 나이 34, 흔도사탄에 살고, 파가(巴加)는 나이 26, 흔도사탄에 살고, 파지(巴地)는 나이 29, 흔도사탄에 살고, 수수(水手)는 나이 34, 흔도사탄에 살고, 야만(耶熳)은 나이 20, 흔도사탄에 살고, 육한(肉翰)은 나이 21, 흔도사탄에 살고, 명하(明夏)는 나이 44, 흔도사탄에 살고, 마흥(馬興)은 나이 25, 흔도사탄에 살고, 마시(馬是)는 나이 26, 흔도

---

65 『조선왕조실록』, 순조 32년(1832) 7월 21일(음력)에는 선주(船主)라고 나와 있다. 이는 동인도회사의 상무관 린지를 지칭한다.

66 『조선왕조실록』, 순조 32년(1832) 7월 21일(음력)에는 "6품 거인(擧人) 수생(隨生, 수행비서) 갑리(甲利)"라고 되어있는데 칼의 중국식 음역이다. 그러나 「영길리국표선기」에는 선의(船醫)로 기록했다.

67 H. Lindsay, *Report*, 231에 보면 조선 국왕에게 예물을 진상할 때에 꼭 참여시켜야 할 인물로 심슨(Simpson)과 같이 스티븐스(Stephens)을 언급 하는 것으로 봐서 항해 책임자 중 하나일 것이다. 1등 항해사일 가능성이 높다. 그러므로 파록은 스티븐스일 것이다.

68 김경선, 「영길리국표선기」에는 『조선왕조실록』, 순조 32년(1832) 7월 21일(음력)에 화사(畫師, 화가)와 시종(侍從) 사이에 기록된 사자(寫字, 기록관) 노도고(老濤高)가 빠져있다.

사탄에 살고, 마시(馬是)는 나이 25, 흔도사탄에 살고, 진주(陳舟)는 나이 31, 흔도사탄에 살고, 네 사람도 모두 성명이 진주(陳舟)로 흔도사탄에 사는데 다만 나이가 각각 틀리고, 손해(遜海)는 나이가 20, 흔도사탄에 살며, 열 사람도 역시 모두 성명이 손해로 흔도사탄에 사는데 나이가 각각 같지 않으며, 제일주자(第一廚子) 모의(慕義)는 나이 50, 흔도사탄에 살고, 제이주자 무리(無理)는 나이 30, 흔도사탄에 살고, 지범(止帆) 오장(吳長)은 나이 21, 흔도사탄에 살고, 육반(班) 시년(施年)은 나이 59, 흔도사탄에 살고, 시만(施慢)은 나이 18, 흔도사탄에 살고, 시환(施環)은 나이 16, 흔도사탄에 살고, 시니(施尼)는 나이 18, 흔도사탄에 산다.

승선자들의 면모를 볼 때, 배를 실질적으로 이끌고 있는 서양인들은 승선자 총원 67명 중 9명 내지 10명(사자(寫字) 노도고(老濤高) 포함)이며, 평균 나이는 약 25세로 젊다. 배에 탑승한 이들의 국적을 보면 최소 영국인, 독일인, 인도인 등으로 구성되어 있었다는 것을 알 수 있다. 아울러 린지는 "흑인(Negro)"도 애머스트호에 동승했음을 알리고 있다.[69] 최초의 통상선에 있던 사람들은 여러 국적과 인종의 다문화적 연합체(eine multikulturellen Gemeinschaft)였던 것이다. 그들이 상륙하여 조선인들과 교류할 때 종교, 의복, 머리모양, 식습관, 식기류, 무장, 언어, 서적 등 문화적 교류를 통해 조선인들에게 새로운 문화적 자극을 주었음이 틀림없다.

---

69   H. Lindsay, *Report*, 230.

로드 애머스트호 외부 추정 모형(모형 제작 및 일러스트 : 오현기)[70]

① 멀리 바라보는 것 같은 사람의 형상
② 배 가운데 염소, 닭, 돼지 등을 기르는 우리나 홰
③ 배의 앞뒤로 나침반(건령귀(乾靈龜)) 설치
④ 배의 뒤편에 선관(선장)이 거주하는 화려한 방
⑤ 푸르거나 검은 급수선 4척은 좌우에 설치

---

70 『조선왕조실록』, 순조 32년(1832) 7월 21일(음력); 김경선, 「영길리국표선기」.

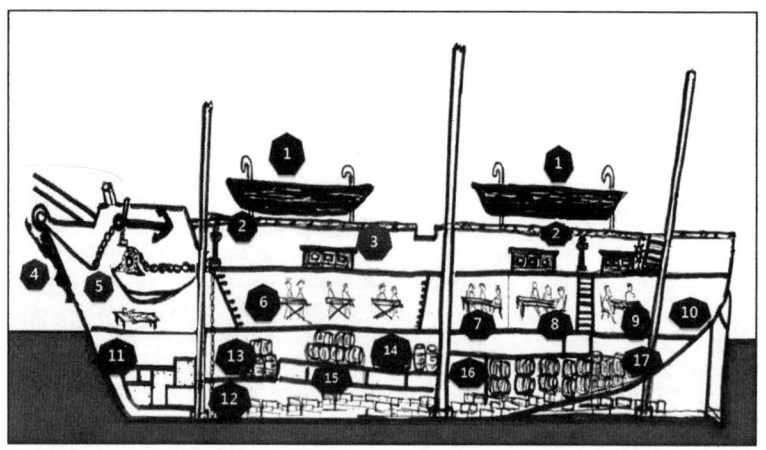

로드 애머스트호 내부 추정도(일러스트 : 오현기)[71]

① 급수선 또는 긴 보조선(long-boat)
② 나침반　　　③ 환기창
④ 뱃머리에 장착된 사람의 형상
⑤ 의무실　　　⑥ 식당
⑦ 하급선원실　⑧ 항해사실
⑨ 선장실　　　⑩ 선장전용 물품창고
⑪ 석탄창고　　⑫ 닻줄 잠금장치
⑬ 돛 창고　　　⑭ 나무통(소금에 절인 고기의 염분을 빼기 위해 맑은 물을 담아두는 통)
⑮ 급수탱크　　⑯ 술창고
⑰ 식량저장창고

---

[71] 이 내부추정도는 『조선왕조실록』, 순조 32년(1832) 7월 21일(음력)과 김경선, 「영길리국표선기」, 1832년 찰스 다윈이 탄 비글 호(H. M. S Beagle)를 참고하여 작성됐다. http://en.wikipedia.org/wiki/File : HMS_Beagle_1832_ longitudinal_section_larger.jpg.

3   최초의 서양 통상선이 선교선으로

귀츨라프는 "모든 수단과 모든 방법으로(auf allen Wegen und mit allen Mitteln)"[72] 선교한다는 선교방법론을 가지고 있었다. 이에 따라 그때까지 잘 알려지지 않은 미지의 나라 조선을 선교하는 데 최초의 통상 요구선을 그의 선교 수단으로 사용했다. 그가 개인적으로 육로를 택하여 선교하거나, 어떤 다른 방법을 동원하여 개인적으로 조선에 접근하는 것은 거의 불가능했을 것이다. 그렇지만 선교적 열망에 따라 무모하게 보이는 여행도 마다하지 않았다. 앞서 언급했듯이 귀츨라프는 1831년 그의 1차 선교여행에서도 중국 광동 성 동부 출신 친구 린정(Lin-Jung)의 상선을 이용하여 그때까지 서양인이 방문해보지 못한 지역에서 선교를 행했고,[73] 1832년 2차 선교여행 때는 영국 동인도회사의 로드 애머스트호에 동승했다. 이는 통상지 개척을 위한 실험적 탐사에 용기 있게 참여한 결과이다. 이때 그는 애머스트호의 선의(船醫)와 통역사 역할을 맡아 참가했다. 물론 그의 애머스트 탑승의 목적은 선교여행이었다.[74]

특히 당시 조선은 쇄국정책이 한창이었고 기독교를 거부하는 "강력한 장애물(der mächtige Schlagbaum des Verkehrs)"이 버티고 있었다. 그래서 "하나님의 은혜의 섭리를 이룰 때가 언제가 될 지 알 수 없는"[75] 곳

---

72 K. Gützlaff, *Aufenthalt*, 143.
73 Karl Friedrich Ledderhose, *Johann Jänicke : der evangelisch-lutherische Prediger an der böhmischen- oder Bethlehems-Kirche zu Berlin ; nach seinem Leben und Wirken dargestellt Zum Besten der Mission für China*, Berlin : G. Knak Selbstverlag, 1863, 125.
74 K. Gützlaff, "Briefe an einen Freund in Berlin(Macao, 1835.1.7)", 376.
75 K. Gützlaff, *Aufenthalt*, 247.

이었다. 실제로 1801년(순조 1)에는 신유박해(辛酉迫害)가 있어 청나라 신부인 주문모를 포함하여 조선인 약 100명이 처형되고 약 400명이 유배됐다. 이 천주교 탄압 소식을 귀츨라프 역시 잘 알고 있었기 때문에 개인적 선교의 활동이 불가능할 뿐 아니라 위험한 일이었음에 틀림없었다. "배타적 증오심을 가진 제도로 인해 야기된 미개한 상태(Der Zustand der Barbarei, der durch das gehässige System der Ausschließung)"[76]로 파악한 그에게는 조선과 같은 나라를 방문하고 선교하는 데 있어서 통상선을 이용하는 것이 거의 유일한 대안이었다.

애머스트호를 타고 출발한 귀츨라프는 1832년 7월 17일 조선에 도착한 날 오후 5시경 벌써 조선인 어부들을 만나 책과 사자문양이 새겨진 단추를 주었고 어부들에게서 농어를 선물받으면서 우호적 만남을 시작했다.[77] 그날 애머스트호의 선상에서 조선의 국왕에게 올릴 통상청원서를 작성하기도 했다.[78] 조선의 고관들과 그들의 조정관 등노, 그의 비서 양의 등을 이 배에서 만나서 문화적 교류를 했으며, 관원이 아닌 일반인들, 예를 들면 안전한 선착장인 안항으로 이끌 조선인 항해사들을 이 배에 태워서 교류하기도 했다.[79]

고대도 안항에 정박한 애머스트호가 자연스럽게 귀츨라프의 해상 선교기지가 된 것은 말할 나위가 없었다. 이 배로부터 급수선(汲

---

76 K. Gützlaff, *Aufenthalt*, 246.
77 H. Lindsay, *Report*, 215. 노인에게 여러 권의 책과 몇 개의 단추를 선물했다. K. Gützlaff, *Aufenthalt*, 245 비교.
78 H. Lindsay, *Report*, 216f.
79 C. Gutzlaff, *Journal*, 1834, 272.

水船)[80] 또는 긴 보조선(long-boat)[81]를 타고 내륙과 인근 섬을 두루 다니며 복음을 전했다. 특히 천수만과 내륙 창리까지 방문하여 전도책자를 전달했다.[82] 로드 애머스트호에 "한문으로 된 신약성경(Exemplare des chinesischen Neuen Testamentes)"인 복음서를 싣고 왔으며,[83] 이 배의 선상에서 순조에게 싣고 온 『신천성서』와 전도서적을 진상품에 넣어 쌌다.[84] 또한 7월 27일에는 이 배의 선상에서 한문에 능통한 젊은 비서 '양의'에게서 한글 자모 일체를 채득하고, 귀츨라프가 한문으로 써준 주기도문을 그로 하여금 읽게 하여 또 이것을 한글로 번역하게 했다.[85] 이 배의 선상에서 감기에 걸린 노인 60명분의 약을 처방해 주기도 했다.[86]

무엇보다도 그가 비교적 짧은 시간에 많은 지역을 선교탐방할 수 있었던 것은 애머스트호의 기동성 때문이었다. 그리고 이 배를 모선(母船)으로 해서 여러 지역에 선교방문이 가능했다. 원래 애머스트호는

---

80 『조선왕조실록』, 순조 32년(1832) 7월 21일(음력); 김경선, 「영길리국표선기」.
81 H. Lindsay, *Report*, 227.
82 C. Gutzlaff, *Journal*, 1834, 283f.; 『조선왕조실록』, 순조 32년(1832) 7월 21일(음력).
83 K. Gützlaff, *Aufenthalt*, 251; C. Gutzlaff, *Journal*, 1834, 277f.
84 귀츨라프는 「중국을 위한 호소(An appeal in behalf of China)」라는 글을 통해 여러 진상품과 함께 21권(volume)으로 된 성경과 전도서적 2세트를 선물에 포함시켰다고 밝혔다(K. Gützlaff, "An appeal in behalf of China", American Board of Commissioners for Foreign Missions, *Missionary Herald* Vol. XXX, Boston : Crocker and Brewster, 1834, 423). 이 성경은 다름 아닌 『신천성서(神天聖書 - 載舊遺詔書兼新遺詔書)』이다(Malacca : Anglo-Chinese College, 1823). 『신천성서』는 중국어로 된 최초의 신구약 완역 성경으로서, 귀츨라프의 선교적 동역자였던 로버트 모리슨이 1823년 말라카(Malacca)에서 출판한 21권(volum) 선장본이다(Alexander Wylie & William Gamble, *Memorials of Protestant missionaries to the Chinese : giving a list of their publications, and obituary notices of the deceased*, Shanghae : American Presbyterian mission press, 1867 5f.).
85 H. Lindsay, *Report*, 239.
86 C. Gutzlaff, *Journal*, 1834, 283.

조선에 통상을 요구하러 온 소위 '서양상선'이었지만, 이에 못지않게 선교선으로서의 역할을 톡톡히 한 것은 분명하다. 애머스트호를 조선 최초의 서양통상 요구선이란 호칭과 함께 개신교 최초의 복음을 안고 온 선교선으로 볼 이유가 바로 여기에 있는 것이다.

에피소드- 〈도우시는 성령님〉 - 꿈에 담겨진 애머스트호

　백석대학교 기독교 문화예술학부 조형회화과 2012년도 졸업작품전 도록에서 눈에 띄는 한 판화 작품을 만났다. 귀츨라프가 타고 온 로드 애머스트호처럼 3개의 돛대를 지닌 범선이었다. 마치 1832년 7월에 그 배가 한국에 들어 올 때를 묘사하듯이 큰 바다에서 어떤 항구를 찾아 들어오는 범선을 묘사한 것이었다. 그러나 이 작품은 도록에만 있고 졸업 작품을 전시하는 백석 갤러리에는 걸려 있지 않았다. 그래서 나는 애가 더 탔다. 이 작품을 반드시 만나야겠다는 마음이 날 사로잡았다. 하나님이 왜 내게 이 작품에 대해 그토록 감동을 받도록 만드셨는지 함혜진 작가를 만난 후에 마침내 그 의문이 풀렸다. 왜냐하면 이 작품의 구상과 관련하여 나는 귀츨라프와 모종의 연관성을 찾았기 때문이다.

　그의 작품이야기는 작가가 어느 날 꾼 꿈 이야기로 시작됐다. 함 작가가 꿈에서 한 배가 들어오는 꿈을 꾸고는 그 꿈이 평범하지 않아 기억을 되살려 판화로 만들었다 한다. 〈도우시는 성령님〉이란 제목을 붙였는데, 그것은 그 배를 두고 느끼는 자신의 신앙고백이라 했다. 그런데 놀라운 일은 그 작가는 한 목사의 아내이며, 충남 보령에서 사역할 때 꾼 꿈을 소재로 해서 제작했다는 것이다.

　보령! 귀츨라프가 보령 앞바다의 고대도에 1832년 7월 25일, 성령님의 도우심으로 항해의 숱한 위험 가운데서도 안전한 항구로 들어왔으니 정녕 그 꿈은 허튼 꿈이 아닌 것이다. 하나님은 함 작가를 통해 당신이 예비하셨던 한국 복음화의 시작을 보여 주시고, 이제 이 판화를 귀츨라프의 이야기를 담아 소개하는 데 도구로 사용하시고자 하신

함혜진 作, 〈도우시는 성령님〉 15×10cm 동판, 2012

것이라고 필자는 믿는다. 이제 성령님의 도우심이, 꿈을 넘어 귀츨라프를 필두로 하여 한국을 복음화된 나라로 이끄시는 성령님의 역사가 시작된 것이다. 우리는 그 복음의 역사를 바라보며 제2의 귀츨라프로서 이 민족을 향한, 아니 세계를 향한 복음의 사명을 잊지 말아야하겠다.

제8장

귀츨라프의 섬, 고대도

1   하나님이 사랑한 섬, God愛島!

고대도는 크기 약 0.82km² 해안선 길이 4.3km에 불과한 아담한 섬이다.¹ 이 섬에는 원삼국시대(서력기원 전후부터 AD 300년경까지)부터 사람이 살고 있었음을 알려주는 폐총과 소량의 두들긴무늬토기 조각이 발굴되기도 했다.²

고대도는 얼마 전까지만 해도 섬 전체가 태안 해안국립공원에 지정되어 있었던 청정지역에 속한 아름다운 섬이다. 2010년에는 행정안전부가 선정한 '명품섬 Best-10'에 보령시 장고도권(고대도, 삽시도, 장고도)의 이름으로 고대도가 선정되기도 했다.

고대도는 1970년대 초에 이미 자가발전 시설과 상수도 시설, 공동 목욕탕 등 문화기반 시설이 갖추어지면서 발전했던 곳이다. 고대도에는 70여 가구 200명 정도의 주민들이 서로 다정한 이웃으로 형제처럼 지낸다. 주로 어업과 양식업에 종사하지만 쌀·감자·콩 같은 농산물도 소량 생산된다. 과거에 중국배가 드나들고 파시(波市)가 열릴 정도로 발달한 지역이었다. 하지만 지금은 다른 섬과 비교할 때 그리 넉넉한 형편이 되지 못한다. 어느 주민의 말을 빌리자면 "신이 버린 섬"과 같다고 한다. 왜냐하면 다른 섬에 비해 천연자원도 풍부하지 않고, 관광 자원도 빈약하여 그간 찾는 사람들의 발길도 뜸해지자 점점 발전하는 인근 다른 섬들에 비해 상대적으로 낙후되어 가는 소외감을 느끼고 있기 때문이라고 한다. 필자는 "신이 버린 섬"이란 말을 들었

---

1   김근완·김근태,「삽시도·장고도·고대도의 유적과 유물」, 한남대 중앙박물관,『고고와 민속』제8집, 한남대 중앙박물관, 2005, 5쪽.
2   김근완·김근태,「삽시도·장고도·고대도의 유적과 유물」, 3쪽.

을 때 마음이 아팠다. 하나님이 버린 것이 아니라 특별히 사랑한 섬이라는 것을 고대도에서 알 수 있는데 말이다. 180여 년 전 복음의 씨앗이 어느 곳보다도 먼저 이곳 고대도에 떨어지고, 주민들이 성경일부와 전도서적을 다량으로 받았을 뿐 아니라 신문물을 경험했던 축복의 역사가 일어났던 선택받은 섬이기 때문이다. 이 선택받은 섬에서 지금 새로운 역사가 태동하고 있다. 귀츨라프 선교사의 선교업적과 문화적 중개사역에 대해 기리고 계승하려는 움직임이 한국교회의 일각에서 일어나고 있다. 그래서 고대도(Godaedo)는 버려진 섬이 아니라 하나님이 특별히 사랑한 'God愛島'로 기억되어야 할 것이다.

2 고대도에서 보아야 할 곳

1) 고대도의 선착장

배에서 내려 제일 먼저 만나는 이 웅장한 구조물을 보고 필자는 십자가를 연상했다. '복음이 첫 번째 떨어진 곳답게 이곳의 선착장에 누가 십자가를 세웠나보다'라는 착각은 아마도 이 섬이 가지는 상징성 때문에 생긴 착시현상이 아닐까 싶을 정도이다. 실제로 이 십자가는 어망을 걸어 놓기 위해 세운 구조물이다. 더 놀라운 것은 밀물이 되면 하나씩 잠겨 선착장 바다 쪽에 있는 것들은 목만 내놓고 거의 다 잠긴다는 점이다. 이 선착장은 다른 곳에서는 쉽게 볼 수 없는 고대도의 독특한 명물이다. 고대도의 첫 인상부터 이채롭다.

고대도 선착장(촬영 : 민병현)

2) 고대도 교회

고대도에는 한국 최초의 개신교 선교사 칼 귀츨라프를 기념하는 교회가 서 있다.

이 교회는 1982년 곽길보 목사가 설립했다. 현재의 교회 건물은 2003년 10월 24일 기공 예배를 드리고, 2004년 9월 16일 입당예배를 마침내 2005년 4월 19일 헌당예배를 드렸다.[3] 대한예수교장로교 합신 측이 전국교회의 지원을 받아 지금의 교회당을 봉헌한 것이다. 여기에는 당시 담임목사셨던 김국중 목사의 수고가 컸다. 당시 헌당예배에서는 김명혁 목사가 이사야 9장 1~2절을 본문으로 하여 '큰 빛

---

3 김국중, '고대도 교회 헌당예배를 마치고', http://rpress.or.kr/xe/planning_special/4951.

고대도 옛 교회당(촬영 : 오현기)

- 귀츨라프 선교사를 기리며'라는 제목의 설교를 했는데, "독일을 떠나 중국을 거쳐 조선 땅에 와서 착한 행실을 나타내 보이면서 '큰 빛'을 비춰고 돌아갔습니다"라고 귀츨라프의 선교역사적 의미를 기렸다.[4]

고대도 교회당 2층에는 귀츨라프 기념자료실이 있다. 이곳에는 귀츨라프의 조선 선교에 관한 다양한 1차 사료들, 영인본들과 그의 선교관련 2차 문헌들이 전시되어 있다. 귀츨라프의 생애를 쉽게 이해하도록 그림 자료도 잘 전시되어 있다. 이 모두는 귀츨라프의 선교 행적을 한 눈에 볼 수 있도록 잘 정리되어 있다.

---

4 김명혁, '큰 빛 - 귀츨라프 선교사를 기리며', http://rpress.or.kr/xe/planning_special/4947.

귀츨라프 선교기념 고대도 교회(촬영 : 민병현)

3) 고대도 당산(堂山)의 각시당

고대도 교회 뒤편에 나지막한 산이 하나 있는데, 이 산 정상에 산당(山堂)이 있다하여 당산(堂山)으로 불린다. 7월 30일 귀츨라프가 올랐던 산이며 그곳에서 본 산당이 "언덕 위의 신당(Temple)"이다. 이 산당은 1999년 원인 모를 화재로 소실됐다. 지금은 '각시당'이란 제단만이 남아 있다. 옛날에는 이곳에 눈먼 만신이 살았다고 한다.[5] 이 각시당에서는 매년 음력 정월 초사흘에 마을 제사가 치러졌는데, 이는 서천 마량진 근처 섬의 신(神)인 장군신이 북풍을 타고 각시를 만나러 왔다가 제사 당일 그날에만 부는 남풍을 타고 간다고 해서 제사를 지냈다 한

---

5   고대도 교회 하옥희 권사와의 인터뷰(2013.8.13).

고대도 각시당(촬영 : 오현기)

다.[6] 이 제사를 통해 뱃사람들의 안전과 풍요를 기원했다. 흥미로운 이야기는 귀츨라프 일행이 당산을 올라 가다가 독사를 만났는데, 린지가 총으로 쏘아 죽였다는 대목이다.[7] 뱀과 당산의 산당과 무속신앙! 그 무엇인가 그럴듯한 연관이 있는 듯하다. 혹시 뱀의 출연과 죽음은 복선이 아닐까? '귀츨라프의 뒤를 이어 펼쳐질 복음의 행로를 뱀(사탄)은 결코 막지 못할 것이다'라는 사실을 알려 주는 전조가 아닐까?

4) 고대도 십자가

고대도의 또 하나의 자랑인 고대도 십자가가 당산 맞은편 산에 서 있다. 고대도의 십자가는 언제 설치됐으며 누가 설치했는가? 필자

---

6 충남문화산업진흥원, 『칼귀츨라프와 함께 떠나는 고대도여행』, 충남문화산업진흥원, 2012, 92쪽.
7 Lindsay, *Report*, 276.

고대도 동산 위의 십자가(촬영 : 오현기)

가 조사한 바에 따르면 이 십자가는 1989년에 당시 고대도 교회 담임 임종관 목사가 하옥희 권사의 임직을 기념할 것을 제안하며 설치됐다고 한다. 하옥희 권사의 증언에 의하면, 자신의 딸 박지영 전도사에게 받은 50만 원을 헌금했고, 나머지는 목사님이 조달했다고 한다.[8] 이 헌금에 관하여는 하 권사의 따님인 박 전도사의 좀 더 자세한 증언을 들을 수 있었다. 이 헌금의 출처는 박 전도사의 지인인 모 대학 교수 부인인 임승하 집사의 후원금이 전달되어 드려졌다는 것이다.[9] 하나님의 섭리는 고대도를 위해 기도하던 이 땅 성도들의 정성들이 이렇게 연결되어 아름답게 꽃피운 것이다.

안면도 모래배가 십자가의 불빛을 보고 뱃길을 찾았고, 동네 사람들도 먼 바다의 고달픈 항해를 마친 후에 십자가의 불빛을 보고 위안을 받으며 집으로 돌아왔다고 하니 가슴 뭉클한 일이다. 이 십자가의 의의와 가치는 이처럼 특별하다. 최초 개신교복음 전래지로서의 상징성을 지니고 있고, 동시에 기존 등대가 서기 전 등대의 역할을 한 역사성을 지니고 있다.

이 십자가가 우리가 즐겨 부르는 찬송처럼, 〈하나님의 진리등대〉(510장)되어 근대 우리나라에 처음으로 진리의 등불을 밝히러 온 선교사의 뜻을 기리는 고대도의 명물로 자리 잡게 되기를 소망해 본다.

5) 당너머해수욕장과 당산 너머의 동산

당산의 각시당을 지나 당산을 넘어가면 상상하지 못한 풍경에 압도된다. 그것은 아마도 태초의 신비를 고스란히 담은 당너머해수욕장의 아름다움 때문일 것이다. 귀츨라프도 이 아름다운 해수욕장을 봤을까? 누구라도 그리 높지 않은 당산 너머의 동산에서 내려다보면, 이

---

8   고대도 교회 하옥희 권사와의 인터뷰(2013.8.13).
9   박지영 전도사와 인터뷰(2013.12.21).

해수욕장의 아름다움에 매료되고 만다. 귀츨라프가 묘사했던 "하나님의 정원" 또는 "에덴 동산"이라 불렀던 곳이 바로 이 동산과 해수욕장이 아닐까 싶다. 동산과 해수욕장, 이 둘은 한 세트 같다. 이 동산은 당너머해수욕장의 아름다운 풍경을 품고 있을 뿐만 아니라, 해변에 부서지는 파도 소리도 일품이어서 이곳이 바로 몸과 마음을 달랠 치유의 장소로 삼으면 좋을 것이다.

고대도 당너머해수욕장(제공 : 충남문화산업진흥원)

6) 몽돌해수욕장(안항 추정지 근처)

귀츨라프 선교사가 고대도에 정박한 안항이 몽돌해수욕장 앞바다일 것으로 추정된다. 마을에서 그리 멀지 않고, 바람막이가(파도막이가) 잘 되며, 조선시대부터 피항지로 자주 쓰이던 곳이다. 이 해수욕장은 모래사장이 아니라 돌로 이루어져 있다. 뾰쪽뾰쪽 거친 돌이 아니라 파도에 다듬어져 몽실몽실하고 깨끗이 씻겨 예쁜 얼굴을 하고 있는 돌로 이루어진 곳이다. 그래서 '몽돌'이란 이름이 붙었을지도 모르겠다. 이 해수욕장의 앞바다 어디엔가 로드 애머스트호는 정박했을 것이다. 그리고는 범선에 딸린 작은 배로 이곳과 주위 섬을 탐방했다. 180여 년 전 귀츨라프도 맡았을 이 바다 냄새를 가슴 깊숙이 들이마시며, 이 앞바다에서 작은 보트에 몸을 맡기고 고대도로 접근해 오는 그를 한번 상상해 보자. 한국의 선교역사에 남을 그의 모습을 포착하는 유쾌한 상상을 하다 보면 언젠가 나도 1832년 그날의 현장에 서 있으리라. 마치 네덜란드의 천재화가 렘브란트가 성경의 성화를 그리며 자신을 그려 넣었던 것처럼 말이다.

7) 선바위

고대도를 현지 답사하기 위해 대천항에서 배를 타면, 여러 아름다운 섬들을 지나치게 된다. 그 섬들 중에는 고만고만한 무인도들도 있다. 필자는 스쳐가며 만나는 아름답지만 비슷한 섬들에서 단조로움을 느낄 때 쯤, 뭔가 다른 기품을 가진 자연과 마주서게 됐다. 마치 경계비 같다고나 할까, 여기는 '좀 특별한 곳이요'라고 말하는 듯 홀로 우뚝 솟아 서 있는 바위이다. 숱한 전설을 만들어 내었을 법한 이 바위는 또 하나의 전설적 인물 귀츨라프의 고대도 방문 또한 묵묵히 지켜보았으리라. 일명 선바위! 저 먼 바다에서도 보더라도 여기가 보통 섬이 아니라는 사실을 알리는 바위! 숱한 바람과 파도의 몰아침에도 고대도의 문을 굳건히 지키는 수문장(守門將)의 기품을 가진 바위! 그가 바로 고대도의 심볼 선바위이다.

선바위 (촬영 : 헬가 오토브 Helga Ottow)

고대도 둘레길 전망대에서 본 선바위 (촬영 : 오현기)

사자바위(촬영 : 오현기)

8) 사자바위

고대도 선바위 곁은 보통 바다에 거의 잠겨있다. 그러나 썰물 때 드러난 풍경은 마치 외계의 어느 행성 표면 같이 신비로운 모습이다. 이 풍경 중 눈을 끄는 한 바위가 또 있다. 선바위 곁 이 바위는 마치 사자가 한가롭게 비스듬히 앉아 있는 듯하다. 그래서 필자는 사자 바위라 불러봤다. 고대도를 지키는 수문장같이 우뚝 서 있는 선바위 곁에 앉은 사자바위! 뭔가 조화롭지 아니한가! 마침 1832년 귀츨라프를 태우고 들어온 동인도회사의 배는 그들의 상징인 사자 문양의 깃발을 꽂고 다녔을 것이니, 묘한 연관성을 발견한다.

9) 미스터리한 둥근 돌판

고대도 안항으로 추정되는 곳 근처에서 선바위 쪽으로 가다 보면 미스터리한 둥근 돌판이 있다. 정남향을 바라보며 마치 무엇인가 의미를 부여하는 기념비처럼, 표지석처럼 만들어져 있다. 자연이 이렇게 아름답게 둥근 돌판을 깎아냈다고 보기에는 믿기지 않을 정도로 정교하게 다듬어져 있다. 필자가 직접 올라가 재어본 돌판은 지름이 125cm 내외로 그리 크지 않다. 고대도에 가면 자연이 만들어낸 이 예술품을 한 번 감상해 보자!

미스테리한 둥근 돌판

정남 쪽을 바라보고 있으니 해시계로 보아도 좋고, 귀츨라프의 선교를 기념한 변변한 기념비도 없는 고대도에 그것을 기념한 기념석으로 보아도 좋다. 혹은 고대도에 내려앉은 별이라 보아도 안 될 것 없다. 자연이 주는 메시지를 마음에 담아 상상의 나래를 마음껏 펼쳐보자!

10) 고대도 벽화

고대도에 귀츨라프 관련 벽화가 충남문화산업진흥원에 의해 2012년 7월에 그려졌다. 다소간 코믹스럽게 그려진 이 그림은 귀츨라프를 좀 더 친근하게 대할 수 있게 해 준다. 필자가 감수하고 기초 자료를 제공했지만, 애석하게도 지금은 매표소 근처의 영국 해군성 수로국 해도 등 몇 점을 제외하곤 사라졌다. 특히 초등학교 담장에 그려졌던 벽화는 귀츨라프의 선교적 성과를 웅변하는 그림이었기에 그것들이 사라진 점은 더욱 애석하다. 이제 사진으로만 남아 있는 벽화를 이 책에서 기록으로 남기려한다. 고대도의 담장에 기념으로 그려진 벽화를 넘어 우리의 마음속에 그려진 그림으로 간직되길 바라며…….

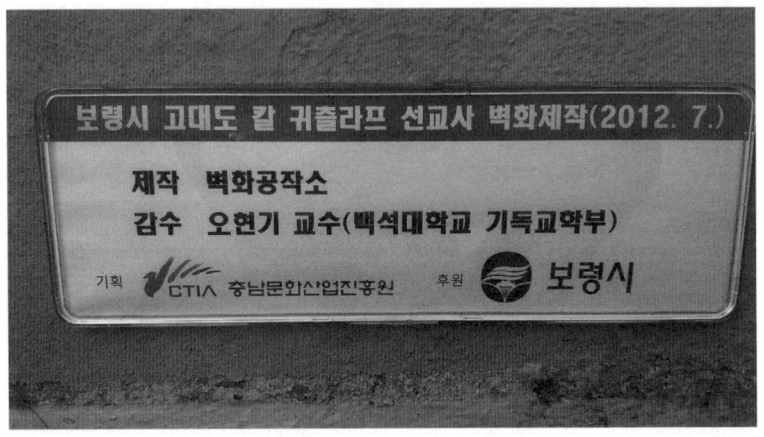

영국 해군성 수로국 작성 애머스트호 해도 벽화(촬영 : 오현기)

지금은 사라진 귀츨라프 관련 벽화(촬영 : 민병현, 일러스트 : 오현기)

제8장 귀츨라프의 섬, 고대도

제9장

—

칼 귀츨라프의
후기 선교사역

—

이 장에서는 귀츨라프의 최종 기착지였던 홍콩에서 행한 선교를 통해 중국 근대사에 남긴 칼 귀츨라프의 선교적 업적에 대해 살피고자 한다. 귀츨라프는 중국 내륙선교를 더욱 효과적으로 수행하기 위해 자신에게 전도받고, 교육받은 중국인 전도자들을 규합하여 1844년 복한회(福漢會, The Chinese Union)를 설립하고 본격적 중국 내지선교를 실행했다. 그래서 그가 새운 복한회의 설립과 성장 그리고 그 회의 사역을 관찰하는 것은 귀츨라프의 선교를 이해하는 데 필수적이다. 그래서 이러한 관찰을 통해 복한회의 역사적 의미와 선교적 성과를 아울러 규명하고자 한다. 또한 그의 중국 선교에 대한 호소로 말미암아 설립된 대표적 후원단체 중 하나인 베를린 여성선교회 설립의 배경과 선교적 역할을 고찰하고, 선교보고를 목적으로 한 유럽 방문(1849.10 홍콩 출발~1851.1 유럽 도착) 이후 귀츨라프의 마지막 선교사역을 추적하고자 한다. 이를 통해 귀츨라프가 후기 선교 기간 동안에 행한 사역이 중국 개신교 초창기 선교역사에 궁극적으로 어떠한 영향을 끼쳤는지 밝히고자 한다. 결과적으로 선교사역뿐 아니라, 정치·사회적 영향과 그로 인해 파생된 대표적 정치·사회적인 예도 함께 살피고자 한다. 그래서 그것을 통해 드러나는 근대 중국역사 속에 족적을 남긴 귀츨라프의 영향과 선교의 성과를 종합적으로 밝히는 것이 이 장의 최종 목적이다.

1 첫 번째 중국 내지선교회
– 복한회福漢會, The Chinese Union의 설립

귀츨라프는 홍콩에서 본격적 선교사역을 하기 전, 1842년 10월부터 1843년까지 영국정부가 임명한 저우산(舟山) 섬의 지사(Statthalter)로 재직하면서 지역을 순회하며 계속해서 선교했다. 학교를 세우고 전도 서적을 써서 인쇄하여 나누어 주었다.[1] 이즈음 그가 선교사로서 뿐만 아니라 모험가나 탐험가로서의 열정이 식지 않았음을 보여주는 한 예는 1842년 8월에 귀츨라프가 독일 뷔텐베르그 주의 영적 각성운동의 아버지라 불리는 크리스티안 고트로브 바르트(Christian Gottlob Barth, 1799~1862)에게 보낸 편지이다. 여기서 그는 다음과 같이 쓰고 있다.

> 양쯔 강을 여행하는 것이 주님이 중국 내륙을 선교하게 하기 위해 기회를 여신 것으로 여기면서 양쯔 강의 원천을 따라 여행했다. 나는 코코노르(Kokonor), 티베트(Tibet), 사마르칸트(Samarkand, 우즈베키스탄의 한 지명)를 경유하여 터키(Tuerkei)로, 칼프(Calw)로 가길 원한다.[2]

또한 이 사실은 1843년 3월 17일자 성(姓)을 알 수 없는 프리드리히(Friedrich)가 당시 바젤 선교회의 교육자이자 세미나 원장이었던 빌헬름 슈테른(Wilhelm Stern)의 외동딸 율리에 슈테른(Julie Stern)에게 보낸 편지에서도 확인되는데, 크리스티안 바르트의 편지를 그대로 인용하며

---

1 Gustav Emil Burkhardt, *Kleine Missions-Bibliothek oder Land und Leute, Arbeiter und Arbeiten, Kämpfe und Siege*, Bielefeld : Velhagen und Klasing, 1859, 140.
2 귀츨라프의 1842년 8월 편지, Calwer Missions-Blatt 16 : 7(1843.4.1), 30.

귈츨라프가 코코노르, 티베트, 사마르칸트, 터키, 독일 칼프에 오길 원했다고 확인하고 있다. 실제로 이 일은 계획으로만 그쳤다. 귈츨라프가 첫 번째 유럽으로 다시 돌아 온 것은 1849년 12월이었기 때문이다.

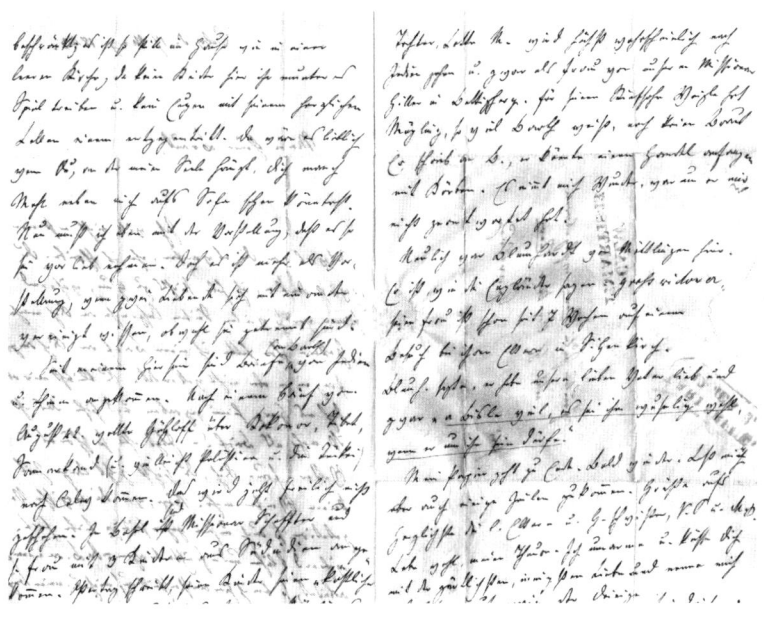

유리에 슈테른에게 프리드리히가 보낸 편지, 1843.3.17(소장 : 오현기)

그렇다면 이 편지에 나타난 프리드리히는 누구였을까? 필자는 개인적으로 바르트로부터 귈츨라프의 소식을 들을 수 있을 정도로 가까운 사이였던 사람들 중에, 크리스티안 프리드리히 엘버스(Christian Friedrich Elvers, 1797~1858)일 가능성이 크다고 생각된다. 그는 평소 바르트가 편집장으로 있는 『칼브 선교잡지(Calwer Missionsblatt)』의 중국 선교소식을 통해 귈츨라프에게 감명을 받고 큰 관심이 있던 사람이었으며,³ 후에 중국 선교사역을 위해 1846년 귀츨라프 같은 중국 선교사를 후원할 목적으로 바르트와 함께 카셀 선교회(Chinesiche Stiftung in Kassel)를 설립한 인물이었기 때문이다.

귀츨라프는 1843년부터 홍콩에 있는 영국 총독청의 중국인 비서와 통역사로 일하게 됐다. 귀츨라프는 홍콩에서의 공직 업무를 맡으면서도 중국 내륙선교에 더 박차를 가했고, 이러한 그의 의도는 1844년 복한회의 설립으로 구체화됐다. 복한회의 선교적 의미는 현지인인 중국인들을 개종시키고 교육시켜서 선교사역의 동역자로 함께했다는 데 있다. 그래서 같은 해 중국 내지인 선교사를 양성하기 위한 학교도 함께 설립했다.

복한회 창립에는 미국 침례교 선교사 로버츠(Issachar Jacox Roberts, 羅孝全, 1802~1871)도 귀츨라프와 함께 관여했다. 이전에 마카오에서도 교회를 설립하고 작은 기도처소를 설립했던 경험이 있던 귀츨라프는 복한회의 목표를 "그리스도의 교회 설립이라는 목표 안에서 존재한다"⁴라고 설정했다. 복한회는 1844년 6월 창립 당시 21명의 구성원으로 출발했다.⁵ 당시 귀츨라프가 관장하던 홍콩에 있는 교회에는 최소 50명이 모였다.⁶ 처음 두 해는 40명의 복한회 소속 전도자가 존재했고, 그들은 15개 도시에 파송되어 사역했다. 그들에 의해 작은 기독교

---

3   Patrick Dreher, "Die chinesiche Stiftung in Kassel und Gützlaff", Klein, Thoralf u. Zöllner, Rheinhard(Hrsg.), *Karl Gützlaff (1803-1851) und das Christentum in Ostasien : Ein Missionar zwischen den Kulturen*, Nettetal : Steyler Verlag, 2005, 143.

4   Karl Gützlaff, Chinesische Stiftung(Hrsg.), *Gaihan's Chinesische Berichte*, Kassel : C. S. 1850, 257.

5   Gustav Emil Burkhardt, *Kleine Missions-Bibliothek*, 140.

6   Gustav Emil Burkhardt, *Kleine Missions-Bibliothek*, 141.

지역 공동체가 섰고, 13개의 교회가 세워졌으며, 당시에 179명이 세례를 받았다.[7] 중국 전역에 성경과 전도지를 배포하기 위해, 또한 기독교 신앙의 확산을 위해 세운 복한회는 빠르게 성장하여 4년 만에 600명의 개종자를 낳는 성과를 거두었다.[8]

    흔히 중국 내지선교의 시초라 불리는 허드슨 테일러(Hudson Taylor, 1832~1905)가 태어나던 해에 귀츨라프는 이미 중국 연안과 조선에 선교하러 다니고 있었다. 실제로 허드슨 테일러는 귀츨라프가 1850년 영국을 방문했을 당시에 설립한 '런던 귀츨라프 후원협회(Londner Gützlaff-Hilfsverein)' 또는 '중국 복음화 협회(The Chinese Evangelization Society)'라고도 불렸던 런던에 있던 선교회를 통해 파송됐다. 테일러는 1853년 9월 19일 영국을 출발하여 1854년 3월 1일에 비로소 중국 상하이에 도착했다.[9] 그는 '중국 복음화 협회'의 첫 번째 선교사였다. 테일러는 귀츨라프의 선교에 큰 감화를 받았고,[10] 그의 선교를 모범으로 1865년에 중국내지선교회(the China Inland Mission)를 창립했다.[11] 그러나 테일러의 내지선교회(1865 창립)보다 21년 전에 이미 중국 내지선교를 위한 귀츨라프의 복한회가 발족되어 있었다. 그래서 테일러는 귀츨라프를 중

---

7   Gustav Emil Burkhardt, *Kleine Missions-Bibliothek*, 141f.

8   Carl T. Smith, *Chinese Christians : Elites, Middlemen, and the Church in Hong Kong*, 1. ed., Hong Kong : Hong Kong University Press, 1985, 8.

9   Hans-Werner Gensichen, *Missionsgeschichte der neueren Zeit*, Göttingen : Vandenhoeck und Ruprecht, 1975, 42.

10   Jessie G. & Rolland Lay Rutz, "The Dutch Foundation of the Gützlaff Mission in China : 1823~1851", Willy Vande Walle, Noël Golvers(ed.), *The History of the Relations between the Low Countries and China in the Qing Era (1644-1911)*, Leuven : Leuven University Press, 2003, 238.

11   Hans-Werner Gensichen, *Missionsgeschichte der neueren Zeit*, 42.

국 내지선교의 조부(Grossvater)로 불렸다.[12] 사실은 귀츨라프가 중국 내지선교의 시초자인 셈이다. 한편, 귀츨라프의 영향을 받고 선교사로 헌신한 또 다른 대표적 인물로는 저명한 선교사이자 탐험가인 스코틀랜드 출신, 데이비드 리빙스턴(David Livingstone, 1817~1873)이 있으며,[13] 조선에서 생을 마감한 순교자 토마스(Robert Jermain Thomas, 1839~1866) 선교사도 "귀츨라프의 영향으로 조선 선교에 관심을 가졌을 것"이라는 연구들도 있다.[14] 이처럼 귀츨라프를 뒤이은 많은 서양 선교사들은 그가 쓴 『동아시아 항해기』 등과 같은 저작물에 감명을 받고 선교에 헌신했다.[15] 귀츨라프의 저작물은 여러 나라 말로 번역되어 출판된 유명한 책들이었음으로 그 개연성은 크다.[16]

귀츨라프는 홍콩에서 후원단체에 보낸 1844년 9월 23일자 편지에서 다음과 같이 복한회의 사역에 대해 쓰고 있다.

> 광저우에 있는 중국 연합회(복한회)는 주님의 포도밭(사역지)에서 열심히 일했다. (나는) 오랫동안 생각했던 좋은 계획을 거기에서 실현했다. 이미 아침 일찍 선교회의 회원들이 넓게 분포되어 있는 인근 도시들에 흩어져서 전도책자를 나누어 주었다. 후에 그들은 모여 기도회를 가지

---

12 Herman Schlyter, *Karl Gützlaff als Missionar in China*, Lund : C. W. K. Gleerup, 1946, 289.
13 리빙스턴은 귀츨라프의 의료선교에 대해 감명을 받았다. Ronald Dietrick, *The Man the Church Forgot*, Longwood, FL : Xulon Press, 2007, 92.
14 민경배, 『교회와 민족』, 대한기독교출판사, 1981, 50쪽. 또한 고무송은 토마스 선교사에게 귀츨라프는 "훌륭한 모델"일 가능성을 제시하고 있다. 고무송, 『토마스와 함께 떠나는 순례 여행』, 쿰란출판사, 2004, 271쪽.
15 Herman Schlyter, *Karl Gützlaff als Missionar in China*, 84f.
16 『동아시아 항해기』만 보더라도, 1833년 영문 1판, 1834년 영문 2판, 1835년 독문, 1835년 화란어, 1836년 축약판으로 스웨덴어, 1848년 어린이용 독문이 발간됐다.

고 신학수업을 했다. 그리고 많은 수의 방문자들에게 구원의 진리를 가르쳤다. 늦은 밤까지 그들에게 설교했다. 이러한 사역은 선교회의 모범(Muster-Missionsgesellschaft)으로 볼 수 있다.[17]

귀츨라프가 복한회를 만든 시기는 그가 선교사이면서 영국의 홍콩 총독청의 중국인 비서이자 중국무역 상무관으로 일한 시기(1843~1851)와 겹친다.[18] 당시 바쁜 일과에도 불구하고 그의 선교 열의는 식지 않았다. 그가 공직을 맡은 중요한 이유는 비록 후기에는 부유한 사람들의 도움을 받았지만, 그 자신이 어떤 선교회와도 관련이 없는 자비량 선교사였기 때문이다.[19] 귀츨라프는 사비를 털어 복한회에서 훈련된 중국인 현지 사역자들을 중국 내지로 파견했고, 성경과 전도지를 배포하며 미래에 본격적으로 진행될 중국 내륙선교를 준비했다.

독일어권 최초의 선교사로 중국에서 사역하고 있던 귀츨라프는 혼자하는 선교에 힘이 부친 나머지 자신처럼 복한회 소속의 중국인 전도자들을 감독하고 지도하는 서양 사역자들을 서양의 선교회들에 요청했다. 그의 요청에 따라 독일어권 선교회인 '바젤 선교회(Die Evangelische Missionsgesellschaft in Basel, 1815 창립)'와 '라인 선교회(Rheinische Missionsgesellschaft)'가 복한회를 돕기 위해 선교사를 파송했다. 라인 선교회는 프로이센 제국의 라인지방에 있는 기존의 3개의 선교회, 즉

---

17 Berliner Missionsverein für China(Hrsg.), *Evangelischer Reichsbote : Organ d. Evangelischen Gesammtvereins für die Chinesische Mission des Berliner und des Pommerschen Hauptvereins für China* Nr. 9, September 6. Jahrgang, Berlin : Verlag von Wiegandt und Grieben, 1863, 69.

18 Carl T. Smith, *Chinese Christians : Elites, Middlemen, and the Church in Hong Kong*, 190.

19 Haupt-Verein für christliche Erbauungsschriften, *Karl Gützlaff's Leben und Heimgang*, Berlin : Haupt-Verein für christliche Erbauungsschriften, 1851, 14.

바머 선교회(Barmer Missionsgesellschaft, 1818 창립)와 1822년 창립된 쾰른(Köln)과 베젤(Wesel)에 있던 선교회가 1828년 9월 23일에 합쳐진 것이다. 본부는 바르멘에 두었다. 그래서 이 선교회는 '바머 선교회'로도 불렸다.[20]

1846년에 바젤 선교회는 독일 남부 출신 루돌프 레흘러(Rudolf Lechler, 黎力基, 1824~1908)와 스웨덴 출신 테오도르 함베르크(Theodor Hamberg, 韓山明, 1819~1854)를 파송하기로 결정했다.[21] 레흘러는 1844년 1월 1일 바젤 선교학교(Basel Mission School)에 입학하여 함베르크와 함께 수학한 동창이었다.[22]

라인 선교회는 쾨스터(Heinrich Köster, 柯士德, 1820~1847)와 게네르(Ferdinand Genähr, 葉納清, 1823~1864)를 파송했는데, 이 네 명은 1846년 10월 27일 스위스 바젤을 함께 출발해서 지중해와 이집트, 홍해를 거쳐 인도에 도착했다. 인도에서 3주를 지내고 1847년 3월 19일, 출발한 지 거의 다섯 달 만에 홍콩에 도착했다.[23] 당시 바젤 선교회의 함베르크는 28세, 레흘러는 23세였고, 라인 선교회의 쾨스터는 27세, 게네르는 24세의 젊은 나이였다. 그들이 도착하자마자 귀츨라프는 홍콩

---

20   홍콩 해피밸리의 홍콩공원 묘지에 있는 귀츨라프 묘의 비문에는 귀츨라프를 도운 선교회의 이름에 라인 선교회 대신에 파면(巴冕)으로 기록되어있는데 이 선교회가 바로 바머 선교회이다.

21   Theodore Hamberg, *The Chinese rebel chief, Hung-Siu-tseun; and the origin of the insurrection in China*, London : Walton and Ma Berly, 1855, 서문 vii.

22   Wilhelm Schlatter, *Rudolf Lechler. Ein Lebensbild aus der Basler Mission in China*, Basel : Missionsbuchhandlung, 1911, 1~23.

23   Gustav Emil Burkhardt, *Kleine Missions-Bibliothek oder Land und Leute, Arbeiter und Arbeiten, Kämpfe und Siege*, 145; Tobias Brandner, "Interkulturalitaet in den missionarischen Beziehungen der Baseler Mission China am Beispiel der Arbeit von Theodor Hamberg", *Interkulturelle Theologie*, 39Jahr. 2013.3, 237.

의 중국인 우범지역에 있던 역겨운 냄새가 나는 쪽방으로 인도했다. 그리고 귀츨라프가 세운 선교계획에 따라, 그들은 도착하자마자 거의 쉴 틈 없이 중국인 사역자들과 함께 순방선교에 나서게 됐다.[24]

홍콩에 도착한 그들은 귀츨라프의 지도 아래, 광둥 지역의 서로 다른 곳에 흩어져서 사역을 했다. 라인 선교회 선교사들이 광둥 지역 서쪽에 사는 광둥어를 사용하는 사람들에게 선교했던 것과는 달리 바젤 선교회 선교사들은 동쪽에 분포된 하카어(客家語)를 사용하는 사람들을 중심으로 선교했다. 함베르크는 하카어, 레흘러는 푸젠어(福建語)를 각각 배웠다.[25] 그러나 라인 선교회 파송 선교사 중 한 명인 쾨스터는 건강에 무리가 오면서 중국에 온 지 6개월 만인 1847년 10월 1일 27세의 젊은 나이에 숨지고 말았다.[26]

당시 중국은 아직 전면적인 개방이 되지 않은 상태였던 탓에 난징조약에 의해 외국인에게 개방된 항구 외의 지역을 외국인이 방문하는 것은 중국인들의 적개심 때문에 위험했다. 외국인에게 자신의 재산을 팔거나 대여하면 같은 중국인들로부터 공격을 당하거나 심지어 투옥되던 시대였다. 1849년 7월에 바젤 선교회로 보낸 함베르크의 편지에는 당시 그가 겪은 일을 보고하고 있다. 함베르크는 하카 지역의 '퉁포(Tungfo)'(하카어로 동화東和의 사투리)에 있는 10~12명의 중국 남성들에게 협박을 당했고, 이들 악당들은 폭력을 행사할 기세로 돈

---

24 Gustav Emil Burkhardt, *Kleine Missions-Bibliothek oder Land und Leute, Arbeiter und Arbeiten, Kämpfe und Siege*, 145.

25 Gustav Emil Burkhardt, *Kleine Missions-Bibliothek oder Land und Leute, Arbeiter und Arbeiten, Kämpfe und Siege*, 146.

26 Gustav Emil Burkhardt, *Kleine Missions-Bibliothek oder Land und Leute, Arbeiter und Arbeiten, Kämpfe und Siege*, 145.

을 요구했다. 그래서 함베르크는 그곳이 거의 법도 없고 도둑과 전쟁과 살인이 빈번해서 안전하지 않다고 생각하여 그곳을 떠나는 것이 좋겠다고 바젤 선교부에 보고했다.[27] 그리고 함베르크는 일반 중국인 뿐만 아니라 복한회 소속의 중국인 전도자들에 대한 불신도 가지고 있었다. 그는 중국인 조력자 정(Chung)의 경우를 예로 들었다. 함베르크는 이 중국인과 2년을 함께 지냈다. 정은 1849년에는 아무런 사역을 하지 않았고, 독일 돈 20탈러(Thaler)를 이미 지불했음에도 불구하고 더 많은 돈을 요구했다. 함베르크는 이를 거부하고 1탈러만 주자, 정은 이에 대한 앙갚음으로 그곳 악당들을 동원하여 퉁포(東和)에 있는 함베르크의 집 전체를 부수고 시계도 훔쳐갔다. 게다가 협박을 해결할 합의금으로 상당한 금액의 돈까지 요구했다.[28] 이런 부정적 경험을 통해서 함베르크는 복한회 소속 중국인 전도자들이 진실한 기독교인들이 아니라고 확신했다. 함베르크를 비롯한 바젤 선교회 소속 선교사들은 복한회 소속 전도자들이 소위 여행하면서 선교하는 것에서 고용비 및 여행비용을 얻기 위해 거짓으로 기독교로 개종한 것이라고 보았다. 함베르크는 1849년 7월 편지에서 복한회의 전도자들이 "단지 돈만 원하는 도둑들과 떠돌이 방랑자"라고 쓰고 있다.[29] 이러한 인식으로 인해 복한회의 전도자들에 대한 평가가 바젤 선교사들 사이에서 부정적이었다. 복한회 지도자들에 대한 함베르크의 불신은 귀츨라

27　Evangelische Missionsgesellschaft in Basel(Hrsg.), *Evangelisches Missions-Magazin* Vol. 35, zweites Qualtarheft, Basel : Basileia Verlag , 1850, 216.

28　Evangelische Missionsgesellschaft in Basel(Hrsg.), *Evangelisches Missions-Magazin* Vol. 35, 217.

29　Evangelische Missionsgesellschaft in Basel(Hrsg.), *Evangelisches Missions-Magazin* Vol. 35, 220.

프에게도 이어졌다. 그는 귀츨라프를 "항상 비밀 가득한 계획을 가진 사람(Der ist immer geheimnißvoll mit seinen Plannen)"이라며 부정적 맥락에서 언급했다.[30]

한편, 귀츨라프는 유럽을 떠나온 지 23년 만에 선교보고 차 유럽으로 가기 위해 1849년 10월 1일 홍콩을 떠나게 됐다.[31] 그가 유럽을 방문한 목적은 1850년 6월 3일 베를린 엘리자베스 교회(Elisabeth Kirche)에서 행한 그의 설교의 한 부분에서 잘 나타난다.[32]

> 내가 중국의 연안들에서 떠나올 때, 내가 배에 올라타기 전에 기독교인들이 강둑에 서 있었다. 그리고 진정으로 하나님 나라의 확장을 효력 있게 하기 위해 서양의 기독교인들에게 "(서양)기독교인들이 복음을 중국인들에게 전하는 거룩한 의무를 수행해야 한다"라고 요청하는 편지들을 내게 전달했다. 이러한 위대한 목적을 이루기 위해 꼭 영적 인연이 연결되기를, 그리고 중국의 많은 목소리(영적호소)를 경청하는 동안 주님의 영이 오시고 많은 기도소리들이 울려 퍼질 것이다. 왜냐하면 우리의 땅 위에서 주님께 드린 한 기도가 하나님의 보좌 앞에 상달될 것이기 때문이다.

---

30 Evangelische Missionsgesellschaft in Basel(Hrsg.), *Evangelisches Missions-Magazin* Vol. 35, 220.

31 Gustav Emil Burkhardt, *Kleine Missions-Bibliothek oder Land und Leute, Arbeiter und Arbeiten, Kämpfe und Siege*, 147. 귀츨라프가 9월에 홍콩을 떠났다는 기록은 다음 책을 참고. Alexander Wylie & William Gamble, *Memorials of Protestant missionaries to the Chinese : giving a list of their publications, and obituary notices of the deceased*, Shanghae : American Presbyterian mission press, 1867, 160.

32 Berliner Missionsverein für China(Hrsg.), *Evangelischer Reichsbote : Organ d. Evangelischen Gesammtvereins für die Chinesische mission des Berliner und des Pommerschen Hauptvereins für China* Nr 1. Januar, Berlin : Verlag von Wiegandt und Grieben, 1851, 3.

독일 라히프치히 페트리 교회에서 선교보고하는 귀츨라프(1850, 목판화, 소장 : 오현기)

즉, 그가 선교보고 차 유럽을 방문한 목적은 중국 선교를 위한 계속적인 후원을 확보하는 일과 성령이 부어지심을 통해 중국인의 영적 호소를 위한 기도를 부탁하기 위함이었다.

귀츨라프의 유럽 방문이 결정되자 1849년 9월부터 함베르크가 복한회를 사실상 책임지게 됐다.[33] 함베르크는 귀츨라프의 부재를 기회로 복한회에 대한 특별조사를 실시했다. 그 조사에 의하면, 복한회 회원이라 보고된 200명 중에 60명이 아편 중독자, 55명은 거짓말쟁이 또는 사기꾼, 50명은 원래 소속이 되어 있지 않은 자, 15명은 무능력자, 단지 20명만 진실된 사람이라 평가했다.[34] 함베르크는 바젤 선교회에 보낸 보고에서 복한회 회원들은 기독교에 대한 지식이 충분하지 못한 상태라는 것이 복한회의 당시 상황이라고 알리며 "매우 유감스럽다"라고 전했다.[35]

1849년 7월, 함베르크는 그의 편지에서 "수백 명의 귀츨라프 조력자들(복한회 전도자), 그들은 무엇인가? 복한회는 한 순간에 터져버릴 비눗방울(Seifenblase)이라 걱정된다"[36]라고까지 혹평했다. 함베르크는 1850년 1월 30일에 쓴 편지에서도, 영화서원(英華書院)의 마지막 교장이었던 제임스 레거(James Legge, 理雅各 1815~1897)와 그의 친구들이 영국으로 편지한 내용 중 복한회의 전도자들을 비판한 내용, 즉 "십계명과 바울의 회심에 대한 내용도 모른다"라고 보고한 내용을 인용하며 복한회를 비판하고 있다.[37]

1850년 1월 16일에 바젤 선교회에 보낸 함베르크의 조사보고서

33　Evangelische Missionsgesellschaft in Basel(Hrsg.), *Evangelisches Missions-Magazin*, 215.
34　Gustav Emil Burkhardt, *Kleine Missions-Bibliothek oder Land und Leute, Arbeiter und Arbeiten, Kämpfe und Siege*, 147f.
35　Evangelische Missionsgesellschaft in Basel(Hrsg.), *Evangelisches Missions-Magazin* Vol. 35, 226.
36　Evangelische Missionsgesellschaft in Basel(Hrsg.), *Evangelisches Missions-Magazin* Vol. 35, 219.
37　Evangelische Missionsgesellschaft in Basel(Hrsg.), *Evangelisches Missions-Magazin* Vol. 35, 226.

가 1850년 4월 귀츨라프가 선교보고 차 서유럽을 순회하고 있을 때 도착했다. 이 조사보고서에는 복한회와 관련된 선교사들과 선교 동역자들의 조사사항이 담겨있었다. 그 보고서에 함베르크는 "오용된 것은 정리하고, 복한회의 잘못된 구조를 고치겠다"는 내용을 담았다. 이 역시 기존 복한회의 활동에 대한 부정적 조사보고서였다.[38] 바젤 선교사들은 복한회의 전도자들을 관찰하다가 문제가 생긴 사람, 예를 들면 아편 담배를 피우는 사람은 퇴출시켰다.[39] 세례도 중국인 전도자들이 주는 것을 금지했다. 이는 귀츨라프와는 정반대되는 행보였다. 결국 귀츨라프와 바젤 선교회 선교사들 사이에 갈등이 일어나 서로 사이가 멀어지게 되는 결과를 초래했다.

이는 현지사정에 대한 바젤 선교사들의 이해 부족에서 비롯됐다고 말할 수 있다. 바젤 선교회 선교사 레홀러가 자신의 중국인 조력자들에게서 나타난 불신앙적 행동을 보고 실망했을 때, 귀츨라프는 이방인 기독교인들을 위한 더 적당한 기준을 도입하려는 레홀러의 기대가 너무 높다고 지적했다.[40] 이는 서구 기독교인의 눈높이로 중국 기독교인들을 보아서는 안 된다는 충고였다. 그리고 귀츨라프는 오직 중국인 조력자들의 도움을 통해서만 서양 선교사들이 무엇인가 활동할 수 있다고 생각했다.[41] 이러한 생각은 중국에서 선교하고 중국인들을

---

38 Evangelische Missionsgesellschaft in Basel(Hrsg.), *Evangelisches Missions-Magazin* Vol. 35, 227.

39 Evangelische Missionsgesellschaft in Basel(Hrsg.), *Evangelisches Missions-Magazin* Vol. 35, 225.

40 Evangelische Missionsgesellschaft in Basel(Hrsg.), *Evangelisches Missions-Magazin* Vol. 35, 249.

41 Evangelische Missionsgesellschaft in Basel(Hrsg.), *Evangelisches Missions-Magazin* Vol. 35, 218.

오랫동안 접촉한 귀츨라프의 판단이었다. 바젤 선교사들은 중국에 온 지 몇 년 안 된 선교사 초년병들이라 중국인들의 관습과 문화를 이해하는 데 미숙했다. 함베르크와 레홀러는 서양 기독교인의 잣대를 고집하지 않은 귀츨라프의 선교방법에 대해 그 이해도가 현저히 낮았기 때문에 서로 간에 갈등이 유발됐다고 할 수 있다.

그러나 귀츨라프의 중국인에 대한 관용적이고 융통성 있는 선교방법을 비판했던 바젤 선교회 선교사 레홀러 자신도 귀츨라프의 허가에 따라 1848년 5월 17일, 산터우(汕头) 지역의 민난인(閩南人)에게 선교할 때에는 서양 아편운반선을 탈 수밖에 없었다. 중국인 돛단배를 외국인이 이용하려면 약탈과 생명의 위협을 감수해야 했기 때문이다. 그도 서양 아편운반선을 이용했고 그곳에서 집을 구하지 못해 아편선의 선장 집에 머물렀다.[42] 1852년에 레홀러는 산터우 지역 민난인 선교사역을 포기하고 하카 지역의 함베르크 사역에 합류했다.

앞서 귀츨라프가 받은 비판에도 불구하고, 실제 복한회의 활동범위도 중국인 조력자들의 활동에 힘입어 신속하게 확장되어갔다. 그래서 복한회의 전도자들이 광둥(廣東), 광시(廣西), 장시(江西)와 푸젠(福建)성 등 남부의 각성에 분포하여 선교했다. 아래 표는 제시 루츠(Jessie G. Lutz)와 레이 루츠(R. Ray Lutz)가 그들의 논문 「칼 귀츨라프의 현지화의 접근」에 여러 자료들을 참고하여 귀츨라프의 복한회 구성원과 개종자 수를 정리한 것이다.[43]

---

42 Evangelische Missionsgesellschaft in Basel(Hrsg.), *Evangelisches Missions-Magazin* Vol. 34, viertes Qualtarheft, (Basel : Basileia Verlag, 1849), 143f.
43 Jessie G. Lutz and R. Ray Lutz, "Karl Gutzlaff's Approach to Indigenization", Daniel H. Bays. (ed.) *Christianity in China : From the Eighteenth Century to the Present*, (Stanford, Calif. : Stanford Univ. Press, 1996), 273.

귀츨라프의 복한회의 구성원과 개종자의 수			
년도	구성원 수	전도자(설교자) 수	세례자 수
1844	20	-	262
1845	80	-	88
1846	179	36	601
1847	300	50	655
1848	1000	100	487
1849.1~9	-	130	695

이 통계에서 보듯이 복한회 창립 이후 불거진 많은 비판에도 불구하고 귀츨라프의 선교가 큰 결실을 맺었다는 것은 부인할 수가 없는 사실이다. 1851년 귀츨라프의 갑작스러운 사망과 그 뒤를 이어 복한회를 이끈 사람은 베를린 선교회 소속 로버트 노이만(Robert Neuman, 邢文, 1793~1870) 선교사였다. 노이만이 1855년 본국으로 영구 귀국하면서 복한회의 선교활동은 멈추게 됐다. 그러나 귀츨라프의 중국인을 통한 복한회 선교활동의 정신은 복한회 활동 종료 10년 후에 허드슨 테일러에 의해 계승됐다.

2   중국을 위한 베를린 여성선교회Berliner Frauen Missionsverein für China의 결성과 협력선교

귀츨라프가 홍콩에서 선교를 하던 시기인 1849년 4월 그의 두 번째 아내인 메리 원스톨(Mary Wanstall, 1799~1849)이 병을 얻은 끝에 50세를 일기로 싱가포르에서 숨겼다. 그해 아내를 잃은 아픔을 안고 귀츨라프는 선교보고를 위해 유럽으로 출발했다. 그는 가는 곳마다 많은 사람들에게 그의 생생한 선교사역을 보고하여 큰 감동과 도전의식을 주었다. 귀츨라프의 제안에 의해 1850년에 '중국을 위한 베를린 여성선교회'가 새롭게 창립됐다. 원래 베를린에는 해외 선교를 위해 두 개의 독립적 선교기관이 있었다. 하나는 1824년에 설립된 '이방인 속에 개신교 선교의 장려를 위한 선교회(Gesellschaft zur Beförderung der evangelischen Missionen unter den Heiden)'와 1836년에 설립된 '고쓰너 선교회(Gossnersche Missionsgesellschaft)'였다. 전자는 주로 남아프리카 선교에, 후자는 인도 선교에 주력했다. 1850년 설립된 베를린 여성선교회는 동아시아에 거주하는 민족을 위해 설립된 특수한 독일선교후원자들의 연합이었다. 이 선교회는 다음과 같은 설립 목적을 가졌다.

> 중국을 위한 베를린 여성선교회는 중국인 부모로부터 방치되거나 부모가 떠났거나 버려진 소녀들을 받아들여 기독교적으로 교육하는 것과, 가능한 한 그리고 상황과 재능에 따라 기독교적인 소녀로, 교사, 중국 기독교인의 조력자 그리고 하나님 나라의 사역을 위한 조력자들로 교육시키는 것을 목적으로 삼는다.[44]

초대 회장은 베를린 보헤미아 베들레헴 교회의 고쓰너 목사의 후임인 구스타프 크나크(Gustav Knack, 1806~1878) 목사[45]의 부인인 마틸데 크나크(Mathielde Knack)가 맡았다. 그리고 그의 남편인 크나크 목사

---

[44] Thomas Karzek, *Julie von Buddenbrock 1826-1915, Biographische Skizzen*, http://www.gossner-mission.de/media/pdf/Julie.pdf. Statuten vom 24. Juni 1870 in Mitteilungen des Berliner Frauen-Vereins für China 65. Jahrgang 1. Vierteljahr 1916, 26 인용.

[45] 베를린 보헤미아 베들레헴 교회는 귀츨라프가 수학한 베를린 선교학교를 세운 교회로서 예니케, 고쓰너, 크나크 순으로 담임목사직이 이어졌다.

와 몇 명의 남성들이 고문으로 참여했다. 경건한 신앙인이었던 프로이센의 프리드리히 빌헬름 4세(Friedrich Wilhelm IV)의 왕비 엘리자베스(Elisabeth)가 이 선교회의 후견인이 됐다.

귀츨라프는 1850년 6월 5일 빌헬름 거리(街)에 있는 보헤미아 베들레헴 교회 크나크 목사의 사택에 딸린 기도실에서 작은 그룹을 만났다. 그때 귀츨라프는 중국에 여성을 위한 복지사업을 시작할 것을 제안했고, 큰 관심을 불러 일으켰다. 귀츨라프는 중국 여성 선교사의 교육을 위한 산실(産室)로써 홍콩에 고아원 시설을 계획했다. 실제로 그는 유럽에서 돌아온 후 베를린 여성선교회와 크나크 목사의 후원으로 중국 홍콩에 현지 차세대들에게 중장기적 교육과 훈련을 시킬 수 있는 고아원을 세웠다. 주된 고아들은 폭력적 부모로부터 버려지거나 혹은 방기된 중국 부랑소녀들이었다. 이 고아원은 '베데스다 고아원(Findelhaus Bethesda)'[46]이라 불렸다. 그리고 귀츨라프 사후, 1861년에 근대식 고아원 시설을 가진 대규모 건물로 확장됐다.[47] 이 고아원에 수용된 소녀들의 대부분은 선교사들이 남중국 지역 선교여행 중 버려진 아이들을 홍콩으로 데려온 것이었다. 한창 많을 때는 1,000명 이상의 아이들이 이곳에서 새로운 안식을 찾았다. 이는 귀츨라프가 지향한 현지에서 육체적 필요까지도 채워주는 복지를 통한 선교 방법이었다. 안타깝게도 이 고아원은 1차 세계대전 중 영국에 의해 적성단체로 분류되어 폐쇄됐다.

---

46   Berliner Missionsverein für China(Hrsg.), *Evangelischer Reichsbote*, 1863, 11.
47   Thomas Karzek, *Julie von Buddenbrock 1826-1915, Biographische Skizzen,* http://www.gossner-mission.de/media/pdf/Julie.pdf.

앞서 언급했던 베를린 여성선교회와 베를린 선교회는 귀츨라프를 돕기 위해 1850년 베를린선교회의 세미나에서 교육받은 노이만 선교사를 그의 아내와 함께 파송했다. 그들은 1851년 3월에 홍콩에 도착했다.[48] 이제 귀츨라프를 돕는 독일어권 선교회에 바젤 선교회, 라인 선교회와 더불어 베를린 선교회가 더해졌다.

노이만 선교사의 아내는 중국 여성들을 위한 선교사로 또한 파송됐고, 베를린 여성선교회가 그 선교 비용을 감당했다.[49] 귀츨라프는 베를린 여성선교회를 통하여 중국 선교를 할 수 있는 토대를 마련했을 뿐만 아니라 중요한 재정적 후원을 확보하고 자신의 홍콩 선교회의 인적 후원회를 구성하는 데 성공했다. 귀츨라프는 1850년 9월 19일 잉글랜드 브리스톨(Bristol) 출신의 도로시 가브리엘(Dorothy Gabriel, 1821~1888)과 영국 브리스톨에서 세 번째 결혼을 하게 된다.[50] 당시 브리스톨 교회에 기록된 서명은 중국어로 궈스리에(郭實獵)라고 썼다.[51]

1850년 말 귀츨라프와 그의 부인은 유럽을 떠나 이집트, 홍해, 인도양을 거쳐 1851년 1월에 홍콩으로 돌아왔다.[52]

---

48   Gustav Emil Burkhardt, *Kleine Missions-Bibliothek oder Land und Leute, Arbeiter und Arbeiten, Kämpfe und Siege*, 147.

49   Julius Richter, D*ie Geschichte der Berliner Missionsgesellschaft*, Berlin : Verlag der Buchhandlung der Berliner ev. Missionsgesellschaft, 1924, 509.

50   Alexander Wylie & William Gamble, *Memorials of Protestant missionaries to the Chinese : giving a list of their publications, and obituary notices of the deceased*, 56; Gustav Emil Burkhardt, *Kleine Missions-Bibliothek oder Land und Leute, Arbeiter und Arbeiten, Kämpfe und Siege*, 147.

51   Nicolas Standaert & R. G. Tiedemann, *Handbook of Christianity in China*, Leiden etc. : Brill, 2009, 284, 각주 18 참고.

52   Gustav Emil Burkhardt, *Kleine Missions-Bibliothek oder Land und Leute, Arbeiter und Arbeiten, Kämpfe und Siege*, 147; William Dean, *The China mission : embracing a history of the various missions of all denominations among the Chinese, with biographical*

유럽에서 선교보고를 할 때부터 귀츨라프는 복한회 운영에 관한 바젤 선교사들의 비판과 부정적 보고로 인해 크게 긴장했고, 많은 스트레스를 받았다. 그는 유럽에서 돌아온 후, 풍우와 호우, 불볕더위 등과 같은 극한 상황 속에서도 도보로 선교 여행을 계속했다. 그러나 그는 사역에 대한 비난에 힘을 잃고 심적으로 동요하고 있었다. 1851년 7월 말에 갑자기 고열과 류머티즘 관절염(Rheumatische Gicht) 때문에 병상에 누웠는데, 결국 수종증(die Wassersucht)으로 이어져 큰 고통을 겪었다. 귀츨라프는 임종이 가까워 오자 성찬식을 겸한 마지막 예배를 드렸다. 1851년 8월 9일, 마침내 "다 이루었다(Es ist vollbracht)"라는 마지막 말을 남기고 눈을 감았다.[53] 사망한 당일 저녁 그는 홍콩의 해피벨리에 있는 홍콩공원 묘지의 개신교도 묘역에 묻혔다.[54] 귀츨라프의 장례식에는 영국인, 독일인, 중국인, 일본인 들이 참석했으며, 그의 동료인 라인 선교회 게네르(Genähr) 선교사가 장례식 설교를 담당했고, 마지막으로 개종한 중국인 제자들이 찬송을 불렀다. 이튿날은 영국인 몬크리프(Moncrieff) 목사의 설교로 추모예배가 거행됐다.[55]

---

sketches of deceased missionaries, New York : Sheldon, 1859, 284.
53   Gustav Emil Burkhardt, *Kleine Missions-Bibliothek oder Land und Leute, Arbeiter und Arbeiten, Kämpfe und Siege*, 149.
54   이 홍콩공원 묘지는 개신교도 · 가톨릭교도 · 이슬람교도 영역으로 나누어져 있다.
55   Gustav Emil Burkhardt, *Kleine Missions-Bibliothek oder Land und Leute, Arbeiter und Arbeiten, Kämpfe und Siege*, 149.

3   근대 중국 정치·사회에 미친 영향
– 청·영전쟁과 태평천국의 난

　귀츨라프가 선교사뿐만 아니라 근대 중국의 정치·사회에 미친 영향은 무엇이었을까? 대표적인 두 가지 예를 청·영전쟁과 태평천국의 난에서 찾아 볼 수 있다. 근대 중국 청나라와 영국 사이에는 두 번의 전쟁, 즉 1839년부터 1842년까지 아편전쟁이라 불리는 제1차 청·영전쟁과 1856년부터 1860년까지의 제2차 청·영전쟁이 있었다. 이 전쟁의 발단은 영국에 의해 판매된 아편의 해악으로 청나라 국민들의 건강이 위협받자, 청나라 정부가 린저쉬(林則徐, 1785~1850)를 파견하여 영국이 판매한 아편을 강력히 단속한 것이 발단이 됐다. 당시 아편은 영국정부의 감독하에 인도에서 재배됐고, 영국정부의 국왕승인서를 통해 영국 동인도회사에서 중국으로 수출하는 아편 제조를 담당하고 있었다.[56] 영국뿐만 아니라 당시 서양 국가들은 아편이 창출하는 경제적 효과 때문에 아편사업을 수익성 있는 합법적 사업으로 여기고 있었다.[57] 그러나 귀츨라프는 아편의 재배와 사용에 대해 분명한 반대 입장을 가지고 있었다. 예를 들면, 1845년 8월 31일 홍콩에서 쓴 편지에서 그는 아편을 재배하는 농장에 올라가서 거기에서 일하고 있는 사람들에게 "마귀의 사역(das Werk des Teufels)에서 떠나서 그리스도께 속할 것"을 설교한 사실을 기록한 것에서도 잘 나타난다.[58] 아울러 그가 중

---

56   William Shurtleff & Akiko Aojagy, *History of Soybeans and Soyfoods in Mexico and Central America(1877-2009)*, Lafayette : Soyinfocenter 2008, 136.

57   United Nations Office on Drugs and Crime(UNODC), *A Century of International Drug Control*, Vienna : UNODC, 2009, 20f.

58   Berliner Missionsverein für China(Hrsg.), *Evangelischer Reichsbote : Organ d. Evangelischen*

국어로 기록한 『개사귀의지문(改邪歸義之文)』(Singapore : 新嘉坡堅夏書院藏板, 출판 연도 미상)에 아편담배를 피는 악덕에 대해서 경고하고 있다.[59]

제1차 청·영전쟁의 발단은 앞서 언급한 것처럼 청나라 정부의 아편 단속에 대한 항의 명목으로 영국이 일으켰다. 당시 영국의 입장에서는 아편사업이 합법적인 것이었으며, 영국은 아편을 판매하여 대(對) 중국 무역적자를 해소하려 했다.[60] 제1차 청·영전쟁은 영국이 승리하여 난징조약을 청나라와 체결함으로써 일단락됐다. 이 조약은 1842년 8월 29일에 난징에 정박 중인 영국 군함 콘월리스호(Cornwallis) 선상에서 청나라 전권대사 기영(耆英)과 이리포(伊里布)가 영국의 전권대사 헨리 포틴저(Henry Pottinger, 1789~1856)와 조인하면서 맺어졌다. 이 조약 당시 중국 최초의 선교사 로버트 모리슨의 아들 요한 모리슨과 귀츨라프가 영국 편에서 통역을 담당했다.[61] 난징조약은 총 13개 조로 되어 있었으며, 그 주요 내용은 홍콩을 영국에 할양하고, 광저우(廣州)·샤먼(廈門)·푸저우(福州)·닝보(寧波)·상하이(上海) 등 5개 항(港)을 개항한다는 내용을 담고 있었다. 중국이 서양과 맺은 굴욕적이고 불평등한 첫 번째 조약이었다.[62] 귀츨라프는 비록 이 전쟁에 대

Gesammtvereins für die Chinesische mission des Berliner und des Pommerschen Hauptvereins für China, No. 11, November, 7. Jahrgang, Berlin : Verlag von Wiegandt und Grieben, 1856, 84.

59 Alexander Wylie & William Gamble, *Memorials of Protestant missionaries to the Chinese : giving a list of their publications, and obituary notices of the deceased*, Shanghae : American Presbyterian mission press, 1867, 61.

60 Harold E. Raugh, *The Victorians at war, 1815-1914 : an encyclopedia of British military history*, Santa Barbara : ABC-CLIO, 2004, 99.

61 Dong Wang, *China's Unequal Treaties : Narrating National History*, Lanham (Md.) : Lexington books, cop. 2008, 12.

62 Harold E. Raugh, *The Victorians at war, 1815-1914 : an encyclopedia of British military history*, 100.

해 영국 편에서 통역했지만, 현실에서 벌어지는 청·영전쟁을 종교적 시각에서 바라보았다. 그는 "이 폭력의 행사(전쟁)가 이교도를 무너뜨리는 올바른 방법이라고 말하길 원치 않는다. 그것과 오히려 거리가 멀다"[63]고 생각했으며, 무력을 통한 개항전쟁에 반감을 표현함과 아울러 근본적으로 이 전쟁을 혐오했다.[64] 하지만 동시에 난징조약을 통해 중국의 모든 연안을 개방하게 됐으므로 그것을 통해 선교의 길이 열렸다는 긍정적 평가도 동시에 가지고 있었다.[65] 그는 이 전쟁의 수습과정에서 영국을 위해 통역했지만, 유럽인들에게는 "하나님의 사람처럼

홍콩의 귀츨라프 거리(촬영 : 민병현)

---

63   K. Gützlaff, *Gaihan's Chinesische Berichte von der Mitte des Jahres 1841 bis zum Schluss des Jahres*, Kassel : C. S., 1850, 8.

64   K. Gützlaff, *Gaihan's Chinesische Berichte*, 10f.

65   Berliner Missionsverein für China(Hrsg.), *Evangelischer Reichsbote*, 1851, 3.

(der Mann Gottes)" 영국과 중국인의 사이에서 다시 평화로운 관계를 만들기 위해 중재를 이끌어낸 인물로 평가됐다.[66] 그래서 아직도 남아 있는 홍콩의 '귀츨라프 거리'와 상하이 앞의 '귀츨라프 섬' 그리고 '귀츨라프 등대'는 중국 근대사에 나타난 그의 긍정적 기여를 중국인들도 기억하고 있다는 사실을 입증하고 있다.

귀츨라프가 근대 중국에 끼친 정치·사회적 영향의 두 번째 대표적 예는 태평천국의 난(太平天國, 1851~1864)에서 나타난다. 이 난은 자칭 예수의 동생이라 주장하는 홍수전(洪秀全, 1814~1864)이 일으켰다. 그의 목표는 이 땅에 기독교 신정(神政) 국가를 세우는 일이었다.[67] 그는 하나님을 상제(上帝)로 지칭하여 유일신으로 믿고 모든 사람을 형제자매라 칭하며 평등한 사회를 주장했다. 사유 재산 또한 인정하지 않았다. 그는 천국으로 올라가서 하나님과 예수님을 직접 대면하고 땅으로 내려와 중국에서 마귀를 내쫓는 사명을 받았다고 주장했다.[68] 결국 이 사명은 반외세, 반청나라의 기치를 내건 정치·사회 운동으로 발전했다. 사실 홍수전은 난을 일으키기 4년 전인 1847년 홍콩에서 귀츨라프와 함께 복한회를 세운 선교사이자 귀츨라프의 제자를 자임하던 미국 침례교 선교사 잇사갈 로버츠(Issachar Jacox Roberts, 1802~1871)에게서 두 달 동안 배운 바 있었다. 그는 그때 귀츨라프와 메드허스트의 번역 성경을 로버츠로부터 넘겨받았다. 이것이 태평천국운동의 근본적 참고도

66　Berliner Missionsverein für China(Hrsg.), *Evangelischer Reichsbote*, 1851, 3.
67　Dong Wang, *China's Unequal Treaties : Narrating National History*, 12.
68　Thoralf Klein, "Gützlaff als Vorläufer einer indigenen chinesischen Kirche?, Thoralf Klein & Reinhard Zöllner(Hrsg.), *Karl Gützlaff (1803-1851) und das Christentum in Ostasien. Ein Missionar zwischen den Kulturen*, Nettetal : Verlag : Steyler Verlagsbuchhandlung, 2005, 245.

서가 됐다.[69] 이 성경은 태평천국운동의 이념 형성에 영향을 주었다.[70] 먼저 『신천성서』를 번역한 로버트 모리슨과는 달리 귀츨라프는 원문 성경에 충실하여 번역하려고 노력했다. 예를 들면 창세기에서 모리슨은 하나님을 귀신이나 이방인의 신으로 오해할 수 있는 '신'이라는 개념으로 표현한 반면, 귀츨라프는 '상제'라는 표현을 쓰면서 가장 높은 왕적 존재라는 개념을 사용하여 차별화했다.[71] 이것은 태평천국운동의 모체가 되는 배상제회(拜上帝會)를 태동하는 중심 개념이 됐다.[72] '상제'라는 개념과 함께 '세례'에 대한 개념 또한 태평천국운동의 이념 형성에 영향을 끼쳤다. 태평천국운동의 폭도들의 한 성명에는 그들의 세례에 대한 이해를 반영한 부분이 나타난다. 이 이해에서 성경번역상의 '세례' 혹은 '침례'가 귀츨라프 번역본 성경의 의미를 차용하고 있다.[73] 태평천국운동에 사용된 성경은 1853년에 첫 판이 발간됐는데, 귀츨라프가 번역하여 1837년 발간한 신약성경 『신유조서(新遺詔書)』와 1840년에 발간된 구약성경인 『구유조서(舊遺詔書)』를 기반으로 했다. 이 난의 결과 교주 홍수전은 난징에서 자살했고, 이 난으로 인해

---

69   Jost Zetzsche, "Gützlaffs Bedeutung für die protestantischen Bibelübersetzungen ins Chinesische", Thoralf Klein & Reinhard Zöllner(Hrsg.), *Karl Gützlaff (1803-1851) und das Christentum in Ostasien. Ein Missionar zwischen den Kulturen*, Nettetal : Verlag : Steyler Verlagsbuchhandlung, 2005, 170.

70   Jost Zetzsche, "Gützlaffs Bedeutung für die protestantischen Bibelübersetzungen ins Chinesische", 170.

71   Robert Neuman, *Die chinesische Bibelübersetzung von Morrison-Milne und Gützlaff*, Deutsche Morgenländische Gesellschaft(Hrsg.), *Zeitschrift der Deutschen Morgenländischen Gesellschaft* Bd. 3, Leipzig : F. A. Blockhaus, 1849. 363.

72   King-To Yeung, "Suppressing rebels, managing bureaucrats : state-building during the Taiping Rebellion, 1850~1864", Thesis (Ph. D.)-Rutgers University, 2007, 45.

73   Jost Zetzsche, "Gützlaffs Bedeutung für die protestantischen Bibelübersetzungen ins Chinesische", 170f.

약 2천만 명이 목숨을 잃었다.[74] 이처럼 귀츨라프의 성경번역과 지방에 산재한 복한회의 사역자들은 태평천국의 난에 중요한 정신적 배경을 형성했으며, 이는 귀츨라프의 중국에서의 선교사역이 긍정적이든 부정적이든 중국 근대사의 흐름에 커다란 영향을 끼친 것을 증명하는 한 일례가 될 것이다.

　이 장을 정리하면, 귀츨라프의 후기 선교사역은 홍콩을 중심으로 이루어졌다. 홍콩은 귀츨라프의 중국 내륙선교를 위한 거점지역으로 사용됐으며 실질적으로 복한회를 설립함으로써 인적 인프라를 구축했다. 창립 당시 21명의 구성원으로 출발한 복한회는 빠르게 성장하여 4년 만에 600~1,000여 명의 개종자를 낳았다. 복한회는 문서선교를 병행하면서 교회를 세웠고 많은 중국인들에게 세례를 베풀었다.

　1847년 3월 19일 홍콩에는 귀츨라프의 새로운 동료 선교사들이 도착했다. 그들은 바젤 선교회 소속 레흘러와 함베르크, 라인 선교회 소속 쾨스터와 게네르였다. 이들은 모두 20대의 젊은 선교사들이었고, 중국 현지의 관습과 문화에 대한 이해도가 매우 낮았다. 어찌 보면 지극히 당연하게 그들은 거의 중국인화(化)된 귀츨라프의 선교방식에 반감을 가졌고, 급기야 복한회를 둘러싼 갈등이 표출됐다. 이러한 갈등은 그들을 파송한 유럽의 선교 단체에도 보고됐으며 이는 귀츨라프에게 정신적으로 큰 부담이 됐다.

　1850년 귀츨라프는 중국에서의 선교를 보고하기 위해 유럽을 방문했다. 그 성과로써 베를린에서는 1850년 베를린 여성선교회가 설립됐다. 이 선교회는 동아시아에 거주하는 민족을 위해 설립된 특수

74　Thoralf Klein, "Gützlaff als Vorläufer einer indigenen chinesischen Kirche?", 245.

한 독일선교후원자들의 연합이었다. 귀츨라프는 베를린 여성선교회를 통하여 중국 선교를 할 수 있는 토대를 마련했을 뿐 아니라 중요한 재정적 후원을 확보하고 자신의 홍콩선교회의 인적 후원회를 구성하는 데 성공했다. 특히 귀츨라프는 베를린 여성선교회와 협력하여 복지사업의 일환으로 베데스다 고아원을 세웠다. 여기서 그는 폭력적 부모로부터 버려지거나 혹은 방기된 중국 부랑소녀들을 수용하여 보살피며 교육했다. 이는 중국의 여성 복지 향상을 목표로 하는 베를린 여성선교회의 설립 목표와도 부합하는 일이었다.

귀츨라프의 선교활동이 근대 중국의 정치·사회에 미친 영향은 제1차 청·영전쟁과 태평천국의 난에서 찾아볼 수 있다. 귀츨라프는 아편의 사용에 대해 분명한 반대의 입장을 가지고 있었다. 비록 귀츨라프는 이 전쟁에 대해 영국 편에서 통역했지만, 폭력적 방법을 반대했으며 이 전쟁 자체를 혐오했다. 그는 "하나님의 사람처럼" 영국과 중국인의 사이에서 다시 평화로운 관계를 만들기 위해 중재를 이끌어 낸 인물로 평가되기도 했다. 지금의 시각으로만 이 사안을 바라보는 것에는 문제가 있을 수 있다. 당시의 시대 상황 속에서 귀츨라프를 이해하자는 것이 최근에 설득력을 얻고 있는 연구방법이다. 또 태평천국의 난에 직·간접적 영향을 끼친 사실은 그가 중국 근대사에 선교적 영향을 넘어 정치·사회적 영향을 남겼다는 것을 알려준다.

귀츨라프는 베를린 선교학교에서부터 헤른후트적 선교신학으로 무장하고 하나님의 섭리 가운데에서 자신이 할 수 있는 모든 수단과 방법을 동원하여 많은 아시아인들을 위한 선교사역을 행했다. 아울러 저명한 선교사 허드슨 테일러나 데이비드 리빙스턴 그리고 조선에서 순교한 토마스 선교사를 비롯한 많은 서양 선교사들에게도 큰 영향을 끼쳤다.

　1826년 처음 바타비아로 출발한 귀츨라프의 선교 여정은 홍콩에서 그 대단원의 막을 내렸다. 홍콩의 해피밸리 홍콩공원 묘지에 있는 귀츨라프의 묘비는 직육면체로 되어 있는데, 측면으로 둘러싸인 4면 중 한 면에 중국어로 "근대 중국의 으뜸 사도를 기린다(譽爲近代中國首位使徒)"라고 기록되어 있다. 이 기록은 귀츨라프가 중국의 일반적 근대화 역사와 기독교 선교 역사에 있어서 중요한 위치를 차지하고 있다는 점을 시사하는 것이다. 아울러 중국의 교육과 사회복지 분야의 근대화에 일조한 것과도 연관되어 있다. 이처럼 그가 남긴 선교적 정신과 사역의 결과는 그의 묘비에 적힌 성경구절처럼 지금도 궁창의 빛과 같이, 그리고 별과 같이 빛날 것이다(다니엘서 12장 3절).[75]

75　홍콩 해피밸리의 공원묘원에 있는 귀츨라프의 4각 묘비 중 한 면에는 다니엘서 12장 3절이 루터 번역판으로 기록되어 있다. "Die Lehrer aber werden leuchten wie des Himmels Glanz, und die, so viele zur Gerechtigkeit weisen, wie die Sterne immer und ewiglich(지혜 있는 자는 궁창의 빛과 같이 빛날 것이요 많은 사람을 옳은 데로 돌아오게 한 자는 별과 같이 영원토록 빛나리라)."

에피소드—홍콩 해피밸리(Happy Valley)에 있는 귀츨라프 묘지 찾기

2012년 7월 23일, 귀츨라프의 유적지를 찾기 위해 필자를 포함한 귀츨라프 다큐멘터리 제작팀(충남문화산업진흥원 주관)은 홍콩행 비행기에 몸을 실었다. 태풍이 중국 연안을 따라 북상 중이어서 홍콩에 가까이 가면 갈수록 비행기가 요동쳤다. 비행기가 마치 서커스하듯 착륙한 다음에야 홍콩에 1990년 이후 최악의 태풍이 왔다는 소식을 들었다.

홍콩 섬에 있는 라마다 호텔에 여장을 푼 후 조금의 휴식도 없이 귀츨라프의 무덤이 있는 홍콩 섬 해피밸리(Happy Valley)의 홍콩공원 묘지(Hong Kong Cemetery)를 찾아 나섰다. 다큐멘터리 필름을 제대로 찍기 위해 고군분투하는 우리에게 폭우는 엄청난 장애물이었다. 홍콩공원 묘지 주소를 전해 줬지만, 홍콩의 택시기사는 "여기쯤"이라며 우리를 그냥 내려 두고 떠나 버렸다. 지도를 봐도 분명치 않고, 폭우가 쏟아지는데 도무지 방향을 알 수가 없었다. 우리는 일단 비를 피하기로 하고 하차 지점 근처의 한 식당에 들어갔다. 그리고 우선 이 식당 안에서 대책을 세우기로 했다. 일행 중 한 명인 충남문화산업진흥원 장성각 팀장이 자원해서 주변탐사를 나섰다. 그가 떠나고 많은 시간이 흘렀다. 그가 물어물어 그 폭풍우 속에서 공원 묘원을 찾아낸 후, 완전히 젖은 채로 돌아왔다. 장팀장이 확인한 홍콩공원 묘지를 향해 걷는데 완강한 폭풍우는 우리의 길을 기어이 막겠다는 기세로 덤벼들었다. 그 빗길을 얼마쯤 걸었을까? 홍콩의 옛 화장시설이 있는 음침한 건물을 옆에 끼고 걸어 마침내 홍콩공원 묘지에 도착했다.

홍콩 해피밸리에 있는 홍콩공원 묘지

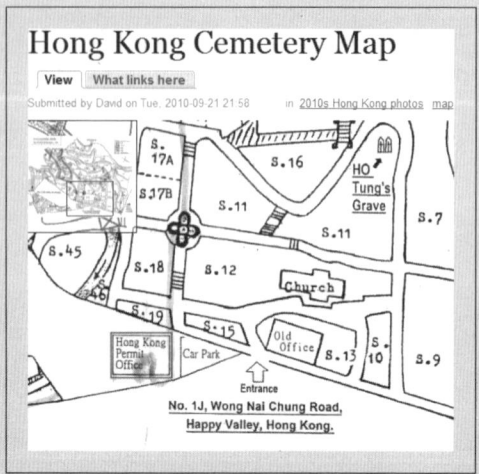

주소 : No. 1J, Wong Nai Chung Road, Happy Valley, Hong Kong[76]

---

[76] http://gwulo.com/node/7176

원래 홍콩 해피밸리에 있는 홍콩공원 묘지를 찾아가는 것도 고된 일이었지만, 그 안에 어지러이 흩어진 비석 가운데 귀츨라프의 묘지를 찾는 것은 더 큰 일이었다.

필자가 조사한 바로는 이 홍콩공원 묘지는 개신교 지역, 가톨릭 지역 그리고 이슬람 지역으로 나뉘어져 있었고, 그 규모도 컸기 때문이다. 개신교 지역만 해도 광대한 구역에 걸쳐 홍콩공원 묘지가 조성되어 있음을 위성지도를 통해 이미 한국에서 파악하고 있었다. 아무 정보 없이 귀츨라프의 무덤을 무턱대고 찾기란 거의 불가능해 보였다. 그래서 출발하기 전에 한국에서 먼저 무덤의 위치를 인터넷으로 우선 파악하기로 했다. 인터넷의 유용한 사진 자료 중에 귀츨라프의 묘지사진 뒤편으로 살구색의 건물이 보였다.

귀츨라프의 묘지[77]   홍콩공원 묘지의 추모예배당[78]

---

77 http://www.findagrave.com/cgi-bin/fg.cgi?page=gr&GRid=21651878
78 http://www.panoramio.com/photo/41450575

지도에서 볼 때, 개신교인 묘역에는 옛 관리실 건물과 추모예배당 밖에는 별다른 건물이 없었다. 또한 추모예배당은 전체 묘원에 하나뿐이고, 사진에 나타난 귀츨라프의 묘지는 예배당의 외벽의 색상과 같았다. 인터넷을 통해 확인한 귀츨라프 묘지 사진의 귀퉁이에 나타난 창틀 문양이 추모예배당의 그것과 같아서, 이 추모예배당 근처에 묘소가 있음을 추정할 수 있었다. 홍콩공원 묘지 주입구 근처에 교회가 위치하고 있어 귀츨라프의 묘지도 가까이 있으리라 추측했다. 그 추측은 현장에서 큰 힘을 발휘했다. 필자가 추측한 대로 귀츨라프의 무덤은 홍콩공원 묘원의 입구, 옛 관리소와 추모예배당 곁에 있었던 것이다. 마침내 우리는 탐정 같은 추리를 바탕으로 귀츨라프의 묘지를 어렵지 않게 찾아냈다. 필자와 귀츨라프 다큐멘터리 제작팀은 2012년 7월 23일과 24일 2차례 그곳을 방문하여 귀한 자료를 촬영할 수 있었다.

귀츨라프 묘비에는 무엇이 적혀있을까?

귀츨라프의 지상에 노출된 묘비는 사실 직육면체의 큰 석관이다. 세 부분으로 이루어져 있는데, 기단과 석관과 석관의 뚜껑이다.[79] 즉, 그의 시신은 땅 속에 묻히지 않고 석관에 넣어 장례를 치른 것이다.

묘비의 4면 중 3면에 중국어, 영어, 독일어로 비문이 새겨져 있다. 이 비문의 글 중 영어와 독일어로 된 비문은 귀츨라프의 출생과 사망년도 그리고 그가 누구였는지를 간단히 쓰고 있는 반면에 중국어로 된 비문은 그의 공적을 자세히 서술하고 있다.

---

79 송춘의 교수(백석대학교 인테리어과)는 귀츨라프의 무덤이 기단, 석관, 석관 뚜껑으로 만들어져 있다고 감정했다.

귀츨라프의 묘(촬영 : 민병현)

중국어 비문해석

독일 프로이센 출신 귀스리에 목사(1803~1851)는 1831년 중국연해지방에 선교하러 다녔으며, 근대 중국의 으뜸 사도라 불린다. 1843년 홍콩에서 영국 홍콩총독부 중국인 담당 비서(撫華道)[80]의 임무를 맡았다. 다음 해(1844)에 복한회(Chinese Union)를 창립했다. 드디어 독일과 스위스 양국이 도왔다. 파면(巴冕, Barmer Mission),[81] 파색(巴色, Basel Evangelical Missionary Society) 파능(巴陵, Berlin Missionary Society)의 세 선교회가 선

---

80 Chinese Secretary and Interpreter, 撫華道 / 華民政務司 http://www.hk-place.com/viewtext.php?id=330
81 라인 선교회는 본부가 바머에 있다 해서 바머 선교회(Barmer Missionsgesellschaft, 1818.1.30)로도 불리지만 실제로 바머 선교회를 라인 선교회(Rheinische Missionsgesellschaft)라 부르는 것이 맞다. 왜냐하면 바머 선교회는 1822년 창립된 쾰른(Köln)과 베젤(Wesel)에 있던 선교회와 합쳐져서 라인 선교회라 칭했기 때문이다. 라인 선교회는 쾨스터(Heinrich Köster, 柯士德, 1820~1847)와 게네르(Ferdinand Genähr, 葉納清, 1823~1864)를 파송했다.

중국어 비문(촬영 : 오현기)　　　　　　　　　독일어 비문(촬영 : 오현기)

교사를 보내와서 중국 동부 쪽으로 가(귀츨라프의 선교에) 협조했다. 광푸, 하카, 그리고 차오저우 지역에서 전교(선교)했다. 이후 예현회, 숭진회, 신의회가 성립됐고, 귀 목사는 중국 신의종교회(信義宗敎會, Evangelisch-lutherische Kirchen, 복음주의 루터파 교회)의 아버지라 불렸다.

독일어 비문해석

칼 프리드리히 아우구스트 귀츨라프의 복된 추모를 위해
중국인의 사도
그는 그의 주님 안에서 잠들었다.
1851년 8월 9일
그의 나이 48세

"내 육체와 마음은 쇠약하나 하나님은 내 마음의 반석이시오, 영원한 분깃이시라."[82]

82　"Wenn mir gleich Leib und Seele verschmachtet, so bist du doch, Gott, allezeit meines

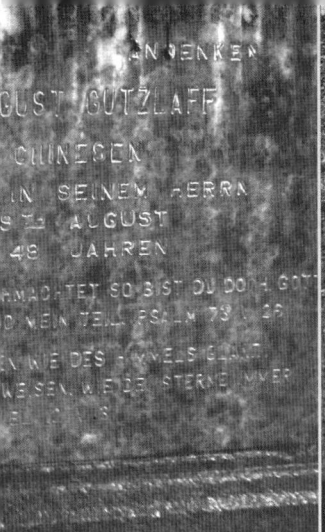

영어 비문(촬영 : 오현기)

"지혜 있는 자는 궁창의 빛과 같이 빛날 것이요, 많은 사람을 옳은 데로 돌아오게 한 자는 별과 같이 영원토록 빛나리라."[83]

영어 비문해석

칼 프리드리히 아우구스트 귀츨라프를 추모하며
1803년 7월 8일 생
그는 1851년 8월 9일 그의 안식에 들어갔다.
나이 48세
중국에 온 첫 번째 루터파 선교사
1831~1851[84]

Herzens Trost und mein Teil", *Luther Bibel*, 시편 73편 26절.

83 "Die Lehrer aber werden leuchten wie des Himmels Glanz, und die, so viele zur Gerechtigkeit weisen, wie die Sterne immer und ewiglich", *Luther Bibel*, 다니엘서 12장 3절.

84 귀츨라프가 중국에 와서 처음 전도했던 해인 1831년과 그가 중국에서 숨진 해인 1851년을 뜻한다.

필자는 사망한 당일 저녁에 이곳에서 치러진 귀츨라프의 장례식을 남겨진 자료에 근거하여 상상해 보았다. 이 장례식에는 평소 그와 함께 동역했던 서로 다른 국적의 선교사들이 함께했다. 영국인, 독일인, 중국인, 일본인들이 참석했다고 한다.

1851년 8월 9일, 어슴푸레한 달빛이 참석자들을 비출 때 이전까지 세상에 없었던 모험적 인생을 산 선구자적 선교사, 중국의 사도 귀츨라프의 죽음을 애도하는 흐느낌이 있었을 것이다. 그가 유럽의 선교단체들에게 중국 선교를 호소하며 동역자를 요청했을 때, 라인 선교회가 보낸 동역 선교사 중에 하나인 게네르(Genähr) 선교사가 장례식 설교를 담당했다. 중국에 파송받아 도착한 때부터 자상하게 중국 생활과 문화 그리고 선교방법을 차근차근 가르쳐 주던 멘토(mentor)의 죽음은 이제 중국에 온 지 4년밖에 안 된 28살의 젊은 게네르 목사에게는 큰 충격이었을 것이다. 그날 저녁, 그의 목멘 듯한 장례식 설교가 들리는 것만 같다. 그 비통함을 달래듯 그날 밤 홍콩공원 묘지는 개종한 중국인 제자들이 부르는 추모 찬송으로 가득 찼을 것이다. 인도네시아・싱가포르・태국・한국・일본・중국을 품에 안았던 아시아의 사도는 그렇게 하나님이 주시는 영원한 안식에 들어갔다.

제10장

전문가 인터뷰

이 장은 2012년 7월 필자가 독일에 있는 귀츨라프 연구가들을 만나 진행한 인터뷰 내용 중 중요한 부분만 발췌했다.

1   실비아 브레젤 박사Sylvia Bräsel
                                       에어푸르트 대학교 연구교수

일시 : 2012년 7월 26일 15시
장소 : 독일 국립 에어푸르트 대학교(Universität Erfurt)

Q 본인의 소개를 부탁드립니다.

저는 실비아 브레젤 박사입니다. 저는 문예학자로서 튀링엔 주에 있는 에어푸르트 대학교에서 일하고 있습니다. 20년 전부터 독일과 한국의 문화적 관계에 대한 연구를 하고 있습니다. 동시에 김광규, 이호철, 고은과 같은 한국문학가들을 독일로 초대함으로써 문학을 통한 문화 교류촉진을 위해 노력하고 있습니다. 저는 1992년부터 1996년까지 서울의 연세대학교에서 교환교수로 일했습니다. 그 후 한국은 나에게 두 번째 고향이나 마찬가지입니다.

Q 박사님은 1996년 서울에서 대산상을, 2009년에는 베를린에서 미륵상을 수상하셨는데, 이는 한독관계역사에 관한 박사님의 오랜 연구활동 그리고 번역작업, 새로운 한국작가들을 독일에 소개하는 공로 때문이지요. 그렇다면 이러한 한독관계연구를 하게 된 이유가 무엇입니까? 그리고 에어푸르트 대학교에서 국제적 연구를 하게 된 동기가 무엇입니까?

1992년 독일학술교류처(DAAD)의 위임 교환교수로 서울의 연세대학교에 갔을 때, 강의 현장과 일상생활에서 깨달은 것이 있습니다. 한국의 역사 · 문화 · 정체성 · 생활방식에 대한 지식 없이는 독일어권 문화와 문학을 가르칠 수 없다는 것이었습니다. 낯선 것이 가지는 고유한(익숙한) 것, 고유한(익숙한) 것이 가지는 낯선 것을 알아보는 사람만이 글로벌 세계의 도전을 지식과 이해로 동등하게 받아들일 수 있습니다. 내가 볼 때 눈높이에 맞춘 대화에 관한 것입니다. 저는 양국의 교류를 이끌었던 사람들의 역사에 다리를 놓고 싶습니다. 예를 들면 귀츨라프는 180년 전에 그 일을 했습니다. 그래서 저는 에어푸르트 대학교에서 학생들을 위해 매 학기 한독문화를 비교하는 테마로 세미나를 합니다. 한국의 작가들, 이호철, 김광규, 그리고 고은 씨가 에어푸르트로 오게 된 것은 매우 좋은 일이지요. 이를 통해 내가 원하는 것이 가능해집니다. 그리고 또한 관용과 이해라는 세상의 유익을 위해서 문화와 세대 간의 대화가 필요합니다. 이는 귀츨라프가 세우려했던 세상과 같은 의미입니다.

Q 귀츨라프 선교사와 한국의 관계를 최초로 학문적으로 자료화 및 증명하시고, 10년 전에 출판하셨습니다. 어떤 출판물이 있습니까? 이 연구 프로젝트를 하게 된 동기는 무엇입니까?

나에게 귀츨라프의 생애와 영향은 처음부터 매력적이었습니다. 내가 직접 생각해낸 「다리를 놓는 사람」이라는 제목은 귀츨라프의 면모를 잘 표현하고 있습니다. 그는 신념 있는 선교사였으며, 미래에 적합한 "마케팅적 재능이 있는 발견자"였습니다. 그런 의미에서 여기 이 출판물들을 이해할 수 있습니다.

「다리를 놓는 사람」(2005)
「신념의 선교사, 마케팅 탈랜트를 가진 발견자」(2005)
「동서양의 중개자」(2004)
「칼 프리드리히귀츨라프 – 한국의 첫 번째 독일인」(2002)

이 논문들을 발표하게 된 동기는 그가 자신 고유의 문화와 낯선 문화를 동등하게 보았음을 알리기 위해서입니다. 그는 다른 이들처럼 상대 문화를 무시한 것이 아니라 한국인들과 그들의 문화를 함께 동등하게 받아들였습니다. 나도 나의 연구 프로젝트에서 귀츨라프의 이러한 업적과 관점을 계속해서 연결해 나가고 싶습니다.

Q 귀츨라프는 어떻게 해서 한국에 오게 됐습니까?

오 교수님, 그것은 아주 흥미로운 질문이에요. 증명된 바와 같이 포메른 주의 퓌릿츠 출신인 개신교 선교사 귀츨라프는 독일인으로서 최초로 1832년 7월 17일 오후에 한국 땅을 밟았습니다. 그는 동인도회사의 임무를 맡은 상무관 린지와 함께 들어왔습니다. 중요한 목적은 평화적 방법으로의 통상 가능성을 탐색하고 이를 위해 한국의 왕실과 접촉하는 것이었습니다. 국왕 앞으로 쓴 편지를 지방 관원에게 전하는 것이 실패하자 항해를 계속하여 고대도에 도착했습니다. 이 섬은 충청남도에 속한 지역입니다. 조선의 국왕 순조에게 드릴 통상 개방 청원서를 선물과 기독교 서적을 포함한 진상품과 함께 관원에게 전달했습니다.

Q 귀츨라프는 그의 글에서 한국을 어떻게 묘사하고 있습니까? 그의 진술은 한국문헌의 기록과 일치합니까?

오 교수님, 귀츨라프는 '타자', 즉 한국을 이해하기 위해 공부를 했던 첫 번째 사람들 중의 하나입니다. 여기서 알 수 있는 것은 당시에 유럽에서의 한국에 관한 지식이 한국에서의 유럽에 관한 지식보다 그리 많지 않았다는 것입니다. 그래서 선교사인 귀츨라프가 여러 번 에피소드를 집어넣어 서술하는 것은 의미 있는 일입니다. 그는 평범한 어부와 노인들과의 만남에 대하여 이야기합니다. 그들은 이 낯선 이가 가져온 물건이 무엇인지, 또 이들이 어디서 왔는지 궁금해 했습니다. 동시에 한국인들은 그들의 능력을 보여주었습니다. 예를 들어 귀츨라프에게 그들의 책을 한글로 어떻게 읽는지 보여주거나, 암초를 돌아 배를 옮길 때 노련하게 도와주었습니다.

이때 귀츨라프의 언어 능력이 큰 도움이 됐습니다. 그는 중국어를 아주 잘했습니다. 귀츨라프는 자신을 드러내고 또 일상생활에서 평범한 한국인들의 생각이나 감정을 탐구하려고 했습니다. 이는 근본적으로 동서양의 관계에 대한 새로운 접근의 표현입니다. 귀츨라프는 고분고분한 객체가 아니라 확고한 한국인(주체)에게 기독교의 가르침을 전하고 싶었습니다. 다른 선교사들과는 달리 귀츨라프는 한국인들에게 전통문화와의 단절을 요구하지 않았습니다.

귀츨라프는 식물과 기후에 대해서 정확하게 묘사했습니다. 게다가 그들과 함께 둘러앉아서 토속 음식을 먹었습니다. 이렇게 해서 귀츨라프는 신뢰를 얻어냈습니다. 금지 사항이 점점 늘어남에도 불구하고 주민들에게 성경을 나누어주고, 감자를 심는 방법을 가르쳐 주었습니다. 이런 뜻에서 귀츨라프 특유의 여행 기록은 동아시아에 대한 신화나 이국적 이미지를 상쇄시키는 데 공헌을 했습니다.

한국에서의 시각을 보면, 조선의 관청용어를 한자로 기록한 순조실록 32년 7월 자료에는 귀츨라프의 체류를 아주 정확하게 기록하고 있습니다. 이 자료는 귀츨라프가 한국으로 가지고 온 평화적 바람이 있었다는 것을 보여줍니다. 귀츨라프도 언급한 적이 있는 지방 관원 이민회는 애머스트호를 방문한 것을 아주 자세하게 보고합니다. 충청감사(홍희근)의 명령으로 궁궐에 전달된 이 소식들은 그 개개의 질문들이 매우 상세하여 (우리를) 사로잡습니다. 더 자세하게 말하면 얼마나 많은 짐이 있는지, 배가 얼마나 큰지, (…중략…) 또 한국의 자료들은 탐험을 주도하는 사람들이 단지 평화적 통상관계에 관심이 있었다고 확인해줍니다. 그리고 그 청원은 국왕에게도 전달됐습니다.

Q 귀츨라프의 한글에 대한 논문은 유럽에 어떤 의미를 주었습니까?

오 교수님, 이것은 아주 특별한 업적입니다. 그런데 안타깝게도 그 업적에 대하여 아직도 한국 어문학자, 독일 어문학자가 연구하지 못하고 있습니다. 독립선교사 귀츨라프는 기독교 선교를 위한 유럽과 동아시아 관계에 있어서 길을 예비하는 사람일 뿐만 아니라, 다른 여러 다양한 분야에서도 활동을 했습니다. 지리학, 경제학, 문화사 그리고 언어 연구 등. 그때까지 알려지지 않은 한국인의 문자인 한글을 유럽을 포함한 해외에까지 최초로 평가하고 논문으로 알린 것은 귀츨라프의 아주 특별한 업적입니다. 흥미로운 것은 귀츨라프가 여행 기록에서 한자로 된 한국어 단어를 여기저기서 사용했다는 것이었습니다. '불가(不可)'라는 단어가 떠오릅니다. '불'은 '아니', '가'는 '된다'는 표현은 오래됐지만 오늘날 관청용어에서 많이 발견됩니다. 이것은 귀츨라프가 얼마나 한글을 진지하게 공부했는지 보여주는 사례입니다.

그의 체계적 연구 논문「한글에 대한 소고」는 1832년 선교잡지 『중국의 보고』에 소개됐는데, 이 논문에서 귀츨라프는 한국의 언어를 유럽과 해외에 소개했습니다. 그리고 1833년 9월 저명한 독일 잡지 『외국』에 한글에 관한 소논문을 다재다능한 필력을 바탕으로 독일어로 실었습니다. 그것은 위대한 업적입니다. 귀츨라프는 영어와 독일어로 한글을 알린 첫 번째 유럽인입니다. 그래서 그에 의해 한국어에 대한 학문적인 연구의 중요한 토대가 놓였습니다. 이것은 선교사로서 아주 위대한 업적입니다. 귀츨라프가 추구한 서양과 동양의 가치관의 공생은 선교와 민족 간의 만남에 있어서 그의 매우 강한 인도적 구상을 증명해 줍니다.

Q 귀츨라프를 "세계화의 선구자"라고 표현하신 이유가 무엇입니까?

이 질문은 우리의 대화에서 아주 좋은 결론을 이끌어냅니다. 저는 학문적 연구를 하면서 (그 사실을) 확인했습니다. 귀츨라프는 벌써 150년보다 더 이전에 오늘날 추구하는 공생과 우리 글로벌 세계가 필요로 하는 포용, 민족 간의 이해를 함께 연구하여 파악하였고, 이를 기독교 선교에서 실천하며 모범을 보였습니다. 그는 눈높이에서, 그리고 동등의 원칙에서 무엇보다 서로를 존중하면서 서양과 동양의 가치관·문화관·정체성을 연결하기 위해 노력했습니다. 이것이야말로 오늘날

찬사를 보낼 수 있는 선교와 민족 간의 만남을 위한 구상입니다. 이렇게 그는 글로벌한 세계의 기계적 성격을 굉장히 빨리 알아보았습니다. 그리고 우리가 오늘날 동등한 분위기에서 양 국가 간의 대화를 계속할 수 있도록 하는 데 공헌을 했다고 생각합니다.

2. 베른트 크렙스 박사 Bernd Krebs
베를린 베들레헴 개혁교회 담임목사

일시 : 2012년 7월 29일 11시
장소 : 베를린 개혁파 베들레헴 교회(Die evangelisch-reformierte Bethlehem gemeinde Berlin)[1]

Q 본인의 소개를 부탁드립니다.

저는 복음주의 베를린-브란덴부르크-슐레지엔오버라우지츠 교구 소속 베들레헴 개혁교회 목사 베른트 크렙스입니다. 저는 개혁주의 성향, 즉 칼빈주의와 장로교적인 교인 300여 명이 출석하는 교회의 담임목사입니다. 노이쾰른 릭스도르프에 있는 우리 교회 건물은 보헤미아 난민들을 위해 세워졌습니다.

---

1 주소는 Berlin-Neukölln Richardstraße 97, 12043 Berlin.

Q 베를린의 미테(Mitte) 지역에 있는 보헤미아 거주지 내에 보헤미아 베들레헴 교회가 있었는데, 이 옛 교회는 지금의 베를린 베들레헴 개혁교회와 어떤 관계가 있습니까?

1735년 베를린 미테에 있는 보헤미아 거주지 내에 베들레헴 교회가 세워졌습니다. 이 교회는 보헤미아 이민자들의 지역을 위한 것이었습니다. 그곳에는 보헤미아에서 온 난민들이 살고 있었습니다. 1747년에 이 지역이 황제 프리드리히 2세가 내린 조정에 의해 3개의 교회로 나뉘었습니다. 당시 프로이센 대부분의 국민들처럼 한 교회는 루터교회로, 다른 교회는 개혁교회로, 세 번째 교회는 친젠도르르프의 헤른후트로 나누어 졌습니다. 루터교의 베들레헴 교회와 베들레헴 개혁교회는 1747년 그때부터 함께 같은 건물을 사용했습니다. 루터교인과 개혁교인이 교회건물을 같이 사용했는데, 어쩌면 이는 프로이센에서 유일한 현상이라고 할 수 있습니다. 우리는 베들레헴 개혁교회의 후예입니다. 제2차 대전 중이던 1943년에 이 교회가 파괴됐고 릭스도르프에 있는 과거 학교건물이었던 이 부속건물만이 보헤미아 난민들의 주거지로 남았습니다. 베를린 미테에 있는 베들레헴 교회는 안타깝게도 파괴되고 다시 재건되지 못했습니다.

Q 베를린 보헤미아 베들레헴 교회의 설립에 특별한 배경이 있습니까?

1730년대에 작센으로 와서 프로이센으로 옮겨온 보헤미아 난민들은 얀 후스(Jan Hus)의 전통을 가진 사람들입니다. 루터보다 100년 전에 있었던 보헤미아 지역의 예나 종교개혁은 1415년 콘스탄츠 공의회에서 후스가 처형된 후 중단됐습니다. 이 종교개혁은 보헤미아 지역에서 계속해서 발전해갔습니다. 200년 후 그들은 1620년 백산전투에서 패전하고 말았습니다. 그때부터 보헤미아 지역의 얀 후스 추종자들은 더는 자신들의 신앙으로 살지 못하고 숨죽이며 살아야 했습니다. 만약 성경을 다른 방법으로 해석하거나, 예배 중에 얀 후스가 말한 대로 빵을 쪼개거나 하면, 박해를 받으며 감금당하곤 했습니다. 첫 번째 그룹은 폴란드로 피난 갔고, 1700년, 1800년대에는 작센으로, 프로이센으로 갔습니다. 그들은 얀 후스가 설교했던 프라하의 베들레헴 교회를 기념하여 프로이센 황제가 베를린에 세운 교회를 베들레헴 교회라 명명했습니다. 프라하의 베를린의 교회는 (예수님 탄생 당시) 베들레헴에서 (헤롯에게) 희생된 어린 아이들을 기념하는 것입니다. 이는 정치권력에 의해 박해받거나 희생된 사람들을 기리는 것을 상징합니다. 이 교회가 그 이름(베들레헴)을 가지게 된 것은 작센이나 프로이센으로 온 이 난민들도 박해를 받았다는 것을 상징적으로 나타내는 것입니다. 그리고 베들레헴 교회는 여기서 그들의 고향을 다시 얻게 됐습니다. 그들은 후스와 박해의 역사와 신앙의 자유를 기억할 수 있었습니다. 신앙의 자유를 가짐으로 새롭게 신앙생활을 하고 신앙고백을 할 수 있었습니다.

Q 이 베를린 베들레헴 개혁교회에 당시 옛 보헤미안 베들레헴 교회나 베를린 선교학교의 발자취가 남아 있습니까?

안타깝게도 제2차 세계대전 이후 모든 것이 파괴되어 버렸습니다. 베들레헴 개혁교회와 목사관이 파괴되고 루터파 베들레헴 교회건물도 불에 타버렸습니다. 이에 대한 문서 자료가 있습니다. 대부분은 2차 문헌들이나 주 연방 교회의 문서보관소와 프로이센 비밀 문서보관소에 있는 편지들입니다. 교회와 관련 있는 서신교환의 내용은 그들의 목사와 관계된 이야기나 싸움, 집, 건물 등에 관한 것입니다. 안타깝게도 우리에게는 오로지 옛날 종 하나가 남아 있을 뿐입니다.[2] 두 개의 종 중에 하나가 보존됐습니다. 그 종은 우리 교회에 전시되어 있습니다. 이것은 프로이센 황제 빌헬름 프리드리히 1세 황제의 선물로서 보헤미아인들을 위해 봉헌한 것입니다. 우리는 자료들을 몇 개 정도 가지고 있습니다. 교회관리위원회 책에 있는 황제에 관한 자료들이 다른 여러 문서 보관소에 있습니다. 이 종은 함부르크 항구에 종들을 모아 놓은 곳에서 발견됐습니다. (나치에 의해) 교회들은 종을 내놓도록 강요당했습니다. 종으로 무기를 만들기 위해서였습니다. 그러나 나치 정부는 모든 종을 다 무기를 만들지 못했습니다. 함부르크항에는 다시 발견된 종들을 모아 놓는 곳이 있었습니다. 종에 있는 황제의 봉헌문구를 보고 맞는지 확인할 수 있었고 저는 다시 베를린으로 돌아왔습니다. 안타깝게도 종의 한쪽 면이 망가져서 걸어 둘 수 없습니다. 그러나 종은 현존하고 있습니다. 그것이 바로 우리 아직 가지고 있는 것입니다. 종은 우리 교회에 있고 프리드리히 황제의 선물이기 때문에 영광으로 생각합니다. 이리로 온 보헤미아 난민들은 곧바로 수공업 기술자로 일할 수 있었습니다. 작업실을 가지고 있었을 것입니다. 그리고 그들은 그들의 언어와 설교자와 함께 신앙생활을 할 수 있었습니다. 그것은 프로이센 황제의 아주 지혜로운 정책이었습니다. 자기들의 언어로 신앙생활하고 일할 수 있도록 허용된 사람들이 같은 시민이 될 것을 황제는 알고 있었던 것입니다. 보헤미아 이주민들에 대해 불만은 없었습니다. 어쩌면 혁명가들일 것이라고 생각하여 사람들은 처음에 그들에 대해 회의적이었습니다.

후스 추종자들은 항상 소요를 일으키는 사람들이라는 인식이 있었

---

[2] 남아 있는 종에 관한 사진은 이 책의 2장 「귀츨라프에게 나타나는 친첸도르프의 헤른후트주의 영향」에 게재되어 있다.

지만, 프로이센에서는 완전히 융화된 평범한 시민이 됐습니다. 1820년까지 많은 가정들은 체코어로 말했습니다. 그러다 점점 줄어들었습니다. 여기 릭스도르프 공원 묘지에 있는 묘비를 보면, 처음에는 체코어로 날짜, 성경 구절이 쓰여 있고, 두 번째 세대 묘비에는 체코어와 독일어, 세 번째 세대 묘비에는 독일어로만 되어 있습니다.

Q 베들레헴 개혁교회는 옛 보헤미안 베들레헴 교회의 어떤 정신을 계승하고 있습니까?

우리는 우리의 조상이 난민이었다는 것을 항상 인지하고 있습니다. 그들은 그들의 신앙 때문에 박해받았습니다. 그렇기 때문에 우리는 난민들에 대하여 열려 있습니다. 우리는 자유로운 삶을 살기 위해서 그리고 자유로운 신앙을 위해서 이 땅으로 온 사람들을 도와줍니다. 우리 교회에서는 12년 전부터 주일 오후와 주중에는 2번씩 이란의 기독교인들이 모임을 가집니다. 말하자면 여기 독일에서 일하는 이란 난민들의 교회인 것입니다. 이 교회는 매우 선교 지향적입니다. 그들은 어떤 신앙이든 상관없이 망명에 대한 조언이나 난민에 대한 변호사의 도움 등 사회 복지에 대해 물어봅니다. 게다가 대부분 모슬렘들입니다. 그러나 그들은 기독교 신앙으로 이 모든 것을 하고 있습니다. 그리고 목사는 그들을 성경공부와 세례 교육에 초대하기도 합니다. 여기 이 장소에서 12년 동안 약 300~400명의 모슬렘들이 기독교로 개종했습니다. 우리는 이 사실을 크게 알리려는 것이 아닙니다. 왜냐하면 그것은 각 사람들의 개인적 결심이기 때문입니다. 그러나 명백한 것은 이란에서 도망쳐온 사람들이 정신적으로 새로운 방향을 잡으려고 한다는 것입니다. 우리는 그들에게 기독교적 신앙을 가질 수 있을지를 물어봅니다. 내가 직접 기독교로 개종시킨 18세 소녀는 세례 교육을 집중적으로 받았습니다. 오래된 경건주의 전통에 의해 온 교회 앞에서 (다음의 질문에 대하여) 말해야 합니다. "당신은 예수님을 믿는다는 것이 무엇이라고 생각합니까?" "왜 당신은 세례를 받습니까?" 이 신앙고백을 바탕으로 세례를 받고 축하 파티를 합니다. 우리 교회는 난민들에게 새로운 미래를 세우고 실제 삶에서 기독교적 신앙을 찾을 수 있도록 돕습니다.

3 클라우스 뢰버 박사 Klaus Roeber
전 베를린 선교역사학회 회장 및 현 이사, 고쓰너 선교회 이사

일시 : 2012년 7월 29일 11시
장소 : 베를린 개혁파 베들레헴 교회(Die evangelisch-reformierte Bethlehem gemeinde Berlin)

Q 본인의 소개를 부탁드립니다.

저는 클라우스 뢰버이고, 은퇴 목사입니다. 은퇴 후 고쓰너 선교회의 이사로 있으며 현재 '고쓰너유산' 프로젝트를 담당하고 있습니다. 동시에 베를린 선교역사학회 이사입니다. 저는 목사 현직에 있을 때, 베를린 훔볼트 대학교에서 학문적 분야의 일을 했고, 그다음에는 함부르크 개신교 선교국과 동부독일교회의 에큐메니칼 선교중앙위원회에서 일했습니다. 현재는 은퇴했고 72세입니다. 지금 이런 대화를 나눌 수 있어서 매우 기쁩니다.

Q 베를린 선교학교는 언제 어디서 시작됐고 설립에는 어떤 배경이 있습니까?

예니케의 베를린 선교학교는 우리 독일에서 가장 먼저 생긴 선교학교입니다. 이 학교는 복음을 전하고 신앙을 전하는 것에 대해서 혁신적이고 새로운 교육을 실시했습니다. 그것은 전체 교회의 문제가 아니라, "우리 스스로 열정적이어야 해"라고 말한 사람들의 배경과 신앙의 힘이었습니다. (당시) 교회는 그들의 민족과 신조 안에 너무 자기중심적으로 갇혀있었습니다. '이제는 달라져야 한다. 예수님과 성령님이 우리를 주장하시고 감동시키도록 해야 한다.' 이 생각은 국가가 아닌, 신조와 교리의 나라가 아닌 하나님의 나라에 관한 것입니다. 이것을 영적 각성운동이라고 부릅니다. 이는 새로운 신앙에 눈뜨게 했습니다. 새로운 신앙이란 새로운 표현의 방법을 두고 말하는 것이 아니라, 옛날의 복음적 기독교 신앙이며 이 학교에서 시작된 것을 말합니다. 요하네스 예니케는 자신의 생애에서 약 40년간을 이 길과 함께 했습니다. 그리고 나서 슬레지언에 있는 복음주의 형제단(die evangelische Bruderunität)을 통해 신앙을 발견했습니다. 그리고 그는 베를린으로 왔습니다. 그리고 1800년 베를린에 이 선교학교를 세웠습니다. 그에게는 큰 후원자 쉬른딩이 있었습니다. 쉬른딩은 예니케를 알게 되고 선교학교를 만들라고 주문했습니다. 국제적 유럽 상황으로부터 베를린에 전해진 신앙운동(영적 각성운동)의 결과, 이 학교가 생겨나게 됐습니다. 이것이 선교학교 설립의 정신이고 또 개인적인 배경입니다.

Q 베를린 선교학교는 독일의 선교 발전에 어떤 영향을 끼쳤습니까?

이 선교학교는 영적 각성자들과 교회들이 늘 깊이 생각했던 것들

중의 하나였습니다. 독일 국가교회 안에 있었던 직접적 동기는 이제 예니케의 선교학교에 의해 드러났습니다. 예니케는 그러는 동안 나이가 들었고 1826년 그의 사위(슈테르커)가 학교 관리를 이어받았습니다. 그리고 자신 있게 선교학교를 선교세미나로 명명했습니다. 이때 베를린에 선교회를 세울 수 있다는 비전이 생겼습니다. 선교학교가 베를린 선교회의 선교세미나로 넘어가는 이 과정에서 우리는 국가교회가 영적 각성운동과 같은 사고를 하는 다른 기관과 협력함을 알 수 있습니다. 첫 번째 바젤(선교회)과의 접촉은 과거 바젤 기독교회와 성 크리쇼나(St. Chrischona)³처럼 독일과 유럽의 주변상황에 어떤 영향을 불러 일으켰습니다. 영국의 영적 각성운동의 반응으로 확실히 귀츨라프까지도 영향을 받았습니다. 이 영향은 대단히 큰 것이었습니다. 그 후 그 계획은 뒤이은 선교회들을 숙고하게 하고 혼신의 힘을 선교에 쏟게 했습니다. 요하네스 고쓰너의 고쓰너 선교회와 3번째 베를린 선교조직으로 여기 베를린에서 활동했던 베를린 선교회가 이에 속합니다. 그 영향은 특별하고 컸습니다. (베를린) 선교학교는 또한 독일에 존재했던 선교회들과의 연계를 시도했습니다. 그것은 (다른 선교회에) 영감을 주는 구심점과 선교에 대한 새로운 이해의 출발점이 됐습니다. 귀츨라프는 약 3년 동안 선교학교에서 수학했습니다.⁴ 그는 노년의 예니케를 알았습니다. 아마도 영적 각성운동의 영향이 이 학교의 운영에 큰 영향을 끼쳤을 것입니다. 예니케의 본래 정신은 당연히 모든 교과과정에 내포되어 있었습니다. 이들 교과목의 중심점은 신구약 성경학 과목에 놓

---

3   순례자 선교회(1840 창립)는 경건주의 전통 안에 있는 개신교회연합의 한 선교회이다. 본부는 바젤 근처의 산악지대에 있는 성 크리쇼나(St. Chrischona) 교회에 있다.
4   귀츨라프는 공식적으로는 베를린 선교학교에서 3년간 수학했다. 1821년 3월 혹은 4월에 수업을 시작하여 1823년 부활절 베를린 대학교에서 그의 나이 20살에 신학공부를 시작하기 전 까지 약 3년 동안 수학한 것으로 보인다.

여 있었습니다. 기독교 자기 변호적 교리의 경계설정인 변증학과 신조학을 알게 하고 수업받게 하는 것에 초점을 맞추었습니다. 거기에다가 당연히 찬송가학과 기도 생활을 가르쳤지요. 특별히 눈에 띄는 점은 영어수업도 있었다는 것입니다. 그리고 학생들이 그곳에서 일하기도 했던 실용적 과목들도 있었는데, 그 수업에서 실용적 지식, 의학적 지식, 그리고 약리적 지식을 가르쳤습니다. 그래서 학생들이 다음단계의 학업을 준비하는 예비학교 성격을 띠었습니다. 왜냐하면 계속해서 다른 선교회의 지원자로 들어가야 그들의 본 교육이 시작되기 때문입니다. 예를 들면, 귀츨라프는 네덜란드 선교회에 들어갔습니다. 그리고 네덜란드를 출발해서 자바, 네덜란드령 동인도제도로 갔습니다. 거기로부터 그는 그다음의 길을 발견했습니다. 그것(베를린 선교학교)은 선교사 지원자들을 받아들여서 사역을 위해 계속해서 다른 선교회로 이끌어 주는 선교회였습니다. 총 80명의 선교사 지원자들을 교육시켰습니다. 우리는 그들을 지상의 4대륙에서 볼 수 있고 동시에 귀츨라프에게서 보듯이, 극동부터 아시아, 심지어 한국에서까지 발견합니다. 그것은 우리에게 새로운 정보를 주었습니다. 우리는 그들을 다시 살펴야 합니다. 그리고 그들과 함께 다시 새로운 역사를 발견해야 합니다. 사람들은 예니케를 향해 인내심 많은 선생이었다라고 합니다. 또한 귀츨라프가 했던 말로 돌아가서 그에게 적용해 보자면, 그는 중국 또는 아시아 선교에 대해 말하기보다는 인내하는 선교로써 그의 선교에 대하여 말했습니다. 예니케가 참지 못하는 것은 베를린에 있는 자신의 교회가 문제될 때였습니다. 그는 대담하고 거친 설교자였습니다. 그는 사람들을 경악케 하고, 충격을 줬습니다. 그는 사람들이 신앙 안에서 깨어나도록 했습니다. 신앙을 단지 교회교리의 경건한 반복에 머물지 않게 했습니다. 신앙은 살아있고, 완전히 깨어나야 합니다. 귀츨라프 일생의 사역에 끼친 예니케의 포괄적 영향은 사회봉사와 목회의 연결 그리고 동시에 방관자들을 향한 강력한 설교에서 다시 느낄 수 있습니다. 우리는 그에 의해 대담하고도 힘 있는 설교가 행해졌음을 압니다. 많은 사람들이 말하길, 그는 설교를 매우 빨리하고 나서 또 다시 빠르게 다른 도시의 교회를 돌보기 위해 이동했다고 합니다. 그것은 귀츨라프가 받았던 비판과 같습니다. 아마도 예니케에게서 배웠을 것입니다. 그리고 후에 예니케의 후임으로 요하네스 고쓰너가 와서도 이 방법으로 학교를 계속해서 이끌었습니다. 귀츨라프의 후임인 스웨덴 출신의 테오도르(테오도르 함베르크)가 그의 사역을 보충하기 위해 왔습니다. 무엇보다 오늘날 우리가 주목하는 삼자운동, 즉 자치, 자양, 자전과 같은 뛰어난 운동을 시작했습니다. 귀츨라프에서 시작되어 자연스럽게 수정되고 또 영향을 끼치면서 규범이 됐는데, 이는 선교 운동으로부터 생겨난 이 땅에서의 교회 형성을 위한 것이 됐습니다. 결국 의존이 아니고 자립입니다. 그리고 예니케는 다음과 같은 방법으로 그의 선교사 지망생들을 고무시켰습니다. 그(예니케)가 말하길 "지금 낮에는 너희들의 직업에 따라 너희들의 기술에 따라서 살고, 또 작업이 끝난 저녁이 되면 오너라. 그리고 우리는 세미나에서 어떻게 하면 선교사가 되는지를 배우게 될 것이다." 행함과 믿음의 연결, 사고와 행동의 연결은 예니케와 그의 선교학교를 통해 미래의 선교사역과 귀츨라프에게 전수된 결정적 특징입니다. 헤른후트들은 교회가 경직됐던 시대에 깨어난 신앙운동입니다. 경직된 이 시대에는 신조를 믿었고 또 정부와 황제는 사람들이 무엇을 믿어야 할지를 명령했습니다. 그러다 이제는 친첸도르프가 와서 교회에 앉아있는 이 세상의 지배자들, 그리고 마치 세계 선교의 주인인 것처럼 행세하는 지배자들에 대해 "아니오"라고 말했습니다. 주님이신 예수 그리스도는 모든 것 위에 계신 유일하신 분이십니다. 그의 말씀은 귀에서부터 우리 마음으로 밀려옵니다. 마음으로 마음이 회심되고 변화됩니다. 그리고 그것을 실행합니다. (…중략…) 경직된 믿음이 변하여 살아있는 신앙으로! 다른 것으로는 안 됩니다. 그것은 친첸도르프 백작 아래의 헤른후트 운동입니다. 이 운동은 선교운동으로 시작됐습니다. 그것은 근본적으로 감동에 관한 것이었습니다. 그리고 또한 마음 깊숙한 기도였습니다. 그들은(헤른후트) 이 운동에 중요한 역할을 담당했습니다. 인간의 마음과 그들의 손을 움직이는 성령에게 모든 것을 위탁하는 것은 예니케 안에 살아 있던 헤른후트적 정신입니다. 그것은 또한 루터의 정신이라는 점도 이야기되어야 합니다. 루터의 후계자들에게 루터의 정신은 변하여 완고한 교회통치를 낳았습니다. 그러나 그것은 또한 우리 사람들이 하나님의 자비가 필요하다는 인식을 하게 합니다. 하나님은 유능한 성직자나 유능한 세상 사람에게 상을 주시는 것이 아니라, 하나님이 죄인 안에 자비와 은혜를 베풀어 주시듯 그 죄인에게 상을 주십니다. 우리 주님, 예수 그리스도는 이 사명을 가지고 오늘날까지 사람의 마음을 얻었습니다. 그는 완전한 사람을 원하지 않습니다. 아마 그것은 또한 후에 귀츨라프에게도 마찬가지입니다. 그것은 오히려 중국기독교인들의 진술과 비판을 넘어 눈을 돌리게 합니다. 귀츨라프는 이렇게 말했습니다 "죄인은 하나님의 자비를 필요로 한다. 그리고 하나님의 자비를 필요로 한다는 것을 인식하는 것보다 더 중요한 것은 없다." 이것이 예니케이고 이것이 귀츨라프입니다. 제 생각에는 이것이 복음입니다.

4 하르무트 발라벤스 박사 Harmut Walravens
전 독일 국립 베를린 도서관 관장

일시 : 2012년 7월 30일 17시
장소 : 베를린 자택

Q 본인의 소개를 부탁드립니다.

저는 하르무트 발라벤스입니다. 과거 저는 국립도서관에서 일했고 지금은 은퇴했습니다. 저는 오랜 취미 삼아 동아시아의 역사와 문화를 다루었습니다. 오래 전에 고전중국어를 배웠지만 당연히 그와 관련된 일자리는 적었습니다. 그래서 도서관에서 근무했고, 그러다 보니 쉽게 역사연구를 할 수 있었습니다.

Q 현재로 귀츨라프의 저작물은 얼마나 남아 있습니까?

그의 논문과 짧은 글을 계산에 넣는다면 약 180개 정도로 알려져 있고, 그렇게 전 목록을 찾아 정리했습니다. 당연히 더 있을 것입니다. 아직 발견되지 않은 아주 짧은 글이나 독일 잡지에 실린 번역 같은 것들 때문에 더 많을 수도 있습니다.

Q 귀츨라프의 저작물은 어떤 식으로 분류하며, 왜 그렇게 합니까?

분류할 때 저는 특별한 방법을 사용하지는 않습니다. 저는 사서 교육을 받았고 도서관에서 자연스럽게 사용하는 규정이 있습니다. 분류를 하기 위한 제목 목록의 작성이 그것입니다. 왜 귀츨라프의 저작물에 관심이 있는지 묻는다면 저는 다음과 같이 말할 수 있습니다.

귀츨라프는 매우 흥미롭고 비범한 사람입니다. 귀츨라프는 독일뿐만 아니라 유럽 전체에 엄청난 영향을 끼쳤다는 것이 떠올랐습니다. 이 사람은 무조건 연구해야 하는 사람이었습니다. 그리고 그의 출판물과 글을 통해 그를 알아야만 했습니다.

Q 비선교 분야에서 귀츨라프의 가장 대표적인 저작물은 무엇이며, 내용은 무엇입니까?

귀츨라프의 저작물은 폭이 넓습니다. 제 생각에는 그것은 옛 예수회 선교사들의 영향이었습니다. 그들은 기독교 서적 출판뿐만 아니라 넓은 의미에서 지역학, 언어문화에 관한 정보를 전달하기 위해 노력했습니다. 이 점에 있어서 귀츨라프의 중국과 이웃 나라들에 대한 역사 저작물은 성공적이라고 할 수 있습니다. 유럽 독자들에게 그것은 최신 정보였습니다. 또한 『중국의 보고』처럼 그의 글들이 연재물로 출판됐습니다. 이 책은 역사와 언어에 관한 문헌, 그리고 그가 선교사로 사역했던 일본, 한국 그리고 시암에 관한 문헌, 여행보고서 등에 집중합니다. 그가 일했던 아시아의 나라들은 당시 유럽에서는 별로 알려진 것이 없었습니다. 그래서 그는 기본적으로 유럽의 많은 독자들이 이 정보를 많이 접할 수 있도록 노력했습니다.

Q 연구를 통해서 볼 때 귀츨라프의 인간적 모습은 어떠했을 것이라고 생각하십니까? 그리고 그 이유는 무엇입니까?

이 질문은 귀츨라프의 모범이 누구인지라고 묻는 질문과 같습니다. 그러나 그렇게 직접적으로 말하지는 못합니다. 귀츨라프는 선교방법이나 사역방법에서 (마테오) 리치나 아담 샬 같은 유명한 예수회 선교사들을 따르고 있다는 것을 알 수 있습니다. 그는 중국 고유 복장으로 사람들 속에 섞여서 내국인처럼 다녔습니다. 그는 사람들에게 유럽식 영향을 끼치려고 하지 않았습니다. 제 생각에는 이 (예수회)선교사들이 귀츨라프에게 모범이 됐던 것 같습니다. 귀츨라프가 바로 본받으려고 노력했던 유명인사는 찾지 못했습니다. 귀츨라프는 매우 다재다능한 사람이고 엄청난 사역의 힘을 가진 사람입니다. 또한 당시에 그토록 많은 에너지를 가진 사람은 드물었을 것입니다.

귀츨라프가 1849~1850년에 유럽에 왔을 때 어느 오후에는 여기, 한 날은 저기, 이튿날은 저기 그리고 여러 번의 설교, 예배, 기부금 모금 그리고 아는 사람들과의 모임, 그리고 또 다시 다음일정으로 떠났습니다. 그런 그에게 사람들은 '하나님의 소나기'라는 별명을 붙여 주었습니다. 저는 그것이 매우 타당하다고 생각합니다. 적어도 본받기 위해 노력한 사람들은 찾을 수 있습니다. 미국의 빌리 그래함 같은 현대의 복음주의 설교자들이 매우 강한 카리스마로 대중들에게 접근했다는 것을 기억해야 합니다.

Q   귀츨라프의 비선교적 내용의 저작물에서 그의 철학이나 세계관에 모종의 변화를 감지할 수 있었습니까?

　　엄밀하게 확인해 줄 수는 없습니다. 아래 하지만 귀츨라프의 비선교 저작물들은 매우 사실적입니다. 정말 사실적 내용, 사실 근거들을 강조하려고 하다 보니 심지어 때로는 지루하게 쓴 것도 있습니다. 예를 들면 『개방된 중국(China opend)』과 같은 책에는 이따금 사실들과 날짜만 나열되어 있기도 합니다.

　　그러나 이를 통해 유럽이 명확한 것을 얻을 수 있었기 때문에 그의 서술 방식은 매우 중요합니다. 사람들은 무엇이 존재했는지, 어떤 통치자가 언제 무엇을 했는지 정확하게 알기를 원했습니다. 귀츨라프는 직접적으로 선교에 관련되지 않는 책들에서 철학이나 신학 혹은 선교적 진술을 자제하고 있습니다. 중요한 책이었지만 뚜렷하게 선교적 목적으로 만들어진 것이 아니었습니다. 그러나 그 의도는 명백합니다. 그가 여러 나라들의 수도, 인구 등을 정확하게 서술한 세계지리에 선교적인 내용이 조금이라도 있습니까? 아닙니다. 만약에 그가 포메른 사람들 모두가 신앙 좋은 기독교인이라고 말한다면 그것은 정교회가 아니라, 경건한 프로테스탄트를 말하는 것입니다. 그 자신이 포메른 출신이라서, 선교지 주민들에 대해서는 지혜롭게 말해야 했습니다. 그 외에는 철학적이고 신학적인 진술은 매우 조심스럽게 했습니다.

Q   귀츨라프는 그의 비선교적 내용의 저작물에서 한국을 언급한 적이 있습니까?

　　그렇습니다. 귀츨라프는 여러 번 한국에 대하여 말했습니다. 한 달 남짓의 짧은 시간 동안 한국 또는 한국 해변 앞 배 위에 있었지만, 그의 언급은 여러 면에서 제법 정확하다고 생각합니다. 그는 아주 빠른 이해력을 가지고 있었습니다. 당시 한국의 금기 사항, 폐쇄성, 관료주의 같은 정치적 상황을 여행 보고서에서 설명했고 다행히 이것은 출판됐습니다. 흥미로운 것은 한글에 관한 언급입니다. 1832년은 아직 한국에 대해서 전혀 알려지지 않았을 때라는 것을 생각해야 합니다.

알려지지 않았지만 많은 세부 사항들이 출판됐습니다. 예를 들어 율리우스 클랍로트는 한국 입문서를 출판했습니다. 연이어 지볼트가 출판했고, 지볼트는 『니폰』 연재에서 여러 번 한국을 언급했습니다. 그러나 1832년에는 이러한 자료를 손에 넣을 수는 없었습니다. 이런 의미에서 귀츨라프의 진술은 매우 중요합니다. 왜냐하면 한국어의 고유성을 첫 번째로 세상에 알렸기 때문입니다. 한국어에는 한자어도 있다는 것을 안 귀츨라프는 발음할 때의 유사점과 차이점을 분명하게 하려고 했습니다. 그리고 이 논문에서 한글도 소개했습니다. 대부분의 국민들은 늘 한자만 보는 것도 아니고 중국의 문학적 양식을 지키는 발음이 아니라, 한국어로만 말했다는 것도 알렸습니다. 오늘날 우리들의 입장에서 볼 때는 물론 그리 많지 않은 정보입니다. 매우 소소하고, 이미 다른 나라 모든 초등학교 학생들도 다 압니다. 그러나 당시로서는 매우 대단히 새로운 것이었습니다. 그때는 한국이 일본처럼 거의 격리되어 있었기 때문에 사람들은 잘 알지 못했습니다.

Q 귀츨라프는 헤른후트로부터 어떤 영향을 받았습니까?

귀츨라프는 교육을 통해서 강한 영향을 받았다고 생각합니다. 그런 의미에서 그는 원래부터 어느 정도 경건주의적 견해와 해석에 물들어 있었습니다. 기초 작업이 많이 이루어져야 할 저의 분야에 해당하는 일입니다. 왜냐하면 이러한 관점에서 적당한 원전에 대한 연구가 전혀 이루어지지 않았기 때문입니다. 귀츨라프가 사는 동안 혹은 죽은 후에 진지한 신학자와 선교사들 측에서 이를 심각하게 받아들이지 않았다는 것도 부분적으로 연관이 있다고 봅니다.

Q 마지막으로 하실 말씀이 있으시다면 말씀해주십시오.

앞서서 현대의 복음주의자와 대중 설교자들을 예로 들었는데, 이는 모든 점에서 아주 좋은 예가 될 것입니다. (…중략…) 그들은 대중을 얻을 수 있고 대중의 관심을 끌 수 있는 사람들이었습니다. 자의식을 부여함으로써 좋은 목표를 이룰 수 있습니다. 여러분은 종교에 대해서, 삶의 양식에 대해서, 내세의 삶에 대해서 더 많이 생각해야 합니다. 예를 들면, '좋은 것이 좋은 것이다'(속담) 그래서 많은 사람들의 의견에 의하면 촉매작용이 생긴다는 것입니다. 그러나 이 사람들이 하는 설교나 말은 종종 매우 간단합니다. 사람들은 신학적 학설이나 수용된 선교방법에 일치하는 것이 아니라 직설적으로 말해야 합니다. 그리고 귀츨라프에 대해서 나쁜 평판이 났습니다. 사람들은 그를 진지하게 대하지 않았습니다. 100년 후에야 최초로 (헤르만) 슐리터가 귀츨라프를 선교사로서 정말로 진지하게 연구했습니다. 우리가 가진 문제가 이것입니다. 그런 의미에서 예를 들면 박사과정 학생들이 이 문제를 추적해 가도록 자극할 필요가 있습니다.

에피소드-칼 귀츨라프와 테오도르 함베르크

필자는 귀츨라프가 안장되어 있는 홍콩 해피밸리의 홍콩공원 묘지를 2012년 7월 23일과 24일 이틀에 걸쳐 방문했다. 먼저 방문한 23일에 다큐멘터리 필름을 만들기 위한 촬영을 하고자 했지만 엄청난 폭우로 인해 계획을 접어야만 했다. 두 번째 방문일인 24일은 우리 팀에게 일정상 마지막 촬영기회였다. 밤새도록 몰아치는 태풍의 소리를 들으며 필자는 잠을 거의 자지 못했다. 호텔 방의 바닥에 꿇어 앉아 그 새벽에 기도했다. 귀츨라프의 사역을 바르게 소개하기 위해 홍콩까지 왔는데, 그냥 아무 소득 없이 돌아가지 않게 해달라고 간절히 하나님께 기도했다. 나중에 알고 보니 함께 한 다큐멘터리제작 팀원들도 기독교인이든, 비기독교인이든지 간에 거의 같은 시간 기도했었다는 사실을 알았다. 그 결과 하나님이 그 새벽의 기도를 들으시고 하늘이 뚫린 듯 내리던 폭우를 오락가락하는 얌전한 비로 바꿔 주셨다. 우리는 기도 응답의 희열을 안고 홍콩섬 해피밸리에 있는 홍콩공원 묘지로 다시 달려갔다. 그곳에서 촬영도 무사히 마쳤을 뿐만 아니라, 한국에서 떠나 올 때 미처 고려하지 못한 사실을 발견 할 수 있어서 또 한 번 하나님께 감사했다. 그것은 바로 귀츨라프를 향한 대표적 비판자이자, 험담자였던 스웨덴 스톡홀름 출신의 바젤 선교사 테오도르 함베르크(Theodor Hamberg, 韓山明, 1819~1854)가 같은 홍콩공원 묘지에 안장되어 있었다는 사실을 발견한 것이었다. 필자가 24일, 두 번째 방문을 하고서야 비로소 알게 됐다. 간간히 내리던 비를 피해 들어갔던 홍콩공원 묘지 사무실의 처마 밑 안내판에서 우연히 스웨덴 스톡홀름 출신의 바젤 선교회 선교사 함베르크라는 이름을 찾게 된 것이다. 만

홍콩공원 묘지에 있는 안내판

약 일정대로 23일 촬영이 순조롭게 마쳤더라면 발견하지 못했을 수도 있었을 것이다.

    중국인들에게 관대하고 유연했던 귀츨라프의 선교가 중국이란 선교지에 온지 얼마 되지 않은 함베르크의 눈에는 비판의 대상이 됐다. 함베르크 같은 이들의 비판에 시달렸던 귀츨라프는 그 스트레스를 이기지 못하고 고열과 류머티즘 관절염이 악화되어 풍운아적 선교사로 살았던 그의 생애를 홍콩에서 마감했다. 귀츨라프가 숨진 다음달 1851년 9월에 함베르크는 홍콩의 루터교 감독의 주례하에 스웨덴 출신의 모텐더(Motander)와 홍콩에서 결혼했다.[5] 함베르크도 원래 사역 기간 동안 앓았던 심장병으로 늘 병약한 삶을 살았었는데, 갑자기 심한

---

5   Theodore Hamberg, *The Chinese rebel chief, Hung-Siu-tseun; and the origin of the insurrection in China*, London : Walton and Ma Berly, 1855, 서문 vii.

이질에 걸려 1854년 5월 12일 홍콩에서 35세의 일기로 숨을 거두었다.[6] 귀츨라프가 숨진 지 3년 후, 그가 홍콩에 도착한 지 7년만이었다. 그의 아내는 함베르크가 숨진 지 1년 후인 1855년 8월에 죽었고, 그보다 먼저 함베르크의 두 자녀 중 한 명은 홍콩에서 유럽으로 가던 여행 중에, 다른 한 명은 스웨덴으로 돌아가다 1855년 7월에 죽었다.[7]

중국 하카 지역 최초의 서양 선교사이자, 하카어의 사전을 편찬하여 후에 하카어학 발전에 중요한 기초를 놓은 언어학자이기도 했던 함베르크! 그는 이처럼 복음을 위해 타국에서 고전분투(孤戰奮鬪)하다 가족과 함께 타국에서 생을 마감했다.

함베르크 무덤의 비석은 그를 추모하여 그의 출신국인 스웨덴의 친구들이 만들어 주었다. 비문에는 그를 파송한 파색회(巴色會, 바젤 선교회)와 그의 중국 이름 한산밍(韓山明) 목사라고 새겨져 있고, 요한계시록 14장 13절이 본문 없이 기록되어 있었다.

귀츨라프와 함베르크! 이 두 선교사는 살아생전에는 사이가 좋지 않았으나 숨져서는 서로 그리 멀지 않은 곳에 다정히 안장되어 있었다. 역사를 가정하는 것은 불필요 하겠지만, 이들이 평생을 서로 협력했더라면 이라는 깊은 아쉬움이 남는다.

---

6   Theodore Hamberg, *The Chinese rebel chief, Hung-Siu-tseun; and the origin of the insurrection in China*, 서문 ix

7   Tobias Brandner, "Interkulturalitaet in den missionarischen Beziehungen der Baseler Mission China am Beispiel der Arbeit von Theodor Hamberg", *Interkulturelle Theologie* 39Jahr, 2013.3, 238.

함베르크 선교사(한산밍 목사)의 묘(촬영 : 오현기)

제11장

귀츨라프의 아시아 언어로 된 대표적 서적
- 중국어, 일본어, 시암어

Alexander Wylie, *Memorials of Protestant missionaries to the Chinese : giving a list of their publications, and obituary notices of the deceased. With copious indexes*, Shanghai : American Presbyterian Mission Press, 1876.

Hartmut Walravens, *Karl Friedrich Neumann (1793~1870) und Karl Friedrich August Gützlaff (1803~1851) : zwei deutsche Chinakundige im 19. Jahrhundert*, Wiesbaden : Harrassowitz, 2001.

Gützlaff Collection, Leiden University Library (LUL) 소장서적

1 중국어(연도순)

『東西洋考每月統記傳』, Canton and Singapore : 출판사 미상, 1833~1838.

귀츨라프와 메드허스트가 출판했고, 주제는 종교, 정치, 과학 등 다양하다. 귀츨라프는 중국 광저우에서 1833년 8월에 1권을 발행한 것을 시작으로 싱가포르에서 1837년까지 발행했다. 그 후로는 The Society for the Diffusion of Useful Knowledge in China가 1838년까지 발행했다.(Wylie no. 17; Walravens no. 165; LUL)

『大英國統志』, 출판 장소 미상 : 출판사 미상, 1834.

자신의 필명 중 하나인 '중국인을 사랑하는 사람(愛漢者)'으로 출판했다.(Wylie no. 1; Walravens no. 160; LUL)

『上帝眞教傳』, 출판 장소 미상 : 출판사 미상, 1834.

총 27장, 6가지 논제가 있다. 신성한 여호와의 이름에 대해서와 여호와는 유일한 통치자, 삼위일체 등을 다룬다.(Wylie no. 5; Walravens no. 137; LUL)

『常活之道傳』, 출판 장소 미상 : 출판사 미상, 1834.

총 44장, 중국 소설 형식으로 짧은 서문과 6과로 되어있으며 기독교인의 생활원리를 가르친다. 애한자(愛漢者)란 필명으로 출판했다.(Wylie no. 4; Walravens no. 19; LUL)

『誠崇拜類函』, 출판 장소 미상 : 출판사 미상, 1834.

총 60장, 애한자(愛漢者)란 필명으로 출판했다. 이 책은 편지형식으로 우상숭배와 비교하여 복음의 진리를 전하는 글이다.(Wylie no. 2; Walravens no. 27; LUL)

『贖罪之道傳』a, 출판 장소 미상 : 출판사 미상, 1834.

 21과로 이루어져있고, 총 246장, 구원에 대한 복음을 교리적으로 알기 쉽게 그림을 넣어 설명하고 있다. 서문과 색인이 있다. 이 책은 1836년에 41장짜리로 재판됐다.(Wylie no. 3; Walravens no. 149; LUL)

『是非畧論』, Malacca : Anglo-Chinese College, 1835.

 6과, 총 38장으로 구성되어 있다(Wylie no. 7; Walravens no. 146; LUL).
 2권은 7개 섹션으로 나누어 구세주의 연속적인 담화에 대해 설명하고 있다. 3권은 18개 섹션으로 나누어 예수님의 삶에 나타난 다양한 사건과 관련하여 자세하게 다루고 있다. 4권은 11개 섹션으로 나누어 예수님의 부활과 몇 번의 나타나심, 승천과 성령님의 파송, 권능으로 기적을 행하심, 인간의 회심과 그리스도의 영광을 담고 있다.(Wylie no. 8; Walravens no. 24; LUL)

『救世主耶穌之聖訓』, Singapore : 新嘉坡堅夏書院藏板, 1836.

 총 18장이며, 애한자(愛漢者)란 필명으로 출판했다. 신약성경의 예수님의 말씀에 대해 쉽게 설명하고 있으며, 믿음과 하늘나라로의 예수님의 부르심 등 8가지의 주제로 구성되어 있다.(Wylie no. 9; Walravens no. 40; LUL)

『舊遺詔聖書』, Singapore : 출판사 미상, 1836.

 총 665장, 1836년에 귀츨라프와 메드허스트 그리고 미국인 최초의 중국 선교사인 브리지멘과 요한 모리슨이 번역에 참여하여 여호수아서 마지막까지 번역했으나, 이 번역 위원회 해체로 귀츨라프가 거의 혼자 나머지 번역을 감당했다. 1836년에서 싱가포르에서 첫 출판된 이래 1840년까지 발행됐다. 새판은 1855년 The Chinese Evangelization Society(中國傳敎)가 출판했다.(Wylie no. 58; Walravens no. 39; LUL)

『摩西言行全傳』, Singapore : 출판사 미상, 1836.

7권, 27과, 총 68장, 모세의 삶에 대한 기록이 담겨있다.(Wylie no.18; Walravens no. 92; LUL)

『福音之箴規』, Singapore : 新嘉坡堅夏書院藏板, 1836.

총 18장으로 구성되어 있다. 8개 주제의 글을 싣고 있는데, 영적 원리, 남편과 아내, 아버지와 아들, 주인과 종 등 성경적 삶의 원리를 설명하고 있다.(Wylie no. 12; Walravens no. 55; LUL)

『贖罪之道傳』b, 출판 장소 미상 : 출판사 미상, 1836.

1834년 출판된 『贖罪之道傳』의 축약판이며, 총 41장으로 구성되어있다. (LUL)

『耶穌降世之傳』, Singapore : 1836.

총 20장으로 구성되어 있는데, 애한자(愛漢者)란 필명으로 출판됐다. 예수님의 출생과 헤롯대왕이 사망하고 예수님이 나사렛으로 돌아온 후의 초기생애 다루고 있다. 11개의 섹션으로 나누워져 있고, 완전히 성경내용을 다루고 있다. 결론은 회개와 믿음에 대한 훈계를 담고 있다.(Wylie no. 14; Walravens no. 179; LUL)

『耶穌神蹟之傳』, Singapore : 新嘉坡堅夏書院藏板, 1836.

총 24장이며, 애한자(愛漢者)란 필명으로 출판됐다. 예수님에 의해 행해진 다양한 기적을 소개하고 있다. 짧은 문단 안에 대부분 성경말씀이 적혀있다. 7개의 글이 실려 있는데, 서론, 죽음에서 일어난 예수님, 소경의 눈뜸, 귀신 들린 자를 고치심, 병자를 고치심, 군중을 먹이심, 결론으로 구성되어있다.(Wylie no. 10; Walravens no. 183; LUL)

『耶穌之寶訓』, Singapore : 출판사 미상, 1836.

총 34장으로 구성되어 있다.(Wylie no. 13; Walravens no. 181; LUL)

『全人矩矱』, Singapore : 新嘉坡堅夏書院藏板, 1836.

총 30장, 애한자(愛漢者)란 필명으로 출판됐다. 5권으로 되어 있으며 성경의 가르침 중 구세주에 관해, 율법에 대한 설명, 기도의 원리 등을 담고 있다.(Wylie no. 11; Walravens no. 47; LUL)

『正教安慰』, Singapore : 新嘉坡堅夏書院藏板, 1836.

4권, 총 82장으로 구성되어 있으며, 애한자(愛漢者)란 이름으로 출판됐다. 1권은 예수님의 삶과 고난, 비난 받으심, 죽으심, 부활하심, 승천하심에 관한 요약을 담고 있다.(Wylie no. 8; Walravens no. 24; LUL)

『關繫重大略說』, Singapore : 출판사 미상, 1837.

4개 섹션, 총 35장, 귀츨라프의 필명인 선덕자(善德者)란 이름으로 출판됐다. 예수님이 주는 영생과 모든 사람의 부활 등의 내용으로 구성되어 있다.(Wylie no. 22; Walravens no. 79; LUL)

『救世主[耶穌]言行全傳』, Singapore : 新嘉坡堅夏書院藏板. 1837.

총 79장, 11권으로 나누어져 있으며, 예수님의 생애와 말씀, 행적이 64개 섹션으로 나누어져 있다. 1855년 복한회(福漢會)에 의해 총 75장으로 재출판됐다.(Wylie no. 6; Walravens no. 42; LUL)

『但耶利言行全傳』, Singapore : 출판사 미상, 1837.

9개 섹션으로 나누어져 있고, 총 23장이다. 선덕자(善德者)란 이름으로 출판됐다. 다니엘서의 역사기록, 예를 들면 다니엘의 환상과 기도 등이 수록되어 있다.(Wylie no. 19; Walravens no. 161; LUL)

『保羅言行錄』, Singapore : 출판사 미상, 1837.

13과, 29개 섹션, 총 55장, 선덕자(善德者)란 이름으로 출판됐다. 사도 바울의 행적에 대한 기록이 담겨있다.(Wylie no. 20; Walravens no. 108; LUL)

『世人救主』, Singapore : 출판사 미상, 1838.

총 6장, 인류의 구원에 대한 대화를 담고 있다.(Wylie no. 32; Walravens no. 147; LUL)

『新遺詔書』, Batavia : 출판사 미상, 1837.

석판인쇄(Lithography), 총 325장의 신약성경, 사인소조역본(四人小組譯本)이라고도 불린다. 귀츨라프와 메드허스트가 주도하고 미국인 최초의 중국 선교사인 브리지멘과 요한 모리슨이 함께 도왔다.(LUL)

『約翰言行錄』, Singapore : 출판사 미상, 1837.

4과, 총 25장, 사도 요한의 삶에 대한 기록이다.(Wylie no. 21; Walravens no. 187; LUL)

『古今萬國綱鑑』, Singapore : 출판사 미상, 1838.

총 244장, 세계역사를 다루고 있다. 『東西洋考每月統記傳』에 실린 논문들이 이 책에 수록됐고, 닝보(宁波)에서 1850년 266장으로 재출판됐다. (Wylie no. 34; Walravens no. 78)

『萬國地理全集』, Singapore : 출판사 미상, 1838.

『東西洋考每月統記傳』 중 초기에 출판된 국제 지리분야를 쉽게 다루고 있다.(Wylie no. 35; Walravens no. 176; LUL)

『生命無限無疆』, Singapore : 藏板新嘉坡堅夏書院, 1838.

    총 5장, 영생에 대해 대화형식으로 된 전도서이다.(Wylie no. 33; Walravens no. 142; LUL)

『聖書列祖全傳』, Singapore : 출판사 미상, 1838.

    5권, 총 62장, 히브리 족장들(아브라함, 이삭, 야곱 등)의 이야기를 담고 있다.(Wylie no. 28; Walravens no. 145; LUL)

『頌言讚語』, Singapore : 출판사 미상, 1838

    총 14장, 하나님에 대한 찬양의 동기와 의무에 대한 글을 싣고 있다.(Wylie no. 29; Walravens no. 157; LUL)

『轉禍爲福之法』, Singapore : 출판사 미상, 1838.

    총 5장, 예수님의 구원에 관해 선포하는 전도 서적이다. 두 친구 사이의 대화체 형식으로 기록됐다.(Wylie no. 30; Walravens no. 46; LUL)

『正邪比較』, Singapore : 출판사 미상, 1838.

    총 35장, 우상숭배와 거짓교리에 대한 논쟁의 글로서 저자가 귀츨라프의 필명 중 하나인 선덕(善德)으로 기록되어 있다.(Wylie no. 23; Walravens no. 25; LUL)

『彼得彼得羅言行全傳』, Singapore : 출판사 미상, 1838.

    2권, 총 17장, 사도 베드로의 삶에 대해 기록되어있다. 1권은 예수님과 한 마지막 대화를 담고 있고, 2권은 차후의 베드로 삶과 사역을 기록한 책이다.(Wylie no. 27; Walravens no. 10925; LUL)

『誨謨訓道』, Singapore : 출판사 미상, 1838.

    3과, 총 18장, 실천적 기독교 신앙에 대한 이야기를 담고 있다.(Wylie no. 31; Walravens no. 66; LUL)

『聖書註疏』, Singapore : 출판사 미상, 1839.

    5과, 총 92장, 간략한 성경적 역사와 교리에 관해 설명하고 있다. 아버지와 세 아들 간의 대화형식이다. 짧은 서문이 있다.(Wylie no. 38; Walravens no. 143; LUL)

『猶太國史』, Singapore : 출판사 미상, 1839.

    23권, 총 183장, 유대의 역사에 관한 내용을 담고 있다.(Wylie no. 36; Walravens no. 184)

『慈惠博愛』, Singapore : 출판사 미상, 1839.

    총 5장, 하나님의 은혜와 그의 우주적 사랑에 관해 설명하고 있다.(Wylie no. 37; Walravens no. 168; LUL)

『貿易通志』, 출판 장소 미상, 출판사 미상, 1840.

    5권, 총 63장, 국가 사이의 무역 중요성, 자유무역, 무역 규칙 등을 다루고 있다.(Wylie no. 40; Walravens no. 86; LUL)

『耶穌比喩註說』, Singapore : 출판사 미상, 1841.

    총 31장, 예수님의 비유에 대해 11개의 주제를 다루고 있는데, 하나님의 죄용서, 하나님의 나라로 인류를 부르심의 내용을 담고 있다.(Wylie no. 43; Walravens no. 182; LUL)

『救世耶穌受死全傳』, 출판 장소 미상, 賜福堂藏版, 1843.

총 10장, 구세주이신 예수님의 죽으심에 관해 이야기체로 서술되어있다.(Wylie no. 45; Walravens no. 43; LUL)

『耶穌復生傳』, 출판 장소 미상, 출판사 미상, 福德堂藏板, 1843.

(LUL)

『求世主耶穌新遺詔書』, Hong Kong, 福漢會, 1847.

총 303장, 사인소조역본(四人小組譯本)인 『신유조서(新遺詔書)』(1837)를 귀츨라프가 수차례 재번역한 수정한 판이며, 10판 또는 그 이상 출판됐다. 이 귀츨라프 번역판은 태평천국군에 의해 『신유조성서(新遺詔聖書)』와 『구유조성서(舊遺詔聖書)』로 1853년 재인쇄되어 사용됐다.(Wylie no. 59; Walravens no. 41; LUL)

『聖經之史』, 출판 장소 미상, 출판사 미상, 출판 연도 미상.

7권, 총 41장 성경의 역사, 천지창조로 시작하여, 사도들에 의해 세계에 전해진 복음의 역사 등을 간단하게 소개하고 있으며, 독일어 원저의 번역문을 싣고 있다. 재판은 'The Chinese Evangelization Society'가 발행했으며, 2권, 총 77장으로 이루어졌다.(Wylie no. 60; Walravens no. 139)

『敎條』, 출판 장소 미상, 출판사 미상, 출판 연도 미상.

총 55장, 이것은 독일 저작물의 번역인데 19개의 글을 싣고 있다. 하나님, 삼위일체, 성령, 그리스도의 부활 등을 주제로 한 조직신학적 책이다.(Wylie no. 61; Walravens no. 28)

『盡理正道傳』, 출판 장소 미상, 출판사 미상, 출판 연도 미상.

총 64장으로 구성되어있다.(Wylie no. 15; Walravens no. 30)

『正道之論』, Singapore : 출판사 미상, 출판 연도 미상.

총 28장으로 구성되어있다.(Wylie no. 16; Walravens no. 26; Wylie no. 59; Walravens no. 41; LUL)

『眞道自證』, Singapore : 출판사 미상, 출판 연도 미상.

4권, 총 28장, 창조자와 구세주에 관한 두 친구 사이의 대화록 형식이며, 저자가 선덕(善德)으로 기록되어있다.(Wylie no.24; Walravens no. 23; LUL)

『上帝萬物之大主』, Singapore : 출판사 미상, 출판 연도 미상.

2권 총 21장, 전능하시고 영원하신 하나님, 하나님의 공의 등을 다룬다. 저자가 선덕(善德)으로 기록되어있다.(Wylie no. 25; Walravens no. 138; LUL)

『約色弗言行錄』, Singapore : 출판사 미상, 출판 연도 미상.

12개 섹션, 총 24장, 구약성경에 나오는 요셉의 삶에 관한 내용이다.(Wylie no. 26; Walravens no. 188; LUL)

『制國之用大略』, 출판 장소 미상, 출판사 미상, 출판 연도 미상.

8권, 총 24장, 정치경제의 개략, 좋은 정부의 근본적 원리를 다루고 있다. (Wylie no. 39; Walravens no. 29)

『小信小福』, 출판 장소 미상, 출판사 미상, 출판 연도 미상.

3권, 총 26장, 대화체 전도서이다. 짧은 서문을 가지고 있다.(Wylie no. 41; Walravens no. 64; LUL)

『改邪歸義之文』, Singapore : 新嘉坡堅夏書院藏板, 출판 연도 미상.

총 11장, 6가지 주제의 글이 실려 있으며, 죄악을 버리고 의로 돌아오라는 메시지를 담고 있다. 특히 아편담배를 피는 악덕에 대해서 반대하고 있

다.(Wylie no. 42; Walravens no. 75; LUL)

『悔罪之大略』, 출판 장소 미상, 출판사 미상, 출판 연도 미상.

    4권, 총 62장.(Wylie no. 44; Walravens no. 67; LUL)

『山上宣道』, 출판 장소 미상, 출판사 미상, 출판 연도 미상.

    총 7장, 산상수훈과 그 해설을 담고 있다.(Wylie no. 46; Walravens no. 135; LUL)

『聖書勸言』, 출판 장소 미상, 출판사 미상, 출판 연도 미상.

    총 15장, 성경적 훈계를 담고 있다.(Wylie no. 47; Walravens no. 144; LUL)

『皇城信實』, 출판 장소 미상, 출판사 미상, 출판 연도 미상.

    총 14장, 아우스부르크 신앙고백서의 내용을 담고 있다.(Wylie no. 48; Walravens no. 65; LUL)

『天敎各條條問答解明』, 출판 장소 미상, 출판사 미상, 출판 연도 미상.

    총 4장, 루터의 소교리 문답서를 담고 있다.(Wylie no. 49; Walravens no. 164; LUL)

『緊要問答』, 출판 장소 미상, 출판사 미상, 출판 연도 미상.

    총 2장, 중요한 교리문답을 싣고 있다.(Wylie no. 50; Walravens no. 31; LUL)

『聖會禱吿』, 출판 장소 미상, 출판사 미상, 출판 연도 미상.

    6권, 총 51장, 영국교회 예전을 선별하여 설명하고 있다.(Wylie no. 51; Walravens no. 141; LUL)

『聖會之史』, 출판 장소 미상, 출판사 미상, 출판 연도 미상.

총 36장, 교회의 역사를 다루고 있다.(Wylie no. 52; Walravens no. 140; LUL)

『萬國史傳』, 출판 장소 미상, 출판사 미상, 출판 연도 미상.

총 53장, 일반역사를 다루고 있다.(Wylie no. 53; Walravens no. 175)

『上帝創造』, 출판 장소 미상, 福漢會, 출판 연도 미상.

총 5장, 기독교 교리의 개관을 보여준다.(Wylie no. 54; Walravens no. 136)

『招人獲救』, 출판 장소 미상, 福漢會, 출판 연도 미상.

총 2장.(Wylie no. 55; Walravens no. 20; LUL)

『救贖何義』, 출판 장소 미상, 출판사 미상, 출판 연도 미상.

총 2장, 구원의 이론을 다루고 있다.(Wylie no. 56, Walravens no. 44)

『眞理』, 출판 장소 미상, 출판사 미상, 출판 연도 미상.

총 2장, 두 친구 사이의 대화를 통해 성경적 진리를 나누고 있다.(Wylie no. 57; Walravens no. 22)

『耶蘇基利督我主救者新遺詔』, 출판 장소 미상, 출판사 미상, 출판 연도 미상.

(Walravens no. 180)

2　　　　　　　　　　　　　　　　　　　일본어

『約翰福音之傳』, 출판 장소 미상, 출판사 미상, 출판 연도 미상.

    요한복음, 총 60장.(Wylie no. 62; Walravens no. 185)

『約翰上中下書』, 출판 장소 미상, 출판사 미상, 출판 연도 미상.

    요한일이삼서 총 10장, 재판은 1854년 파리에서 레옹 드 로니(Léon de Rosny)가 총 7장으로 발행했다.(Wylie no. 63; Walravens no. 186)

3　　　　　　　　　　　　　　　　　　　시암어

The Gospel of Luke and John, Singapore : 출판사 미상, 1834.

    런던 선교회 소속 선교사 야곱 톰린의 도움과 협력으로 1831년 번역하여 인도 세람포르에 있는 런던 선교회 출판사로 보냈다. 1834년 누가복음의 임시판이 그곳에서 인쇄됐다.(Wylie no. 64; Walravens no. 62)

에필로그 Epilogue

"한국개신교의 선교 원년은 1832년이다"

이제 필자가 이 책을 통하여 궁극적으로 말하려고 하는 바를 최종적으로 정리해 보고자 한다. 이 에필로그는 이 책의 결론이자 총 요약이기도 하다. 결론 치고는 다소 길게 보이지만, 이 결론만 읽더라도 전체의 내용과 필자의 주장을 알 수 있도록 정리하고자 한다.

알다시피 1984년에 '한국기독교100주년선교대회'가 열렸다. 필자에게는 개념에 혼란이 왔다. '한국 기독교 100주년'이 가리키는 것이 한국 선교 100주년인지, 아니면 한국교회 100주년인지 모호하다. '기독교100주년선교대회' 전후 행사와 관련 문서들을 보면, 교회 100주년이라는 제목의 행사와 문서들이 상당수 있고,[1] 교회 100주년과 아울러 선교 100주년이라는 용어도 같은 선상에서 혼용되고 있다. 예를 들면, '한국기독교100주년기념사업협의회'에 의해 설립된 '한국기독교선교100주년기념교회' 등이 그것이다. 그러므로 아직은 기독교 100주년기념이 개신교 신앙의 최초 전래가 기준인지, 직·간접 선교의 구체적 결과물, 즉 세례나 교회 설립 등이 기준인지, 현재로서는 명확하지 않다.

---

1 한국기독교100주년기념사업협의회(http://www.100thcouncil.com/mnu02/mnu02_07_01.asp)

필자는 개신교 시작의 기준을 개신교의 전래로 삼고, 선교역사의 관점에서 이 문제를 다룬다. 즉, 한국선교 원년은 곧 전래 원년이라는 전제를 가지고 출발해야 한다는 것이다. 그래서 개신교 신앙이 개신교 선교사나, 신자에 의해 한국에 정식으로 처음 소개되고 전달된 시점을 당연히 원년으로 삼아야 할 것이다. 아울러 행해진 선교가 형식과 내용에 있어서 진정한 선교였는가가 중요하다. 그것은 한민족에게 처음 소개된 개신교 신앙이 '곧바로 어떤 결과로 이어졌는가?'라는 문제와는 별개이다. 예를 들자면, 윌리엄 케리(William Carrey, 1761~1834)가 인도에서 선교할 때 7년 동안 단 한 명의 개종자도 얻지 못했지만,[2] 그가 인도선교를 하지 않았다고 말할 수 없는 것과 같은 것이다. 문제는 복음이 바르게 전파됐는가 하는 것이다.

기존의 한국개신교 선교 원년설에는 크게 세 가지 주장이 있는데, 1884년설과 1885년설, 그리고 1879년설이 있다. 초교파 단체인 '기독교100주년기념사업회'는 1884년을 원년으로 삼는다. 이 연도 기산의 근거는 두 가지이다. 첫 번째로 1884년에 일본 주재 미국 감리교 선교부의 대표자 로버트 맥클레이(Robert Samuel Maclay, 1824~1907) 목사가 고종황제에게 교육사업과 의료사업을 조선에서 진행할 수 있도록 청원하여, 그해 7월 3일 고종황제가 재가한 것을 "한국기독교(개신교)의 공식적인 시작"[3]으로 보는 것이다. 기독교100주년기념사업회가 1884년을 한국개신교 선교 원년으로 잡는 두 번째 근거로는 같은 해

---

[2] George Smith, *The Life of William Carey, D.D : Shoemaker and Missionary*, Cambridge : Cambridge Univ Press, 2011, 132.

[3] 한국기독교100주년기념사업협의회(http://www.100thcouncil.com/mnu01/mnu01_02_01.asp)

9월 20일 중국에서 활동하던 미국 북장로회 의료선교사 알렌(Horace N. Allen, 1858~1932))의 입국이다.[4]

1885년 원년설은 장로교 선교사 언더우드(Horace Grant Underwood, 1859~1916)와 감리교 선교사 아펜젤러(Henry Gerhard Appenzeller, 1858~1902)의 1885년 4월 5일(부활절) 제물포 입국을 기준으로 한다. 민경배 교수는 이날이 "복음의 씨가 미국인에 의해서 뿌려지기 시작한 날이다"라고 하며, 언더우드와 아펜젤러가 한국에 온 개신교 첫 번째 선교사라고 한다.[5] 이는 한국의 대표적인 두 교단의 시작과 연관이 있고, 입국한 선교사들의 선교사역과 연관하여 교회의 설립을 찾으려는 시도이다. 실제로 언더우드 목사는 예배를 주관하여 1887년 9월 27일에 첫 예배를 드렸으며, 장로 2인을 장립하여 공식적 조직교회가 되는 결실을 맺었다. 민 교수는 이 교회의 설립을 '사도적 교회로서의 교회'로 그 첫 기원을 자리매김한다.[6] 민 교수에 의하면 그전에 이미 존재한 소래교회는 "선교지 교회로서의 역사로는 첫 기원"이지만 "세례, 설교가 없었고 설령 있었다 해도 치리나 성직적 권한의 것은 아니었기 때문에 당장 우리나라 교회의 시원으로 단정하는 데에 어려움이 있다"고 한다.[7] 이 주장은 철저히 교회론적인 시각이다.

---

4 한국개신교는 이를 근거로 장로교와 감리교에서 1934년 각각 50주년선교기념대회를 열었고 개신교 11개 교단 대표가 1980년 12월 14일에 100주년기념범교단적협의체 조직에 합의하여 1981년 1월 27일에 창립총회를 개최했다. 또 100주년기념사업협의회를 결성하고 1984년 8월 15~19일에 한국기독교100주년선교대회를 가졌다(한국기독교100주년기념사업협의회, http://www. 100thcou ncil.com/mnu02/mnu02_01_01.asp).

5 민경배, 『한국기독교회사』, 대한기독교서회, 1990, 152쪽.

6 민경배, 「한국기독교회의 기원문제」, 『한국기독교와 역사』 창간호, 1991.1, 32쪽.

7 민경배, 「한국기독교회의 기원문제」, 32쪽.

1879년 원년설은 외국 선교사들이 아닌 한인 개종자들에 의한 자생적 기독교 공동체 형성에 의의를 둔다. 1879년에 매킨타이어 목사에게서 세례를 받은 백홍준, 이응찬과 무명의 2인이 로스(J. Ross)와 매킨타이어 목사를 도와 성경을 번역한 다음 권서활동을 통해 최초의 한국인 개신교 신앙공동체인 '서간도 한인촌 기독교 공동체'가 설립되는 데 영향을 끼쳤다. 이어서 국내에서는 의주 신앙공동체가 형성되고, 소래 교회가 섰다.[8] 이는 선교사가 들어오기 전에 한글성경이 들어와 개종의 역사가 일어났다는 점에서 19세기 말까지의 세계선교사상 유례를 찾아 볼 수 없는 중요한 역사적 의미를 가진다.[9]

그런데 한국교회의 대다수가 한국개신교 선교 원년을 1884년 혹은 1885년으로 설정한 데는, 1832년 내한한 독일 프로이센 출신 선교사 귀츨라프(Karl Friedrich August Gützlaff, 1803~1851)를 고려하고 있지 않기 때문이다. 일단 그의 선교가 '비공식 선교'[10]라는 인식이다. 귀츨라프가 조선에 머물렀던 기간이 짧기 때문에 주목할 만한 성과가 없는 그저 탐방사건[11] 또는 그의 내방을 복음 선포를 주임무로한 선교사라기보다는 통상선의 일원으로서만 역할[12]을 한정하는 시각 때문이다.

그런데 이러한 회의적 판단의 더 근본적인 이유를 추론해 보자면, 한국개신교 선교 원년을 공식 채택하던 당시 귀츨라프 연구가 불충분

---

8 이만열, 「한국의 기독교 수용과 그 특징」, 『아세아연구』 106호, 2001.12, 14쪽.
9 이만열, 「한국의 기독교 수용과 그 특징」, 19쪽.
10 웹 문서에서도 귀츨라프의 조선 선교가 비공식적이라는 입장을 흔히 찾아볼 수 있는데, 여기에서 한국컴퓨터선교회의 입장을 그대로 복사해서 사용하고 있는 것을 쉽게 발견할 수 있다(http://kcm.co.kr/korchur/ korch-history/chb ook3-1.html).
11 백낙준, 『한국개신교사』, 연세대 출판부, 1973, 44쪽.
12 민병호, 『한국개신교 최초의 순교자 R. J. 토마스 목사 연구』, 대한예수교회중회교육국, 1984, 86쪽.

했고, 1차 사료의 확보가 용이하지 않아 충분한 숙고가 이루어지지 않았을 개연성이 크다고 할 수 있다. 거기다가 무엇보다도 한국개신교 선교에 초기부터 미국 선교사들이 중요한 기여를 함으로써 선교 원년의 정리도 자연스럽게 미국 선교사들의 활동 중심으로 설정하는 것이 한국교회의 정서상 자연스러웠을 것으로 생각된다.

필자는 이러한 일련의 정황을 근거로 해서 한국개신교 선교 원년을 기산하는 것에 대한 문제의식을 가지고 있다. 만약 한국개신교의 현재 입장처럼 대한제국의 고종황제로부터 교육과 의료사업이 허락된 것을 기준으로 한국개신교의 공식적 선교 원년으로 설정한다면, 그 허락과 결정의 주체가 세속의 정부이지, 선교사나 교회사 안에서 교회의 독자적 판단과는 거리가 멀다. 아울러 1885년에 입국한 언더우드와 아펜젤러 등의 선교사역과의 연속성 속에서 그 근거를 찾으려는 것도 본격적 선교라고 하기에는 다소 주관적이고 인위적인 측면이 작용된 것으로 보인다. 무엇보다 최초로 개신교 신앙이 한국에 처음으로 소개되고 전달된 시점을 놓치지 않는 것이야말로 객관적이고 정확한 선교 원년의 기산 근거가 될 것이다.

그래서 이 책은 선교역사 서술의 객관적 근간을 제공하는 1차 사료를 토대로 귀츨라프의 선교가 조선을 위한 준비된 선교였고, 그의 선교신학이 예외 없이 적용된 주도면밀한 선교사역이었음을 학문적으로 증명했다. 특히 이 책에서는 귀츨라프의 선교 전략이 독일 경건주의 중 하나인 친첸도르프 백작의 지도 아래 있었던 헤른후트(Herrnhut)의 영향을 받았다는 점을 설명했다. 이어 그가 행한 조선 선교가 내용과 형식적 측면 모두에서 선교의 내실을 지닌 명실상부한 조선의 첫 공식적 선교였음을 밝혔다. 또한 조선 선교의 경험을 토대로 기록되어 발간된 『동아시아 항해기』(뉴욕, 1833)와 증보판인 『동아시아 항해기』(런던, 1834) 등은 1866년 그를 이어 조선을 방문한 토마스 선교사 같은 이를 비롯한 많은 후배 선교사들에게 조선 선교의 길잡이가 됐다.

이를 통해 최초의 개신교 신앙의 전래년도인 1832년이 한국개신교의 공식적 선교 원년으로 재설정되어야 함을 주장하고자 한다. 이렇게 기산된 한국개신교 선교 원년은 한국교회로 하여금 새로운 선교 원년 설정과 아울러 한국 개신교의 선교역사가 미국의 복음주의적 신앙의 유산을 받은 것뿐만 아니라, 독일의 경건주의적 신앙의 영향을 받아 선교가 행해졌음을 이 책을 통해 논증하고자 했다.

1   귀츨라프의 조선 선교는 준비된 선교였다

귀츨라프의 조선 선교는 즉흥적인 것이 아니라 사전에 철저히 준비된 것이었다. 그가 조선을 방문한 후에 기록한 『동아시아 항해기』[13]에 의하면 이미 한반도에 사는 주민에 관하여, 그리고 중국인들이 조선(Tschau-sin)[14]이라 부르는 나라의 역사적, 문화적 그리고 종교적 사전 지식을 가지고 있음을 알 수 있다. 특히 조선과 중국과의 외교적 관계

---

13   Charles Gutzlaff, *Journal of three voyages along the coast of China in 1831, 1832 and 1833*, 2. ed., London : Frederick westley and A. H. Davis 1834; Karl Gützlaff, *C. Gützlaff's, Missionars der evangelischen Kirche, dreijähriger Aufenthalt im Königreich Siam nebst einer kurzen Beschreibung seiner drei Reisen in den Seeprovinzen Chinas in den Jahren 1831-1833*, Basel : Felir schneider, 1835.

14   K. Gützlaff, *Aufenthalt*, 242.

에도 비교적 정확하고 많은 정보를 가지고 있을 뿐만 아니라, 양국의 역사적 맥락 속에서 이해하고 있었다. 예컨대 중국인과 한민족의 관계를 주전 2400년경에 있었던 전설의 중국 요순(Ya-au)시대까지 거슬러 올라가 설명하고 있으며,[15] 청나라 이전의 역사인 명나라와 조선의 외교, 역사 관계도 잘 이해하고 있다.[16] 또 그는 임진왜란과 그때 종군한 일본 장수와 군사들을 가톨릭 신앙의 소유자임을 들어 천주교 신앙이 먼저 한반도에 들어 왔다고 보며,[17] 하멜과 그의 일행이 한반도에 표류한 사실 또한 알고 있었다.[18] 하멜과 그 일행은 네덜란드 개신교인으로 추측되지만, 조선 측 기록을 보면 '기독교도'가 아니라 어업에 종사하는 단순 '표류민'으로 나타난다.[19] 또한 귀츨라프는 당시의 가톨릭 박해사건까지 이미 알고 있었다.[20]

『동아시아 항해기』의 1832년 7월 18일자 기록에서 귀츨라프가 당시 조선의 상황과 선교적 가능성, 그리고 선교를 방해하는 장애물이 무엇이라는 것을 정확하게 짚어내고 있다.

---

15 K. Gützlaff, *Aufenthalt*, 243.
16 K. Gützlaff, *Aufenthalt*, 243.
17 K. Gützlaff, *Aufenthalt*, 244. 스페인 출신 예수회 신부 세스페데스(Gregorio de Céspedes, 1551~1611)가 1593년 12월 27일 임진왜란에 종군한 일본인 장수 고시니 유카나가(小西行長)을 방문하여 조선에 약 1년간 체류했다(박철, 「한국방문 최초 서구인 그레고리오 데 세스뻬데스 연구」, 『외대사학』, 1987.10, 97~144쪽).
18 K. Gützlaff, *Aufenthalt*, 246.
19 하멜 일행의 조선 탈출 후 남아있는 8명의 송환을 위해 일본막부는 조선에 서한을 보냈다. 이에 대한 답신으로 1667년(현종 8) 예조참의 박세모가 일본 쓰시마 섬 번주에게 보낸 서계에 의하면 하멜 일행이 기독교도가 아니라 전라도 해안에서 14년간 어업에 종사한 단순 표류민임을 밝히고 있다(쓰시마 섬종가문서 서계 1212, 1667; 김영원 외, 『항해와 표류의 역사』, 솔, 2003, 223쪽).
20 K. Gützlaff, *Aufenthalt*, 246f. 1801년(순조 1)에 있은 신유박해(辛酉迫害)를 포함하여 당시 광범위한 천주교 박해를 지칭한다.

그의 조선에 대한 사전 지식의 양과 질은 그의 조선 방문 사건을 그저 한낱 즉흥적으로 혹은 잠시 들른 수준의 사건으로 폄하할 수 없게 만든다. 그 어떤 다른 정치적, 상업적 혹은 단순한 여행 목적도 아닌 선교를 위한 목적으로 이루어진 조선에 대한 연구이며, 그의 1832년 조선 방문은 그 연구를 실질적 행동으로 옮긴 것이다. 귀츨라프는 그 모든 사전 연구를 통해 조선의 수도에 유럽인이 한 명도 없다는 것과 기독교(Christentum)라는 이름이 민간에 잘 알려지지 않았다는 결론에 도달했다.[21] 여기서 기독교란 당시 천주교 박해사건을 민간이 알고 있었으므로, 개신교를 지칭하는 말일 것이다.

귀츨라프의 조선에 대한 정보는 지리 부분에서도 나타난다. 경상도(island of Kin-Shang)[22]에 대한 지명을 언급하기도 하고, 일본 쓰시마 섬를 조선과의 교역의 창구로 적당하다고 보았다. 또한 만주 봉황성의 위치와 상업적 역할에 대해서도 알고 있었다.[23] 당시 존재하던 지도들을 통해 조선에 대한 지리적 이해도 있었음을 알 수 있다.[24]

역사적 문화적 그리고 지리적 사전 이해와 아울러 그는 선교를 위한 실질적 준비를 했다. 1차 북중국 지역 선교 여행 때와 마찬가지로 2차 여행 시에 조선을 비롯한 선교지역을 위해 중국어로 된 다량의 성경을 비롯한 기독교 전도책자들과 의약품을 준비했는데, 특히 의약품은 의료선교를 대비한 것이다.[25]

---

[21] K. Gützlaff, *Aufenthalt*, 246. 귀츨라프는 이미 조선에서의 가톨릭의 박해소식을 알고 있었음으로 여기서는 개신교 신앙을 지칭한다.
[22] 귀츨라프는 경상도를 섬으로 알고 있었다.
[23] C. Gutzlaff, *Journal*, 1834, 319.
[24] K. Gützlaff, *Aufenthalt*, 242.
[25] 1831년 6월 3일 출발한 1차 선교여행 시에도 선교에 쓰일 많은 양의 기독교 서적과 약

이 점은 그가 통상선을 타고 동아시아 지역을 단순히 여행했던 것이 아니라, 선교적 관심과 목적을 가지고 통상지를 선교지로 이해하고 방문했다는 것을 말해준다. 이처럼 그의 선교지에 대한 사전 이해가 곧 선교의 관심과 준비로 귀결됐음을 알 수 있다. 그래서 그는 조선을 향하는 통상선에 몸을 싣고 선교의 기회를 잡으려 한 것이었다.

2. 귀츨라프의 조선 선교 실행

1) 방문선교

귀츨라프는 어느 선교회에도 속하지 않은 독립선교사(Frei-missionar)로 활동했다. 그는 그의 선교여행(Missionsreise)을 "방문을 위한 여행(Besuchreise)"[26]이라 불렀는데, 이는 그의 선교 방법 유형이 한 곳에 오래 머물면서 전도하는 정주(定住)형 선교가 아닌 해당 지역을 찾아가서 선교하는 방문선교(Missionsbesuch)였다는 것을 말해준다. 귀츨라프가 중국을 거쳐 조선과 일본에까지 이르며 꾸었던 동아시아 선교의 꿈은 1831년부터 1833년까지의 3차에 걸친 선교여행을 통해 현실화됐다.

그 여행 중 그는 2차 선교 항해를 위해 1832년 영국 동인도회사 소속 507톤[27]의 범선 '로드 애머스트호(Lord Amherst)'에 승선했다. 이

간의 약을 챙겼다(C. Gutzlaff, *Journal*, 1834, 70).

26 K. Gützlaff, "Briefe an einen Freund in Berlin(Macao, 1835.1.7)", Preussische Haupt-Bibelgesellschaft(Hrsg.), *Neueste Nachrichten aus dem Reiche Gottes*, 20. Jahrgang, Berlin : Trowitzsch und Sohn, 1836, 376.

27 India. Governor-general, *Railways (India) : return to an order of the honourable The House of the Commons dated 12 July 1853*, London : the honourable The House of the Commons,

배는 조선에게 통상을 요구했던 최초의 서양 선박이었다. 그는 애머스트호에 선의(船醫)와 통역관으로 참가하게 됐다. 귀츨라프는 그의 한 편지에서 이 여행 동안 중국의 큰 통상지를 탐방함과 동시에 "하나님의 말씀을 성공적으로 확산시켰다"고 밝히고 있다.[28] 이것은 조선 선교에 대한 귀츨라프가 자기 자신의 주된 사역을 스스로 어떻게 평가하고 있는지를 보여준다. 즉, 그는 선의와 통역관의 임무 보다는 복음 전도자로서의 임무를 가지고 조선을 방문했던 것이다.[29]

귀츨라프에게 있어서 이 여행은 동인도회사의 목적처럼, 통상로의 개척을 위해서가 아니었다. 그의 목적은 선교사로서 선교 그 자체에 있었다. 그래서 그는 조선에서의 사역을 "선교사역들(Missionsarbeiten)"로 이해했고, 자신 같은 선교사를 "그리스도의 사자(使者)"라고 표현하며, "소망의 경작지"를 얻게 하실 것임을 확신하고 있었다.[30] 그는 이 선교여행 동안 목숨까지 잃을 뻔했다.[31] 조선을 비롯한 동아시아를 방문한 본뜻은 바로 선교사역을 위해서였다. 실제로 1843년에 20만 명의 개신교인이 중국에 존재하게 된 데에는 이와 같은 귀츨라프의 선교사역이 기여한 바가 컸다.[32]

1853, 33.

28　K. Gützlaff, "Briefe an einen Freund in Berlin(Macao, 1835.1.7)", 376.

29　K. Gützlaff, *Aufenthalt*, 252 · 254 · 257 등.

30　K. Gützlaff, *Aufenthalt*, 252.

31　귀츨라프는 2차 선교여행 시 위험한 양쯔 강 하구와 대양이 만나는 곳에 퇴적된 "위험한 모래톱들"을 지나기도 했고(K. Gützlaff, *Aufenthalt*, 240) 조선에서는 거의 익사할 뻔 했던 일이 있었다(K. Gützlaff, Der ostpreusche Verein für China(Hrsg.), *Die Mission in China : Vorträge, in Berlin gehalten, Erster Vortrag,* Berlin : W. Schulz, 1850, 12).

32　August Wilhelm Zachariä & Louis Thomas, *Lehrbuch der Erdbeschreibung : in natürl. Verbindung mit Weltgeschichte* Vol. 1, Leipzig : Fleischer, 1854, 46.

귀츨라프의 조선 선교 의의는 조선 선교기간과 관련된 한 달이란 양적 문제보다는 질적 문제에 더 비중을 두어 접근해야 할 것이다. 즉, 실질적으로 어떠한 선교가 이루어졌는가에 더 큰 관심을 기울여야 한다는 것이다.

또한 귀츨라프는 전능하신 "하나님이 그들을 이 땅으로 하여금 결국 약속의 땅(this promising field)으로 들어가게 허락하실 것"이라고 기대했다.[33] 그는 1850년 6월 1일 자신이 선교사로 헌신하게 했던 베를린 선교학교의 모체인 베를린 보헤미안 교회(Böhmische Kirche)에서 설교를 하면서 조선 방문을 회상했다. 당시 골로새서 1장 11~18절을 본문으로 행한 설교에서 "국왕에게 '진리의 말씀(das Wort der Wahrheit)'을 알린 것과 아직 한 번도 그리스도에 대하여 들은 적이 없는 백성에게 그를 전하는 기회를 가졌다"는 점[34]을 조선 선교의 성과로 언급한 것이 그가 조선을 방문하여 행한 사역의 핵심이 무엇인지를 알게 해준다. 그의 표현대로 조선 방문은 그에게 "하나님이 은혜를 베푸셔서 가능했던 일"이었다.[35]

2) 문서선교

정주형 선교가 아닌 방문선교가 귀츨라프의 초기 선교 방법론의 큰 틀이라면, 그의 선교의 세부적 특징은 문서를 통한 선교였다. 귀츨라프는 몽금포 앞바다에서 남하하여 뱃길을 따라 1832년 7월 25일

---

33 C. Gutzlaff, *Journal*, 1834, 340. K. Gützlaff, *Aufenthalt*는 "소망의 경작지(Saatfeld der Hoffung)"라고 표현했다.
34 K. Gützlaff, *Die Mission in China*, 12.
35 K. Gützlaff, *Die Mission in China*, 12.

고대도 안항(安港)에 정박하게 됐는데, 고대도와 인근 섬들을 방문할 때 행한 주민에 대한 선교는 당시 정황으로 볼 때 자연스러운 것이었고, 또 조선 조정과 긴밀히 연락하는 체계를 갖춘 조정관을 포함한 당시 공무원들과의 교제를 통해 조선의 국왕에까지 기독교의 복음을 전달 할 수 있는 유리한 상황이었다. 항해 책임자 린지의 정중한 요청에 따라 귀츨라프가 소지하고 있는 성경 한 질과 기독교 전도책자들을 국왕에게 진상한 것도 이러한 취지였다.[36]

아울러 귀츨라프의 『동아시아 항해기』 독문판(1835)에는 영문판(1834)에서는 언급되지 않은 희망사항을 담고 있는데, 성경 한 질[37]과 많은 전도책자들(ein Exemplar des Bibelbuches und unserer sämtlichen Traktate)을 전달한 이유는 이를 통해 "하나님의 말씀이 알려지고, 이 선물이 하나님의 아들 예수 그리스도를 통해서 죄악이 된 세상에 맞서서 계시된 하나님의 사랑의 증거로 사용되길 바란다"[38]는 희망 때문이었다. 성경과 전도책자 외에도 지리, 천문, 과학서 같은 많은 책자들과 선물들이 주어졌다.[39] 이미 고증한대로 『중국을 위한 호소(An appeal in behalf of China)』에서 남긴 그의 글을 단서로 할 때, 이 중국어성경은 바로 21권 선장본(threadbound)으로 출판된 『신천성서』이다.[40] 귀츨라프가 성경과

---

36 C. Gutzlaff, *Journal*, 1834, 332.
37 항해 책임자 린지가 밝힌 조선의 국왕에게 진상한 목록 중에는 성경 2권과 전도책자가 들어 있다(H. Lindsay, *Report*, 227). 귀츨라프는 한 권으로 기록하고 있는데, 한 권인지 두 권인지는 이미 5장에서 밝힌 바 있다.
38 K. Gützlaff, *Aufenthalt*, 249; *Illustrierte Zeitung*, Nr.87, Leipzig, 1. 1845.3, 131.
39 『조선왕조실록』, 순조 32년 7월 21일(음력).
40 K. Gützlaff, "An appeal in behalf of China", American Board of Commissioners for Foreign Missions, *Missionary Herald* Vol. XXX, Boston : Crocker and Brewster, 1834, 423.

전도책자를 조선의 국왕에게 진상한 것은 문서를 통해 지리적, 환경적 제약을 넘어 중앙 정부에까지 복음의 확산과 영향을 기대할 수 있는 사역이었다. 동시에 각처에서 만난 조선인들에게도 쪽복음과 전도서적을 나눠준 행위는 그가 중요하게 생각한 문서선교사역의 일환이었다. 그가 배포한 성경과 전도서적은 조선인이 읽을 수 있는 중국어로 되어있었다. 그러므로 조선인들이 충분히 이해 가능하여 실질적 선교효과를 기대할 수 있었다는 점에서 큰 의미를 지닌다.

귀츨라프는 고대도 인근 지역을 떠나면서 남긴 소회에서 조선 국왕이 처음에는 거절했던 성경을 아직도 갖고 있는지 혹은 읽고 있는지 모르겠지만, 많은 사람들이 하나님의 말씀을 받았으며 이 사역이 결국 "성경이 우리에게 가르친 대로 연약한 시작이었지만 하나님이 축복해 주실 것"이라고 희망했다.[41] 그의 문서선교는 이처럼 조선에서 행한 주도적 선교의 한 방법이 됐다.

3) 번역선교

귀츨라프는 애머스트호의 통역관을 맡았을 정도로 언어적 재능이 뛰어났다. 물론 학생 시절에도 독일 프로이센 국왕을 위한 시를 지어 직접 국왕 앞에 헌정했을 정도로 문학적 재능 또한 탁월했다. 그의 언어적 재능은 선교사역에도 여지없이 사용됐다. 또한 귀츨라프는 한문으로 된 성경을 받아든 조선인이 그 책을 읽을 수가 있는 것과 조선인과 한문으로 소통할 수 있는 것에 대한 중요성을 깊이 헤아리고 있었다. 그런 의미에서 번역작업은 귀츨라프에게 있어서 비중 있는 선교

---

41 K. Gützlaff, *Aufenthalt*, 257.

전략이었다고 할 수 있다.

무엇보다 중국이 아닌 조선에서의 선교를 위해서는 조선인의 언어로 소통하는 것이 필요했다. 귀츨라프의 조선 선교의 중요한 의의 중 하나는 주기도문 번역을 시도했다는 점이다. 조선의 고관이 보낸 조정관(intermediator) 역할을 한 등노(Teng-no)가 데리고 온 고관의 비서(secretary) 양의(Yang-yih)[42]는 여러 차례 애머스트호를 방문했고, 그들을을 통해 귀츨라프는 조선말로 소통하는 것에 대한 필요성을 절감하게 됐다. 그러다가 린지의 기록에 의하면, 7월 27일 귀츨라프는 오랜 설득 끝에 고관의 비서 양의로 하여금 한글 자모 일체를 쓰게 했다. 귀츨라프가 이 젊은이에게 중국어로 주기도문을 써주면서 그로 하여금 읽게 하고, 또 이것을 한글로 번역하게 했다.[43]

선교 현지인에 의한 자국어 주기도문 번역사건은 조선의 선교역사뿐만 아니라 세계 선교역사 안에서도 의미 있게 다루어졌다. 이 주기도문 번역 사건에 대해 1834년 독일 베를린에서 발간된 『외국문학을 위한 잡지(*Magazin für die Literatur des Auslandes*)』에서도 양의가 한글로 주기도문을 번역했다는 것을 기사화하여 확인해 주고 있다.[44] 이 주기도문 번역이 비록 단편적 번역이긴 하지만 한글로 된 성경번역선교의 효시임이 분명하다.

언어의 중요성에 대한 인식은 귀츨라프로 하여금 더 체계적인 연구를 하도록 만들었다. 선교 대상지의 언어 연구는 선교지에 대한 총체적 연구의 효율성과 지속성을 가능하게 해준다. 귀츨라프는 조선의

---

42   H. Lindsay, *Report*, 224.
43   H. Lindsay, *Report*, 239.
44   *Magazin für die Literatur des Auslandes* Nr. 25, Berlin, 26. Februar, 1834, 99.

젊은이 양의로부터 또는 접촉하는 조선인으로부터 배운 한글을 1832년 11월에 모리슨이 편집자로 있는 『중국의 보고(The Chinese Repository)』라는 잡지에 소논문 형태의 「한국어에 대한 소견(Remarks on the Corean Language)」을 통해 발표했다.[45] 이후 1833년 7월 발간된 중국의 보고에 나오는 한글 음절표(the Corean syllabary)[46]의 저자는 모리슨으로 추정되는데,[47] 이 표는 귀츨라프가 써서 제공한 168자의 당시 한글 자모음의 조합과 그것의 발음을 소개하고 있다. 이처럼 귀츨라프의 번역선교는 현지 방문을 통한 성경번역선교의 효시가 됐을 뿐만 아니라 조선말을 익히고, 한글을 세계에 첫 번째로 소개한 문화적 중개자의 역할도 수행한 것이다. 최초의 한류의 전도사라 칭해도 과언이 아니다.

4) 돌봄의 선교

이미 언급한 것처럼 귀츨라프가 애머스트호에 승선할 때의 지위는 통역관인 동시에 선의(船醫)였다. 그는 선교지에서 선교사역의 한 방편으로써 의술을 베풀며 사람들을 돌보았다. 귀츨라프는 경건파 교도인 토룩(Friedrich August Gottreu Tholuck, 1799~1877) 교수로부터 기초적 의술을 배웠는데, 그는 헤른후트적 신학교인 베를린 선교학교의 스승이었다.[48] 이때 배운 의술은 선교 현지에서 그 진가를 발휘했다. 선교

---

45 귀츨라프의 「한국어에 대한 소견」에 이미 자음과 모음의 발음이 일부 소개되고 있고, 귀츨라프의 기록으로부터 자모음표가 완성됐음을 알리고 있다(K. Gutzlaff, "Remark on the Corean Language", *The Chinese Repository* Vol. 1, No. 7, 276~279).

46 No author shown, "The Corean Syllabary", *The Chinese Repository* Vol. 2, No 2, 1833, 135~139.

47 이응호, 「모리슨 목사의 "The Corean Syllabary"에 대하여」, 『국어교육』 제37권, 한국어교육학회, 1980, 161~183쪽.

48 Marianne Winner-Lüdecke, *Karl Gützlaff : ein vergessener Rufer?*, Bad Liebenzeller : Verlag

사들이 실용적인 의술과 약초를 키우고 약을 처방하는 법 등을 익히는 것은 헤른후트 선교사들의 특징적 교육 방법이라 할 수 있다.[49] 그래서 귀츨라프가 베를린 선교학교를 다니면서 의술을 배운 것은 자연스러운 일이다.

귀츨라프는 수마트라 섬 근처 빈탄(Bintan)에서 사역할 때 아편중독자들을 돌보기 위하여 작은 병원을 설립했다.[50] 태국에서 선교할 때도 마약 환자와 눈병 환자들을 돌보았고,[51] 조선에서도 감기 환자들에게 인술을 베풀었다.[52] 『동아시아 항해기』에는 조선에서 인술을 베푼 것에 대해 간단한 진술밖에는 없지만, 중요한 점은 고대도에 정박한 이후 조선인들에게 꾸준히 약을 공급해 주었다는 점[53]이다. 즉, 그들을 의료적으로 돌보았다는 것이다. 그리고 이것은 우리 역사에 서양 선교사가 근대 서양의 약을 처방하여 인술을 베푼 최초의 기록이다. 이것은 단순한 의료 행위가 아니라 인술을 베푸는 것이 '복음을 설교하고 전도서적을 배포하는 것과 언제나 조화'를 이루기 때문에 그가 선

---

der Liebenzeller Mission, 1981, 11.

49 Hartmut Beck, *Brüder in vielen Völkern : 250 Jahre Mission der Brüdergemeine*, Erlangen : Verlag der Evangelisch-Lutherischen Mission, 1981, 28; Gudrun Meier, "Herrnhuter Beiträge zur Erforschung Ladakhs", Henry Osmaston & Nawang Tsering(Hrsg.), *Recent Research on Ladakh 6 : Proceedings of the Sixth International Colloquium on Ladakh, Leh 1993*, Bristol : University of Bristol, 1997, 179~180.

50 Winfried Scharlau(ed.), *Gützlaffs Bericht über drei Reisen in den Seeprovinzen Chinas 1831-1833*, Hamburg : Abera Verlag, 1997, 16.

51 Herman Schlyter, *Karl Gützlaff als Missionar in China*, Lund : C. W. K. Gleerup, 1946, 50.

52 C. Gutzlaff, *Journal*, 1834, 347. 귀츨라프는 60명의 노인 감기환자를 위해 약을 처방해 주었다.

53 C. Gutzlaff, *Journal*, 1834, 347.

교지에서 선호하는 선교방법이었다.[54] 귀츨라프는 선교지에서 의료선교의 장점에 대해서 말하면서, 중국 안에 바다와 내륙 모두에서 접근하기 쉬운 곳에 병원을 세우기를 희망했다.[55] 그는 "이 먼 곳에서의 사역을 위해서 자기 자신을 포기하고 영광스러운 복음 전파의 목표를 가지고 이웃의 행복을 위해서 올 의사가 없다"고 하면서 의술을 가진 선교사의 파송이 절실하게 필요함을 역설했다. 또한 그는 가능한 한 선교지에서 의료적 도움을 주는 것이 그의 열망이라고 했다.[56]

그의 이 진술은 복음과 사회 복지에 관한 관계 설정에 있어서 헤른후트적 특징을 보이는 부분이기도 하다. 경제적 성공이나 윤택함을 하나님의 축복으로 인식하고[57] 또한 불신자의 생존에 필요한 것까지도 돌보는 것이 그것이다.[58]

그의 K. Gützlaff, *Aufenthalt*의 1832년 8월 1일자 기록에는 "복음이 한 번이라도 이 광야에 들어오도록 하고 이 복음이 성실한 마음으로 주민들에게 받아들여져서 믿게 되면 이 모든 불행이 단번에 그리고

---

54 1833년 미국에 있는 선교 동역자에게 보낸 귀츨라프의 편지에서 이 점을 기록하고 있다. American Board of Commissioners for Foreign Missions, *Missionary Herald* Vol. XXX, Boston : Crocker and Brewster, 1834, 310.

55 American Board of Commissioners for Foreign Missions, *Missionary Herald*, 311.

56 American Board of Commissioners for Foreign Missions, *Missionary Herald*, 311.

57 Dietirich Meyer, "Zinzendorf und Herrnhut", Martin Brecht(Hrsg.), *Geschichte des Pitismus : Der Pietismus im achtzehnten Jahrhundert*, Göttingen : Vandenhoeck & Ruprecht, 1995, 84.

58 친첸도르프의 '행동하는 기독교 신앙(das tätige Christentum)'은 프랑케의 '행동하고 살아있는 기독교 신앙'의 영향을 받은 것이다(Nikolaus Ludwig von Zinzendorf, *Sonderbare Gespräche zwischen Einem Reisenden und Allerhand andern Personen, von Allerley in der Religion vorkommenden Wahrheiten*, Altona : Korte, 1739, 140). 그리고 헤른후트의 선교 원리 중 하나는 복음을 알지 못하는 이들을 돌보는 것이다. Karl Müller, *Missionstheologie*, Berlin : Dietrich Reimer Verlag, 1985, 39 비교.

영원히 종식될 것이다"라고 하면서 가난하고 불행한 상황의 근절을 위해서는 복음의 확산이 유일한 최종 방안임을 제시한다.[59] 이렇게 그는 복음과 가난과의 모종의 상관관계가 있음을 인식하고 있는 것이다.

조선에서도 귀츨라프가 가난하여 "먹을 것이 충분하지 않은" 조선인들을 위해 감자와 포도의 재배와 포도 과즙의 생산을 설명한 글을 써준 점[60] 또한 우발적 행동이 아니라 그의 선교신학적 관점에서는 당연한 선교행위였다. 그래서 그는 경건주의적 신앙에 바탕을 둔 실천적 경향을 선명히 보이고 있다. 이는 경건주의적, 헤른후트적 모범을 자신에게 대입시킨 결과이다. 그의 선교사역은 믿음과 실천이라는 21세기형 종합적 선교의 모델임을 알 수 있다.

5) 전략적 선교

귀츨라프는 조선에서 약 한 달간 선교하면서 얻은 문화적, 지리적 정보를 토대로 조선뿐만 아니라 동아시아 선교 전략을 세웠다. 1832년 8월 17일에 애머스트호는 제주도 연안에 도착했는데, 귀츨라프는 제주도가 지리적 특성 때문에 일본, 조선, 만주 그리고 중국을 잇는 '선교기지(Missionsstation)'로 적합할 것으로 보았다.[61] 귀츨라프의 K. Gützlaff, *Aufenthalt*에서는 C. Gutzlaff, *Journal*, 1834에서 언급하지 않

---

59   K. Gützlaff, *Aufenthalt*, 255.
60   귀츨라프 일행은 1832년 7월 30일 오후에 감자를 심으러 갔으며, 조선인들에게 감자 재배법을 글로 써주었다(K. Gützlaff, *Aufenthalt*, 252). 이 일을 린지가 더 자세히 기록하고 있는데, 저녁 식사 후에 가장 좋은 땅을 찾아서 그곳에서 백 개 이상의 감자를 심었고 수백 명의 사람이 둘러서서 이것을 지켜보았다고 한다(H. Lindsay, *Report*, 236). 동년 7월 31일, 귀츨라프는 야생 포도를 보았고, 주민들을 위해 포도 재배법과 포도과즙 만드는 법도 써주었다(K. Gützlaff, *Aufenthalt*, 254).
61   K. Gützlaff, *Aufenthalt*, 257.

는 중요한 부분을 기록하고 있는데, 그것은 신앙 공동체인 교회의 시작에 관한 언급이다.

그는 제주도에 선교 기지가 세워진다면, "제주도는 인구가 많은 이 지역들(조선·일본·만주·중국)에서 그리스도의 교회의 첫 번째 설립과 하나님 말씀의 전파를 위해서 최상의 충분한 기회를 제공할 것"이라고 말하고 있다.[62] 이 생각은 조선을 위시한 이들 지역에 복음의 전파와 교회와의 관계를 중요시하는 것이다. 귀츨라프 전기연구가 슐리터는 귀츨라프가 경건주의의 영향을 받아 개인의 회심에만 관심이 있었지, 교회와 신앙공동체 설립에는 한 번도 관심을 가진 적이 없다고 말했다.[63] 그러나 귀츨라프가 조선 선교 시 교회에 대해 언급한 것처럼, "주의 교회의 확산(Ausbreitung der Kirche des Herrn)"[64]을 그의 선교적 관심에서 배제한 것은 아니었다. 도리어 그것에 큰 관심과 강조점이 있었음을 선교지에서 작은 신앙공동체를 많이 세운 것에서도 알 수 있다.

귀츨라프가 언급한 제주도에서의 "교회의 첫 번째 시작"은 조선을 비롯한 동아시아 선교 전략을 체계적으로 구상한 것으로서, 제주도의 지리상 이점을 살려서 조선 본토뿐 아니라 일본과 중국 대륙 선교를 위한 선교거점으로 본 것이다. 실제로 제주도를 선교거점으로 한 계획이 구체화된 흔적은 아직 찾지 못했지만, 선교거점을 활용한

---

62 "In diesem Fall würde sie(제주도) für die ersten Anbahnungen der Kirche Christi in diesen völkerreichen Ländergebieten(일본, 조선, 만주-타타르 그리고 중국) und für die Verbeietung des Wortes Gottes." K. Gützlaff, Aufenthalt, 257.

63 Herman Schlyter, *Karl Gützlaff als Missionar in China*, 17.

64 Heinrich Richter u. Karl Gützlaff, *Philethnos oder Missionar Karl Gützlaff's Bittschrift für die Heiden und Muhamedaner*, 19.

조선 선교, 나아가 동아시아 지역 전체에 대한 선교를 피력한 것은 조선 혹은 제주도를 발판으로 한 동아시아 개신교 선교계획이 문서화된 최초의 언급이라 할 수 있다.

3   조선 선교에 대한 호소와 재구상

귀츨라프의 조선 선교는 지금까지 발굴된 사료만을 참고한다면 그의 여생에 조선을 다시 방문하지는 못한 것으로 보인다. 그러나 그는 단 한 번의 방문이 효과 있는 선교의 결실, "이 외딴 나라(remote country) 안에 좋은 씨가 뿌려졌고, 머지않아 영광스럽게 싹이 돋아 날 것이고, 열매가 맺힐 것"[65]이 되기를 기대하고 있었다. 이것은 비록 한 번의 방문이지만 그가 행한 조선 선교에 대한 결과에 그의 큰 기대감을 반영한 것이다.

그리고 이후에도 귀츨라프는 계속해서 조선이란 선교지와 연관성을 가지려고 시도한 점이 두드러진다. 뉴욕에서 발행된 C. Gutzlaff, *Journal*, 1833 영문 초판에는 2판에는 나오지 않는 1832년 9월 24일 마카오(Macao)에서 영국성서공회(the Secretary of the British and Foreign Bible Society)로 보낸 귀츨라프의 편지가 수록되어 있다. 이 편지에서 그는 만 권의 신약성경을 주문하고 있다. 배포 예정지에 조선이 들어 있다.[66] 이는 조선을 포함한 동아시아 선교에 대한 지원과 관심을 호소한

---

65   K. Gützlaff, *An appeal in behalf of China*, 423.
66   Charles Gutzlaff , *The Journal of Two Voyages Along the Coast of China, in 1831, & 1832; the First in a Chinese Junk and the Second in the British Ship Lord Amherst*, 1. ed., New York

것이다.

귀츨라프는 조선 선교에 대한 지속적 관심과 아울러 재차 시도를 위한 구상을 했다. 그가 1841년 6월 6일 마카오에서 중국 선교회에게 쓴 편지에는 구체적 실행 사례나 계획을 언급하지는 않았지만, 그가 중국 저우산(舟山)에 머물 때 일본과 조선 그리고 수많은 사람이 사는 중국 안에 그리스도의 나라를 위해 무언가가 이루어지는 기쁜 소망 속에 지냈다고 했다.[67] 또한 1843년 3월 16일자 중국 선교회에 쓴 편지에는 조선으로 다시 가지 못하는 것에 대한 아쉬움이 나타난다. 또한 일본 북동부로부터 필리핀 마닐라로 가다가 풍랑에 의해 저우산으로 표류한 2명의 일본인을 보면서 이들을 항해하면 조선과 일본에 닿을 정도로 멀지 않은 곳에 위치해 있다고 안타까워하고 있다. 또 "하나님의 마음에 합하시면 이 지점(저우산)으로부터 세상의 이 어두운 지역(조선과 일본)을 빛으로 밝힐 수 있지 않을까"[68]라고 자문하면서 그는 이 편지에서 저우산을 한국과 일본의 재공략을 위한 선교기지로 재차 상정하고 있다. 이는 동아시아를 하나의 선교 벨트로 이해하고 있다는 대목인 동시에, 조선 또한 그의 선교 벨트 구도에 지속적으로 포함시키고 있었다는 것을 보여준다.

귀츨라프는 조선의 상황에 항시 관심을 기울였다. 조선에 프랑스 가톨릭 신부들의 순교와 새로운 박해가 일어났다는 소식을 잘 알

: John P. Haven, 1833, 서문 vii; *Illustrierte Zeitung*, Nr.87, Leipzig, 1. 1845.3, 131에서도 이를 확인하고 있다.

67 K. Gützlaff, Chinesische Stiftung(Hrsg.), *Gaihan's Chineschische Berichte*, Kassel : C. S., 1850, 1.

68 K. Gützlaff, *Gaihan's Chineschische Berichte*, 36f.

고 있었다.⁶⁹ 이는 기해박해를 언급한 것으로 헌종 5년(1839)에 세 명의 프랑스 신부와 백여 명의 천주교인이 목숨을 잃었던 사건을 말한다. 1845년 4월 5일자 홍콩에서 쓴 편지에는 만주에 머물고 있었던 "조선의 교구신부(Vikar von Korea)"라 불리는 한 가톨릭 주교가 귀츨라프가 있는 홍콩으로 왔으며, 그 신부가 조선 땅에 들어가길 원한다는 것을 들었다고 한다.⁷⁰ 또한 중국에 가톨릭 주교좌(마카오, 난징, 베이징)가 있는 것처럼 조선이 주교 대리가 관할하는 곳이며 가톨릭 신앙이 들어감으로써 조선이 오랜 쇄국정책을 폈음에도 불구하고 마침내 한 발 앞으로 내디뎠다고 분석했다.⁷¹ 이는 귀츨라프가 계속해서 조선에 관한 정보를 수집하면서, 조선이라는 선교지에 대해 지속적 관심이 있었음을 알 수 있다.

귀츨라프는 그가 숨지기 1년 전까지도 결코 조선이라는 선교지를 잊어버리지 않았다. 이는 그가 조선을 방문한 것이 우발적인 일회적 사건이 아니라는 것을 증명해 준다. 유럽의 선교보고를 위해 방문한 베를린 보헤미아 교회(Böhmische Kirche)의 설교에서, "만약 우리가 이 멀리 떨어진 지역들(조선)에 다시 복음을 전하기 시작한다면, 우리는 다시 찬양, 예배 그리고 찬송 받으실 주님의 이름을 기쁨으로 말할 수 있을 것이다"⁷²라며 조선 선교에 대해 관심을 가질 것을 호소하고 있다.

이 모든 것을 살펴봤을 때, 1832년 귀츨라프는 동아시아 선교 여행의 일환으로 조선을 방문했다. 귀츨라프 개인에게 있어서도 물론

---

69 K. Gützlaff, *Gaihan's Chineschische Berichte*, 36.
70 K. Gützlaff, Gaihan's Chineschische Berichte, 119.
71 K. Gützlaff, *Gaihan's Chineschische Berichte*, 289.
72 K. Gützlaff, *Die Mission in China*, 12.

첫 번째 조선 방문이지만 조선의 입장에서도 첫 번째 개신교 선교사의 방문이었다. 이 책은 이 방문의 성격에 관한 새로운 선교역사적 정립을 목적으로 하고 있다. 한국개신교의 원년을 기존의 1884년으로 기산하는 데는 귀츨라프의 1832년 조선 방문에 대해 의미 있는 선교적 가치를 두지 않는다는 뜻이다. 그러나 이러한 판단은 그의 조선 방문 전후를 위시해 그의 선교신학적 배경과 선교사역에 대하여 1차 사료들을 면밀히 살펴볼 때 시정되야만 한다.

비록 단 한 번의 방문이었지만 그 방문을 위한 사전 준비 과정과 방문 당시 실행했던 그의 선교전략들, 조선인들과의 문화적 접촉, 그리고 사후 조선과 관련된 그의 행적들은 귀츨라프에게 조선의 첫 번째 개신교 선교사라는 명칭의 부여와 함께 그의 방문 해인 1832년이 기독교 선교 원년이라는 것을 객관적으로 뒷받침해주는 역할을 한다. 1832년, 바로 그해에 경건주의 선교신학으로 무장한 독일인 선교사 귀츨라프와의 만남을 통해 한국개신교의 선교역사가 시작된 것이다.

부록 1   귀츨라프의 조선 항해기

귀츨라프가 저술하여 1835년 바젤(Basel)에서 독일어로 발간된 『동아시아 항해기(C. Gützlaff's, Missionars der evangelischen Kirche, dreijähriger Aufenthalt im Königreich Siam nebst einer kurzen Beschreibung seiner drei Reisen in den Seeprovinzen Chinas in den Jahren 1831~1833)』, (Basel : Felir schneider, 1835) 중 조선방문 및 조선 선교가 담겨있는 부분(pp.241~257)을 필자가 번역한 것이다. 이보다 먼저 1833년 뉴욕에서 영문으로 발간된 『동아시아 항해기』와 1834년 런던에서 영문으로 발간된 『동아시아 항해기』보다 어떤 부분은 내용이 생략되어 있지만, 반대로 어떤 부분은 영문보다 더 풍부하고 신학적인 내용이 있어 귀중한 사료이다. 필자는 귀츨라프의 모국어가 독일어인 만큼 일기처럼 기록된 이 항해기가 원래 독문으로 기록됐을 것으로 추측하며, 독문과 영문의 상호비교를 통해 조선 선교의 실체에 접근할 수 있어 이 책의 학술 가치가 뛰어나다고 생각한다.

241쪽

소제목 : 조선에 도착. 조선의 개괄적 역사. 장산에 착륙. 조선에 천주교의 초기 이식. 주민들의 행동. 자연과 인간의 귀중성. 강기항(고대도 안항)에서의 고관들과의 면담. 조선의 국왕에게 기독교 서적들을 보냄. 고관들의 행동.

241 / 242쪽

주민들의 종교개념. 지형탐사. 주민들의 상태. 수도에서 온 왕의

칙사. 조선을 떠남. 제주도

1832년 7월 17일

우리는 강한 바람 덕분에 곧장 조선 해안에 다다랐다. 지금까지 중국 해안에서의 수많은 위험으로부터 지켜주신 하나님의 은혜로우신 손길은 앞으로도 우리를 보호하시고 목적지로 이끄실 것이다. 하나님의 은혜에 진심으로 감사드리고 싶다. 특이한 조선인들에 대한 우리의 관찰과 경험에 대해 말하기 전에 조선의 기본적인 역사적 흐름에 대하여 먼저 설명을 해야 할 필요가 있다. 중국인들에 의해 조선(Tschau-sin)이라 불리는 주민들이 사는 조선 반도는 목책으로 된 벽으로 만주-타르타라이(Mandschu-Tartarei)[1]와 나뉘어 있다. 서쪽 해안에는 많은 섬들이 있다. 옛날 예수회 선교사들의 지도에는 이 섬들이 육지와 연결되어 그려져 있음으로 인해 이 반도의 경도가 약 2도 가량이나 더 서쪽 방향으로 옮겨져 위치하고 있다. 우리가 보았던 지역들은 매우 비옥하며 물이 풍족했지만 주민은 적었고 잘 경작되어 있지 않았다. 우리는 비록 바깥 경계 지역만 보기는 했지만, 중국 해안 지역의 예처럼 내륙 또한 인구가 결코 많지 않을 것이라고 생각했다. 미개한 상태에서 국민들은 성장과 번영을 이룰 수 없었다. 이것은 조선 외에 그 어디에도 없는 폐쇄적이면서도 악의적인 제도가 강하게 받쳐주고 있다. 아울러 거의 위도 10도에 속하는 이 반도에는 눈여겨 볼만한 중

---

1   서양에서는 Tartarei가 Tatarei Tatarey, Tartarey로도 불리며, 중국인은 달단(韃靼)이라 불렀다. 명나라 시대에는 동몽고인을 부르는 호칭으로 사용됐다. 이들은 중앙아시아와 동유럽에까지 분포되어 있다. 여기에서는 만주에 사는 달단인인 만큼 만주족을 칭한 것으로 보인다.

요한 도시들이 있을 것 같지 않다.

242 / 243쪽

조선의 왕은 수천 개 섬의 지배자라고 할 수 있다. 왜냐하면 거의 모든 해안이 여러 크기와 모양의 섬들로 채워져 있기 때문이다. 왕은 외국으로부터 독립을 지키기 위한 충분한 권력을 가졌음에도 불구하고 오랜 시간 동안 중국의 권력자에게 1년에 네 번씩 조공을 바쳐야 했다. 조선은 요(Ya-au)나라 때 벌써 중국에 알려졌다. 조선인들은 여러 시대를 거쳐 이웃 강대국인 중국을 공격했고 심심찮게 이기기도 했다. 양쪽 백성들을 자연스럽게 이어주는 인연은 조선인들이 중국의 한자를 수용하는 것으로 이어지고 지금까지도 사용하고 있다. 중국의 정치적 수완에 의해 조장된 내적인 반목이나 지역민들 사이의 분당 짓기가 주민들로 하여금 미개한 상태로 남아있도록 하는 것 같다. 그들은 지금까지 이러한 올무를 벗어버릴 노력을 전혀 하지 않았다. 그러는 동안 이웃 나라 중국과 일본은 중요한 문명의 발전을 이룩했다.

명왕조가 가까스로 중국의 왕위를 차지하게 됐을 때(1368) 조선은 홍무(Hongwu) 황제[2]에게 대사를 보내어 자신들의 왕의 즉위를 중국 황제의 옥새를 가지고 승인해 줄 것을 요청했다. 이는 흔쾌히 받아들여졌고 조선은 이때부터 조공국가가 됐다. 정복욕에 찬 일본 왕 타이코사마(Tai-kosama)가 다스리는 동안 조선은 일본으로부터 여러 번 침략을 받았고

---

2 명나라 제1대 황제인 홍무(洪武) 황제, 제위기간은 1368~1398년이었다.

243 / 244쪽

결국 패배했다. 일본의 군대가 중국 연안을 함대로 위협할 정도로 겁이 없자 중국은 일본인들을 조선으로부터 몰아내려 했으나 헛수고였다. 바로 이 시기에 이르러 천주교 선교사들이 조선 반도에 기독교를 심기 시작했다. 왜냐하면 일본 장군들과 많은 군인들이 기독교 신앙을 고백했기 때문이었다. 타이코사마가 죽자 일본의 대장군은 본국으로 철군했다(1598). 7년 동안 격렬한 전쟁이 있은 후였다. 이렇게 일본은 계속되던 승전의 성과를 쓸모없게 만들어버렸다. 그리고 중국은 세상의 모든 민족들이 굴복해야 하는 최고의 지배자로 행세하는 데 주저하지 않았다.

이후로 조선은 중국 황제의 새로운 가신으로 전락하게 됐다. 중국의 승인 없이는 왕이 통치할 수 없고, 이와 마찬가지로 섭정이나 후계자를 마음대로 결정할 수도 없었다. 누가 만약 통치 권력을 행사하려고 하면 베이징 궁정으로부터 비준을 받아야만 했다. 그런데 중국 궁정은 조선의 내정에는 전혀 간섭하지 않았다. 조선의 신하들은 다른 나라를 방문할 수 있었고 중국인들은 조선 왕의 허락 없이는 이 땅에서 살 수 없었다.

조선은 일본, 중국과 중요한 교역을 했는데, 이는 내가 한 번도 수출품을 대면한 적이 없을 정도로 비밀스럽게 이루어졌다. 기후나 우리가 본대로 판단해 보건대 남유럽에서 볼 수 있는 것과 같이 매우 다양한 지역 생산품이 있었다. 토지의 많은 부분은 비경작지이며 거기에는 외국의 이주민들이 살 수 있을 것 같았다.

244 / 245쪽

주민들은 부지런한 중국인들이 땅을 개간하도록 하느니 차라리 말린 생선을 더 먹으려고 한다. 외부 민족들과 교류하는 것에 대해 이 백성들의 혐오감이 계속될 때에는 미개하고 무의미한 상태로 남게 될 것이다. 우리는 바실만(Basilbay) 북쪽 장산(Tschwang-schang)에 정박했다. 이곳은 사방으로 치명적인 황무지의 고요함이 지배하는 것 같았다. 우리는 해안가로 가는 것을 감행했고 우리가 처음 만난 것은 반쯤 벗은 두 명의 섬 주민이 타고 있는 고기잡이 배였다. 우리는 그들과 방언으로 말할 수는 없었지만 그들은 우리가 적어준 한자를 이해했다. 우리는 노인에게 약간의 책들과 단추를 주었고 그는 매우 만족해했다. 막 상륙하자마자 토착민 몇몇이 다가왔다. 그들은 말총으로 만들어진 공 모양의 모자를 썼고 중국식 저고리를 입었다. 그중 한 명은 긴 연설을 했지만 우리는 알아듣지 못했다.

우리는 그들의 오두막을 보기 위해서 섬 안 쪽으로 더 깊이 들어가려고 했고, 그들은 오두막으로 가지 못하도록 우리가 가는 길을 심각하게 막아섰다. 땅은 비옥한 것처럼 보였지만 우리는 경작의 흔적을 조금도 찾을 수 없었다. 단지 거기서 자라는 야생 장미와 백합 같은 것들만 여기저기서 보았다. 이튿날 우리는 어제 언덕에서 내려다보았던 마을로 들어갈 수 있었다. 주민들은 말쑥하게 옷을 차려입었고 가장 자리에 예쁜 장식을 단 검은 모자를 썼다. 모시로 짠 천 같은 것으로 만들어진 그들의 저고리는 무릎까지 왔고 양말과 예쁘게 붙여진 신발은 발을 감싸고 있었다.

245 / 246쪽

그들은 중간 정도의 키이며, 모두 마치 타타르족(만주족)의 얼굴과 같은 경향이 있었다. 머리카락은 꼬아서 꼭지에 함께 묶였는데, 만약 결혼했으면 모자를 썼고, 미혼자는 중국인처럼 길게 땋았지만 머리털을 깎지 않았다.

우리에게 왔던 사람들 중에 어느 한 남자는 유럽 방식으로 만들어진 무기를 가졌고 그것을 사용하는 법을 아는 것처럼 보였다. 그가 어떻게 그것을 얻게 됐는지 우리는 알아내지 못했다. 어쩌면 이전에 유럽의 배가 이 해안에 좌초했을 때 섬 주민들이 약탈했을 것으로 보인다. 200년보다 더 이전에 네덜란드 배가 조선의 해안에서 실종됐는데 배의 승무원들 중에 한 명이 탈출하여 구출될 때까지 여러 해를 여기서 체류해야 했다. 그는 나중에 자신의 수난사를 암스테르담에 알렸다. 또 지난 수백 년 동안 예수회 신부 몇 명이 조선으로 파송됐다. 그러나 각 유럽 국가들이 이 반도와 통상을 했는지는 모르겠다. 몇 명의 신부들이 지금은 사망한 포르투갈 여왕에게 이리로 대사를 파견하면서 학자들 몇 명을 동행시킬 것을 제안했다. 그들의 학문적이고 기본적인 지식이 이 백성에게 도움이 될 수 있다는 것이었다. 당시 조선 조정에는 기독교를 알고 있는 고관이 있었고, 그들은 백성들이 기독교 국가들과 연결될 수 있도록 그들의 영향력을 행사하려고 했을 것이다. 다만 이러한 계획은 전혀 실현되지 못했다. 우리가 수집할 수 있었던 모든 보고서에 의하면 수도에는 현재 유럽인이 없으며 기독교라는 이름 자체도 알려지지 않았다.

조선에서의 기독교인 박해와 그들의 지속적 저항에 관한 이야기가 얼마나 신빙성이 있는지 우리는 모른다. 만약 이 반도에서 수천 명의 사람들이 그들의 기독교 신앙을 위해 희생당한 것이 사실이라면 기독교 — 금지된 종교로서의 — 에 대한 기억이 지금까지 계속해서 적어도 주민들의 마음속에 살아 있어야 할 것이다. 그러나 우리는 여기서 최소한의 흔적도 발견할 수 없었다. 모든 외국인에게 배타적인 이 반인륜적 제도는 오늘날까지도 계속되고 있다. 언제 하나님의 섭리(Gnadenrat Gottes)가 허락되어서 이러한 강력한 장애물을 제거하실지 우리는 알지 못한다.

우리는 필요한 약간의 식료품을 사기도 하고 조선의 국왕에게 청원서 전달을 부탁하기 위해서 마을로 들어가려고 했다. 우리는 신분이 높은 고관과 대화하기를 요구했다. 사람들은 그런 관원의 집을 가르쳐 주면서 빨리 다시 돌아갈 것을 요구했다. 그렇지 않으면 그들이 군인들과 함께 우리를 찾을 것이고 그리고는 육지에서 추방할 것이기 때문이었다. 어떤 사람들은 목을 자르는 것 같은 행동을 하면서 신호를 주었다.

우리가 그들에게 책 하나를 주었을 때 "불가(Pulga!)"라고 하면서 곧바로 다시 돌려 주었다. (아마도, 불 속으로 책을!) 조선인들의 이러한 행동은 우리가 중국 사람들에게서 경험했던 것과는 정반대였다. 만약 우리가 바로 그 순간에 이 반도를 떠났더라면, 아마 다른 여행자들이나 세계는 여기 주민들이 지상에서 가장 증오심에 불타는 민족이며 그들에게 가면 순식간에 죽음의 위협에 둘러싸여 자신의 생명을 포기해야 할지도 모른다고 말했을 것이다. 나 혼자만이 그러한 선입견을

의심할 수 있는 이유들을 가지고 있었다. 왜냐하면 그렇게 우리들을 불친절하게 대했지만,

247 / 248쪽

죄 없는 이방인들을 곧바로 적으로 대해야 한다는 것이 그들에게 아픔이었다는 것을 우리가 알아차렸기 때문이다. 인간의 자연스러운 감정은 사람의 마음에서 쉽게 없어질 수 없는 것이다.

우리는 정박해 있는 커다란 어선을 방문했다. 그 배의 구조는 매우 원시적이었고 험한 바다에서는 사용할 수 없는 것이었다. 우리는 어찌해서 이 배의 부분들이 서로 붙어 있는지 이해할 수 없었다. 왜냐하면 그 어디에도 쇠나 나사못을 볼 수 없었기 때문이다. 배와 거기에 타고 있는 사람들은 매우 더러운 모습이었다. 그들은 우리들을 매우 친절하게 대했고 우리가 선물한 책에 대한 답례로 담뱃잎을 주었으며 우리가 그것을 받자 매우 기뻐했다. 어느 주민이라도 외국인에게 친절하게 행동한 것이 정부에 알려지면 곧바로 모두 사형시키는 것은 정말 유감스러운 일이다.

7월 23일

우리는 해안의 바위와 수없이 많은 섬들 사이로 배를 움직였고 어느 높은 산에 올랐다. 도중에 갈색 현무암을 매우 정교하게 깎아놓은 기둥들을 자주 만났다. 다른 폐허들은 오래된 고딕 양식으로 만들어진 교회 모양을 하고 있는데, 파편으로 이리저리 널려 있었다. 겁 없이 우리 주위를 맴돌던 몇 마리의 물개(Seehund, 물범)를 발견하기 전까지 우리는 이 훌륭한 자연의 작품을 보며 오랫동안 즐거워했다. 이 동

물들은 우리를 보고 전혀 겁먹지 않았다. 그래서 우리는 쉽게 한 마리를 포획할 수 있었는데, 이는 배에 연료용으로 쓸 신선한 기름으로 비축하기 위해서였다. 곧 커다란 배 한척이 다가왔고 그 배의 사공들이 우리에게 쪽지를 건네주면서 자기들을 두려워할 필요가 없다고 약속했다.[3] 그들은 매우 예의를 차리면서 우리나라에 대해서 물었고 이 위험한 지점을 벗어나 안전하게 정박할 수 있고 많은 식료품을 얻을 수 있는 "Bay Gan-kiang"[4]으로 가자고 제안했다.

248 / 249쪽

이 사람들의 지도자는 매우 수다스러웠음에도 불구하고 왕의 이름을 말하지 않았고, 단지 했던 말은 왕이 이미 36년 동안 통치하며 300개 이상의 도시를 다스린다는 것이었다. 그들은 중국 화폐는 알고 있었지만 우리들의 탈러(Taler)는 본 적이 없었다. 그들 중 한 명은 중국어로 된 책을 빠르고 유창하게 그들의 고유한 발음으로 읽었으며, 그는 다방면의 교육을 받은 것처럼 보였다. 다음 날[5] 우리는 "Bay Gan-kiang"으로 향했고 거기서 폭풍이나 안개 낀 날씨에 바람을 막을 수 있는 안전한 정박지를 발견하게 된 것에 기뻐했다. 사람들은 둘러서서 우리가 도착한 것을 기뻐했다. 그리고 그들은 우리가 곧 고관을 접견할 것이며 그들을 통해 우리의 서한을 왕에게 전달할 수 있는 기회를 가질 것이라고 약속했다. 그들은 (수도) 경기도(King kitao)가 300리

---

3   영문은 7월 24일 기록에 이 사실을 언급하고 있다.
4   "Bay Gan-kiang"은 고대도 안항을 뜻한다. 6장 귀츨라프의 조선 선교탐방경로를 참고하라.
5   영문은 7월 25일 기록에 이 사실을 언급하고 있다.

(300Lis, 36시간) 밖에 떨어져 있지 않다고 말했다. 그래서 우리는 **빠른 회답**을 기대할 수 있었다. 사람들은 우리와의 친선을 도모하기 위해 매우 노력했으며 우리로 하여금 그들에게 온 것이 헛되지 않다는 희망을 가지도록 했다.

7월 26일

우리는 가능한 빨리 국왕에게 우리의 청원문이 전달되는 것을 원했기 때문에 필요한 준비를 여기에서 했다. 동시에 성경 한 질과 우리의 전도책자 전부를 국왕을 위한 선물로 챙겼다. 지금까지 기쁘게도 이 민족은 우리의 책들을 매우 강한 호기심을 가지고 받아들였고 나는 이 땅의 왕에게도 하나님의 말씀으로 축복을 전할 수 있다는 희망을 가질 수 있었다. 하나님이 그의 아들 예수 그리스도를 통하여 악한 세상에 선포하셨던 하나님의 사랑의 증거로서 과연 어떠한 굉장한 선물이 국왕에게 주어질 것인가! 우리는 고관들에게 우리의 부탁을 전달했고 그들은 이것을 빠르게 처리할 것을 약속했다.

249 / 250쪽

그들 중 많은 이는 영국에 대한 새로운 것들을 우리에게 듣고 싶어 했다. 이에 우리는 이 기회를 이용해서 그들 나라의 특성에 대한 적당한 질문들을 했다. 그들의 통치구조는 전체적으로 중국을 본으로 해서 만들어졌고 직제 또한 마찬가지였다. 또한 고관들은 모두 우리에게 믿을 수 없고 연약한 모습으로 보였다. 우리가 그들에게 뭔가를 부탁하면 즉시 거절됐지만, 뭔가를 요구하면 전부 다 얻어낼 수 있었다. 안타깝게도 이 속임수(Lügenhaftigkeit)는 중국과 마찬가지로 일상인 것처럼 보였다. 우리의 외교 사절이 수도에 도착하려면 얼마나 걸릴지 물으니 어제는 단지 36시간이라고 말했음에도 불구하고, 그들은 거기까지 천 리(120시간)라서 30일이 걸릴 것이라고 했다. 그들의 진술이 거짓이라는 것을 증명하기 위해 우리는 그들에게 우리의 지도를 보여주면서 수도를 가리켰다. 그러자 그들은 외국인들이 그들의 나라에 대해서 알고 있다는 것에 매우 놀라면서 우리에게 허위로 말했다는 것을 고백했다.

7월 27일

그들이 그렇게도 말렸지만 우리는 우리가 정박한 섬에 소풍을 갔다. 그 섬에는 풀과 잡초가 무성한 것처럼 보였고 염소를 방목하기에 적당한 장소로 보였지만 우리는 한 마리도 보지 못했다. 한국의 연안은 중국 연안 대부분의 땅보다 비교할 수 없는 정도로 더 좋은 토양을 가지고 있었는데, 중국 연안의 돌밭은 농작이 불가능한 수준이었다. 여기 대부분의 땅은 기름지고 주민들의 경작이 불필요한 정도로 토양이 부드럽다. 식물의 채집을 위해서는 이 땅이 세계에 최고로 풍부한 수확을 제공하지 않을까 생각한다.

250 / 251쪽

주민들이 하는 말에서 유추해 본다면, 공자의 가르침이 통상적인 민간 신앙으로 형성됐음을 알 수 있다. 그들은 사당(Tempel)을 교조에 대한 경외심으로 세웠고, 그의 가르침은 그릇됨이 없다고 간주했다. 그리고 그들이 우상의 형상을 섬기면서도 불교는 증오했으며 도교의 종교적 가르침도 몰랐다. 사실 그들은 영혼 불멸의 신앙을 고백하지만,

그것에 대해 혼란스러운 개념을 가지고 있었다. 그들이 자신들의 신앙을 바르게 이해했다고 주장하는 것에 대하여 우리가 의심을 표하자 그들은 격앙됐다. 우리는 그들의 집에서 우상 숭배의 흔적을 어디에서도 찾지 못했다. 또한 우리는 한 번도 종교적 의식을 행하는 것을 보지 못했다. 전체적으로 그들은 종교에 대해 전혀 흥미 없는 반(反) 종교적 민족으로 보였다. 그래서 구원의 교리를 아는 것과 전혀 관계없어 보이지만, 그 교리로부터 나오는 삶과 죽음 안에서 평안과 위로를 받도록 만들어야 할 것이다. 우리는 인류의 구세주에 관해 그들과 함께 자주 토론할 기회를 가졌다. 그리고 그들은 우리와 기꺼이 그리고 여러 번 '하나님의 아들, 예수 그리스도 또한 너희들의 구원자이시다'라는 대화를 또한 나누었는데, 최소한의 감정도 드러내는 일이 없었다.

　　이러한 마음의 완고함은 영적 무신경의 슬픈 증거로서, 조선 주민에게 널리 퍼져 있는 듯이 보인다. 하지만 나는 그들 중에 기독교 서적을 받고 싶어 하는 사람들에게는 한문으로 된 신약성경의 몇몇 견본을 선물하는 것을 주저하지 않았다. 그들은 그것을 자세히 읽고 조심해서 간직하겠다고 약속했다. 후에 어떤 고관이 방문자들에게 나에게서 책을 받는 것조차도 금지했다는 것은 내게 큰 아픔이 됐다. 그때부터 사람들은 나를 가까이 하는 것을 꺼렸다. 그럼에도 불구하고 나는 이 금지령이 수령한 책들을 읽는 열망을 더 고조시키는 데 기여한 셈이 됐다고 믿는다.

251 / 252쪽

　　그리고 조선 위에 뿌려진 씨앗이 완전히 무익하게 되지 않도록 소망하는 것이 왜 우리에게 허용되지 않겠는가! 이 암흑의 반도 위에 아주 낮은 계층의 사람이라 할지라도 읽기를 배웠고 기꺼이 읽기를 좋아한다는 것은 주목할 가치가 있다. 고유한 종교에 대한 그들의 무관심이야말로 새로운 종교의 확산에 대하여 시기하여 대항하지 않는 근본적 이유이다. 이는 우리로 하여금 외관상 무종교로 보이는 이 민족에게 "기독교의 축복이 확산될 수 있는 적당한 방법과 수단을 심사숙고하도록 고무됐다"고 할 수 있다.

전능하신 하나님의 손이 지금까지 선교사역들(Missionsarbeiten)에 아직도 대항하는 어리석은 국가 권력인 장애물을 제거하시고, 또한 이 소망의 경작지를 얻으려는 그리스도의 사자(使者)들을 위해 그 길을 예비하실 것이다.

7월 30일

두 고관이 지금까지의 우리의 고생을 위로하기 위하여 오늘 우리를 방문했는데, 그중 한 사람은 김이라는 장군이었다. 그들은 아름다운 비단 옷을 입고 있었고, 김은 갈색 끈을 두른 공작 깃을 꽂은 모자를 쓰고 있었다. 저들의 태도는 매우 품위가 있었고 그들이 파견된 목적과 관련 없는 것에는 경솔히 행동하지 않았다. 그럼에도 불구하고 우리의 나이 많은 친구 김은 떡과 면류, 꿀, 돼지고기, 참외, 샐러드와 쌀을 점심으로 준비했다. 우리가 그들의 즐거운 식사를 거절하지 않고 참여하자 그들은 큰 만족을 표시했다. 그들은 우리를 자세히 탐색하기 위해 조정에서 보내온 궁중의 신하처럼 보였다. 우리는 오후에 감자를 파종하기 위해 해안가로 갔다. 그리고 그들에게 이 맛있는 열매를 땅에서 더 많이 거둘 수 있으려면 어떻게 해야 하는지 재배 방법을 글로 써줬다. 그들은 처음부터 이를 반대했다. 왜냐하면 이 나라의 법은 모든 외국 농산물의 재배를 금지하기 때문이다.

252 / 253쪽

그럼에도 불구하고 우리는 그들의 항의를 듣지 않고, 이 일이 그들의 마음에 들 때까지 이 작물의 탁월함에 대해 칭찬을 했다. 나중에 우리는 언덕 위에 세워진 신당을 찾아갔다. 그곳에서 우리는 바닥에 세워 놓은 우상과 다름없는 작은 금속으로 된 용 모양을 발견했다. 건물 외벽에는 이 신당을 세운 사람들의 이름과 신당을 세우는 데 들어간 돈의 합계가 기록되어 있었다.

7월 31일

김 장군은 오늘 우리가 해안가로 가는 것을 금지했다. 왜냐하면 그는 그것을 막으라는 강력한 명령을 받았기 때문이다. 그는 우리에게 "너희는 우리의 손님이다"라고 말했다. 그리고 "손님은 주인이 좋다고 여기는 명령들을 따라야 한다"라고 말했다. 우리는 즉시 그들의 『금언집』에 손님을 자유롭고 그리고 방해하지 않고 돌아다니도록 해야 한다는 말을 인용하면서 그를 비난했다. 우리가 이것을 읽었을 때 그는 "좋다"라고 외쳤다. 그는 이 문제를 더 이상 언급하지 않았다. 우리는 초조해지기 시작했다. 왜냐하면 청원서에 대한 답과 우리가 요청한 생활필수품도 받지 못했기 때문이다. 그 장군은 우리에게 단지 수도에서 답이 올 때까지 우리가 인내해야만 한다고 말했다. 오늘 우리는 우리의 배를 가지고 우리가 육지 가까이 있는지, 아니면 섬들 사이에 있는지를 명확히 하기 위해 돌아다녔다. 우리가 방문한 장소들은 아직도 아주 뛰어난 건축에 쓰일 수 있는 나무들로 뒤덮여 있는 곳이었다. 사람의 흔적은 어느 곳에서도 찾을 수 없었다. 우리가 여기 있은 이래로 우리는 밭이나 또는 과일 나무들을 보지 못했다. 우리는 오늘 첫 번째로 가시덤불 속에서 자란 야생 복숭아나무들과 숲 속의 나무들을 휘감은 야생 포도나무들을 발견했다. 주민들이 이 유용한 나무들과 식물들을 재배하여 증식시키지 않는다는 것은 놀라운 일이다. 그들은 매우 신 포도를 먹으면서도 포도주는 아직 몰랐다.

253 / 254쪽

나는 그들에게 우리가 어떻게 이 탁월한 식물을 재배하고 증식시키는지 그리고 포도즙으로 어떻게 좋은 음료가 만들어지는지 그 방법을 써줬다. 그들은 우리 배에서 먹었던 포도주가 달기는 했지만 자기들의 포도는 신맛이 났기 때문에 믿지 못했다. 전체적으로 볼 때 이 민족은 식품의 여분이 매우 적은 것처럼 보였다. 그래서 그들은 수중에 떨어지는 모든 것을 정신없이 먹어치웠다. 적당한 기후에 있는 이렇게 비옥한 땅에서 수백만 명을 거뜬히 먹일 수 있을 텐데, 여기에 겨우 수천 명의 사람들만이 산다는 것은 안타까운 일이 아닐 수 없었다.

8월 1일

며칠 전부터 사람들이 우리를 대할 때 너무 조심스러워 해서 우리는 수도로부터 강한 금지령이 내려온 것이라고 생각할 수밖에 없었다. 우리는 전혀 아무 것도 할 수 없었다. 린지는 사전을 만들기 위해 매일 그들 언어의 단어들을 채집했다. 그들은 이제 그와 한 마디 말하는 것조차도 거부했다. 왜냐하면 그들은 우리가 그들의 말을 배우고 나서 그들의 상황을 개선하기 위한 조언을 할까봐 걱정했기 때문이다.

산책 중에 우리는 최근에 사람이 떠나버린 여러 집들을 만났다. 그 집들은 방이 두 개이며 빵 굽는 오븐 모양을 한 아궁이(역자 주)를 가지고 있었다. 겨울이 되면 그 구멍을 뜨겁게 하기 위해 그들은 방바닥 아래 큰 구멍을 만들어서 불로 데웠다. 모든 집은 대나무 막대기로 만든 울타리로 둘러쳐져 있었다. 또한 그들의 오두막은 사각형으로 촘촘히 나란하게 세워져 있었다. 이렇게 해서 조선인들이 빈곤과 더러움 속에서 그들의 삶을 보내는 초라한 거주지가 만들어졌다.

보통 그들의 피부는 더러운 때로 덮여 있었다. 그 몸 안에 온갖 벌레들이 있었다. 왜냐하면 그 불쌍한 사람들은 그들의 몸을 씻는 것에 대하여 조금밖에 몰랐기 때문이다. 그들의 가재도구는 매우 열악했고 그릇은 점토로 만들어져 매우 거친 모양을 하고 있었다.

254 / 255쪽

그밖에 그들이 가진 것은 별로 없었다. 그들의 고관들은 멋지게 옷을 입고 모든 안락함을 누렸는데, 이는 고관들이 다른 세상을 폐쇄시킴으로써 얻게 된 것이라고 할 수 있다. 이에 비해 버려진 백성들은 한탄스러운 가련함 속에서 살아가고 있었다. 우리와 교제하는 가운데 사람들은 매우 건전한 판단력을 보여주었다. 게다가 우리는 그들이 게으른 성향이 있다고 정죄할 이유를 찾지 못했다. 그러나 행동 동기가 그들의 관심 밖에서 밀려나 있었던 것이다. 국가는 사람들이 노동의 열매를 누릴 수 없도록 했기 때문에 그들은 생계에 꼭 필요한 것이 아니면 그 어떤 소유에도 흥미가 없었다. 우리가 비옥한 섬들을 둘러보고 야생에서 자라는 아름다운 꽃들을 보며 곳곳에 생동감 있게 감겨 있는 야생 포도나무덩굴을 보았을 때, 우리는 치욕스럽게 태만

한 자연의 주인인 인간들을 정죄해야만 했다. 왜냐하면 이 황무함은 정말로 쉽게 하나님의 동산으로 바뀔 수 있을 것이기 때문이다. 복음이 한번이라도 이 광야에 들어오도록 하고 이 복음이 성실한 마음으로 주민들에게 받아들여져서 믿게 되면 이 모든 불행이 단번에 그리고 영원히 종식될 것이다.

8월 9일

마침내 우리는 우리 배에 국왕의 사신(문정역관 오계순)이 도착하는 것을 보는 기쁨을 누렸다. 그는 국왕의 재무장관(Schatzmeister)이 보내 이곳에 왔다고 했다. 그리고 우리의 책들과 청원서는 전통에 위배되기 때문에 왕에게 전달되지 못했으며 우리에게 돌려주어야만 한다고 말했다. 이 왕국은 중국의 속국이며 중국 황제의 허가 없이는 아무 것도 할 수 없다고 했다. 또한 지금까지 외국인과의 교류가 없었고 지금 그것을 시작할 이유가 없다고 말했다. 그래서 결국 우리는 이제 조선을 떠나기로 결정했다.

255 / 256쪽

우리가 요청한 생필품이 공급된 후에 우리는 출항을 위한 준비를 끝냈다. 김은 "떠나가니 유감스럽다"고 말하면서 거의 울먹였다. 그는 자기 나라와 함께 교류하는 것이 어떻게 외국인들에게 허락되지 않는지 이해하지 못했다. 그러나 이를 허락하는 것은 고관들에게 속한 것이 아니고 국왕에게 승인이 나야만 한다고 말했다. 이 반도와 의미 있는 통상 교역을 성취하는 것은 아마도 어려울 것이다. 그들의 해안에는 넓고도 안전한 항구가 많이 있었음에도 불구하고 그들의 땅에서 수출하기 위한 유용한 생산품이 적을 뿐 아니라 수입의 초과액을 벌충해 주기 위한 화폐도 적었다. 한 나라에 대하여 오래 알지 못하면 그 나라에 대하여 또한 확실하게 말할 수 없다. 여기에서 우리는 샌드위치 군도(Sandwich-Inseln)의 예를 들 수 있다. 몇 년 전만 해도 불가능할 것으로 여겨졌던 서양인들과의 활발한 교역이 그곳에서 일어나고 있었다. 우리가 본 조선의 지역들은 그 안에 거대한 자원을 지니고 있었고 이 해안의 수많은 섬들의 경우를 보았을 때 이 땅의 내륙도 더욱 잘 경작되어 있을 것으로 추측된다. 주민들은 적지 않은 지적 능력을 가진 것으로 보인다. 다만 그들의 관습이 큰 자부심과 냉정함에 결부되어 있다. 주민들 중에 많은 사람들이 지나치게 많은 술을 즐겼다. 그들은 많은 양의 술을 마셨지만 취하지 않았다. 부자연스러운 악덕도 그들 사이에서는 일상적이었다. 우리의 예절 개념은 그들과 달랐다. 그러나 그들은 무엇이 옳고 그른 것인지에 대한 모든 감각을 아직 잃어버리지는 않았다. 영원한 하나님의 위대한 섭리의 계획에 따라서

256 / 257쪽

이 반도의 주민들을 위해 하나님의 은혜 충만한 방문의 때가 분명히 올 것이다. 무엇보다 우리의 눈으로 이 시대를 바라봄으로써 우리는 우리의 손에 놓여 있는 모든 수단으로 구원을 가져오는 십자가의 가르침을 전파함을 통해 그것(하나님의 은혜 충만한 방문의 때)의 다가옴이 빨리 우리에게 일어날 수 있도록 해야 할 것이다.

조선의 국왕은 지금 최소한 그가 원하기만 한다면 성경 속 하나님의 계시를 읽을 것이다. 또한 그의 백성 중에서 많은 사람들이 하나님의 말씀을 받아들였다. 성경이 우리에게 가르친 것처럼 하나님은

또한 이 첫 번째 미약한 시작을 축복하실 것이다. 우리는 조선 위에 더 좋은 날이 밝아 오기를 소망한다.

8월 17일

우리는 서로 다른 크기와 모양을 가진 많은 섬들 곁을 지나 항해했다. 가장 남쪽에 있는 섬 제주도(위도 32°51', 경도 126°23', 그리니치)는 이 바다에서 매력이 가득한 지점이었다. 이 섬은 잘 개발되어 있고 일본, 조선, 만주-타르타라이와 중국의 교역을 위해 교통적 요충지를 제공하기에 편한 위치에 있다. 그동안 그렇게 되지 않았다면 이 섬은 적어도 선교 거점으로 선정되어야 한다. 어떻게 하든지 제주도는 인구가 많은 이 지역들(조선 · 일본 · 만주 · 중국) 안에서 그리스도 교회의 첫 번째 설립과 하나님 말씀의 전파를 위해서 최상의 충분한 기회를 제공할 것이다.

나는 조정의 통치가 얼마만큼 이 섬에서 이루어지는지 모른다. 나 혼자만의 생각으로는 여기 거주하는 선교사는 과거 래브라도와 그린랜드의 첫 번째 믿음의 전령들보다는 훨씬 덜 위험할 것이다. 뉴질랜드는 지금도 여전히 위험하다. 어쨌든지 확실한 것은 이 섬은 기독교가 접근하기 불가능하지 않다는 것이다.

부록 2   귀츨라프의 편지

귀츨라프가 어느 후원 목사에게 보낸 1827년 4월 16일자 편지[6]

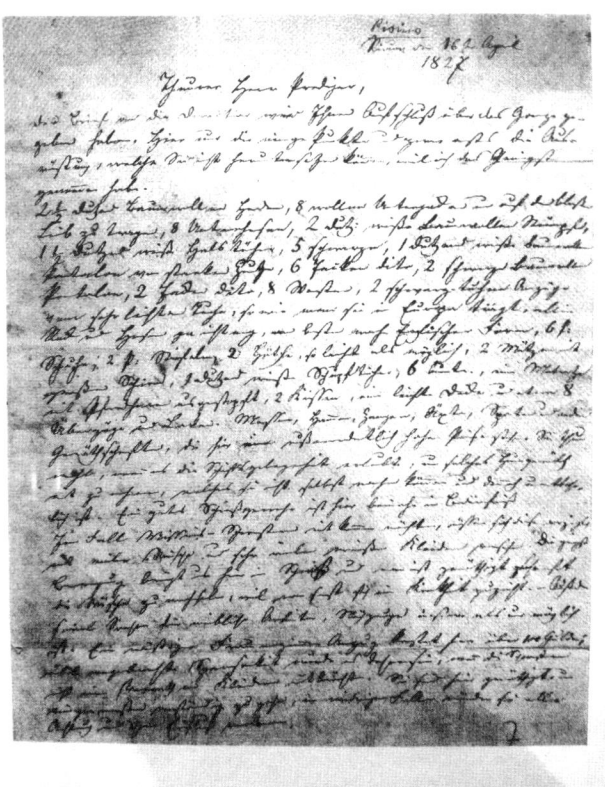

---

6   Rheinische Mission 소장, 고대도 교회 기념관 영인본 소장. 발신 장소는 판독이 불가하지만 귀츨라프는 1826년 9월 11일 바타비아(Batavia)에 파송됐으며, 편지의 발신 기간인 1827년 4월 16일은 메드허스트 선교사와 함께 수마트라 섬 근처에 있는 리오-군도(Riou-Archipelago)의 빈탄(Bintan) 섬 또는 싱가포르에 있을 시기이다. 이 편지의 독문 판독은 스톨크(S. Stork) 박사(베를린 학술원 상임연구원) 맡았다.

독문해독

(발신지 미상, den 16ten April 1827)

Theurer Herr Prediger,

der Brief an die Direktion wird Ihnen Aufschluß über das Ganze gegeben haben. Hier aus die i??gen Punkte und zwar <erstens> die Ausrüstung, welche Sie nicht herunter setzen können, weil ich das Geringste genommen habe.

2 1/2 dutzend baumwollene Hemden, 8 wollene Unterjacken um auf dem bloßen Leib zu tragen, 8 Unterhosen, 2 dutz: weiße baumwollene Strümpfe,1 1/2 dutzend weiße Hals tücher, 5 schwarze, 1 dutzend weiße baumwollene Pantalon von starkem Tuche, 6 Jacken dito, 2 schwarze baumwollene Pantalon, 2 Jacken dito, 8 Westen, 2 schwarz-tuchne Anzüge vom sehr leichten Tuche, so wie mann sie in Europa trägt, alle?? in Rock und Hosen ja nicht eng, am besten nach Englischer Form, 6 P: Schuhe, 2 P: Stiefeln, 2 Hüthe, so leicht als möglich, 2 Mützen mit großem Schirm, 1 dutzend weiße Schupftücher, 6 bunte., eine Matratze mit Pferdharen aus gestopft, 2 Kissen, eine leichte Decke und etwa 8 Überzüge und Laken. Messer, Hammer, Zangen, Äxte, Spaten und ander Geräthschaften, die hier einen außerordentlich hohen Preise stehen.

Sie thun wohl, wenn es die Schiffs gelegenheit erlaubt, nur solches Hausgeräth mit zu nehmen, welches sie nicht selbst machen können und dennoch unentbehrlich ist. Ein gutes Schießgewehr ist hier beinahe ein Bedürfniß.

Im Fall Missions-Schwestern mit kommen möchten, müssen sich diese vorzüglich mit vieler Wäsche und sehr vielen weißen Kleidern versehen. Die geringsteBewegung bringt uns hier in Schweiß und man ist genöthigt sehr oft die Wäsche zu wechseln. weil man sonst sich ein Krankheit zuzieht. Außerdem so viel Sachen für weibliche Arbeiten, Nähzeugen u.s.w.

als nur möglich ist. Ein mäßiger Frauenzimmer Anzug kostet hier über 100 Gulden; übel angebrachte Sparsamkeit würde es daher sein, wenn die Schwestern nicht einen Vorrath aus Kleidern mitbrächten. Sie sind hier genöthigt, un?? ??ger ??sten anständig zu gehen, in widrigen Fallen würden sie alleAchtung und ihren Einfluß verlieren.

한글 번역

(발신지 미상, 1827년 4월 16일)

존경하는 목사님,

감독국에 보낸 편지에 당신을 위한 모든 것이 설명되어 있습니다.

여기 어떤 점에서는, 즉 (첫 번째) 귀하는 장비를 무시하면 안 됩니다. 왜냐하면 나는 최소한의 것만 가졌기 때문입니다.

면으로 된 셔츠 2와 1/2 다스, 맨 몸 위에 입을 수 있는 양털 러닝셔츠 8벌, 아래 속옷 8벌, 흰색 면양말 2다스, 흰 목수건 1과 1/2 다스, 강한 천으로 된 흰색 면바지 1다스. 말한 것처럼 겉옷 6벌, 검정색 면으로 된 바지 2벌, 말한 것처럼 겉옷 2벌, 매우 가벼운 천으로 된 검정색 천 신사복 2벌, 마치 유럽에서 입는 것처럼 모든 것이 치마와 바지 안에서 너무 끼지 않는 것으로 구해주시고, 영국 스타일이 가장 좋습니다. 신발 6켤레, 장화 2켤레, 모자 2개, 가능하면 가벼운 것으로. 큰 차양을 가진 모자 2개, 흰 손수건 1다스, 말 털로 채워진 매트리스, 8개 정도의 시트커버와 침대시트 그리고 여기에서 특별히 가격이 비싼 공구들인 칼, 망치, 집게, 도끼, 삽을 (보내주세요).

만약 여기서 스스로 만들 수 없는 그러한 가재도구를 배에 실을 수 있는 기회가 주어진다면, 귀하는 그것을 (제게) 보내주십시오. (그것들은) 필수적인 것입니다. 좋은 총기는 여기선 거의 필수품입니다. 만약 여성 선교사가 함께 오고 싶어 한다면, 특히 많은 세탁물과 매우 많은 의복들을 준비해야 할 것입니다. 여기서 우리는 가벼운 움직임에도 땀에 젖게 됩니다. 그래서 자주 갈아입을 옷이 필요합니다. 그렇게 하지 않으면 병이 들기 때문입니다. 그 밖에도 가능하다면, 여성이 일을 하기 위한 재봉도구 등의 많은 물건들을. 여기선 적당한 가정용 여성복이 100휠던(Gulden, 네덜란드 화폐) 이상 합니다. 만약 여성 선교사가 옷을 충분히 가져오지 못했다면, 그 때문에 적절한 절약은 어렵게 될 것입니다. 그것들은 여기에 필요합니다. (해석불가 문장) 만약 반대의 경우라면 그들은 존경과 영향력을 잃게 될 것입니다.

귀츨라프가 유럽 선교 여행 시 로테르담에서 한 후원 목사에게 보낸 1850년 5월 13일자 편지[7]

---

7 No author shown, *Der Missionar der Chinesen, Karl Gützlaff,* Duisburg : John Ewich, 1850의 부록.

독일어 원문

Rotterdam 13ten. Mai

Werther Herr Prediger

Wegen der wenigen Zeit, die ich habe,
war es mir schmerzlich, daß gerade auf den Augenblick
wo ich nach Deutschland gehen wollte, es dem Herr gefiel,
mich sehr krank zu machen. Ich habe schwer darnieder(??) gelegen,
fange aber jetzt zu athmen(?)an, und danke Ihnen für
den Brief welchen Sie an Fräulein Alletta Ledban(?)
geschrieben. Der Zweck meines Reisens ist einzig Christum
zu verherrlichen und die Kirchen des Westens(?) zu ersehen(?)
daß es (?)u alle um den Heiligen Geist bitten möchte
damit dies geschehe. Natürlich kann ich auf solche Weise
die Missions Sache recht eindrücklich machen, und auch
das geliebte China(?) den Leuten ans Herz legen.
Was Sie in dieser Hinsicht für mich zu thun
haben, will ich zwar durch die Macht des Geistes, in
tiefer Demuth ausführen, so weit es dem Herren gefällt.
Machen Sie deshalb alle möglichen Vorbereitungen,
in wenigen Tagen, auf die allmächtige Hilfe unsers
Erlösers trauend, hoffe ich auf den Beinen zu
seyn, und Ihnen nach zwei Tagen mehr schreiben,
wenn ich zu kommen gedenke.
Mich Ihren innigsten(?) Gebeten empfehlend,
damit mit Gottes Kraft das Thun und Treiben befördert
werden mögen, verbleibe ich

Ihr Sie liebender
K Gützlaff (한문 서명, 궈스리에(郭實獵))

한글 번역

로틀담, 1850년 5월 13일

존경하는 목사님께,

제가 시간이 없기 때문에 주님이 원하신다면 독일로 가고 싶었지만, 요즘은 심하게 아파 (그렇게 할 수 없어) 마음이 아픕니다. 저는 (마음이) 무겁게 가라앉아 있었습니다.

그러나 지금은 숨 쉴만합니다. 그리고 귀하가 알레타 레드반 양에게 쓴 편지에 감사드립니다. 유일하신 그리스도를 찬송하는 것과 서양의 교회가 자각할 수 있게 되는 것이 저의 여행의 목표입니다. 이 일이 일어나길 모든 것을 성령님께 부탁하고 싶습니다.

물론 저는 그러한 방법으로 선교의 사건이 올바른 인상을 받게 하고 또한 사랑하는 중국을 사람들의 마음속에 심을 수 있습니다. 이 점에서 귀하는 저를 위해 무엇인가를 해주셔야 합니다. 저는 주님이 기뻐하시는 만큼 깊은 겸손 안에서 성령의 힘으로 행할 것입니다. 그러므로 귀하는 우리의 신뢰하는 구세주의 전능하신 도움으로 모든 가능한 준비들을 몇 일 안에 준비해주셔야 합니다. 저는 다시 바빴으면 좋겠습니다. 그리고 제가 (그곳으로) 간다고 생각한다면, 이틀 후에는 귀하에게 더 많이 (편지를) 쓸 것입니다. 귀하는 저를 위해 하나님의 힘으로 행함과 실천을 잘 하도록 열심히 기도해주시길 바랍니다.

귀하에게 사랑의 인사를 드리며
칼 귀츨라프

칼 타우흐니츠(Carl Tauchnitz)에게 쓴 1850년 8월 18일자 편지 [8]

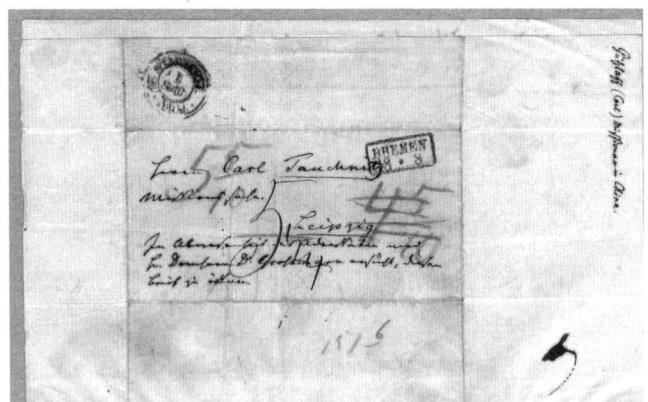

편지봉투

독일어 원문

Herrn Carl Tauchnitz, Mükampstraße(?) Leipzig. In Abwesenheit des Adressaten wird Hr(Herr). Domherr Dr. Gros(?) ersucht, diesen Brief zu öffnen.

---

[8] 이 편지는 웁살라 대학이 소장 중인데, 웁살라 대학 도서관의 홈페이지상에서는 저명한 라이프치히 출판가인 칼 크리스토프 타우흐니츠(Carl Christoph Traugott Tauchnitz, 1761~1836)로 추정하고 있다. 그러나 편지상의 1850년이란 글자를 잘못 인식한 결과이다. 칼 크리스토프 타우흐니츠는 1836년에 이미 사망했다. 편지연대를 홈페이지에서 1820년으로 오기하고 있었다. 이 연도대로라면 귀츨라프가 17세 때 강연을 하기 위해 저명한 인사와 서로 연락을 취하여 라이프치히를 방문한 것이 된다. 1820년은 귀츨라프가 당시 스테틴에서 무명의 가죽허리띠를 만드는 견습공에 불과한 시기이므로 이는 틀린 기록이다. 그래서 웁살라 대학 도서관 정보에도 1820년이 의심스럽다고 기록되어있다. 칼 크리스토프 타우흐니츠보다는 신학자였던 그의 아들 칼 크리스챤 타우흐니츠(Carl Christian Philipp Tauchnitz, 1798~1884)가 편지 수취인으로 더 신빙성이 있다. 그리고 이 편지는 1850년 귀츨라프가 선교보고를 위해 독일을 방문했을 때 썼던 것으로 보는 것이 더 타당하다. http://waller.ub.uu.se/27493.html 웁살라 대학 도서관 소장(Uppsala University Library). 이 편지의 독문 판독은 위르겐 롤커(Jürgen Rolker)목사내외가 맡았다.

한글 번역

라이프치히 뮤캄프 거리(?), 칼 타우흐니츠 씨 귀하

수취인이 부재 시에 교회대표인 그로스(?) 박사를 찾아서 이 편지를 개봉해 주세요.

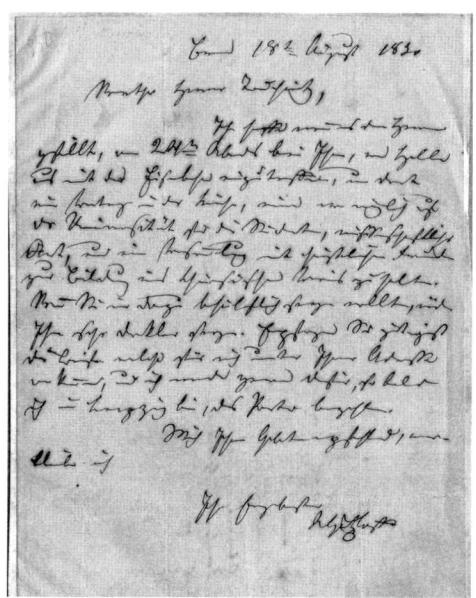

편지내용

독일어 원문

Bremen, 18.August 1850

Werter Herr Tauchnitz,

Ich sollte,(?) wenn es dem Herrn gefällt, am 24. abends bei Ihnen, von Halle aus mit der Eisenbahn eintreffen, um dort am Montag in der Kirche (?), und wenn möglich auch in der Universität vor den Studenten..Art..

und in...mit christlichen Freunden zur Bildung und christlichen Kreis(?) zu (?) Wenn Sie mir dazu behüflich(behilflich) seyn (sein), würde ich Ihnen sehr dankbar seyn(sein). Empfangen Sie gütigst die Briefe, welche für mich unter Ihrer Adresse ankommen, und ich werde gern dafür, so bald ich in Leipzig bin, das Porto bezahlen.

Mich Ihren Gebeten empfehlend, verbleibe ich

Ihr ergebenster
K. Gützlaff

한글 번역

독일 브레멘, 1850년 8월 18일

존경하는 타우흐니츠 씨,

주님이 기뻐하신다면 저는 24일 저녁, 월요일 교회에서 (강연하기 위해) 할레에서 기차를 이용하여 귀하를 만나러 가겠습니다. 그리고 대학생들 앞에서와 교육받기 원하는 기독교인 친구들, 혹은 기독교 모임에서 (가르치는것)이 가능하다면, 만약 귀하가 저에게 (이 일로) 도움을 주신다면, 대단히 감사하겠습니다. 귀하의 호의로 귀하의 주소에 제 앞으로 온 편지를 받아 주시기 바랍니다. 그리고 제가 곧 라이프치히에 도착하면 우표 값을 치르도록 하겠습니다.

귀하의 기도를 부탁드리며,
삼가 칼 귀츨라프 올림

부록 3   세계 연구자들의 귀츨라프
                                          연구 관련 협력동의 서신

1. 울리히 덴 교수(Ulrich Dehn, 독일 국립 함부르크 대학교)

제목 : 함부르크 대학교(선교신학, 에큐메니칼 신학 및 종교학을 위한 연구소)와 칼 귀츨라프 연구소 사이의 귀츨라프 연구를 위한 협력

존경하는 오현기 교수님께,
저는 귀하와 함께 그리고 새롭게 설립되는 칼 귀츨라프 연구소와 함께 칼 귀츨라프에 관한 학문적 연구 및 귀츨라프 프로젝트에서 공동으로 일할 수 있게 된 것에 대해 기뻐하며 이를 증명합니다.
진심 어린 인사를 전하며

                                                         교수 울리히 덴 박사

2. 실비아 브레젤 박사(Sylvia Bräsel, 에어푸르트 대학교 연구교수)

존경하는 오 교수님께,
독일인 칼 아우그스트 귀츨라프(1803~1851)는 한국 땅을 밟은 첫 번째 개신교 선교사입니다. 우리 양 문화에 도움이 되고 축복이 되는 그의 활동은 이상하게도 100여 년 이상 잊혀졌습니다. 2001년부터 2005년의 독일과 한국의 문헌에서도 보듯이 저는 이 분야 첫 번째 학자로서 칼 귀츨라프의 출판물 업적이 주목받을 수 있도록 했고, 현대 개신교의 선교와 한·독 관계의 역사에서 귀츨라프 직무의 의미를 드러낼 수 있었습니다.
존경하는 오 교수님,

우리의 공동 관심사와 2012년 보령 세미나의 기획과 진행에 대한 귀하의 열정적 참여는 이 일의 중요한 걸음을 내딛게 했습니다. 우리의 신뢰 깊은 협력은 또한 개신교 선교와 한·독의 미래에 도움이 되는 연구를 위한 새로운 가능성을 열어 줍니다.

2017년에는 루터종교개혁 기념행사가 시작될 것입니다. 튀링엔 주와 주의 수도인 에르푸르트, 그리고 에르푸르트 대학은 이러한 영예의 중심에 있습니다. 이러한 맥락에서 칼 귀츨라프가 의미하는 문화의 교차 협력을 위한 새로운 잠재력이 만들어집니다. 그 잠재력은 이러한 행사들을 생산해 낼 때 유효합니다. 이러한 미래적 과업들을 이루어내기 위해 한국에서 귀하가 참여하며 이끄는 귀츨라프 연구소 설립을 크게 축하드립니다.

그리고 저는 귀츨라프 연구소에 적극적으로 협력할 것을 약속합니다. 귀츨라프의 연구소의 번창과 하나님의 축복을 빕니다.

다정한 인사를 올리며

실비아 브레젤 박사

3. 울리히 숀튜베 박사(Ulrich Schoentube, 독일 고쓰너 선교회 원장)

존경하는 오 교수님께,

귀하는 2012년 귀하의 선교역사 연구여행 시 베를린에 있는 선교사 칼 귀츨라프의 흔적에 대해 연구하고 영상을 만들었습니다. 그 의미 있는 선교사는 독일의 첫 번째 선교학교에서 요한 예니케 목사에게 교육받았습니다. 그리고 베들레헴 교회에서 파송됐습니다. 요한 에팡겔리스타 고쓰너(1773~1858 — 역자 주)는 그의 후임이었고, 고쓰너 선교회의 설립자(1836 설립 — 역자 주)였습니다. 그는 141명의 선교사를 유럽, 대양주, 오스트레일리아, 아시아, 아프리카, 아메리카로 파송했습니다. 그들은 문화와 종교와의 만남을 추구했습니다. 그리고 말씀과 행위로 (복음을) 전했습니다. 본래의 신앙을 소유한 선교의 결과는 지속적인 연구와 많은 분야에서 서로 다른 기독교의 대변자들과 함께하는 학문적 지식의 확장입니다. 고쓰너 선교사들은 루터파, 장로교파, 감리교파, 침례교파의 선교회와 함께 교류하고 있습니다.

고쓰너 선교회는 '고쓰너 유산 프로젝트'와 함께 이 역사의 연구와 동행합니다.

우리 이사회는 교회와 학문적 연구소, 대학과의 협력을 지지합니다.

만약 한국의 칼 귀츨라프 연구소를 통한 협력연구의 구조적이고 조직적인 형태가 존재한다면, 이 교류는 좀 더 가볍게 이루어질 것입니다. 개신교 베를린-브란덴부르그-슈레지세 오브라우지츠의 국가교회 자료관 안에 있는 고쓰너 선교회의 자료들에 대해 연구할 때 우리는 귀하를 지원하겠습니다. 우리는 베를린 개신교 본부에서 특수하게 관리되는 고쓰너 선교회의 도서관을 귀하가 사용하실 수 있도록 해드리겠습니다.

덧붙여 우리는 발표문들에 있는 지식과 출판물을 통해 알려진 학자들과 교류하고 참여하는 데 관심이 있습니다. 한국으로부터 그리고 전 아시아로부터 나온 소리(연구결과 — 역자 주)는 우리에게 중요합니다.

고쓰너 선교회로서 우리는 모든 민족의 이해에 기여하는 네트워크를 형성하여 독일 전역과 국제적으로 일합니다. 한국에서 이 해에 세계기독교 교회협의회가 열릴 것입니다. 이는 귀츨라프 연구소를 세우기에 적절한 시기입니다. 이러한 의미에서 계속되는 협력사역을 희망하며 하나님의 축복을 기원합니다.

울리히 숀튜베 박사(고쓰너 선교회 원장)

4. 독일 베를린 선교역사학회(Die Berliner Gesellschaft für Missionsgeschichte)

존경하는 오 교수님,

교수님은 2012년 전문적인 현지 다큐멘터리 제작 때문에 독일을 방문하셨습니다. 우리는 글로벌 시대에 문화적 이해에 공헌하는 당신의 학문적 업적에 감사드립니다. 귀츨라프는 인간으로서, 선교사로서 그리고 언어학자, 경제인과 조직 창립자로서 문화적 이해의 길을 열었습니다. 그리고 한국에서 이미 19세기에 이에 대한 후원과 인정을 받았습니다.

이렇게 중요한 첫 번째 베를린 선교학교의 인물에 대한 귀하의 연구에 베를린 선교역사학회(BGMG)가 관심을 가지게 됐는데, 이것은 BGMG가 20년 전 설립된 이래로 의무감을 느끼던 것입니다.

(우리는) 계속해서 선교 역사에 관한 여러 가지 주제를 다루며 여러 전문 영역에 걸친 연구계획을 지원하고, 함께하고, 참여하고 있습니다. 베를린에 있는 학문적 협회로서 우리는 선교 역사의 다양한 질문들에 대한 새로운 통찰을 존중합니다. 그리하여 우리는 귀하의 시각과 하나 될 수 있습니다. 귀하는 귀하의 연구보고에서 그것을 감명 깊게 문서로써 증명했습니다.

우리는 귀하와 귀하의 동료들 그리고 귀하의 새로운 연구소의 미래 프로젝트에 대해 지속적으로 협력하도록 노력하겠습니다.

2010년 BGMG의 제4회 국제 학술대회의 테마는 '학문의 글로벌화를 이룬 역사로서의 선교 역사, 다문화적 학문 습득 그리고 17, 18, 19세기 아프리카와 아시아의 기독교 선교사들에 의한 학문적 중개'였습니다.

2012년 같은 제목의 학술대회 단행본을 울리히 판 데어 하이든과 안드레아스 펠트켈러가 프란츠 슈타이너 출판사에서 '선교역사 자료'의 연속물 제19권으로 출판했습니다.

이미 이 제목은 귀하가 서술한 칼 귀츨라프의 이름을 가진 프로젝트 또한 국제적 학문 연구가들의 연합체에 편입될 것이 명백합니다.

우리 시대에 있어서 교회와 종교, 학자와 문화의 협력을 전 세계적으로 구현하기 위해서 연구와 교육에 조직 구조를 세워가야 할 필요성에 대해 우리는 귀하와 같은 생각입니다.

우리는 귀하가 설립하는 연구소가 이에 기여할 것이라고 생각합니다. 귀하의 기관은 칼 귀츨라프의 이름을 달게 됩니다. 귀하의 연구소는 귀츨라프에 대한 연구를 계속할 것입니다. 우리는 이쪽 대륙의 독일 선교사 귀츨라프의 영향에 대한 아시아의 목소리에 관심이 있습니다. 유럽 중심적 관찰방식은 그를 통해 극복될 것이고 우리의 공통 미래를 위해 새로이 조망될 것입니다.

그 외에도 우리는 장차 귀하의 연구소와 한국의 학자들과 교류하기를 원합니다. 이를 통해 우리는 우리들의 나라, 즉 유럽과 아시아에 새로운 길이 열리기를 바랍니다. 이렇게 해서 우리는 귀하의 프로젝트를 위해 필요한 지원요청을 도울 수 있을 것입니다.

베를린 선교역사학회 회장 안드레아스 펠트켈러 박사
(국립 베를린 훔볼트 대학교 신학부 교수)
베를린 선교역사학회 총무 울리히 판 데어 하이든과 박사
(국립 베를린 훔볼트 대학교 신학부 전임 강사)
베를린 선교역사학회 이사 클라우스 뢰버 박사(목사)

5. 하르무트 발라벤스 박사(Hartmut Walravens, 전 국립 베를린 도서관 관장)

존경하는 오 교수님께

벌써 주목받는 심포지엄이 된 귀하의 귀츨라프 프로젝트에 대해서 큰 기쁨으로 그 소식을 들었습니다.

저는 학생시절에 벌써 귀츨라프에 대해 관심을 기울였고, 그의 중국서적을 제 학위논문에서 분석했습니다.

그 후에 저는 그의 광범위한 언어능력, 그의 저널리즘적이고 조직적인 효과를 발견했습니다.

그리고 저는 성경번역자로서의 그의 업적이 매우 가치 있다고 생각합니다. 그래서 그와 그의 독일인 동료 칼 프리드리히 노이만(Karl Friedrich Neumann)을 위해 한 책을 헌정했습니다.

지금까지의 연구에 따라 저는 미래에 귀츨라프 연구에 집중할 것이 확

실합니다.

그래서 귀하의 연구가 반갑습니다.

그래서 저는 귀하의 귀츨라프 프로젝트에 적극적으로 함께 연구하고 참여할 준비가 기꺼이 되어 있습니다.

인사를 드리며

귀하의 하르무트 발라벤스
전 (국립 베를린) 도서관 관장(은퇴), 베를린 자유대학 강사(은퇴)

6. 세바스티안 스톨크 박사(Sebastian Stork, 베를린-브란덴부르크 학술원 상임연구원)

존경하는 오 교수님께,

귀츨라프 연구소라는 새로운 테두리 안에서 귀하와 함께 연구하게 된 것을 매우 기쁘게 생각합니다.

이미 2편의 귀츨라프 편지를 현대어로 바꾸는 작업을 했던 것처럼 이러한 협력은 한국교회사에 대한 풍부한 통찰을 할 수 있도록 만듭니다. 지금까지 한국의 교회사에는 대부분 미국 선교사들과의 협력사역이 더 우선이었습니다. 이는 한국의 신학과 교회사에 의미를 더 추가하는 것이고 한국과 독일 교회의 교류가 될 것입니다.

저는 베를린-브란덴부르크 학술원 소속입니다. 이 학술원은 프로이센 학술원의 후신이며, 1700년에 설립됐습니다. 이 학술원 회원으로는 많은 신학자들이 있는데, 그중에는 요한 파브리치우스, F. D. E. 슐라이어마흐와 A. v. 하르낙이 있습니다.

베를린에는 중요한 교회 자료보관소가 많이 있습니다. 그중에 베를린 선교회와 고쓰너 선교회의 자료 보관소는 귀츨라프 연구소에 있어 중요합니다. 여기에는 1824년 이후의 선교활동에 관한 자료들이 잘 보관되어 있습니다. 이 연구소의 의미는 현재로써 매우 중요합니다. 독일과 한국 간의 계속되는 신학적 작업과 다양한 교회 기관의 조직은 모든 참여자들의 풍부한 교류를 약속해 줍니다. 귀츨라프 연구소의 성공적 시작을 위한 하나님의 축복이 함께 하시길 빌며.

세바스티안 W. 스톨크

부록 4 칼 프리드리히 아우구스트 귀츨라프
(Karl Friedrich August Gützlaff) 연표

1803년 7월 8일	독일 프로이센 제국의 퓌릿츠(Pyritz, 포메른Pommern 지역의 작은 마을, 지금의 폴란드 pyrzyce)에서 재단사인 요한 야콥 귀츨라프(Johann Jacob Gützlaff)와 그의 두 번째 아내였던 마리 엘리자베스 벤케(Marie Elisabeth Behncke)의 외아들로 태어남.
1807년 5월 9일	귀츨라프의 생모 사망.
1808년 7월 7일	귀츨라프의 아버지가 카롤리나 루이자 프리데리카 오케르트(Calorina Louisa Friederika Ockert, 1769~1852)와 재혼.
1810년	퓌릿츠의 공립학교(Bürgerschule)에서 수학.
1816년	슈테틴(Stettin)으로 가서 가죽 허리띠를 만드는 기술자(Gürtler)가 되기 위한 직업 교육을 받음.
1818년	슈테틴에서 선교에 관한 격정적 설교를 듣고 선교사로 헌신하기로 결심.
1820년	슈테틴에서 프리드리히 빌헬름 3세(Friedrich Wilhelm III)가 참석한 프로이센 제국의 군대 열병식에 귀츨라프가 지은 「충성의 시(Huldigungs-gedicht)」가 헌정.
1820년 11월 18일	프로이센 내각회의는 귀츨라프 아버지의 간청으로 귀츨라프를 할레의 프랑케 목사가 운영하는 학교시설로 보내기로 결의.
1821년 1월 19일	프로이센 내각회의에서 귀츨라프를 베를린 선교신학교(Missionsschule in Berlin)에서 교육시킬 것을 재결의.
1821년 3월 혹은 4월	황제의 재정적 지원으로 베를린 선교학교에서 학업 시작.
1823년 부활절	베를린 대학교(지금의 베를린 훔볼트 대학교)에서 신학 공부 시작.
1823년 6월	'네덜란드 선교회'의 선교사가 되기 위해 로테르담에서 선교회 세미나수업 시작.

1824년 가을	파리방문. 오스만 터키 지역의 선교사로 파송되기 위해 터키어와 아랍어를 배움.
1825년 10월	런던방문. 로버트 모리슨을 만남. 동양 언어 연구소를 방문.
1826년 7월 20일	로테르담에서 목사(선교사로) 안수를 받음.
1826년 9월 11일	네덜란드 선교회에 의해 자바(Java) 섬의 바타비아(Batavia, 지금의 자카르타)로 세 명의 동료 선교사와 함께 파송. 그들은 헬레나 크리스티나호(Helena Christina)를 타고 1827년 1월 6일 현지 도착(약 4개월 항해).
1828년 8월 23일	네덜란드 선교회 승인 없이 태국 방콕에 도착. 선교사 야콥 톰린(Jacob Tomlin)과 함께 태국을 방문한 최초의 개신교 선교사가 됨.
1829년	네덜란드 선교회를 탈퇴.
1829년 5월 14일	건강이 나빠진 야콥 톰린이 싱가포르로 떠남.
1829년 11월 26일	영국 런던 선교회가 파송한 여성 최초 선교사 마리아 뉴엘(Mary Newell, 1794~1831)과 말라카(Malacca)에서 결혼.
1830년 2월 11일	부인과 함께 방콕으로 돌아옴.
1831년	태국어로 성경 전체를 번역했고, 라오스어와 캄보디아어로 상당한 분량의 성경번역과 시암어와 캄보디아어의 사전과 문법책을 위한 준비를 함.
1831년 2월 16일	마리아 뉴엘이 쌍둥이 딸 출산 중 숨짐(쌍둥이 딸 중 하나는 출생 직후 숨졌고 나머지 한 명은 약 4달 후 숨짐). 그들 모두 방콕에 매장됨.
1831년	1차 선교 항해(1831.6.3~12.13) 중국 광동 성 동부 출신 중국인 친구 린정의 중국 돛단배(Dschonk) 상선 순리호(Shunle)에 승선. 방콕을 출발해서 톈진(天津)까지 그리고 다시 톈진에서 마카오까지의 여섯 달간의 여정(방콕 출발, 베트남, 중국남부 쿤룬, 샤먼, 타이완, 저우산, 닝보, 상하이, 원산, 톈진, 랴오둥, 만주금촌, 산둥).
1832년	2차 선교여행(1832.2.26~9.5)

	영국 동인도회사 소속 507톤 상업용 범선 로드 애머스트호 (Lord Amherst)에 승선. 마카오를 출발(2.26), 타이완(4.11)을 거쳐 닝보(寧波, 5.26), 상하이(6.19), 충밍다오(崇明島, 6.19), 산둥(Schang Tungin), 류궁다오(劉公島, 7.8), 웨이하이(威海, 7.15), 조선(7.17~8.17) 그리고 일본(오키나와)을 선교여행.
1832년 7월 17일	오전 10시경 조선의 연안에 도착. 황해도 장산곶의 장연현 조어진 또는 조어포 앞 해상, 즉 몽금포 앞바다에 정박.
1832년 7월 25일	로드 애머스트호가 고대도 안항에 도착.
1832년 7월 26일	로드 애머스트호는 두 고관 수군우후(水軍虞侯) 김형수(金瑩綬)와 홍주목사(洪州牧使) 이민회(李敏會)의 방문을 받음. 이들이 조선의 순조대왕에게 전달하는 편지와 선물을 공식적으로 수령(『신천성서』 1질).
1832년 7월 27일	'한문으로 된 신약성경(Exemplare des chinesischen Neuen Testamentes)'을 고대도 주민들에게 배포. 조선인 '양의'로 하여금 한글 자모 일체를 쓰게 함. 귀츨라프가 한문으로 쓴 주기도문을 양의가 읽으면서 이것을 한글로 번역하게 함.
1832년 7월 30일	해안가에 감자를 심으러 갔으며, 조선인들에게 감자 재배법을 글로 써 줌. 고대도 당산(堂山)에 올라 산당을 방문.
1832년 7월 31일	주민들을 위해 포도 재배법과 좋은 포도즙을 어떻게 만드는지를 조선인들에게 써 줌.
1832년 8월 2일	로드 애머스트호에 조정에서 파견한 문관인 문정역관(問情譯官) 오계순(吳繼淳)이 방문. 귀츨라프는 60명의 노인 감기환자를 위한 충분한 약을 처방해 줌.
1832년 8월 5일	오계순이 승선하여 화물을 상세히 조사하고 돌아갈 날짜를 물음.
1832년 8월 7일	귀츨라프 일행이 천수만을 탐사, 창리에 상륙하여 주민들에게 책을 주고 이튿날 새벽에 돌아 옴.
1832년 8월 9일	조정으로부터 통상이 불가하다는 최종 통보를 받음. 귀츨라프가 설득을 시도했지만 실패함.

1832년 8월 10일	귀츨라프 일행은 고대도를 떠날 계획으로 물품을 요정. 고대도 주위의 가장 큰 섬(원산도로 추정)을 탐사.
1832년 8월 11일	귀츨라프 일행이 요구했던 물품이 공급됨.
1832년 8월 12일	고대도를 떠남.
1832년 8월 17일	제주도 연안에 도착.
1832~1833년	3차 선교여행(1832.10.20~1833.4.29) 실프호(Sylph)를 타고 마카오 출발 타이완, 푸젠 성의 남안, 저장 성의 피관, 타이완, 유구, 닝보, 보타, 저우산 등 선교여행
1833년	『동아시아 항해기』 발간(영문 1판, 뉴욕). 모리슨과 함께 『동서양고매월통기전(東西洋考每月統記傳, The East-West Monthly Magazine)』(Canton, 1833~1835; Singapore, 1837~1839) 발간.
1834년	『동아시아 항해기』 발간(영문 2판, 런던).
1834년 5월 6일	메리 원스톨(Mary Wanstall, 1799~1849)과 결혼.
1835년	광저우에 있는 영국 영사관 통역관으로 취직. 『동아시아 항해기』 발간(독문 1판, 바젤). 메드허스트, 브리지만, 모리슨 선교사와 함께 중국어 구약성경 개역 작업시작.
1835년 9월	동양여자교육협회학교(Eastern-Female-Education Society School) 설립.
1836년	표류 일본인 어부들을 통해 배운 일본어로 요한복음과 요한일이삼서를 번역하여 출간. 시각장애 거지소녀 메리(Mary)를 입양.
1836~1840년	구약성경인 『구유조서(舊遺詔書)』를 발간.
1837년	시각장애 소녀들 아그네스(Agnes), 라우라(Laura), 루시(Lucy), 제시(Jessie)를 입양. 미국선교사 윌리엄스(S. Wells Williams)와 파크(Peter Park) 그리고 일본인 표류 어부 7명이 귀츨라프와 함께 일본의 상업·선교·국제교류 개방의 가능성을 타진하기 위해 도쿄와 가고시마로 갔다가 포격을 받고 돌아옴. 신약성경인 『신유조서(新遺詔書)』를 발간.
1842년	4명의 중국 시각장애 입양 아이들을 런던 시각장애인학교

	(London Blind School)에 유학 보냄. 이들 중 아그네스가 1855년에 졸업.
1839~1842년	제1차 청영전쟁(일명 아편전쟁) 중 영국정부 통역관으로 난징조약(1842.8.29)에 참여.
1842~1843년	중국 저우산의 주정부장관(Magistrate)으로 활동.
1843~1851년	홍콩 영국총독청 관리(撫華道, 대민담당 비서관 및 통역관)으로 활동.
1843년	네덜란드 그로닝겐(Gronigen) 대학교로부터 명예 신학박사를 받음.
1844년 6월	중국 내지선교를 위해 복한회(福漢會, The Chinese Union)를 창립.
1847년 3월 19일	귀츨라프의 조력자들인 바젤 선교회의 루돌프 레흐러(Rudolf Lechler, 黎力基, 1824~1908)와 테오도르 함베르크(Theodor Hamberg, 韓山明, 1819~1854), 그리고 라인 선교회(일명 바르멘 선교회)의 쾨스터(Heinrich Köster, 柯士德, 1820~1847)와 게네르(Ferdinand Genähr, 葉納清, 1823~1864)가 홍콩 도착.
1849년	1837년 발간된 『신유조성서』를 수정하여 『구세주야소신유조성서』 출간.
1849년 4월	두 번째 부인 메리 원스톨(Mary Wanstall)이 싱가포르에서 숨짐.
1849년 10월 1일	선교보고 차 유럽 방문을 위해 출발.
1850년 5월	귀츨라프 독일 방문.
1850년 6월 11일	고향 퓌릿츠 방문, 명예시민으로 위촉.
1850년 9월 19일	잉글랜드 브리스톨(Bristol) 출신의 도로시 가브리엘(Dorothy (Dora) Gabriel, 1821~1888)과 유럽에서 결혼.
1851년 8월 9일	홍콩에서 숨짐. 홍콩공원 묘지(Hong Kong Cemetery in Happy Vally)에 안장.

참고문헌

1. 1차 문헌

『일성록』, 규장각한국학 연구원.(http://kyujanggak.snu.ac.kr/)
『조선왕조실록』, 규장각한국학 연구원.(http://kyujanggak.snu.ac.kr/)
김경선(金景善), 『연원직지(燕轅直指)』 제1권 출강록(出疆錄) 「영길리국표선기(英吉利國漂船記)」, 순조 32년 11월 25일(임진년, 1832), 고전종합DB.(http://db.itkc.or.kr/)
국역, 『승정원일기』.(http://db.itkc.or.kr/)
『읍지류』, 충청도편, 규장각한국학 연구원.(http://kyujanggak.snu.ac.kr/)

American and Foreign Christian Union. *The Christian World: The Magazine of the American and Foreign Christian Union* Vol. 3, New York : American and Foreign Christian Union, 1862.
Berliner Missionsverein für China(Hrsg.). *Evangelischer Reichsbote: Organ d. Evangelischen Gesammtvereins für die Chinesische mission des Berliner und des Pommerschen Hauptvereins für China* Nr. 1 Januar, Berlin : Verlag von Wiegandt und Grieben, 1851.
_____. *Evangelischer Reichsbote : Organ d. Evangelischen Gesammtvereins für die Chinesische Mission des Berliner und des Pommerschen Hauptvereins für China*, No. 11, November, 7. Jahrgang, Berlin : Verlag von Wiegandt und Grieben, 1856.
_____. *Evangelischer Reichsbote : Organ d. Evangelischen Gesammtvereins für die Chinesische Mission des Berliner und des Pommerschen Hauptvereins für China*, Nr. 9. September 6. Jahrgang, Berlin : Verlag von Wiegandt und Grieben, 1863.
Blackwood, W. *Blackwood's Edinburgh magazine* Vol. 2, William Blackwood : Edinburgh, 1818.

Brandner, Tobias. "Interkulturalitaet in den missionarischen Beziehungen der Baseler Mission China am Beispiel der Arbeit von Theodor Hamberg", *Interkulturelle Theologie*, 39 Jahr. 2013.3.

Bridgman, Elijah Coleman & Williams, Samuel Wells(ed.). *The Chinese Repository* Vol. XI, 1842.1.

British museum dept. of MSS. *Catalogue of the Manuscript Maps Charts and Plans and of the topographical Drawings in the British Museum* Vol. III, London : Order of the Trustees 1861.

Brockhaus Konversations-Lexikon. *Die Gegenwart : Eine encyklopädische Darstellung der neuesten Zeitgeschichte für alle Stände*, 4. Bd., Leipzig : F. A. Brockhaus 1850.

Burkhardt, Gustav Emil. *Kleine Missions-Bibliothek oder Land und Leute, Arbeiter und Arbeiten, Kämpfe und Siege*, Bielefeld : Velhagen und Klasing, 1859.

Church Missionary Society. "Eastern-Female-Education Society"(State of Mrs. Gutzlaff's School at Macao, 1836.10.14 보고), *Missionary Register*, London : L. B Seeley 1838.

Christian Ministers of various Denominations(ed.). *The Calcutta Christian Observer* Volume II. Jan.~Dec., Calcutta : the Baptist Mission Press 1833.

Dean, William. T*he China mission : embracing a history of the various missions of all denominations among the Chinese, with biographical sketches of deceased missionaries*, New York : Sheldon & Co, 1859.

East India Company. *Asiatic journal and monthly Register* Vol. 9, sept.~Dec., London : Wm. H. Allen & Co., 1832.

_____. *Asiatic journal and monthly Register* Vol. 12(Nr. 47-171), London : Wm. H. Allen & Co., 1833.

_____. *Asiatic journal and monthly Register* Vol. 8, Jan.~Apr., London : Parbury Allen & Co., 1834.

_____. *Asiatic journal and monthly miscellany* Vol. 24, Sept. ~Dec., London : Wm. H. Allen and Co. 1837.

Ebner, Johann Leonhardt. *Reise nach Südafrika und Darstellung meiner während acht Jahren daselbst unter den Hottentotten gemachten Erfahrungen; so wie einer kurzen Beschreibung meiner bisherigen Lebensschicksale*, Berlin : In Commission bei L. Öhmigke, 1829.

Ersch, Johann Samuel. *Allgemeine encyclopädie der Wissenschaften und Künste,* Leipzig : J. f. Gleditsch, 1880.

Evangelische Missionsgesellschaft in Basel. *Magazin für die neueste Geschichte der evangelischen Missions und Bibelgesellschaften,* Basel : Verlage des Missions Institutes zu Basel, 1835.

_____. *Evangelisches Missions-Magazin* Vol. 34, viertes Qualtarheft, Basel : Basileia Verlag, 1849.

_____. *Evangelisches Missions-Magazin* Vol. 35, zweites Qualtarheft, Basel : Basileia Verlag, 1850.

_____. *Evangelisches Missions Magazin* Vol. 39, zweites Qualtarheft, Basel : Basileia Verlag 1854.

F. A. Brockhaus Verlag Leipzig(Hrsg.). *Allgemeine deutsche Real- Encyklopädie für die gebildeten Stände. Conversations-Lexikon,* Leipzig : Verlag F. A. Brockhaus, 1827.

Frank, Gustav. "Tholuck, August", *Allgemeine Deutsche Biographie* Bd. 38, Leipzig : Duncker & Humblot, 1894.

Great Britain Hydrographic Dept. *The China Pilot; Comprising the Coasts of China, Korea, and Manchuria; The Sea of Japan, the Gulfs of Tartary and Amur, and the Sea of Okhotsk,* 3, ed., London : Great Britain Hydrographic Dept., Admiralty, 1861.

Gützlaff, Karl. "Journal of a residence in Siam : and of a voyage along the coast of China to Mantchou Tartary", *Chinese Repository* Vol I.(1832.5~1833.4), Canton, 1833.

_____. *The Journal of Two Voyages Along the Coast of China, in 1831, & 1832; the First in a Chinese Junk and the Second in the British Ship Lord Amherst,* 1. ed., New York : John P. Haven, 1833.

_____. *Philethnos oder Missionar Karl Gützlaff's Bittschrift für die Heiden und Muhamedaner : nebst einer gedrängten Lebensgeschichte genannten Missionars von Heichrich Richer,* Bremen und Schwelm : Faltenberg, 1833.

_____. *A Sketch of Chinese History : Ancient and Modern* Vol. 1, New York : J.P. Haven, 1834.

_____. "An appeal in behalf of China", American Board of Commissioners for Foreign Missions(ed.), *Missionary Herald* Vol XXX, Boston : Crocker and Brewster 1834.

_____. *The Journal of Three Voyages along the Coast of China in 1831, 1832 and 1833*, 2.ed., London : Frederick Westley and A. H. Davis 1834.

_____. *C. Gützlaff's Missionars der evangelischen Kirche, dreijähriger Aufenthalt im Königreich Siam nebst einer kurzen Beschreibung seiner drei Reisen in den Seeprovinzen Chinas in den Jahren 1831-1833*, Basel : Felir schneider, 1835.

_____. Briefe an einen Freund in Berlin(Macao, 1835.1.7), Preussische Haupt-Bibelgesellschaft(Hrsg.), *Neueste Nachrichten aus dem Reiche Gottes. 20. Jahrgang*, Berlin : Trowitzsch und Sohn, 1836.

_____. *Geschichte des chinesischen Reiches* Bd. 2, Quedlinburg (u.a.) : Basse, 1836.

_____. *The Journal of three voyages along the coast of China in 1831, 1832 and 1833*, 3. ed., London : Thomas Ward and CO, 1840.

_____. *Predigt über Apostelgeschichte 4, 12. : gehalten am 22. Dezember 1822 in Berlin*, Berlin : Schantze, 1844.

_____. Der ostpreusche Verein für China(Hrsg.), *Die Mission in China : Vorträge, in Berlin gehalten, Erster Vortrag*, Berlin : W. Schulz, 1850.

_____. Der Missionsverein für China zu Berlin(Hrsg.), *Die Mission in China : Vorträge, in Berlin gehalten, Dritter Vortrag*, Berlin : W. Schulz, 1850.

_____. Chinesische Stiftung(Hrsg.), *Gaihan's Chineschische Berichte*, Kassel : C. S., 1850.

_____. *Gützlaffs Bericht seiner Reise von China nach England und durch die verschiedenen Under Europa's, im Interesse der Chinesischen Mission*, Kassel : Chinesischen Stiftung, 1851.

_____. "Remark on the Corean Language", *The Chinese Repository* Vol. 1 No. 7, 1832.11.

Hall, Basil & Clifford, Herbert John. *Account of a voyage of discovery to the west coast of Corea, and the Great Loo-Choo Island; with an Apendiz containing Charts, and various hydrographical and scientific Notices*, London : John Murray, 1818.

Hamberg, Theodore. *The Chinese rebel chief, Hung-Siu-tseun; and the origin of the insurrection in China*, London : Walton and Maberly, 1855.

Haupt-Bibelgesellschaft(Hrsg.). *Neueste Nachrichten aus dem Reiche Gottes*, 20 Jahrgang, Berlin : Trowitzsch und Sohn, 1836.

Hauptverein für christliche Erbauungsschriften. *Karl Gützlaffs Leben und Heimgang*,

Berlin : Hauptverein für christliche Erbauungsschriften, 1851.

Horsburgh, James. *The India directory, or, directions for sailing to and from the East Indies, China, Australia, and the interjacent ports of Africa and South America* Vol. 2, 5. ed., London : Allen, 1843.

_____. *The India directory, or, directions for sailing to and from the East Indies, China, Australia, and the interjacent ports of Africa and South America*, Vol.2, 7.ed., London : Allen, 1859.

India. Governor-general. *Railways (India) : return to an order of the honourable The House of the Commons dated 12 July 1853*, London : the honourable The House of the Commons, 1853.

Jones, William. *The Jubilee Memorial of the Religious Tract Society*, London : Religious Tract Society, 1850.

King, John William. *The China Pilot : The coasts of China and Tartary, from Canton River to the Sea of Okhotsk; with the adjacent islands. Compiled from various sources*, 2. ed., London : Hydrographic Office, 1858.

_____. Great Britain Hydrographic Dept, *The China Pilot; Comprising the Coasts of China, Korea, and Manchuria; The Sea of Japan, the Gulfs of Tartary and Amur, and the Sea of Okhotsk*, 3. ed., London : Great Britain Hydrographic Dept., Admiralty, 1861.

Köhler, August. *Die niederländische reformirte Kirche : Charakterisirende Mittheilungen über ihren dermaligen Zustand*, Erlangen : Deichert, 1856.

Kranz, David. *Historie von Grönland, erhaltend die Beschreibung des landes und der Einwohner A. insbesondere die Geschichte der dortigen Mission der Evangelischer Brüder zu Neue-Herrnhut und Lichtenfels*, 2. Aufl., Leipzig : Heinrich Detlef Ebers u. Weidmann, 1770.

Ledderhose, Carl Friedrich. *Johann Jänicke : der evangelisch-lutherische Prediger an der böhmischen-oder Bethlehems-Kirche zu Berlin ; nach seinem Leben und Wirken dargestellt. Zum Besten der Mission für China*, Berlin : Selbstverlag, 1863.

Lindsay, Hugh H. & Gutzlaff. *Report of Proceedings on a Voyage to the northern Ports of China, in the Ship Lord Amherst*, 2. ed., London : Fellowes, 1834.

Loretz, Jean. *Ratio disciplinae Unitatis Fratrum A. C. : oder, Grund der Verfassung der Evangelischen Brüder-Unität Augsburgischer Confession*, Barby : L.F. Spellenberg, 1789.

Magazin für die Literatur des Auslandes, Nr. 25, Berlin, 1834.2.26.

McLean, Archibald. *Missionary Addresses*, St. Louis, Mo. : The Christian Publishing Company, 1895.

McLeod, John. *Voyage of His Majesty's ship Alceste, to China, Corea, and the Island of Lewchew, with an account of her shipwreck : to China, Corea*, 3. ed., London : J. Murray, 1820.

Mebes, Julius. *Beiträge zur Geschichte des Brandenburgisch-Preussischen Staates und Heeres* Bd. 2, Berlin : Selbstverlag des Verfassers, 1867.

Medhurst, Walter Henry. *China : Its State and Prospects : With Especial Reference to the Spread of the Gospel : Containing Allusions to the Antiquity, Extent, Population, Civilization, Literature, and Religion of the Chinese*, London : John Snow, 1840.

Moesch, Ferd. "Carl Friedrich August Gützlaff", *Allgemeine Enzyklopädie der Wissenschaften und Künste* Vol. 98, Leipzig : Brockhaus, 1880.

Morrison, Eliza A. *Memoirs of the life and labours of Robert Morrison* Vol. 2, London : Longman, Orme, Brown and Longmans, 1839.

No author shown. "Art. III. The Second Annual Report of the Morrison Education Society"(read 3rd October, 1838), *Chinese Repository* Vol. VII, October, 1838(No 6).

No author shown. "Chinese-and-India-Female-Education Society"(notes dated Dec. 14, 1836, and March 15, 1837), *Missionary Register*, 1838.3.

No author shown. "Der Missionar Gützlaff", *Allgemeine Kirchen-Zeitung*, 1832.8.26, Sp. 1097.

No author shown. *Der Missionar der Chinesen, Karl Gützlaff,* Duisburg : John Ewich, 1850.

No author shown. "Eastern-Female-Education Society"(State of Mrs. Gutzlaff's School at Macao, Report dated Oct 14, 1836), *Missionary Register*, 1838.

No author shown. "First annual report of the Morrison Education Society"(1837.9. 17), *Chinese Repository* Vol. 6, Canton : The Proprietors 1838.

No author shown. "Karl Gützlaff", *Illustrierte Zeitung* vom 1(Nr. 87), 1845.3.

No author shown. "Second Annual Report of the Morrison Education Society" read 3rd October, 1838, *Chinese Repository* Vol. VII, 1839.

No author shown. *The Blind and their Books : with some account of Laura Gutzlaff, a native of China,* London : Wertheim, Macintosh & Hunt, 1859.

No author shown. "The Corean Syllabary", *Chinese Repository* Vol. II(1833.5~1834. 4), Canton : Proprietors, 1834.

Reichhardt, Johann Christian. "Gützlaff's Eintritt in die Missionslaufbahn und seine Erweckung", *Evangelisches Missions-Magazin* 3, 1859.

Reinisch, Richard. *Christentum in China : Gestern-Heute-Morgen?*, Demand : Norderstedt Books, 2010.

Richter, Heinrich u. Gützlaff, Karl. *Philethnos oder Missionar Karl Gützlaffs Bittschrift für die Heiden und Muhamedaner : nebst einer gedrängten Lebensgeschichte genannten Missionars von Heichrich Richter*, Barmen & Schwelm : Faltenberg, 1833.

Ritter, Carl. *Die Erdkunde im Verhältniss zur Natur und zur Geschichte des Menschen (Geography in Relation to Nature and the History of Mankind)* Bd. 3, Berlin : G. Reimer, 1834.

Siebold, Philipp Franz Balthasar von. *Nippon : Archiv zur Beschreibung von Japan und dessen Neben- und Schutzländern : Jezo mit den Südlichen Kurilen, Krafto, Koorai und den Liukiu-Inseln* Vol. 7, Leiden : C. C. van der Hoek, 1832.

Spangenberg, August Gottlieb. *Kurzgefasste historische Nachricht von der gegenwärtigen Verfassung der evangelischen Brüderunität augspurgischer Confession*, Berlin : August Mylius, 1786.

Steger, Benedict Stefan. *Die protestantischen Missionen und deren gesegnetes Wirken : für Alle, welche sich über die segensreiche Ausbreitung des Christenthums unter den Heiden durch die protestantischen Missionen belehren wollen,* Hof : Bei Gottfried Adolph Frau, 1838.

The Penny Magazine of the Society for the Diffusion of useful Knowledge, London : Charles Knight & Co. 1838.

The protestant Episcopal Church in the U.S.A. *An Historical Sketch of the China Mission of the Protestant Episcopal Church in the U.S.A. from the First Appointments in 1834 to Include the Year Ending August 31st, 1884. List of the Missionaries, Revised to December, 1887*, 2. ed., New York : Domestic and Foreign Missionary Society of the protestant Episcopal Church in the U.S.A., 1888.

The Eclectic review Vol. 3. July~December, London : Holdsworth and Ball, 1832.

Tholuck, Friedrich August Gottreu, *Werke : Predigten über Hauptstücke des christlichen*

Glaubens und Lebens, 4. Teil, 3ed., Gotha : Perthes, 1863.

Wing, Yung. *My Life in China and America,* New York : Henry Holt, 1909.

Wylie, Alexander & Gamble, William. *Memorials of Protestant missionaries to the Chinese : giving a list of their publications, and obituary notices of the deceased*, Shanghae : American Presbyterian mission press, 1867.

Zachariä, August Wilhelm & Thomas, Louis. *Lehrbuch der Erdbeschreibung : in natürl. Verbindung mit Weltgeschichte* Vol. 1, Leipzig : Fleischer, 1854.

Zinzendorf, Nikolaus Ludwig von. *Sonderbare Gespräche zwischen Einem Reisenden und Allerhand andern Personen Von Allerley in der Religion vorkommenden Wahrheiten*, Altona : Korte, 1739.

_____. *Einiger seit 1751 von dem Ordinario fratrum zu London gehaltenen Predigten in dreyen Haupt-Abtheilungen*, 1. Bd. London & Barby : Seminario Theologico, 1756.

2. 2차 문헌

고무송. 『토마스와 함께 떠나는 순례 여행』, 쿰란출판사, 2004.

김근완 · 김근태. 「삽시도 · 장고도 · 고대도의 유적과 유물」, 한남대 중앙박물관, 『고고와 민속』 8집, 한남대 중앙박물관, 2005.

김영원 외. 『항해와 표류의 역사』, 솔, 2003.

김성준 · 고재용. 「영국선박톤수측정법의 변천에 관한 역사적 고찰」, 『해운물류연구』, 2004.9.

리진호. 『귀츨라프와 고대도』, 에이멘, 1989.

민경배. 『교회와 민족』, 대한기독교출판사, 1981.

_____. 『한국기독교회사』, 대한기독교서회, 1990.

_____. 「한국기독교회의 기원문제」, 『한국기독교와 역사』 창간호, 1991.1.

민병호. 『한국개신교 최초의 순교자 R. J. 토마스 목사 연구』, 대한예수교장로회총회 교육국, 1984.

박용규. 『평양대부흥운동』, 생명의말씀사, 2007.

박천홍. 『악령이 출몰하던 조선바다』, 현실문화, 2009.

박 철. 「한국방문 최초 서구인 그레고리오 데 세스뻬데스 연구」, 『외대사학』 창간호, 1987.10.
백낙준. 『한국개신교사』, 연세대 출판부, 1973.
신호철. 『귀츨라프행전』, 양화진선교회, 2009.
오현기. 「조선을 위한 최초의 개신교 서양 선교사 칼 프리드리히 아우구스트 귀츨라프 : 그의 성장기와 학창 시절에 관한 연구」, 『부경교회사연구』 11호, 2007.11.
_____. 「한국에서의 첫 개신교선교사 귀츨라프의 조선선교 기록에 대한 비교연구」, 『부경교회사연구』 17호, 2008.11.
_____. 「한국 개신교의 선교 원년이 1832년인 근거에 관한 연구 – 칼 귀츨라프의 선교」, 『대학과 선교』 21집, 2011.12.
_____. 「귀츨라프 선교사와 로드 애머스트호(Lord Amherst) – 역사적 고증과 선교사적 의미에 대한 연구」, 『대학과 선교』 23집, 2012.12.
_____. 「귀츨라프의 선교신학에 나타난 친첸도르프의 헤른후트주의의 영향에 관한 연구」, 『복음과선교』 20집, 2012.12.
_____. 「한국의 첫 개신교선교사 귀츨라프의 선교탐방경로에 관한 연구 – 고대도 안항 정박론을 중심으로」, 『부경교회사연구』 38호, 2012.7.
_____. 「칼 귀츨라프의 전기 선교사역에 관한 특징연구」, 『부경교회사연구』 44호, 2013.7.
_____. 「중국 근대사에 끼친 서양 선교사들과 선교회들의 영향에 대한 연구」, 『대학과 선교』 25집, 2013.12.
임영태 · 김동수 · 최윤수. 「해양 지명의 표준화와 해양지명의 제정 및 활용을 위한 기초연구」, 한국지적학회, 『한국지적학회 학술대회 논문집』, 2004.
이만열. 「한국의 기독교 수용과 그 특징」, 『아세아연구』 106호, 2001.12.
이응호. 「모리슨 목사의 "The Corean Syllabary"에 대하여」, 한국어교육학회, 『국어교육』 37권, 1980.
이준엽. 『중국 최근 근세사』, 일조각, 1967.
전영진. 「고대도 민속의 특징」, 한국국어교육학회 편, 『새 국어 교육』 52호, 1996.5.
충남문화산업진흥원. 『칼귀츨라프와 함께 떠나는 고대도여행』, 충남문화산업진흥원, 2012.
허호익. 『귀츨라프의 생애와 조선선교활동』, 한국기독교역사연구소, 2009.
Beck, Hartmut. *Brüder in vielen Völkern : 250 Jahre Mission der Brüdergemeine*, Erlangen : Verlag der Evangelisch-Lutherischen Mission, 1981.

Beyer-Fröhlich, Marianne(Hrsg.). *Pietismus und Rationalismus* Bd. 7, Leipzig : Philipp Reclam jun. Verlag, 1933.

Beyreuther, Erich. *Die Erweckungsbewegung,* 2Aufl, Gottingen : Vandenhoek & Ruprecht, 1977.

Dedering, Tilman. *Hate the Old and Follow the New : Khoekhoe and Missionaries in early Nineteen century,* Stuttgart : Franz Steiner Verlag 1997.

Dietrick, Ronald. *The Man the Church Forgot,* Longwood, FL : Xulon Press, 2007.

Dreher, Patrick. "Die chinesische Stiftung in Kassel und Gützlaff", Klein, Thoralf u. Zöllner, Rheinhard(Hrsg.), *Karl Gützlaff (1803-1851) und das Christentum in Ostasien : Ein Missionar zwischen den Kulturen,* Nettetal : Steyler Verlag, 2005.

Foley, Toshikazu S. *Biblical Translation in Chinese and Greek : Verbal Aspect in Theory and Practice*(Linguistic Biblical Studies 1), Leiden : Brill, 2009.

Glaube, Dorette Seibert. *Erfahrung Und Gemeinschaft : Der Junge Schleiermacher und Herrnhut,* Göttingen : Vandenhoeck & Ruprecht 2003.

Griffis, William E. *A Maker of the New Orient. Samuel Robbins Brown,* New York : Revell, 1902.

Gunkel, Hermann u. Scheel, Otto u. Zscharnack, Leopold(Hrsg.). *Die Religion in Geschichte und Gegenwart* Bd. 4, Tübingen : Mohr, 1912.

Hao, Zhidong. *Macau : History and Society Hong Kong,* Hong Kong : University Press, 2011.

Hegel, Georg Wilhelm Friedrich, Georg Lasson(ed.). *Vorlesungen über die Philosophie der Religion* Bd. 2, Stuttgart : Friedrich Frommann, 1966.

Hillard, Harriett, Nan P. Hodges & Arthur W. Hummel(ed.). Woodinville, *Low, Light and Shadows of a Macao Life : The Journal of Harriett Low, Travelling Spinster* Vol. 1, WA : The History Bank, 2002.

Hinrichs, Carl. *Preußentum und Pietismus,* Göttingen : Vandenhoeck & Ruprecht, 1971.

Historische Kommission zur Erforschung des Pietismus. *Pietismus und Neuzeit,* Bielefeld : Luther-Verlag, 2007.

Hsü, Immanuel C. Y. "The Secret Mission of the Lord Amherst on the China Coast, 1832", *Harvard journal of Asiatic studies* Vol. 17, HarvardYenching Institute, 1954.

Jansen, Marius B. & Hall, John Whitney & Kanai, Madoka & Twitchett, Denis. *The Cambridge History of Japan*, Cambridge : Cambridge University Press, 1989.

Karzek, Thomas. *Julie von Buddenbrock 1826-1915, Biographische Skizzen*, http://www.gossner-mission.de/media/pdf/Julie.pdf.

Kipp, Rita Smith. *The early years of a Dutch colonial mission : the Karo field*, Ann Arbor : University of Michigan Press, 1990.

Künstler, Joachim Grossmann. *Hof und Bürgertum : Leben und Arbeit von Malern in Preussen 1786-1850*, Berlin : Akademie Verlag, 1994.

Lanning, George & Couling, Samuel. *The history of Shanghai*, Shanghai : For the Shanghai Municipal Council by Kelly & Walsh, 1923.

Lutz, Jessie G. & Lutz, R. Ray. "Karl Gutzlaff's Approach to Indigenization", Daniel H. Bays & Stanford, Calif(ed.), *Christianity in China : From the Eighteenth Century to the Present*, Stanford, Calif. : Stanford Univ. Press, 1996.

McFarland, George Bradley. *Historical Sketch of Protestant Missions in Siam 1828-1928*, Bangkok : the Bangkok times press, 1928.

Meier, Gudrun. "Herrnhuter Beiträge zur Erforschung Ladakhs", Osmaston, Henry & Nawang Tsering(Hsg.), *Recent Research on Ladakh 6 : Proceedings of the Sixth International Colloquium on Ladakh, Leh 1993*, Bristol : University of Bristol, 1997.

Mellersh, H. E. L. *FitzRoy of the Beagle*, London : Rupert HartDavis, 1968.

Meyer, Dietirich. "Brüderunität/Brüdergemeinde", Balz, Horst Robert(ed.), *Theologische Realenzyklopädie* Bd. 7, 1. Aufl, Berlin & New York : Gruyter, 1981.

_____. "Zinzendorf und Herrnhut", Friedhelm Ackva & Johannes van den Berg & Martin Brecht(ed.), *Der Pietismus im achtzehnten Jahrhundert*, Göttingen : Vandenhoeck & Ruprecht 1995.

_____. *Zinzendorf und die Herrnhuter Brüdergemeine : 1700-2000*, Göttingen : Vandenhoeck & Ruprecht, 2009.

Moeller, Brend. *Geschichte des Christentums in Grundzügen*, Göttingen : Vandenhoeck & Ruprecht, 1992.

Morse, H. B. *The Chronicles of the East India Company Trading to China, 1637-1834* Vol. 4, Oxford : The Clarendon press, 1926~1929.

Mühlenberg, Ekkhard. *Epochen der Kirchengeschichte*, Heidelberg, Wiesbaden : Quelle

& Meyer, 1991.

Müller, Karl. *Missionstheologie,* Berlin : Dietrich Reimer Verlag, 1985.

Raugh, Harold E. *The Victorians at war, 1815-1914 : an encyclopedia of British military history,* Santa Barbara : ABC-CLIO, 2004.

Raupp, Werner. "Schirnding, August Carl Friedrich Freiherr von", Traugott Bautz(Hrsg.). *Biographisch-Bibliographische Kirchenlexikon* Bd. IX, Nordhausen : Verlag Traugott Bautz, 1995.

Rhee, Syngman. *Korea's appeal to the Conference on Limitation of Armament*, Washington D. C. : Korean Mission to the Conference on the Limitation of Armament 1921~1922, 1922.

Richter, Julius. *Die Geschichte der Berliner Missionsgesellschaft,* Berlin : Verlag der Buchhandlung der Berliner ev. Missionsgesellschaft, 1924.

Robert, Dana L. "evangelist or homemade?", Wilbert R. Shenk(ed.), *North American Foreign Missions, 1810-1914 : Theology, Theory, and Policy*, Grand Rapids : Eerdmans, 2004.

Roberts, Issacher J. "Early of Charles Gutzlaff, Missionary in China", Klein, Thoralf u. Zöllner, Rheinhard(Hrsg.), *Karl Gützlaff (1803-1851) und das Christentum in Ostasien : Ein Missionar zwischen den Kulturen*, Nettetal : Steyler Verlag, 2005.

Ross Andrew C. "Missionary Expansion", Donald K McKim; David F Wright(ed.), *Encyclopedia of the Reformed Faith*, Louisville, Ky. : Westminster / John Knox Press; Edinburgh : Saint Andrew Press, 1992.

Rutz, Jessie G. & Rutz, Rolland Lay. "The Dutch Foundation of the Gützlaff Mission in China : 1823~1851", Willy Vande Walle & Noël Golvers(ed.), *The History of the Relations between the Low Countries and China in the Qing Era (1644-1911)*, Leuven : Leuven University Press, 2003.

Scharlau, Winfried(ed.). *Gützlaffs Bericht über drei Reisen in den Seeprovinzen Chinas 1831-1833*, Hamburg : Abera Verlag, 1997.

Schlatter, Wilhelm. *Rudolf Lechler. Ein Lebensbild aus der Basler Mission in China*, Basel : Missionsbuchhandlung, 1911.

Schlyter, Herman. *Karl Gützlaff als Missionar in China*, Lund : C. W. K. Gleerup, 1946.

Shurtleff, William & Aojagy, Akiko. *History of Soybeans and Soyfoods in Mexico and*

Central America (1877-2009), Lafayette : Soyinfocenter 2008.

Smith, Carl Christians. *Élites, Middlemen, and the Church in Hong Kong*, 1st ed., Hong Kong : Hong Kong University Press, 1985.

Smith, George. *The Life of William Carey, D.D : Shoemaker and Missionary*, Cambridge : Cambridge Univ Press, 2011.

Standaert, Nicolas & Tiedemann, R. G. *Handbook of Christianity in China*, Leiden etc. : Brill, 2009.

Stanley, Brian. *The Bibel and the Flag : Protestant missions and British imperialism in the nineteenth and twentieth centuries*, Leicester : Apollos, 1990.

Sterik, Edita. "Die böhmischen Imigranten und Zinzendorf", Martin Brecht, Paul Peucker(ed.), *Neue Aspekte der Zinzendorf-Forschung*, Göttingen : Vandenhoeck & Ruprecht, 2006.

Tiedemann, Gehard. "Missionarischer Einzelgänger oder Visionär? Die Missiosmethoden Gützlaffs", Klein, Thoralf u. Zöllner, Rheinhard(Hrsg.), *Karl Gützlaff (1803-1851) und das Christentum in Ostasien : Ein Missionar zwischen den Kulturen*, Nettetal : Steyler Verlag, 2005.

United Nations Office on Drugs and Crime(UNODC). *A Century of International Drug Control*, Vienna : UNODC 2009.

Uttendörfer, Otto. *Zinzendorfs religiöse Grundgedanken*, Herrnhut : Verlag der Missionsbuchhandlung, 1935.

Voigt, Karl Heinz. *Internationale Sonntagsschule und deutscher Kindergottesdienst : Eine ökumenische Herausforderung*, Göttingen : Vandenhoeck & Ruprecht, 2007.

Wallmann, Johannes. *Philipp Jakob Spener und die Anfänge des Pietismus*, Gerhard Ebeling(Hrsg.), *Beiträge zur Historischen Theologie* 42, 2. Aufl., Tübingen : Mohr Siebeck, 1986.

_____. *Pietismus-Studien*, Tübingen : Mohr Siebeck, 2008.

Wang, Dong. *China's Unequal Treaties : Narrating National History*, Lanham (Md.) : Lexington books, cop. 2008.

Warneck, Gustav. *Abriss einer Geschichte der protestantischen Missionen*, Berlin : Verlag von Martin Warneck, 1900.

Wesley, John & Charles. *Selected Prayers, Hymns, Journal Notes, Sermons Letters and Treatises*, New York : Paulist Press, 1981.

Winner-Lüdecke, Marianne. *Karl Gützlaff-ein vergessener Rufer?*, Bad Liebenzeller : Verlag der Liebenzeller Mission, 1981.

Yeide, Harry Jr. "Moravian", Robert Benedetto(ed.), *The New Westminster Dictionary of Church History* Vol. 1, Louisville : Westerminster John Knox Press, 2008.

Yeung, King-To. *Suppressing rebels, managing bureaucrats : state-building during the Taiping Rebellion, 1850-1864*, Thesis (Ph. D.)-Rutgers University, 2007.

Zimmerling, Peter. *Evangelische Spiritualität. Wurzeln und Zugänge*, Göttingen : Vandenhoeck & Ruprecht, 2003.

_____. *Gott in Gemeinschaft : Zinzendorfs Trinitätslehre*, Giessen u. Basel : Brunnen Verlag, 2002.

3. 지도 및 해도

『동국여도(東國輿圖)』〈삼남해방도(三南海防圖)〉, 1800~1822 제작, 규장각한국학연구원(http://kyu janggak.snu.ac.kr/).

『해동지도(海東地圖)』〈대동총도(大東摠圖)〉, 1750 초 제작, 규장각한국학연구원 (http://kyujanggak. snu.ac.kr/).

『1872년 지방지도(地方地圖)』, 「장연지도(長淵地圖)」, 규장각한국학연구원(http://kyujanggak.snu.ac.kr/).

BERLIN, Verlag : F. A. Brockhaus' Geogr.-artist. Anstalt, Leipzig, Maße : 30.6× 24.7cm, http://www.alt-berlin.info/cgi/stp/lana.pl?nr=3&gr=7&nord=52.51 1200&ost=13.384784.ost=13.384784.

Hydrographic Office of the Admiralty, "The peninsular of Korea"(London : R .B. Bate, 1840.6.27), Librarie Loeb-Larocque(ed.), *The European Mapping of Korea*, Librarie Loeb-Larocque : Paris 2009, 59; 국립해양조사원 http://www.khoa.go.kr/museum/VIEW.HTM.

'Mouillages de la Cote Ouest de Coree leves en 1857 par Mr. Montaru Enseigne de Visseau : Havre Majoribanks et entree du Shoal Gulf', 국립해양조사원(http://www.khoa.go.kr/museum/VIEW.HTM).

4. 인터뷰자료

베른트 크렙스(Bernd Krebs) 박사(베를린 개혁파 베들레헴 교회의 담임목사)와의 인터뷰, 일시 : 2012.7.29, 12:00, 장소 : 베를린 개혁파 베들레헴 교회.

실비아 브레젤(Sylbia Bräsel) 연구교수와의 인터뷰, 일시 : 2012.7.26, 장소 : 에어푸르트대학교.

클라우스 뢰버(Klaus Roeber) 박사(베를린 선교역사학회 이사)와의 인터뷰, 일시 : 2012.7.29, 장소 : 베를린 개혁파 베들레헴 교회.

하르무트 발라벤스(Harmut Walravens) 박사(전 국립 베를린 도서관 관장)와의 인터뷰, 일시 : 2012.7.30, 장소 : Begasstr. 2, 1257 Berlin 자택).

5. DVD 자료

Deutsch-Tschechischer Zukunftsfonds. Böhmisch Rixdorf-1737 : Böhmische Exulanten in Berlin, Berlin : Vistafilm, 2012.